"十三五"国家重点图书出版规划项目 | 丛书主编 侯怀银

本书是国家社会科学基金"十三五"规划2018年度教育学重点课题"中华人民共和国教育学史"（课题批准号A0A180016）的研究成果

共和国教育学70年

Pedagogy of the People's Republic of China for 70 Years

比较教育学卷

王正青 等著

北京师范大学出版集团
BEIJING NORMAL UNIVERSITY PUBLISHING GROUP
北京师范大学出版社

丛书编委会

丛书主编　侯怀银

编　　委　(以姓氏笔画为序)

马建强　王正青　王有升　王福兰
冯建军　孙　杰　张忠华　郑玉飞
侯怀银　桑宁霞

总　序

2019 年系中华人民共和国 70 华诞。站在 70 年的节点，我们需要对中华人民共和国教育学的发展历程进行回顾、反思与展望。据我们目力所及，从中华人民共和国成立至今（截至 2019 年年初），国人引进和自编的教育学著作（包括专著与教材）共计 4700 本，占 20 世纪以来中国教育学著作总量的 80%。其中，国人自编的教育学著作 4300 本，引进外国著作 400 本。新中国成立以来，中国教育学人在 20 世纪上半叶教育学发展的基础上，砥砺前行，取得了非凡的成就，形成了学科发展的经验。时至今日，我们需要梳理新中国成立 70 年来教育学学科建设的成就和经验并寻找其启示，我们更需要系统开展中华人民共和国教育学史的研究，把中华人民共和国教育学史作为中国教育学史研究的重要组成部分。

一、新中国成立 70 年来教育学学科建设的成就

新中国成立后，中国教育学人在中国共产党的领导下，自觉以马克思主义为指导思想，着力建设中国教育学。纵观 70 年来中国教育学的建设，主要取得以下五个方面的成就。

（一）由照搬照抄到本土化再到中国教育学的建设取得成效

70 年来，中国教育学学科建设取得的最大成就在于中国教育学的提出和建设。

新中国教育学的建设是从照搬照抄苏联教育学开始的。叶澜教授认为"引进"是中国教育学从"娘胎"里带来的印记。这就是说 20 世纪上半叶中国教育学的发展是从引进日本、德国、美国等国家的教育学开始的。在引进其他国家教育学的过程中，中国教育学人在 20世纪 20 年代就注意到仅仅引进其他国家的教育学并不能解决中国教育实际存在的问题，故而提出"教育学中国化"的问题。客观而言，那个时期的中国教育学人在探索解决中国教育实际问题的过程中确实创造了很有品质的教育思想和教育理论。随后的抗日战争和解放战争，使中国教育学人的探索被中断甚至被破坏。新中国成立后，中国教育学并没有在原有的基础上建设，而是直接取法苏联。当时，中国教育学人学习苏联教育学主要是通过译介苏联的教育学教材、邀请苏联教育学和心理学专家来华授课、派遣留学生和专家去苏联学习等途径。1956 年，中苏关系恶化，学习苏联教育学来指导中国的师资培养和教育实践的路径被中断，中国教育学人开始探索中国教育学。这一时期，中国教育学人虽然提出了"中国教育学"，但是具体的做法却是教育学的中国化（中国化的教育学）。

中国化的教育学得到研究和发展，其不足之处也得到反思。在"向科学进军"的号召下和"双百方针"的指引下，我国教育学建设者以前所未有的热情，在对学习苏联教育学的经验和教训进行反思的基础上，开始了教育学中国化的初步探索。1957 年《人民教育》7 月号以《为繁荣教育科学创造有利条件》为题，发表了当时一些学者对我国教育科学研究工作的意见。这些意见直指学习苏联经验中的教条主义、机械主义倾向，鲜明地提出了教育学的中国化问题，从方法论的高度对如何建设中国的教育学提出了十分宝贵的意见。曹孚在《新建设》1957 年第 6 期上发表了以《教育学研究中的若干问题》为题的长篇论文，在教育观念上对以凯洛夫主编的《教育学》为代表的苏联教育理论提出了不同寻常的、有力的挑战，从而在教育学中国化的方法论上取得了理论思维上的进展。

然而，正当我国教育学研究者充满热情地为建设中国化的教育学科体系而努力探索时，反"右"斗争开始了。在此气氛中，曹孚1957 年发表的《教育学研究中的若干问题》一文被错误地批判，作者被迫在《新建设》1958 年第 2 期发表检讨文章。① 这一批判虽然是在内部进行的，但影响也波及全国高等师范院校和教育科研机构。由于反"右"斗争扩大化，高等师范院校一些教师和学者被错误地划成了右派，我国教育学科建设受到严重挫折。1958 年至 1960 年，开始了以贯彻教育与生产劳动相结合为中心的"教育革命"运动，教育学领域开始了"大跃进"，开展了一系列的批判运动。这些在思想和学术领域的批判简单粗暴，压制了在学术上持不同观点的人，打击了很多有真才实学的学者，挫伤了当时教育科学工作者的积极性，严重地影响了我国教育学学科的建设和发展。

正是由于反"右"斗争的扩大化和"教育革命"中"左"的浪潮，我国教育学学科体系的建设出现了一种"左"的倾向。这主要表现在教育学的教材建设上出现了一种"教育政策汇编形式"的教育学。1958年 4 月 23 日，教育部发出通知，师范学校三年级教育学课原有教材停授，改授有关我国教育方针和政策的内容。② 这一切使"文革"期间教育学教材编写完全成为教育经验政策汇编，成为"语录学"和"政策学"的温床。

改革开放之后，中国教育学人再一次提出"中国教育学"，并对"建设具有中国特色的社会主义教育学""中国教育学本土化"的内涵、必然性、方法论和路径等进行了探索。这些研究指导了中国教育学的建设和发展，中国教育学人出版了不少具有中国特色的教育学著作和教材，培养了大批人才。但是，建设具有中国特色的教育学仅

---

① 即《对〈教育学研究中的若干问题〉一文的检讨》，同期还发表了批评曹孚的文章《怎样理解"教育中的继承性问题"》。

② 中央教育科学研究所：《中华人民共和国教育大事记 1949—1982》，219 页，北京，教育科学出版社，1984。

反映在教育学学科建设的局部，还没有反映到教育学的整体建设上来。之所以这样讲，是因为改革开放之后，中国教育学人又开始大量译介国外的教育学成果，一些具有中国特色的教育学著作和教材也吸纳了国外教育学研究成果，但未能完全反映出中国教育实践的需要。

21 世纪初，中国教育学人在反思 20 世纪中国教育学发展的基础上开始建设中国教育学。这一时期，中国教育学人发表并出版了不少反思 20 世纪中国教育学发展的成果，并对建设中国教育学提出了展望。一些反映中国教育实践需求的教育思想和教育理论得以创生，如主体教育思想、新基础教育、情境教育、情感教育、新教育，等等。尤其出现了以叶澜教授创建并持续领导的"生命·实践"教育学派。学派的形成既是教育学理论发展的重要途径，又是教育学理论的丰富性和长久生命力的不竭之源。学派的发展，从深层次上探索了学科发展的内在的可能性空间。从学科发展走向学派的形成，是实现我国教育学发展的有效途径，也是时代的必然要求。只有创建自己的教育学派，形成真正的教育学家，形成一套完整的教育学本土化的逻辑体系和思维方式，中国教育学才真正有可能与国外，尤其是西方的教育学进行对话与交流。

（二）马克思列宁主义、毛泽东思想的指导地位得以确立

学科建设必须有指导思想。在社会主义的中国，教育学学科建设的指导思想是马克思列宁主义、毛泽东思想。新中国成立后，马克思列宁主义、毛泽东思想成为指导社会主义革命和社会主义建设的理论基础，与此相适应，迫切需要确立马克思列宁主义、毛泽东思想在中国教育学建设中的指导地位。马克思列宁主义、毛泽东思想在教育学发展中指导地位的确立是从新中国成立后开始的。这种确立同社会科学其他学科研究领域，如历史学、文学等一样，经历了 7 年的历程（1949－1956 年），也走了同样的道路，即学习、引进和批判相结合。其一，学习马克思列宁主义的基本原理。其二，引

进苏联教育学。诚如曹孚先生指出的那样："马克思列宁主义教育学在短促的几年中，在中国教育学术界奠定了自己统治的地位，这是与教育学方面学习苏联分不开的。"①其三，开展对旧教育思想的批判。经过学习、引进和批判，我国教育研究工作者开始从思想上确立马克思列宁主义、毛泽东思想的指导地位，自觉树立辩证唯物主义和历史唯物主义的世界观，"开始用马克思列宁主义的观点去研究教育科学问题……马克思列宁主义观点与理论已经在教育学、心理学、教育史的研究与教学中初步建立了统治的地位"②。马克思列宁主义、毛泽东思想在中国教育学建设中指导地位的确立，为中国教育学的重建指明了方向并提供了理论基础。

(三)国外教育学的引进成为中国教育学发展的重要组成部分

70 年来，中国教育学的建设在处理中外关系的过程中，逐渐走出了一条既不是依附又可以相互借鉴的道路。中国教育学的起点是从引进国外教育学开始的。新中国成立后一段时期，中国教育学人又走上了引进国外教育学的道路。这两次引进不是学习借鉴式的引进，而是照搬照抄式的引进。改革开放后，中国教育学人在讨论教育学中国化、本土化和中国教育学建设的过程中，逐渐注意到我们既不能照搬照抄国外教育学(因为照搬照抄解决不了中国教育实践存在的问题)，又不能闭门造车、闭关自守，而要开放。这就要处理好教育学建设过程中的中、外问题。通过考察 1949 年以来国外教育学著作和教材的引进情况，我们发现，引进所占比例并不低，尤其是1977 年后，即便是以再建中国教育学为目标，也有近一半的国外教育学著作和教材被引进到国内。教育学研究者在一定程度上已把国外教育学的引进作为再建中国教育学的重要组成部分，已主动学习并借鉴国外教育学的研究成果，注重与国外教育学的发展接轨，其

---

① 瞿葆奎等选编：《曹孚教育论稿》，208 页，上海，华东师范大学出版社，1989。
② 同上书，688 页。

中以美国、苏联、日本为主。然而，对发展中国家教育学的发展成果，我们借鉴和吸收得还不够。1977 年以来国外教育学的译者数量占到整个 20 世纪译者总数的一半以上，这说明在教育学著作和教材的引进上我国已形成相对稳定的翻译队伍，这不仅为国外教育学的研究提供了人员上的保障，而且为形成中外融合的教育学研究队伍奠定了一定基础。

（四）中国教育学的学科群基本形成

70 年的中国教育学发展，促使其分支学科不断出现与发展，仅 1977—2000 年这一阶段就增加了 28 门教育学分支学科，教育学的学科门类基本形成。同时，教育学学科体系也基本形成并初具规模。中国教育学学科体系的建设在改革开放后基本上是沿着正确的轨道进行的，教育研究领域越来越宽广，教育研究成果已成为教育学建设的丰富资源。教育学的理论基础不断得到拓展，我国初步形成了较完备的教育学学科体系，从而结束了作为一门学科的教育学一枝独秀的局面。

教育学既有了综合性的发展，又有了分化性的发展。从其综合性方面来说，教育学同其他有关学科有了紧密的联系，许多边缘性、交叉性和新兴学科相继恢复、产生、充实和发展；从其分化性方面来说，教育学越分越细，作为一门学科的教育学、教育概论、教学论、课程论、德育原理、教育哲学等学科快速发展。我国已初步形成了教育学交叉学科、教育学专门学科与教育学元科学相结合，多种教育学分支学科相继独立的学科发展格局。我国教育学的建设和发展，不仅为有关决策的形成提供了一定的理论依据，为中国的教育教学实践提供了一定的理论指导，在一定程度上促进了学校教育教学质量的提高，而且也起到了一定的理论预测作用，促进了教育事业的繁荣和发展。

特别需要指出的是，教育学元研究的发展为中国教育学学科建设提供了坚实的基础。教育学元研究是对教育学元问题的研究，包括教育学的概念、教育学的性质、教育学的体系、教育学的逻辑起点、教育学的方法论、教育学的价值、教育学的功能、教育学的学科立场、教育学的学科地位、教育学史，等等。

（五）中国教育学的社会建制得到完善

一门学科的社会建制大体包括五个部分：一是学会；二是专业的研究机构；三是各大学的学系；四是图书资料中心；五是学科的专门出版机构。① 按照这个标准来看，新中国成立 70 年来，中国教育学的社会建制得到了完善。第一，在学会方面，中国教育学会、中国高等教育学会等成立，在这些学会之下还有若干分会，分会下还设专业委员会。第二，在专业的研究机构方面，国家层面有中国教育科学研究院，各个省市有本省市的教育科学研究院等。第三，在各大学的学系方面，综合院校、师范院校等多设立专门的学院，如教育学部、教育科学学院、教育学院、教师教育学院、教育技术学院等，一些教育学院还设立了各个研究所。第四，在图书资料中心方面，教育学的书籍在各大图书馆有专门的图书分类号。第五，在学科的专门出版机构方面，中国有专门的教育学出版机构，如人民教育出版社、教育科学出版社、高等教育出版社等；一些省市也有教育出版机构，如上海教育出版社、福建教育出版社、山西教育出版社等；一些大学的出版社也出版教育学方面的著作和教材，如北京师范大学出版社、华东师范大学出版社、广西师范大学出版社等。就以上方面而言，新中国成立 70 年来，中国教育学的社会建制得到完善。

二、新中国成立 70 年来教育学学科建设的经验

70 年来，几代中国教育学人就中国教育学的建设取得了诸多成就，形成了一些教育学学科建设的经验，具体来说，在于较好地处理了教育学学科发展中的几对关系。

---

① 　费孝通：《略谈中国的社会学》，载《高等教育研究》，1993(4)。

（一）处理好马克思主义哲学与其他哲学流派促进教育学建设的关系

教育学与哲学有着天然的联系。在教育学学科化时，赫尔巴特就是以实践哲学和心理学作为教育学的学科基础的。再往前推，教育学首先是哲学家康德在大学的课堂上开讲的。新中国成立以来，中国教育学的建设以马克思主义为指导取得了辉煌的成就。但是我们需要警惕的是马克思主义不等于马克思主义哲学。马克思主义是我国各项事业建设的指导思想。马克思主义本身包含了马克思主义哲学、政治经济学和科学社会主义。马克思主义哲学是马克思主义的一部分。马克思主义哲学对其他哲学流派不是全盘否定的，其他哲学流派的观点也不是与马克思主义哲学水火不容的。在新中国 70 年教育学学科建设的过程中，有一段时间，我们将教育学的哲学基础完全确立为马克思主义哲学，对其他哲学流派实行全盘拒斥，阻碍了中国教育学的建设。改革开放之后，教育领域思想大解放，其他哲学流派不断译介和传播，教育学的学科建设逐渐兼容并纳各家哲学流派之观点，走上了快速发展的道路。这带给中国教育学人的经验就是处理好马克思主义哲学与其他哲学流派在促进教育学建设过程中的关系。

中国教育学人还需要吸取的经验是避免把马克思列宁主义、毛泽东思想在指导教育学学科建设时绝对化。马克思列宁主义、毛泽东思想是我们进行教育学建设的指导思想，中国教育学的建设必须确立马克思列宁主义、毛泽东思想的指导地位。然而，这并不意味着我们要把马克思列宁主义、毛泽东思想绝对化。在坚持把马克思列宁主义、毛泽东思想作为指导思想的前提下，如何还马克思列宁主义、毛泽东思想"智慧之友"的本来面目，充分发挥马克思列宁主义、毛泽东思想方法论意义上的指导功能，是我国教育学学科建设值得思考并需解决的重要课题。

（二）处理好批判和继承之间的关系

中国教育学的发展，在"文化大革命"的十年遭到严重的破坏和错误的批判。从这个意义上讲，如何正确认识批判的本质和功能，并处理好批判和继承的关系，对于我国教育学的建设和发展至关重要。就批判的本质来看，批判实际上就是分析，批判就是一个一分为二的分解过程。从马克思主义的观点来看，批判也就包含着继承，而继承又不是简单的肯定，是包含在否定中的肯定。从"文革"时期的"批凯"和"批孔"来看，这种"批判"是与马克思主义的批判观相违背的，它背离了批判的本质和功能，割裂了批判和继承的关系。正因为这种"批判"，才导致了对凯洛夫主编的《教育学》和孔子教育思想等的全盘否定，进而对整个教育学的批判否定，这个教训很值得我们吸取。我国教育学的建设必须在认真贯彻"双百方针"的基础上，正确地开展学术批判。我们应把学术批判作为繁荣我国教育学的基础、条件和动力，使其真正地推进我国教育学的建设和发展。

（三）处理好中国教育学建设过程中的中外关系

由于教育学从发生学意义上具有"舶来"的品性，其对国外教育学的"依附"自然难免。不过，纵观 20 世纪中国教育学的发展之路，我们可以欣喜地看到，在教育学的理论建设中，亦步亦趋的成分越来越少，独立创造的因子越来越多。叶澜教授曾在《中国教育学发展世纪问题的审视》一文中提出，政治、意识形态与学科发展的关系问题、教育学发展的"中外"关系问题、教育学的学科性质问题等，这些问题是影响教育学学科发展的根本性问题。[①] 新中国成立 70 年来，中国教育学人在建设教育学学科的过程中，不断地在处理教育学的中外问题。我们曾经有依附、有全面批判，当然，时至今日，我们已放弃了全盘接受和全面否定的态度。研究者多认同立足中国教育现实，寻找本民族与外来教育融会贯通的契合点是实现本土化、摆

---

① 叶澜：《中国教育学发展世纪问题的审视》，载《教育研究》，2004(7)。

脱对西方教育学的依附的根本途径。但也有研究者指出，本土化的过程仍然是对西方的"移植"过程，主要表现在本土化的途径仍然以译介为主，本土化的对象仍以借鉴为主，本土化的教育理论内容更是充斥着西方的思潮和思想。针对这种在认识论和方法论上存在的问题，研究者提出了本土化研究的重点和难点，乃是基于本土问题，研究本土性，寻找结合点，并开展具体研究。[①] "生命·实践"教育学派在处理教育学学科建设过程中的中外问题方面走出了一条具有特色的道路。该学派立足中国当代社会和教育中的具体问题，寻求中西方思想文化的滋养。

(四)处理好学科体系建设和知识体系构建之间的关系

在我国建立的教育学学科体系中，各学科的发展存在着较严重的不平衡现象。其中有些学科起步较早，已初步形成了较完整的体系；有些学科本身又分为若干分支，学科研究向着更加深入的层次、更加广阔的领域发展，处于成熟或继续发展期；有些学科是近几年才刚刚开始建设，处于汇总材料、构思体系、逐步创建阶段，正为学科体系建设创造条件；有些学科正处于初创阶段，趋于形成。教育学学科领域中的空白点较多，一些分支学科研究者甚少。这种不平衡性在一定程度上影响了教育学的学科建设和发展。我国教育学学科建设的水准不高，学科独立性尚差。一般来讲，教育学学科确认标准有三方面：其一，有明确的研究对象和研究范围，有相对独立的概念、范畴、原理，并正在或已经形成学科结构体系；其二，有专门的研究者、研究活动、学术团体、传播活动、代表作等；其三，该学科的思想、方法已经在教育实践中被应用、被检验，并发挥出特有的功能。[②] 以这三方面标准来衡量，我国教育学学科体系

---

① 吴黛舒：《繁荣背后的反思：中国的"教育学本土化"》，载《教育理论与实践》，2007(9)。

② 安文铸、贺志宏、陈峰：《教育科学学引论》，17 页，南昌，江西教育出版社，1997。

还不成熟和完善，仅仅初步确立起了应有的门类和框架，在一定程度上尚落后于其他学科的发展。从各门教育学学科建设来看，无论是从深度还是广度来说，都还不能按学科建设的严格原则和标准进行具体规划和落实。在整个科学体系中，教育学学科特别缺乏一整套独特的概念、范畴、命题和研究方法，学科的独立性不强。

之所以出现教育学的分支学科发展不平衡和学科独立性不强的状况，是因为中国教育学人在教育学学科建设过程中还没有处理好学科体系和知识体系之间的关系。我们强调教育学分支学科的繁荣壮大，但在一定程度上忽视了教育学说到底是教育知识的学问。学科建设不能用学科体系取代知识体系。知识体系决定着学科体系的样态，而不是学科体系规范着知识体系。

（五）处理好教育学学科建设和教育研究之间的关系

教育研究是教育学建设和发展的基础和前提。新中国成立初期，我国的教育研究工作，一方面是总结和发展自己的教育实践经验，特别是老解放区的教育实践经验，开创我国的教育研究工作；另一方面是翻译出版苏联教育学方面的研究成果，借鉴苏联的教育研究经验，以指导我国的教育实践。20 世纪 50 年代后期，我国着手建立教育研究机构，并开始进行教育研究的规划工作。20 世纪 60 年代初，我国教育研究机构的建立以及教育研究工作的指导方针和任务的确立，才使我国教育研究工作进入一个初步繁荣和发展期。20 世纪 80 年代后，随着解放思想在教育领域的深入，研究者针对教育学发展问题进行了不同层面、不同领域、不同角度的研究，推进了教育学理论的发展，对教育学理论体系的构建起到了重要作用。

由此可见，教育研究工作直接影响到教育学建设和发展的进程。我国教育学的建设和发展必须切实重视并加强教育研究工作。我们应把教育学的建设和发展置于雄厚的教育研究工作基础之上。

三、新中国成立 70 年来教育学学科建设的启示

通过对 70 年来中国教育学发展的回顾与反思，我们深深感受

到，新时代中国教育学的建设，应以从中国出发的"世界教育学"和"大教育学"为根本追寻，赋予教育学以中国文化的特色，建设具有中国特色、中国气派的教育学，它服务中国社会和教育实践的发展，促进人的发展和社会的全面进步。我们应在对"人"的认识基础上，探索中国教育运行的特殊规律，形成我们的理论框架、研究方法和知识体系，处理好教育学发展中的引进和创新的关系、教育学的发展和教育实践的关系、教育学各分支学科之间的关系，确立教育学在整个科学体系中的地位，发挥中国教育学学科的系统功能，促进教育学的繁荣，并推动中国教育学走上世界舞台。为此，我们需要做到"六个坚持"。

（一）坚持教育学的学科自主

所谓教育学的学科自主，就是教育学研究者创生教育学学科、教育学理论。教育学虽是"舶来品"，但经过研究者多年的努力，其亦步亦趋的成分越来越少，独立创造的因子越来越多。因此，我们可以预料，中国教育学学科建设最终会走上独立创新的康庄大道。20 世纪国外教育学的输入，已经为我们独立地创造自己的教育学准备了足够丰富的"质料"，依靠中华民族五千年积累的智慧，我们有理由创造出具有中国特色的教育学学科。这需要教育学界的同仁通力合作。在此须指出的是，走这样的一条道路，是要摆脱教育学学科建设中仰人鼻息的窘境，而不是说拒绝对国外先进的教育学的吸收。在这样一个日益走向全球化的世界，除了无知的妄人之外，任何人都不会不承认学习他国的优秀理论成分对我们的理论创造的价值。

我们应在吸收与独立创造之间寻求一种合理平衡，扎根本土实践与教育传统，把西方的教育学理论作为"质料"来进行审视，以"重叠共识"为基点，进行理论整合。

我们要坚持教育学的学科自主，需要在教育学的学科建设上树立大教育学观，改变教育学的学科建设主要局限于学校教育的建设局面。学校教育应该是教育学研究的重要领域与对象。我们应该对学校教育内在规律做深入细致的分析研究,力争发现与揭示存在于学校教育现象中的普遍规律,通过对学校教育基本原理的探讨,去阐述教育活动的一般原理。但教育学仅仅以学校教育为研究对象,是对人作为完整生命发展主体的一种有意识的忽视,学校教育不是人的教育活动的全部,对学校教育内在规律的分析研究无法全面揭示存在于所有教育现象中的普遍规律,对学校教育基本原理的探讨不能代替对教育一般原理的探讨。因此,新时代中国教育学的建设,不仅要去关注学校教育,而且要超越学校教育,以终身教育为视野,把教育学学科建设拓展到人类教育活动的其他形式,特别要重视社会教育学的学科建设。

我们要坚持教育学的学科自主,更需要在教育学的学科建设上,把中国教育学史作为教育学中的一门基础理论学科去建设,对中国教育学史的学科性质、研究原则和方法等进行深入的思考,以促进中国教育学史的研究。我们需要梳理中国教育学历史发展过程中的重要事实,研究和了解中国教育学发展的全貌,对我国教育学的发展进行整体而深刻的反思,从中探寻出值得借鉴的启示,减少我们在教育学建设和发展中的盲目性,完整地把握已有的认识成果并进行创造性转化,进而提出真正能促进当前我国教育学发展的理论主张并付诸实践,以此促进中国教育学的建设。

(二)坚持教育学的学科自立

坚持教育学学科自立的一个必要前提是强调教育学的独立学术品质。既往的历史告诉我们,学科的意识形态化始终是教育学获得独立性、自主性的一个重要影响因素。我们既需要摆脱对政治的依赖,又需要摆脱对西方的依赖,还需要摆脱对其他相关学科的依赖。在总结历史教训的基础上,以探讨教育学的逻辑起点和教育学本身特有的概念、范畴、体系等为突破口,教育学将会一步步走上一条学科的自主、独立之路,实现学科自立。世界教育学发展的历史告诉我们，任何时代的教育学学科的自主性与独立性的获得，都是需要一定的社会文化条件支撑才能形成并长久存在下去的。教育学学科的独立、自主绝对不是一种普遍化、无条件的存在状态。因此，希望教育学完全摆脱政治、西方和其他学科的影响而实现学科的绝对自立是不可能的，新时代的中国教育学必须处理好与政治、西方和其他相关学科的关系。

新时代的教育学学科建设，特别要处理好教育学和其他相关学科的关系。教育学学术生产具有跨学科生长的特点，教育学知识体系不能脱离任何一门科学，需要其他科学的参与来发展教育理论和教育实践，教育学要借鉴其他学科的最新成果，以求形成促进教育学发展的巨大合力。教育学已与哲学、心理学、社会学、经济学、政治学、管理学、人类学、统计学、文化学、生态学等学科融合而生成了诸多新学科，大大地拓展了教育学可能的发展空间。这就需要我们积极开展跨界协同，打造中国教育学研究的学术共同体。

为了实现教育学的学科自立，我们要特别重视教育学研究方法的研究。教育属于社会现象和社会问题的范畴。教育中的许多问题需要借助科学的方法来研究，进而得出具有普遍性的科学结论。我们要规范并综合运用研究方法，提升中国教育学学科研究的科学性。当前，中国教育学的科学化水平有待进一步提高，我们需要积极引入定性和定量的多元研究方法，提高学科研究的信效度，注重方法运用的规范性，不仅体现出中国教育学研究的世界水准，而且要结合当代社会学科交叉发展的大背景，利用好与社会科学其他学科之间开展交叉研究的有利契机，通过研究手段和研究方法的大力创新，增强自身理论对当代社会复杂教育现象的解释能力，提升对新时代中国教育问题的解决能力以及指导人们教育实践的能力。需要明确的是，在教育学研究方法上我们要鼓励开展教育叙事研究、教育案例研究、教育统计研究等，但教育学以人的发展作为研究的起点和基础必然涉及伦理、价值、意义等层面的具体问题。因而，教育学研究不能简单以"叙事""案例""数据""统计"为标准，试图对教育现象做出深刻的新诠释、新判断和新建构。教育学学科建设必须要以事实为基础、以知识为核心、以思想为归宿。如果我们仅仅以事实为基准，那远离了教育学学科建设的最终目标。

（三）坚持教育学的学科自尊

教育学的学科自尊在于构建起完善的知识体系。从夸美纽斯的《大教学论》问世开始，中外的教育学研究者一直以来的一个理想追求便是构建科学的教育学体系。在当代中国，近年来教育学界的一个响亮声音便是构建科学的并具有中国特色、中国气派的教育学。①无论是一般化地呼吁构建科学的教育学体系，还是在特定的语境下呼唤"中国教育学"的创生，其实质都是在为教育学寻求一种确定的、刚性的知识体系。

这种追求如果追溯其哲学基础，可以还原到本质主义的认识论。在本质主义哲学被奉为经典、神圣的教条的年代，教育学理论和建构的确定性、刚性知识体系追求是唯一的努力方向。但是，近年来，随着后现代哲学的风行，鲜活的教育实践对封闭性知识的挑战，本质主义的哲学观在教育学领域受到了越来越多的质疑。作为一种非常有力的挑战，质疑本质主义的声音所持的哲学观往往被称为反本质主义、反普遍主义。可以预见，随着这股与本质主义、普遍主义相逆的思想潮流的涌动，即使教育学体系建构的堤坝不会被冲垮，中国的教育学界也会出现一种可以与教育学体系建构分庭抗礼的理论追求，那就是摆脱非历史的、非语境化的知识生产模式，追求教育学知识生产的历史性、地方性与语境性。教育学研究领域叙事潮流的蔚为壮观，在一定程度上就是这一趋势的反映。

对于这一趋势的出现，不少教育学研究者也许不无深深的忧虑：

---

① 侯怀银、王喜旺：《教育学中国化——一个世纪以来中国学者的探索和梦想》，载《教育科学》，2008(6)。

教育学是否会因此而完全失去其理论底色？事实上，在反本质主义者的头脑中，本质主义的对应词应该是"建构主义"。因为反本质主义给人的感觉是完全否认本质的存在，而建构主义则承认存在本质，只是不承认存在无条件的、绝对的普遍本质，反对对本质进行僵化的、非历史的理解。尤其不赞成在种种关于教育本质的理论中选择一种作为"真正"本质的唯一正确的揭示。在教育这样一个人文、社会世界，不可能存在无条件的、纯粹客观的"本质"，所有的本质都是有条件的，它必然受到社会历史等因素的制约。因此，我们对所谓教育的"本质"，应该采取一种历史的与反思的态度，把所谓教育原理、教育学知识系统事件化、历史化。原理、知识系统的事件化、历史化必然不是完全体系化的，但其丰富的理论内涵依然存在，只是其理论意蕴与特定的社会文化条件结合在一起了，绝不是完全丧失理论品格。

（四）坚持教育学的学科自强

教育学的学科自强主要从自身而言，是教育学学科分化和综合的过程中形成的强大体系。目前的教育学研究虽然出现了一定的分化趋势，但是，这种分化还不够，许多深层、细微的研究对象还有待我们从新的学科视角去发现、认识它们。因此，大范围的学科分化的保持与扩大是必要的。随着学科分化的进一步加剧，一些新的交叉学科、专门学科，如教育环境学、教育物理学等学科，会渐次出现在研究者的视野中。不过，这种大面积的学科分化并不排除在局部发生教育学学科综合的可能。随着学科分化的深入，当在某一层面研究者发现几门学科可以相互融通之时，学科的综合便会发生。只是学科的分化、深入没有达到一定程度的时候，这种学科之间的暗道相通不会被人发现，学科的综合就无从谈起了。

教育学的学科自强体现在教育学不仅要立于学科之林，而且要在中国教育实践中确立其应有的地位。中国教育学是根植于中国教育实践的教育学。我们的眼光既是世界的，又是民族的，我们应该在全球视野基础上，积极地关注、研究和解决中国教育的实际问题，进行基于中国立场、反映中国问题、凸显中国风格、汇聚中国经验的中国教育学建设。中国教育学前行的每一步都必须根植于反映独特国情的中国教育实践，结合新时代政治、经济、文化的变化，结合教育生态的变化，结合教育实践面临的新问题，扎根中国教育实践的沃土，生长出真正的中国教育学。特别值得指出的是，随着人工智能、信息技术的发展，教育变得更加无时不在、无处不在。同时随着技术化向纵深方向发展，信息技术从工具变成教育关系的一部分，教育的目的、内容和形式都在发生着改变，这就导致人机交互可能会在很大程度上改变传统的教育关系模式。基于教育实践活动的时代变化，新时代中国教育学的发展必须扎根新的教育实践，研究教育的新现象和新问题，构建顺应时代发展的新的理论体系，尝试从人工智能时代的研究视角探讨教育与社会、与人、与自然的关系，以发现新的教育基本规律。

（五）坚持教育学的学科自信

教育学的学科自信主要表现在教育学人的自信。首先，就中国教育学与国外教育学的对话方面，中国教育学人是自信的。我国教育学界在一系列重大的教育学理论问题上，有不同的见解和观点，形成了独特的中国风格的教育思想和理论。中国教育学人可以与国外教育学人互通有无、公平对话，而不是依赖国外教育学的发展而发展。其次，中国教育学人对教育学实践的发展是有发言权的。新中国成立 70 年来，中国教育学人依据中国教育实践的发展创造了很多本土的思想和理论，如主体教育、新基础教育、情境教育、生命教育、新教育，等等。再次，中国教育学人在其他学科的学人面前是自信的，因为中国教育学再也不是钱锺书先生笔下的被人瞧不起的学科了。教育学的综合复杂性决定了其与其他学科之间的密切关系。最后，中国教育学人在教育学的学习者面前是自信的。因为中国教育学人可以给学生讲清楚中国教育学，而且讲的是中国的教育

学，而不是从其他国家照搬照抄来的教育学。这启示中国教育学人
要坚持教育学的学科自信。

(六)坚持教育学的学科自觉

70 年来，中国教育学的发展历程就是一个学科建设从引进、建
立到带着自觉的体系意识去建设的过程。从这一发展逻辑顺延，教
育学理论建设的体系化是一个必然的路径。只是我们目前的教育学
体系化建设，仍然存在着浮躁的不良倾向。我们不能忙于通过引进
西方的相关学科或匆忙地移植其他学科以"填补空白""抢占阵地"，
而应踏踏实实地对大的学科或某一学科的体系应如何构建进行创造
性研究。抛弃浮躁之风，更为从容而扎实地对一个个子学科与大教
育学的逻辑起点、建构的内在逻辑、体系构架等问题进行深入研究，
将会成为中国教育学研究者未来努力的方向之一。特别需要指出的
是，中国教育学不仅要突出"中国"两字，还要在新时代背景下，从
人类命运共同体出发，通过缩小与西方之间的"话语逆差"，增强设
置国际议题的能力等方式，建成世界一流教育学学科，在学科竞争
力和学术话语权上进入世界前列，整体提升国际教育学界对中国原
创和中国贡献的显示度、能见度、理解度、接受度、认同度和运用
度。中国教育学既要为中国教育实践提供理论指导，又要在国际社
会共同关注的教育问题上做出"中国贡献"，在世界教育学知识谱系
中增添"中国智慧"，在国际学术标准和规则的制定中发出"中国声
音"，最终促进教育学的整体进步。

四、中华人民共和国教育学史的研究价值和本丛书的研究宗旨

站在 70 年的节点，我们很有必要提出"中华人民共和国教育学
史"。"中华人民共和国教育学史"这一概念和命题的提出，正是回
顾、反思与展望中华人民共和国教育学 70 年发展历程的学术结晶。

中华人民共和国教育学史研究具有独到的学术价值：第一，有
助于拓展中国教育学史的研究领域。第二，有助于推进中国教育学

的学科发展。教育学史在教育学发展过程中的重要作用越来越凸显。研究中国教育学史既是为了镜鉴于现实，也是为了推动我国教育学术的传承发展。中华人民共和国教育学史，实际上给我们提供了一面镜子，让我们更清楚地认识到，中国教育学人以前做了什么，现在还需要做些什么。我们系统梳理前人之思，有利于进一步明确中国教育学发展方向，推进教育学在中国的建设和发展。第三，有助于中国教育理论的完善和教育改革的推进。第四，有助于推进中国人文社会科学的建设和发展。教育学与人文社会科学各个学科的发展都有着密切联系，中华人民共和国教育学史的研究涉及中国人文社会科学各学科发展史的研究。中华人民共和国教育学史的研究不仅从一个侧面反映出中国人文社会科学的发展历程，而且也有助于推进中国人文社会科学相关领域的探索。

中华人民共和国教育学史研究具有独特的应用价值：第一，有助于推进中国教育系科的改革。教育系科史是本丛书的重要研究内容，通过对中华人民共和国教育学史的研究，一方面可以提供中国教育系科改革的历史经验，另一方面可以推进中国大学教育系科对已有传统的传承创新，形成其发展特色。第二，有助于推进中国教育学教材的系统建设，特别是作为一门学科的教育学教材的建设。第三，有助于整体推进中国目前"双一流"大学建设背景下教育学的学科建设。在当下高校追寻"双一流"的背景下，教育学在大学中如何存在越来越受到重视。一流大学，应该有一流的教育学学科。中华人民共和国教育学史的研究，既有利于我们总结教育学曾经的发展状况，又可为当下教育学发展路径的寻求、学科地位的确立、发展危机的解决，提供基于历史的经验和策略。第四，有助于我们在梳理和总结中华人民共和国教育学史的基础上，让民众更好地认识教育学、走进教育学，提升教育学的社会地位，使教育学不仅成为教师的生命性存在，而且成为一切与教育工作有关的人的生命性存在。

纵观中华人民共和国教育学 70 年研究历程，虽然研究者对中华人民共和国成立以来的教育学分支学科发展史、教材史、课程史等进行了相关研究，但总体上看，研究还不够充分和深入。特别是中华人民共和国教育学史这一主题还未有人研究过，已有研究与之相似的也只是对 20 世纪中国教育学发展的梳理，尚未将 21 世纪初的教育学发展统整融合。21 世纪初的教育学发展有何变化，中华人民共和国的教育学发展至今有何特点，是否形成了自己的一套体系，教育学发展到了何种规模，已有研究都尚未论及。具体来讲，需要进一步探讨、发展或突破的空间主要有以下三个方面。

第一，历史研究需要拓展和深化。已有研究多是在回顾 20 世纪中国教育学史时，将 20 世纪下半叶的中国教育学史以改革开放为界限分为两个阶段进行研究的，但是对中华人民共和国成立以来，特别是 21 世纪初的中国教育学发展史尚未进行专门研究。国人在 20世纪 20 年代就意识到，仅仅移植国外的教育学并不能解决中国的教育问题。有鉴于此，国人提出教育学中国化、本土化的口号，但是教育学真正的中国化是在中华人民共和国成立之后形成的。因此，我们认为有必要在研究国外教育学的引进及其影响的基础上，对中国教育学的发展历程及其特征进行专门研究，进而对教育学主要分支学科发展史和教育系科发展史进行研究。

第二，预测研究需要巩固和加强。历史研究的一个追求就是要预测未来。教育学在 21 世纪初的中国如何发展，需要根据教育学中国化以来的教育学发展进行前瞻式研究，在此基础上进行科学的预测。我们注意到，已有研究对教育学史进行历史研究的较多，但是对教育学的未来发展趋势进行预测研究的尚显薄弱。有鉴于此，我们认为应该在整理史料、理性反思的基础上进行未来学意义上的研究。

第三，研究方法需要深入理解和诠释。关于中华人民共和国教育学史的研究，最好的研究方法当然是历史研究，但是仅仅用历史研究法研究教育学史远远不够。我们需要突破收集和整理史料的局限，在理解、解释的基础上总结并反思教育学的发展规律。

正是基于中华人民共和国教育学史研究的不足，我们申报了国家社会科学基金"十三五"规划 2018 年度教育学重点课题"中华人民共和国教育学史"，并获立项（课题批准号 AOA180016），本丛书是该课题的结题研究成果之一。感谢全国教育科学规划领导小组办公室对本课题的支持。

中华人民共和国教育学史研究的核心关键词为"中华人民共和国"与"教育学史"，前者指明研究范围，后者明确研究对象。展开中华人民共和国教育学史研究，需要厘清的主题为：教育学史的性质、教育学教材的发展、教育学二级学科的演变、教育学课程的状况及教育学者的相关论争等。

正是在这个基础上，我们本着"为国家著史，为学科立传，为后世留痕"的信念，遵循历史与逻辑相统一的原则，准确定位逻辑主线，注重把握中华人民共和国教育学史与 20 世纪上半叶教育学发展的连续性，注重从学科史切入，并将学科史与思想史相结合，注重对重要的教育学专著、教材等进行深入研究，带着历史的厚重感与时代的责任感，开始了对中华人民共和国教育学史的研究和写作。

本丛书旨在对中华人民共和国成立以来教育学各分支学科的发展进行全方位的研究，梳理各学科 70 年来的发展历程、取得的进展与成就，分析出现的问题与不足，展望未来的建设与发展。本丛书一方面力图"全景式"呈现教育学体系内分支学科知识体系的全貌，另一方面力图"纵深式"探究教育学及其分支学科内在的逻辑理路。研究坚持逻辑与历史相统一、整体与部分相协调、事实与论证相结合的原则。各卷的研究，突出了中国教育学的发展过程，对其形成、特点和争论等进行了必要的讨论，并以此为主线确定了各学科的阶段划分、进展梳理与学科反思。特别是对 70 年来各学科的重要专著、教材和论文进行了梳理和评述，既在书中呈现中国特色社会主义教育学学科的发展状况，又要凸显研究者及其专著、教材和论文对中国特色社会主义教育学形成和发展做出的贡献。需要说明的是，由于各学科的发展现状及已有研究基础不同，因此，承担各卷写作任务的作者根据实际情况采取了相应的撰写方式。对于教育哲学学科、教育社会学学科这两个教育学原理学科下属的分支学科，作者在对学科历史发展做总体性叙述后，据学科理论思想采取专题撰写的方式展开；对于其他二级学科，采取了大体按历史分期的方式叙述。发展阶段的划分尽量按学科内在发展逻辑进行，不拘泥于社会历史分期。

在丛书撰写的过程中，我们提出了研究的要求，明确了三个方面的意识：各学科的 70 年发展史如果是前人没有或少有涉及的，那就要有明确的标杆意识，研究成果应该体现当代中国学者的最高水平；如果学术界已有先期成果，那就要有明确的超越意识，达到新的高度；如果作者曾有过相应成果，那就要有明确的突破意识，寻找新的角度，进行新的思考，突破自己，切忌重复、克隆自己。

具体来讲，本丛书确定了以下八个方面的要求。

第一，丛书各卷研究的时限为 1949—2019 年，不向前后延伸。研究中把握好重大时间节点。有的学科发展考虑到问题本身的连续性，必要时可适当向前延伸，但不宜过多。

第二，丛书各卷的撰述范围限于中华人民共和国内各学科的发展，以中国共产党领导下的教育学发展为主。

第三，不刻意回避教育学发展中的意识形态属性，撰写时不做主观评价，撰写的原则是立足史实、客观叙述。

第四，坚持"以史为主，史论结合"的研究宗旨。研究以史实为依据，在梳理清楚基本事实的基础上，做出准确分析和客观评价。书中所阐述的史实应经得起不同时代不同读者的推敲和质疑，在写作中应避免将历史和现实"比附"。

第五，充分掌握国外教育学学科的发展历史，以及国内外研究的最新动态，使自己的研究有一个高的起点。研究方法上以历史法和文献法为主，兼及访谈和数据分析。

第六，坚持广博与精深的结合。一方面，应立足中华人民共和国 70 年的发展，全方位呈现自己所写学科的发展进程，不宜只介绍某几个方面；另一方面，写作中要抓住重点，对于学科发展的主要方面，着重笔墨、深入研究，避免史料文献的盲目堆积，在撰写中对于还不成熟的资料与推理以不介绍为宜。

第七，梳理学科发展史，既要见人又要见事。对于在学科发展中做出突出贡献的代表人物及其思想，写作时需有体现。

第八，处理好教育学学科发展和教育事业发展的关系，把共和国教育学 70 年的研究与共和国 70 年教育事业发展的研究结合起来。特别是教育学原理、课程与教学论、学前教育学、高等教育学、成人教育学、特殊教育学学科的研究，要处理好学科发展史与基础教育事业、学前教育事业、高等教育事业、成人教育事业、特殊教育事业的关系，要分别以各领域教育事业的发展为基础进行阶段划分、进展梳理和学科反思。

本丛书的出版，对于中国教育学史研究和中国教育学的发展是大事，更是幸事，具有重要的学术价值和现实意义。

从学术价值来看，教育学史越来越凸显其在教育学发展过程中的重要作用。我们开展中国教育学史的研究，既是为了推动教育学术的传承，也是为了在传播中促进教育学的发展。

从现实意义来看，学习和研究教育学的人也需要很好地了解本学科的发展史，明确研究基础和学科定位。本丛书以教育学分支学科为经，以学科发展为纬，其研究成果可为学习、研究教育学的人提供阅读书目和参考资料。

本丛书成书之际，北京师范大学出版社推荐其申请了《"十三五"国家重点图书、音像、电子出版物出版规划》项目，在此表示感谢。

本丛书共 12 卷。总论卷分上、下两卷，由山西大学侯怀银教授等撰写；教育哲学卷由南京师范大学冯建军教授等撰写；课程与教学论卷由山西大学郑玉飞副教授撰写；德育原理卷由江苏大学张忠华教授撰写；教育史学卷由山西大学孙杰教授撰写；教育社会学卷由青岛大学王有升教授撰写；比较教育学卷由西南大学王正青教授撰写；学前教育学卷由山西大学王福兰副教授撰写；高等教育学卷由山西大学侯怀银教授等撰写；成人教育学卷由山西大学桑宁霞教授撰写；特殊教育学卷由南京特殊教育师范学院马建强教授等撰写。

本丛书得以出版，要感谢来自各个高校的专家学者，感谢每一卷的作者，感谢北京师范大学出版社郭兴举、鲍红玉等老师的支持和辛勤工作。由于水平有限，本丛书难免有疏漏，恳请专家和读者批评指正。

侯怀银

2019 年 9 月 26 日

前　言

　　1817 年，法国教育家马克-安东尼·朱利安发表了《比较教育的研究计划和初步意见》，宣告比较教育学的诞生。自那以后，比较教育学历经以维克多·库森为代表的借鉴时代，以艾萨克·康德尔为代表的因素分析时代，以乔治·贝雷迪为代表的社会科学方法时代，再到 20 世纪 80 年代以后的多元化发展时代，迄今已有 200 年的历史。特别是 1899 年美国哥伦比亚大学师范学院开设"比较教育"课程，1933 年康德尔的具有里程碑意义的著作《比较教育》出版，正式确立了比较教育学的学科地位与合法性。而 1970 年成立的世界比较教育学会联合会，更是将全球比较教育学者团结成牢固的学术共同体。

　　在中国，1929 年庄泽宣所著的《各国教育比较论》(商务印书馆)出版，标志着中国比较教育学科的发展正式开始。之后，钟鲁斋的《比较教育》(商务印书馆，1935)、罗廷光的《最近欧美教育综览》(商务印书馆，1939)和常道直的《各国教育制度》(中华书局，1941)相继出版，众多师范类院校也开设了比较教育课程。中华人民共和国成立后，特别是改革开放以来，在王承绪、朱勃、顾明远等老一辈比较教育学家的带领下，中国比较教育学在学科制度化建设、学术研究与成果转化等方面取得了突出成就，尤其在跟踪国外教育动向、总结教育发展经验、引进先进教育思想、推动教育实践改革、搭建教育交流平台等方面贡献良多，为共和国教育科学研究与教育事业发展写下了不可磨灭的历史篇章。

伴随着学术思想、学术成果、学术事件的不断累积，比较教育学科发展历史也由此形成。自觉梳理共和国比较教育学科发展史，是展示学科成熟度和凝聚学科共识的基础性工程，激励着中国比较教育学者们投身其中。1988 年，朱勃的《比较教育史略》（广东高等教育出版社）出版，填补了中国比较教育学科发展史研究的空白。之后，王承绪编写的《比较教育学史》（人民教育出版社，1999）全景式梳理了世界比较教育学科发展历史及理论流派，奠定了中国比较教育学科建设的基础；生兆欣的《二十世纪中国比较教育学史》（高等教育出版社，2011）全面展现了 20 世纪中国比较教育学的发展图景；王长纯、王建平主编的《中国比较教育学科研究史》（人民教育出版社，2016）则呈现了 1860 年至 2010 年这 150 年间中国比较教育学科研究的恢宏画卷。

承蒙中国老一辈比较教育学者打下的坚实基础，本书以中华人民共和国成立 70 周年为契机，尝试梳理共和国成立 70 年来比较教育学科发展史。全书以历史发展阶段为经，以学科建设与学术成果为纬，将 70 年来中国比较教育学科发展分为起步探索阶段（1949—1976 年）、重建发展阶段（1977—1992 年）、拓展成熟阶段（1993—2012 年）、不断迈进阶段（2013 年至今）四个阶段，分别对应 1976 年"文化大革命"结束和改革开放的到来，1992 年党的十四大确立社会主义市场经济体制的改革目标，以及 2012 年党的十八大以来中国特色社会主义进入了新时代等关键时间节点。

各章节在撰写过程中则遵循"史、论、评"相结合的原则。其中，"史"在于展现比较教育学学科制度化建设历程，围绕学科发展重大事件，从学科专业与人才培养、学术机构与学术刊物、学会建设与学术活动、国际交流与合作四个方面予以梳理。"论"在于阐述不同时期不同学者的学术观点，围绕学术著作与论文，采用"制度、思想、实践"三元逻辑结构框架，加上比较教育学元研究，从学科建设与基础理论研究、教育政策与制度比较研究、教育理论与思潮比较研究、教育改革与实践比较研究四个方面予以阐述。"评"在于总结不同时期学科发展特点，剖析学科发展背后复杂的政治、经济与文化等影响因素。"史、论、评"三者有机结合，以体现比较教育学活动史与研究史的兼顾。

在梳理完学科发展四个阶段后，本书总结了共和国成立70年来比较教育学发展成就，展望了中国比较教育学未来发展道路。本书认为，"研究国际教育前沿改革，提供本土发展路径""引介国外先进教育思潮，丰富中国教育理论""凝聚比较教育学术共同体，推进学科制度建设""重视学科基础理论研究，推出学术精品力作""积极参与国际教育交流，贡献中国学者智慧"是70年来中国比较教育学学科发展的突出成就。进入新时代，社会变革和教育转型赋予了比较教育学科更多使命，我们要以创建开放自信的中国比较教育学为追求，持续加强学科制度化建设，深化学科基础理论研究，革新比较教育研究方法，拓展比较教育研究领域，在与国际交流和对话中确立中国比较教育学的学术地位，为创造共建、共荣、共同发展的人类社会贡献中国比较教育学人的才智与力量。

目　录

第一章

比较教育学的起步探索
阶段(1949—1976 年)

20 世纪初，具有学术意义的比较教育研究活动在中国萌芽，并逐渐在教育学学科中得到认可，在 20 世纪 30 年代初步确立起比较教育学的学科合法身份。新中国成立后，基于"亲苏"的国际政治关系和"学苏热"的教育政策导向，中国比较教育学表现出"苏化"的典型时代特征。因此，新中国成立后 17 年间比较教育学以苏联等社会主义国家为参照。"文化大革命"期间，中国比较教育学发展受到严重阻碍，出现断层，比较教育学发展停滞、倒退，直到 20 世纪 70 年代末才得以复苏。中国比较教育学在这个时期经历了相对曲折的发展历程。

第一节　新中国比较教育学发展的基础

新中国成立前，基于近代社会变革和时代建设诉求，我国逐渐兴起了学习外国教育理论和教育体制的潮流，"睁眼看世界"成为时代发展的必然选择。在历史发展长河中，中国比较教育学科价值凸显，比较教育学对这一时期教育事业发展的意义不言而喻。比较教育学研究的兴起以及比较教育学科制度的正式萌芽共同谱写了新中国成立前比较教育学科的起始篇章。

一、对外交流中比较教育学术活动兴起

中国比较教育学术活动的兴起始于最初的对外交流。西学东渐、教育考察、留学深造以及参与国际会议，拉开了中国比较教育学发展的帷幕。

(一)西学东渐推开比较教育学科发展大门

中国古代就有大量介绍外国教育概况的旅游见闻类记录。学者出国考察抑或是商旅海外经商，其间不乏记录外国教育制度的旅行见闻。7 世纪，唐玄奘出使印度，在《西域记》中粗略描述了印度等国教育文化概况。在中国古代的太学和国子学等封建社会的最高学府中也有大量日本、高丽等国的留学生。[①] 据史书记载，仅 840 年，来华留学的朝鲜留学生学成归国的就有 105 人。630 年至 838 年，日本向中国派出"遣唐使"多达 13 次，且人数众多。这些遣唐使主要致力于学习中国的佛学、哲学以及教育体制等项目，并在归国之后大力仿效中国的学校教育体制兴办教育，培养人才。中国在接待外来使者的同时也得以接触到外国教育思想，实现不同文化间教育交流。到了 16 世纪，中国更加注重与西方国家进行文化交流和沟通，通过互派使者等举措实现大国交往，并对外国教育发展进行一定的介绍。17 世纪，西方传教士来到中国，他们开始修习中文并著书立说，系统介绍西方教育文化和教育制度。[②] 尽管古代的中外交流实践还不具有学术研究性质，只是单纯的概况介绍，但基于相互学习与交流的比较教育学实践活动已初现端倪，并在中国大地开始萌芽。

19 世纪 40 年代，鸦片战争爆发，封建社会的大门被资本主义以坚船利炮强行打开，中国人民从闭关锁国中觉醒。对于丧权辱国的痛惜与反思，激励着中国先进知识分子开始着眼于学习西方列强发

---

① 金世柏：《中国的比较教育》，载《外国中小学教育》，1984(3)。
② 李其龙：《我国比较教育科学的发展历程》，载《外国教育资料》，1983(1)。

展经验，其中教育改革是极其重要的方面。19 世纪 60 年代，中国兴起了洋务改革运动，在坚持封建教育制度不动摇的前提下，提倡实施"中学为体，西学为用"的教育方针，创办新式学堂，培养新型人才，逐渐掀起了学习西方教育热潮，使西方各国教育理论得以大量涌入。此时的中国主要是通过留学考察和译介西方教育著作等手段介绍西方学校教育制度。① 尽管"西人谓华人所学西法，皆浅尝辄止，有名无实"②，然而不可否认的是，西学东渐的兴起为后来中国比较教育的发展提供了良好机遇。

　　随着西方文化的逐渐渗透，清末维新派人士进一步推动西艺西学的引进。③ 这一时期，黄遵宪系统介绍了日本明治维新时期如何借鉴西方国家教育经验，其撰写的《日本国志》描述了日本教育发展概况；此外，郑观应在其《盛世危言》中也概述了英、美、俄、法、德、日等国教育发展，以反思中国教育弊病，通过学习外国成功教育经验，达到改革本国教育的目的。然而这一时期还未出现研究外国教育的专门人员，从事外国教育研究和考察的人员也大多是基于政治目的的政府官员。我们将这之前的时段界定为中国比较教育学前学科形态的"旅行者见闻时期"。

　　进入 20 世纪，中国比较教育学才开始真正具有学术性质。④ 1901 年至 1911 年是中国历史上最后一个封建王朝即清朝的最后十年，也是西学东渐的一个高潮时期。⑤ 1915 年以后，中国社会在新文化运动的影响下，在一批先进知识分子的带领下，逐渐以开放的思想和心态关注西方国家的教育情况和发展优势。1919 年 2 月，北

---

　　① 杨茂庆、黄如、严文宜：《民国时期留学生群体与中国比较教育学科的创建》，载《广西师范大学学报(哲学社会科学版)》，2016(2)。

　　② 舒新城：《中国近代教育史资料》下册，897 页，北京，人民教育出版社，1961。

　　③ 高原：《理性的启蒙：论五四时期"教学论"的科学化》，载《基础教育》，2014(1)。

　　④ 高原：《借鉴与救赎：中国比较教育百年》，载《全球教育展望》，2017(10)。

　　⑤ 侯怀银等：《20 世纪中国教育学发展问题研究》，43 页，北京，北京师范大学出版社，2011。

京大学、北京高等师范学校以及南京高等师范学校等高校合作成立"中国教育扩张会",留美学者郭秉文任会长。该协会主要致力于考察与研究第一次世界大战后不同国家教育情况,以便对中国教育事业的发展有所借鉴和启发。1923 年 4 月,教育部批准成立了由北京高等师范学校组织的"国际教育研究会",积极召集留学归国学子成为研究会成员,大力提倡国际教育事业,重点关注世界教育发展趋势,协作推进中国教育结构改革。[①]

(二)教育考察助力比较教育学术研究

随着新文化教育运动的推进,中国教育革新进程加快,对于西方国家教育理论的介绍与探讨更是激发了众多学者的研究兴趣。中国学者邀请了大量国外教育专家来华讲学。此时,各国教育家相互访问学习成为一种新的教育潮流,为比较教育学发展注入了新的力量。

1919 年,美国著名实用主义教育家杜威在蔡元培、梁启超、胡适、郭秉文、陶行知、蒋梦麟等人的热情邀请和大力支持下,于 4 月 30 日携妻女到达上海。5 月 3 日,杜威在南京作题为《平民主义的教育》的演讲,正式开启了他的在华巡回学术演讲之路。据统计,杜威在华期间足迹遍及山东、江苏、湖南、湖北、广东、福建、浙江、辽宁等 14 个省市,作了 200 多场学术演讲;其主要演讲题目包括《现代的三个哲学家》《教育哲学》《美国之民治的发展》《社会哲学与政治哲学》《伦理讲演》等。[②] 1921 年 7 月,杜威正式离京返美。杜威的来华讲学对中国制定"六三三"学制以及传播实用主义教育思想产生了重要影响。

1920 年 10 月,英国哲学家罗素应邀来华讲学,全面介绍欧美教

---

①　郑刚:《留学生与 20 世纪二三十年代中国比较教育学科的发展》,载《比较教育研究》,2013(11)。

②　元青:《杜威的中国之行及其影响》,载《近代史研究》,2001(2)。

育方针政策以及教育利弊。1921 年 9 月，美国哥伦比亚大学教授孟禄也来华考察，在传播平民教育思想的同时对中国当时的教育问题提出了改进意见。1922 年，俄亥俄大学教授推士以及美国教育测量专家麦柯尔与中国学者进行了学术交流。1927 年，美国著名教育家克伯屈到教育部、燕京大学、北京师范大学以及清华大学等进行交流讲学。① 西方教育家来华讲学对中国教育体制改革与学校教学革新造成了轰动效应，中国教育界开始更加关注美国教育的发展，大量引进美国教育思想和教育理论，以期借鉴美国优秀教育经验与成果，实现针砭中国教育时弊、改革中国教育体系的目的。

除国外教育家来华之外，中国学者也积极前往各国，考察他国教育发展。1927 年 2 月，庄泽宣先生以及崔载阳先生等人前往菲律宾进行了为期三周的教育考察，并在归国之后设置了《菲律宾教育》考察专号，系统介绍菲律宾教育发展经验。1932 年，庄泽宣先生在出席第六次世界新教育会议期间前往瑞士、丹麦、意大利、捷克、德国以及法国等国进行教育访问与考察，并在回国之后受邀到岭南大学作了题为《赴欧调查教育所得》的演讲，之后又赴广州青年会作了《出席世界新教育会议之经过》的演讲，阐释考察各国教育所想所得。②

（三）留学深造孕育比较教育学术人才

20 世纪上半叶，留学也被视为比较教育学科活动的一项重要内容。作为推动 20 世纪二三十年代中国比较教育学实践活动的核心，外国学习的宝贵经验和所获得的教育实践感知使留学生对中国比较教育学有了更加深刻的认识和体会。留学生们以更加开放的研究态

---

① 叶澜：《二十世纪中国社会科学：教育学卷》，360～361 页，上海，上海人民出版社，2005。

② 国立中山大学：《国立中山大学教育研究所一览》，转引自生兆欣：《二十世纪中国比较教育学史》，53 页，北京，高等教育出版社，2011。

度和更加先进的教育理念推动中国比较教育学的发展与演进。基于
留学浪潮的兴起，大批学子先后前往日本、美国等国进行学习深造。
其中，世界比较教育学科发展的中心——美国哥伦比亚大学一直是
留学生首选的修学基地。除此之外，还有斯坦福大学、普林斯顿大
学、芝加哥大学、柏林大学、伦敦大学等众多世界一流名牌学校。①

　　留学经历使他们真切地感受到了国外教育先进的发展理念与所
取得的重大成就。自此，留学生也致力于将西方教育制度向中国同
胞进行系统介绍，从而成为中国比较教育学科发展的奠基者。可以
说，中国比较教育学的确立离不开留学生群体的付出和努力，其中
包括中国早期著名的比较教育学家庄泽宣、孟宪承、常道直、钟鲁
斋、王承绪等一批留学生。庄泽宣先生留学于美国迈阿密大学牛津
分校和哥伦比亚大学，师从美国著名比较教育学家康德尔，获得教
育学硕士学位和哲学博士学位；孟宪承先生留学于美国华盛顿大学
和英国伦敦大学，获得华盛顿大学的教育学硕士学位；钟鲁斋先生
获得了美国斯坦福大学的教育学博士学位；常道直先生留学于美国
哥伦比亚大学师范学院，受教于杜威，并在德国大学和英国伦敦大
学进行深造，利用留学机会系统考察了欧洲各国的教育体系。②

　　王承绪先生于 1936 年毕业于浙江大学，受教于庄泽宣先生和孟
宪承先生。1938 年，王承绪先生被公派赴英留学，1941 年获得伦敦
大学教育学硕士学位，1947 年应邀回国任教于浙江大学，正式开始
了他的比较教育学研究生涯。③ 这一时期，基于庄泽宣、钟鲁斋以
及王承绪等前辈的努力，比较教育学科得以确立，比较教育学开始

---

① 郑刚：《留学生与 20 世纪二三十年代中国比较教育学科的发展》，载《比较教育研
究》，2013(11)。
② 杨来恩：《中国近代比较教育学家的学术范式研究——以庄泽宣、常道直、罗廷
光为中心的考察》，博士学位论文，华东师范大学，2018。
③ 杨春梅：《人格肖像：王承绪先生的为学与为师叙事》，载《学位与研究生教育》，
2018(11)。

以国外教育思想、教育制度为研究重点。

其中，庄泽宣主要倾向于列国并比法，继承了康德尔的思想，重视从民族性的角度去剖析教育问题。常道直则主要运用逐国叙述法，以国家为单位进行逐一叙述，使读者对不同国家的教育形成完整的概念，获得系统的了解。钟鲁斋则采用折中法，认为应该首先提出研究的问题，然后逐国描述，最后再做深入的比较，同时还需归纳出不同国家在其教育制度上的差异。庄泽宣先生、常道直先生以及钟鲁斋先生等人被视为中国早期比较教育学发展的中流砥柱和比较教育研究领域带头人，对于中国比较教育学的发展功不可没，他们的留学经历对早期比较教育学发展具有重要价值。

(四)国际会议推动比较教育学术交流

参加国际教育组织及教育会议推动了中国比较教育学术交流。据不完全统计，1901 年至 1949 年，中国参加国际教育会议达 275 人次。[①] 从 1919 年首次参加在比利时召开的世界教育会议开始，之后我国便持续派遣就近留学生前往各种教育会议，在学习国外先进教育理念、受到强烈教育启发的同时，也积极发出中国声音。20 世纪二三十年代，中国派遣相关人员参加国际教育会议和教育组织达到高潮。

1923 年，东南大学校长、中华教育改进社董事兼交际主任郭秉文先生参加了在美国举办的世界教育协会联合会成立大会，并在 1927 年参加了在夏威夷举办的太平洋农垦教育会议；东南大学程其保先生也于 1923 年参加了在美国举办的世界教育协会联合会成立大会；1929 年，南开大学校长张伯苓参加了在瑞士举办的世界教育协会联合会第三届大会；1931 年，中山大学教育系庄泽宣前往法国参

---

① 沈岚霞：《20 世纪上半叶美国对华教育传播研究——以哥伦比亚大学师范学院为例》，博士学位论文，华东师范大学，2010。

加了世界新教育联谊会第六届会议；1934 年，北京大学校长蒋梦麟
赴菲律宾参加了远东高等教育会议；沪江大学校长刘湛恩分别于
1929 年和 1934 年前往瑞士和菲律宾参加了世界教育协会联合会第三
届大会以及远东高等教育会议；1935 年，湖北省立教育学院院长罗
廷光赴英国参加了世界教育协会联合会第六届大会；1936 年，陶行
知参加了在英国举办的第八届世界新教育协会联谊会；1945 年，胡
适参加了在英国举办的联合国教科文组织筹备大会；1946 年，常道
直前往美国参加了世界教育专业会议。①

　　1946 年 11 月，浙江大学校长竺可桢先生作为中国代表团代表，
王承绪先生和钱三强先生作为中国代表团秘书参加了在法国巴黎举
办的联合国教科文组织成立大会。② 中国学者积极活动于世界各国，
并在国际教育会议中留下了足迹。通过广泛参与国际教育会议，中
国学者有机会开阔教育眼界，学习先进教育理论，并全面了解世界
教育发展趋势，把握当时各国教育发展潮流，进而能够更加客观、
准确地识别中国教育问题。

　　简言之，新中国成立前中国比较教育学经历了一个较为漫长的
发展过程。西方传教士著书立说，以及西学东渐的兴起逐渐开启了
中国比较教育学科发展的大门。随着时代的演进，"中体西用"教育
理念的提出，大大激发了对于外国教育制度的研究热情，并助力推
进了对于西方先进教育经验的认识。通过组建研究会和协会组织以
着眼于世界教育事业发展，扎实启动了中国较为正式的比较教育学
科发展进程。西方学者来华讲学以及出国留学潮流的兴起、广泛参
与国际教育会议，不仅为中国比较教育发展孕育了优秀研究人才，

---

　　① 沈岚霞：《20 世纪上半叶美国对华教育传播研究——以哥伦比亚大学师范学院为
例》，博士学位论文，华东师范大学，2010；兰军：《民国时期中国教育在国际教育论坛上
的展现——基于对国际教育组织及会议的考察》，博士学位论文，华中师范大学，2007。
　　② 阐闻、李志永：《王承绪先生比较教育思想研究》，载《中国高教研究》，2010
(10)。

更凸显出中国正逐渐打破被动接受外国教育信息的局限，开始以更加开放的心态更加主动地参与国际教育事业的发展，以全面把握当时教育发展的态势。

二、比较教育学学科制度缓慢萌芽

随着比较教育学术活动的兴起，比较教育学科制度化逐渐萌芽。基于教育期刊出版、专业课程设置、教育机构建立，以及从译著到编著的转换，中国比较教育学科地位一步一步凸显和确立。

（一）教育期刊搭建比较教育学术交流平台

20 世纪初期，中国比较教育学科成立的标志首先表现为专业教育期刊的出现和国外比较教育著作的翻译引进。1901 年 5 月，王国维和罗振玉协同创办了《教育世界》杂志，作为中国最早的教育类专业杂志，其创刊宗旨在于一是引诸家精理微言以供研究，二是载各国良法宏观以资则效，三是录史人嘉言懿行以示激劝。[①] 杂志设置了译篇专栏，重视对日本以及欧美各国教育制度和教育理论学说的译介，并以外国教育研究方面的文章为主要刊登内容。《教育世界》当时畅销全国，影响深远，为中国学界开辟了中外教育交流的新天地。[②] 1901 年至 1907 年，《教育世界》连续出版了七集《教育丛书》，每一集都印发了关于外国教育研究的文章，至 1908 年 1 月停刊，共出 166 期。[③]

1909 年，商务印书馆创办《教育杂志》，也刊登了大量介绍国外教育制度的文章，是民国时期出版时间最长的一本刊物。《教育杂志》极其重视对外国教育研究发展动态的审视和考察，设有"新刊介

[①]　叶澜：《二十世纪中国社会科学：教育学卷》，353 页，上海，上海人民出版社，2005。

[②]　孙益、史晓娟：《〈教育杂志〉与民国时期的外国教育史研究》，载《教育史研究》，2017(2)。

[③]　叶澜：《二十世纪中国社会科学：教育学卷》，353 页，上海，上海人民出版社，2005。

绍""儿童研究""小学教育论坛""世界教育新潮"等众多栏目，旨在描述欧美教育制度发展的最新进展和教育热潮，以及各国在儿童教育研究方面的最新成果。[①] 据统计，1909 年至 1939 年，《教育杂志》的第一卷至第二十六卷所刊印的外国教育文章中，关于美国教育研究的文章共 74 篇，日本教育研究的文章有 81 篇，英国和法国分别有 34 篇和 33 篇，德国教育研究的文章有 49 篇，俄国（包括苏联）教育研究文章共计 36 篇。[②]《教育杂志》直到 1948 年 12 月才正式停刊，为中国比较教育学科发展积累了相当丰富的前期资料。

1917 年 10 月，黄炎培主持创办了《教育与职业》杂志，刊载内容紧紧围绕国内外职业教育理论、各国职业教育发展概况与职业教育制度等主题。1919 年 2 月，作为新教育共进社的机关刊物《新教育》在上海出版，蒋梦麟和陶行知先后担任该杂志主编。《新教育》重点关注美国教育概况、教育管理、高等教育、师范教育以及教学法等内容。[③]

除此之外，其他教育杂志也或多或少对外国教育有所关注，并刊载了一系列关于外国教育思想和理论方面的成果。如 1917 年，《清华学报》就刊载了程其保先生所写的《卢梭教育思想》一文。[④] 作者指出："卢梭之教育多得力于经验，故其平日所抱之主见，恒由感触而发，其立论更与他人不能相容。""卢氏以只手为教育界，开一新天地，为世界众生，开无前之利益，是诚达识先觉者矣。"可见，专业教育期刊的创建为中国比较教育学科发展提供了良好的交流平台，为比较教育学者开辟了新的研究天地，并逐渐确立了比较教育研究

① 孙益、史晓娟：《〈教育杂志〉与民国时期的外国教育史研究》，载《教育史研究》，2017(2)。
② 王承绪：《比较教育学史》，294～296 页，北京，人民教育出版社，1999。
③ 叶澜：《二十世纪中国社会科学：教育学卷》，354 页，上海，上海人民出版社，2005。
④ 程其保：《卢梭教育思想》，载《清华学报》，1917(3)。

领域，推动了早期中国比较教育学制度化进程。

（二）专业课程与机构确立比较教育学科地位

专门教育研究机构和比较教育课程的设置进一步确定了比较教育学的学科合法地位。1901 年前后，美国耶鲁大学校友会成立"雅礼协会"(Yale in China)。1906 年，雅礼协会在湖南长沙创办了雅礼中学(The Yale Union Middle School)，并在 1914 年创办了雅礼学院(The College of Yale in China)。此外，耶鲁外国人传教协会还与湖南玉群协会正式签订湘雅协议，共同开办湘雅医学院。雅礼协会还积极参与了中国华中大学理学院的组织建设。① 雅礼协会引进了美国学校教育发展模式，以大力培养中西文化共通人才。1928 年，哈佛大学与中国燕京大学协同成立了哈佛—燕京学社，并在燕京大学设立办事处，为中美教育交流提供了良好机遇与条件。1933 年，德国汉学家与我国留德学生联合创立了中德学会，全面推进中德教育交流。②

1928 年，国立中山大学教育研究所正式成立，该研究所是我国近代第一个专门的教育研究机构。从研究所成立至 1933 年 6 月，庄泽宣一直担任该所主任。研究所除了从事教育教学问题研究任务之外，还积极开展对外交流活动，动员研究所人员积极出国考察国外教育情况，主要研究英国、德国、丹麦、法国等国教育发展现状和趋势。③ 1928 年 2 月，中山大学创办《教育研究》杂志，并设置了比较教育研究专号，包括"欧美新教育运动专号""菲律宾教育考察专号""日本教育研究专号"等，以梳理不同国家和地区的教育状况。《教育研究》还刊载了崔载阳教授撰写的《法国小学教育研究》和《美国

---

① 田正平：《中外教育交流史》，718～728 页，广州，广东教育出版社，2004。
② 田正平：《中外教育交流史》，1328～1329 页，广州，广东教育出版社，2004。
③ 周兴樑、胡耿：《中国教育科学研究与人才培养的开拓者——国立中山大学教育研究所(1927—1949)探析》，载《中山大学学报(社会科学版)》，2009(2)。

的初级大学》等重要学术文章，积极推进中山大学比较教育学术发展研究，逐渐奠定了新中国成立前中山大学在国内比较教育学的枢纽地位。

除建立专门机构推动比较教育学术研究和学科发展外，比较教育学课程的设置也助力提升了比较教育学科化水平。1913 年，教育部在公布的高等师范学校课程标准中指出，高师国文部、英语部、地理部、物理部以及化学部等都要设置"西洋伦理学史""东南亚各国史"等相关课程。① 1922 年，国立北京高等师范学校（后改名为国立北平师范大学）在教育系中开设了"各国教育制度"选修课程，共计 2 学分，每周授课 2 学时。② 1930 年，国立北平大学女子师范学院也设置了 6 学分的"各国教育行政"选修课程。③ 1931 年，国立北平师范大学首次将"各国教育行政"课规定为必修科目。④ 尽管这些课程还未凸显出比较教育的真正意蕴，但为后期"比较教育"课程的正式设立进行了早期探索。

1930 年，私立燕京大学首先开设了以"比较教育"命名的选修课，要求文学院教育学系本科三、四、五年级学生学习。课程内容主要介绍英国、法国、德国、日本等国的教育制度以及教育发展趋势等。⑤ 同年，厦门大学教育学院开始将"比较教育"设置为师范生必修课程，该课程共计 3 学分，钟鲁斋是该课程主讲教师。⑥ 1932 年，

① 舒新城：《中国近代教育史资料》中册，729～741 页，北京，人民教育出版社，1961。

② 国立北京高等师范学校：《国立北京高等师范学校组织大纲、学则概要、学科一览及课程标准》，17 页，1922。

③ 国立北平大学女子师范学院：《国立北平大学女子师范学院课程标准》，3 页，1930。

④ 国立北平师范大学：《国立北平师范大学一览》，74 页，1931。

⑤ 私立燕京大学：《私立燕京大学一览》，97 页，1931。

⑥ 洪永宏：《厦门大学校史：第一卷，1921—1949》，108 页，厦门，厦门大学出版社，1990；郑刚：《留学生与 20 世纪二三十年代中国比较教育学科的发展》，载《比较教育研究》，2013(11)。

《国立中山大学概览》明文规定中山大学教育系三年级学生必修"比较教育"这一科目，每周上四节课，共计 3 学分，雷通群教授和崔载阳教授是主要授课教师。同年浙江大学也将"比较教育"列为教育学专业必修课程，每周授课两小时，共计 2 学分，由孟宪承授课。[①]

1934 年，庄泽宣教授受聘浙江大学，主讲外国教育史和比较教育学，他以《西洋教育制度的演进及其背景》《各国学制概要》《各国教育比较论》等为主要授课教材。[②] 1936 年，中国众多高校教育系已将"比较教育"列为必修科目，并规定修习学分，推动了中国比较教育学科的制度化进程。

(三)译作编著昭示比较教育研究新开端

1901 年，白作霖翻译了《各国学校教育制度》。该书是目前能够查阅到的国内第一本关于外国教育的翻译作品。1913 年，李煜瀛翻译了《法兰西教育》；1917 年，王仁簃编译了《德国教育新调查》；1920 年，何炳松翻译了《美国教育制度》；1928 年，许崇清翻译了《苏俄之教育》；1940 年，罗廷光翻译了康德尔的《比较教育》。[③]

比较教育学专门著述的涌现为中国比较教育学科发展开辟了新的天地。1911 年，陆费逵编著的《世界教育状况》(中华书局)被视为中国第一部较系统地介绍外国教育的专著。[④] 此后，教育界开始更加积极关注各国教育发展动向，描述介绍外国教育的著作大量出现。但是学者在其教育论著中往往仅是单纯描述各国教育状况，并未凸显"比较"的意蕴。直到 1917 年，余寄编写的《德法英美国民教育比较论》(中华书局)才第一次正式运用"比较"一词，并采取比较研究

---

①　郑刚：《留学生与 20 世纪二三十年代中国比较教育学科的发展》，载《比较教育研究》，2013(11)。

②　王承绪：《比较教育学史》，297 页，北京，人民教育出版社，1999。

③　侯怀银、李旭：《20 世纪比较教育学学科建设的本土探索》，载《高等教育研究》，2010(2)。

④　孙培青：《中国教育史》，368 页，上海，华东师范大学出版社，2007。

法，辨析了美、英、法、德四国教育差异，最后还联系中国当时教育发展实情，反思了中国教育的落后等一系列问题。① 1918 年，黄炎培编撰了《东南洋之新教育》（商务印书馆），等等。

1927 年，中山大学教育研究所所长庄泽宣教授编写了《各国教育比较论》，并于 1929 年由商务印书馆正式出版。《各国教育比较论》一书以更加鲜明的"比较"研究法对英、美、德、法四国教育进行了更加全面系统的研究和阐述。该书一共有十章。第一章是各国学校系统比较，第二章到第八章分别对德国、法国、英国和美国的教育行政组织、初等教育、中等教育、高等教育、师范教育、职业及补习教育以及成人教育依次进行比较，第九章和第十章分别概述了日本和俄国教育的最近发展。庄泽宣在自序中写道："环顾国内各书店，谈此数国之教育制度且比较列论之书，犹未之见，即外国文之比较教育书籍亦尚罕见，余因搜集材料编而辑之，不敢云作也。"② 庄泽宣的《各国教育比较论》一书标志着民国时期中国比较教育学科发展的新开端，为中国比较教育学科建设奠定了重要基础，比美国康德尔所著的《比较教育》还要早四年出版。③

此外，庄泽宣还编写了《西洋教育制度的演进及其背景》（民智书局，1928）、《如何使新教育中国化》（民智书局，1929）、《各国学制概要》（商务印书馆，1931）等比较教育类著作。在《西洋教育制度的演进及其背景》一书中，庄泽宣明确指出：中国的新教育不独效仿西洋教育的形式而且探取西洋教育的精神，于是不单是要明了西洋现代的教育制度，并且要晓得这种制度的由来与演进。④ 因此，作者首先探寻了希腊、罗马、基督教、阿拉伯等与西洋文化及教育的关

---

① 李其龙：《我国比较教育科学的发展历程》，载《外国教育资料》，1983(1)。

② 庄泽宣：《各国教育比较论》，1～3 页，上海，商务印书馆，1929。

③ 汪利兵：《比较教育的世纪回顾——我国著名比较教育学家王承绪教授访谈录》，载《外国教育资料》，1996(5)。

④ 庄泽宣：《西洋教育制度的演进及其背景》，5～14 页，上海，民智书局，1928。

系，然后转而论述近代欧洲文化与教育制度的形成、新教育的建设与扩充等。

1930年，常道直先生在其编写的《比较教育》(中华书局)著作中首次提出了"比较教育"的概念。他以国家为研究单位，分别对俄国、意大利、奥地利、丹麦、土耳其、日本、瑞士以及比利时八国的教育行政组织、初等教育、中等教育、高等教育、职业教育等进行论述，揭示各国教育发展近况和革新过程，指出教育是国家改造和新国家建设中的主要力量这一中心思想。[1] 之后常道直还撰写了《德法英美四国教育概观》(商务印书馆，1930)、《各国教育制度》(中华书局，1941)等著作，对代表性国家教育发展进行了系统的阐述和介绍。与此同时，基于《比较教育》一书的影响，更多学者开始使用"比较教育"这一术语，并以"比较教育"作为著作名称，使得比较教育学的学术地位逐渐凸显，学科性质为学界所接受。

1931年，孟宪承编撰了《西洋古代教育》(商务印书馆)。1933年，陈作樑编写了《比较教育》(中华书局)一书，主要对英、美、德、法、日各国的最新教育问题及问题的起源与沿革，以及各国现行教育制度进行了详细论述，包括幼稚园教育、义务教育、中等教育、高等教育、职业教育、师范教育，并总结了各国教育革新改造运动及特色。[2] 1934年，陈作樑、刘家壎又合编了另外一本《比较教育》著作。1935年，钟鲁斋也出版了《比较教育》与《教育之科学研究法》。1937年，商务印书馆出版了"比较教育丛书"，对美国、波兰、意大利、德国等国的教育发展进行了专门研究。[3] 1939年，罗廷光出版了《最近欧美教育综览》(商务印书馆)一书。

---

① 常道直:《比较教育》，1~12页，上海，中华书局，1930。
② 陈作樑:《比较教育》，1~4页，上海，中华书局，1933。
③ 侯怀银、李旭:《20世纪比较教育学学科建设的本土探索》，载《高等教育研究》，2010(2)。

1944 年至 1945 年，王承绪先生在伦敦留学期间，在《东方副刊》上发表了《英国教育制度之改造》《英国工学之前途》《英国师范教育之现状及其改进》等一系列文章。其中在《英国教育制度之改造》一文中，王承绪对英国教育改造的目的与原则、教育改造计划的梗概进行了阐释，指出英国通过更张学制，改造中学，提倡幼儿教育，扩充继续教育，整理教会学校，以及改组教育行政制度等举措，以增进儿童幸福，确立生活始基，扩充青年教育机会，改善教育设施，发展青年才智，并发扬民族文化。①

1947 年，王承绪归国后，翻译了由联合国教科文组织编写的《基本教育》（上册和下册），并于 1947 年和 1948 年由商务印书馆出版。后来，他又撰写了《战后英国的小学教育》这一专著，由商务印书馆于 1948 年刊印发行。② 比较教育专著的出版推动了我国比较教育学的早期发展，为中国比较教育学科体系的建立奠定了坚实的基础，使中国比较教育学在探索中又向前迈进了一大步。

概言之，新中国成立前，中国比较教育学获得了良好的发展，比较教育学科身份也逐渐凸显。从单纯翻译、介绍外国教育制度著作到以"比较教育"正式命名的著述的大量涌现，这一转化是中国比较教育学科发展转型过程中的重要环节之一，是中国比较教育学者更加有意识地着眼于学科建设的强烈表现。同时，专门教育研究机构的成立更是保障了比较教育研究的学术性和规范性；而比较教育课程的制度化，以及专业教育期刊对比较教育学类文章的刊载也显现出中国学者正基于比较教育学术研究活动，努力推进比较教育学科制度化建设，进而逐渐奠定了比较教育学在中国教育学科中的合法地位。

---

① 王承绪：《英国教育制度之改造》，载《东方副刊》，1944(1)。
② 郑文：《王承绪先生与比较教育研究的"杭州学派"》，载《华南师范大学学报（社会科学版）》，2015(5)。

　　着眼于这一时期比较教育学科建设发展历程我们可以看到，随着国际关系和国内阶级矛盾的变化，比较教育学者不断转换研究视角，从对日本教育的全面关注，到大力引进美国教育体制，再到倡导"以俄为师"的基本教育方针，中国比较教育学拥有更加广阔的发展平台。对比较教育学科身份的正式确认，肯定了比较教育学科发展价值，为新中国比较教育学的发展奠定了基础。

第二节　比较教育学学科制度化建设

　　新中国成立后，东西方国际对立形势，以及国内各种矛盾的累积，严重阻碍了比较教育学科制度化建设，比较教育学术研究活动不同程度地受阻。尽管在比较教育学科制度化建设过程中，学科专业与人才培养、学术机构与学术刊物以及国际交流与学术合作等取得一定成就，但都发展缓慢，举步维艰。"文化大革命"更是使中国比较教育学科发展断裂，徘徊在几近毁灭的边缘。

一、专业建设与课程设置

　　新中国成立前，各高校在教育系专业中普遍开设了比较教育学课程，并作为必修科目，规定修满相应学分。新中国成立之初，国家百业待兴，学校教育体制难以适应社会发展需求。据统计，当时中国民众中有 80％以上都是文盲，学龄儿童的入学率只有 20％左右，在读中学生仅占当时总人口的 0.28％，大学生仅占 0.026％。[①]基于这样的社会现实，我国将目光投向同样是社会主义国家的苏联，将"以俄为师"作为中国前进道路中必须坚持的一项基本原则，以推进教育人才发展与培养。

　　在"左"倾错误思想影响下，一些人认为比较教育学并不是苏联

———————————

① 　张俊洪：《建国后教育实行"以俄为师"的历史教训》，载《教育评论》，1989(1)。

高等院校教学中的必修科目，因此，要求立刻取消高等师范院校在新中国成立前所开设的比较教育课程。① 1949 年 10 月 11 日，华北高等教育委员会公布的《各大学专科学校文法学院各系课程暂行规定》，明确指出要正式取消我国教育系专业中的必修课程《比较教育》，并将 13 门基础课程中唯一的外国教育类课程修改为"苏联及新民主主义国家教育研究"。② 自此，中国高等师范院校中所开设的比较教育必修课程不复存在。

1949 年 10 月 5 日，刘少奇在中苏友好协会成立会议上明确指出："我们要建国，同样也必须'以俄为师'，学习苏联人民的建国经验。""苏联有许多世界上所没有的完全新的科学知识，我们只有从苏联才能学到这些科学知识。例如：经济学、银行学、财政学、商业学、教育学等。"③因此，从 1949 年开始，中国各学校就开始展开使用苏联教材的一系列活动。

1952 年至 1957 年，北京师范大学以"以苏为师"指导开展了一系列教学革新。1952 年在苏联专家波波夫的指导下，北京师范大学参照苏联师范学院教学计划，拟订了学校中 12 个院系的教学计划。④苏联教育专家也协助北京师范大学改革教材教学内容，指导教学管理，强化教学方法的有效使用。1954 年至 1955 年夏，北京师范大学编写了 137 种本科生教学讲义，其中以苏联教材为模本的有 94 种，直接沿用苏联教材的有 18 种。

东北地区全面动员各方面的教育力量，坚持以苏联的自然科学

---

① 朱勃：《教育三面向与今日比较教育》，57 页，广州，广东高等教育出版社，1985。

② 《各大学专科学校文法学院各系课程暂行规定》，转引自生兆欣：《二十世纪中国比较教育学史》，31 页，北京，高等教育出版社，2011。

③ 中央教育科学研究所：《中华人民共和国教育大事记：1949—1982》，4 页，北京，教育科学出版社，1984。

④ 北京师范大学校史编写组：《北京师范大学校史：1902—1982》，145、146、149 页，北京，北京师范大学出版社，1982。

课程教材为蓝本，开始编译中国东北地区初一、初二年级的中学教材。1952 年，教育部正式发出通告，明确要求各高等院校制订编译苏联教材的系统计划，强调计划中首先规定翻译苏联高校中大一、大二年级的专业性教材和基础性教材，然后再以其为模本逐步编译其他各科目教材。一些师范院校更是坚持以苏联教育作为学习榜样，全面借鉴苏联经验编写教材。如浙江师范学院在 1954 年的下半学年中，直接翻译 41 种苏联教材，编译 79 种苏联教材，79％的教学材料都参考了苏联的教学模本。① 新中国成立初期，中国坚定不移地借鉴苏联教育发展道路，坚持直接引进和编译苏联教材，旨在革新我国人才培养体系，优化学校课程专业设置，使中国教育在困境中得以迅速恢复。

除此之外，各级各类师范院校都把康斯坦丁诺夫主编的《世界教育史纲》和康斯坦丁诺夫、米定斯基、沙巴也娃合著的《教育史》以及凯洛夫主编的《教育学》等作为基本的教材。教师在进行系统讲授之余，也要求学生进行全面阅读，了解各教育学家的基本教育理念和教育思想，以提升自己的教育素养，获得深层次的教育体悟。1951年，沈颖等人翻译了苏联教育家凯洛夫的《教育学》，郭从周等人翻译了冈察洛夫所撰写的《教育学原理初稿》。1952 年，于卓等人译介了叶西波夫等合著的《教育学》(上册)。1953 年，陈侠与丁西成等人翻译了斯米尔诺夫编著的《教育学初级读本》。林子勋与房汉佳也分别于 1966 年和 1969 年翻译了美国比较教育学者莫尔曼编写的《比较教育》以及《比较教育制度》。②

1957 年至 1960 年，人民教育出版社和商务印书馆陆续出版了一批外国教育家原著，如夸美纽斯的《大教学论》、洛克的《教育漫话》、《裴斯泰洛齐教育文选》《马卡连柯全集》《克鲁普斯卡娅教育文选》、

---

① 张俊洪：《建国后教育实行"以俄为师"的历史教训》，载《教育评论》，1989(1)。
② 顾明远：《中国教育的文化基础》，234 页，太原，山西教育出版社，2004。

福禄培尔的《人的教育》、杜威的《经验与自然》、福泽谕吉的《劝学篇》和《文明概论》等。① 这些著作开阔了中国学校师生的教育眼界，使他们能够及时了解世界最新的教育理论和教育思想，更新教育知识库，把握世界各国教育发展动向，从而为中国比较教育学发展积累更丰富的基础知识以及研究材料。20 世纪 60 年代，王承绪先生带领下的杭州大学教育系和南京师范学院教育系合作编译《西方资产阶级教育论著选》（人民教育出版社，1964），该书成为许多师范类学校教育系的参考书目。

随着世界局势的迅速变化，特别是中苏关系的破裂，1961 年 4 月，教育部颁布了《教育系学校教育专业教学方案（修订草案）》，对我国的课程设置进行了相应的调整。文件规定 5 年制高等院校本科专业的必修课中必须有大约 70 学时的"外国教育论著选读"，把"苏联教育现状研究"排除在外国研究专业选修课之外，取而代之的是"现代西方教育思想流派研究""外国教育现状研究"等，以便及时了解各国教育基本发展现状。②

尽管没有正式恢复"比较教育"在高等师范院校中的必修课程地位，但各师范院校也在关注国外教育发展动向，重视学生国际视野的培养。如杭州大学启动学校课程学习内容变革，要求打破对教育系学生主讲苏联教育以及人民民主国家教育的局限，对高年级教育系专业学生讲授美国、英国、日本、法国以及西德等发达国家的教育现状课程③，以使高校师生了解资本主义国家的教育发展潮流。

二、学术机构与学术刊物

基于国家政治发展的需要，比较教育学术机构和比较教育学术期刊得以产生。以北京师范大学为首的一批高校开始着手创建外国

---

① 梁忠义：《比较教育四十年》，载《高等师范教育研究》，1989(5)。
② 生兆欣：《二十世纪中国比较教育学史》，32 页，北京，高等教育出版社，2011。
③ 王承绪：《比较教育学史》，304 页，北京，人民教育出版社，1999。

问题研究专门机构,《外国教育动态》《外国教育资料》以及《日本教育情况》等专业期刊相继出现,初步构建起中国比较教育学的学术交流框架。

(一)成立专门研究机构

20世纪60年代,中国同世界各国的交往变得日益密切。党和教育行政部门更加关注国外教育的发展和教学研究工作,我国逐渐产生了一批专门研究外国教育问题的学术研究机构或研究室。1961年9月,中共中央批准试行《教育部直属高等学校暂行工作条例(草案)》(简称"高校六十条")。为了有效推进"高校六十条"的实施,全面提升中国教育质量,中国开始着眼于建设比较教育学研究机构。[1]

1964年2月,教育部批准在北京大学设立外国高等教育情报资料室,以及在清华大学设立外国技术教育情报资料室。[2] 这些资料室的任务在于收集、整理、编译外国高等教育以及中等专业教育的历史、现状和发展动向方面的教育情报资料,供领导研究参考。[3]同时,教育部直属的高等院校也开始招收专门研究外国理论与现状的研究生,助力比较教育学术研究。同年5月,国务院外事办公室以及中共中央国际问题研究指导小组共同批准了教育部印发的《关于高等学校建立研究外国问题机构的报告》,再次明确强调为配合当时国际斗争的需要,要求中国高校能够建立一批专门研究外国教育的学术机构。在此背景下,北京师范大学成立了外国教育研究室,华东师范大学(1972年与其他两所院校合并更名为上海师范大学,1980年又改为原名)成立了西欧北美教育研究室,吉林师范大学(1980年更名为东北师范大学)成立了日本教育研究室和朝鲜教育研究室,河

---

① 刘宝存:《继往开来,再创辉煌,不断谱写中国比较教育新篇章》,载《比较教育研究》,2011(10)。

② 王承绪:《比较教育学史》,302页,北京,人民教育出版社,1999。

③ 田正平:《中外教育交流史》,1003页,广州,广东教育出版社,2004。

北大学成立了日本教育研究室。① 这些研究室翻译外国教育资料，以供相关部门参考。其中，北京师范大学任命欧阳湘教授和符娟明教授为外国教育研究室主任和副主任。1965 年 12 月，北京师范大学整合四个研究机构成立了外国问题研究所，谢芳春先生担任所长，刘宁和顾明远先生为副所长，并下设四个专门研究室，即苏联哲学研究室、外国教育研究室、苏联文学研究室以及美国经济研究室。②

1966 年"文化大革命"开始后，各研究室基本停止了学术研究工作。直到 1972 年 11 月，国务院科教组邀请了北京师范大学、华东师范大学、吉林师范大学、河北大学等几所高校有关人员就外国教育研究问题进行座谈，并最终确定各校外国教育研究室根据现有人员力量和研究基础，分工展开外国教育研究工作。其中，北京师范大学主要着眼于美国、东欧、苏联等国家和地区的教育研究；华东师范大学主要研究北美和西欧地区的教育情况；吉林师范大学重点关注战后的日本教育理论、教育思想和教育现状，以及朝鲜的教育成就与经验；而河北大学主要研究日本教育现状和教育历史等方面的问题；各高校适当兼顾亚洲、非洲以及拉丁美洲等发展中国家的教育。③

这之前的 1971 年，华东师范大学的西欧北美教育研究室更名为"外国教育研究室"，在刘佛年教授的领导下，在孟宪承校长和常溪萍副校长的支持下，研究室恢复正常工作，积极检索比较教育资料，收集整理了大量外国教育文献，培养了一批青年比较教育学术研究人员。④ 1972 年，北京师范大学等高校的外国教育研究室也逐步恢

---

① 梁忠义：《比较教育四十年》，载《高等师范教育研究》，1989(5)。

② 刘宝存：《继往开来，再创辉煌，不断谱写中国比较教育新篇章》，载《比较教育研究》，2011(10)；顾明远、李敏谊：《顾明远教育口述史》，67～68 页，北京，北京师范大学出版社，2007。

③ 高原：《借鉴与救赎：中国比较教育百年》，载《全球教育展望》，2017(10)。

④ 胡力佳：《甘抛年华赌明天——为华东师范大学比较教育研究所建所 30 周年而作》，载《外国教育资料》，1994(4)。

复研究工作。比较教育专门研究机构的出现，引领着中国比较教育学术研究方向，保证比较教育学更加规范化和系统化，使不同高校能够明确各自专业研究领域，以较全面地把握各国教育进展与教育发展历程。1975 年，吉林师范大学成立外国问题研究所。

(二)创办比较教育学术刊物

新中国成立之初，鉴于政治、经济等发展需要，介绍苏联所取得的优秀教育经验几乎成为中国比较教育学的唯一任务。1912 年 1 月创刊的《中华教育界》在 1949 年开设了"苏联教育专刊"栏目，该栏目主要是以"向苏联学习——接受苏联教育建设的宝贵经验，和新中国教育建设的实践结合起来"为指导，系统介绍苏联成功教育经验和教学成就，进而使中国学者及相关教育人员能够有所借鉴和参考。

1950 年，新中国成立之后的教育机关刊物《人民教育》正式创刊。同年 5 月 1 日，毛泽东为《人民教育》创刊号题词："恢复和发展人民教育是当前重要任务之一"[1]。教育部副部长柳湜在创刊词中也指出，学习苏联的社会主义教育经验是《人民教育》杂志创刊任务之一，它已经是我国当前发展建设中的一个重要口号，我国应该学习苏联从文化落后的沙皇俄国成为社会主义苏维埃共和国的过程中在教育上所取得的经验，学习苏联新的教育科学，以便帮助我们摆脱资产阶级的教育学说，并推动现实的教育发展。[2] 因此，《人民教育》从1950 年开始便经常刊载有关苏联教育方面的文章。

比较教育学专业学术期刊也在 20 世纪 60 年代后开始出现。1965 年 5 月，在教育部和中宣部的指导下，北京师范大学外国教育研究室正式刊印《外国教育动态》，这是中国教育史上第一本具有比较教育学性质的杂志。杂志创刊之初便任命顾明远为杂志的责任编

---

[1]　教育部中华人民共和国教育史研究课题组：《中华人民共和国教育 50 年大事记》，载《人民教育》，1999(10)。

[2]　柳湜：《为建设新中国人民教育而奋斗——发刊辞》，载《人民教育》，1950(1)。

辑，负责《外国教育动态》出版事务。同年 8 月，《外国教育动态》正式出刊，直到 1966 年，共出版了 2 期试刊和 5 期正刊。[①] 作为内部刊物，《外国教育动态》的办刊宗旨在于为批判性研究外国教育提供参考，并协助广大教育工作人员在教育领域积极展开反对帝国主义、反对现代修正主义的斗争。[②] 所刊载的内容主要包括介绍马列主义方面的教育作品，引进社会主义国家的教育经验，关注亚非拉民族国家的教育概况，批判资本主义国家的教育政策，译介国外先进教育思想流派，聚焦别国教育改革动态和研究成果，等等。

1966 年 6 月，《外国教育动态》被扣上了传播修正主义教育思想和资产阶级教育理论的帽子而被迫停刊。1973 年，《外国教育动态》又开始作为内部参考刊物进行刊发，到 1979 年一共印发了 22 期。1980 年，该杂志获得教育部批准并作为公开刊物向全国发行。[③]

除北京师范大学出版的《外国教育动态》之外，华东师范大学的外国教育研究室也在 1972 年开始出版内部参考刊物并命名为《外国教育资料》。该杂志以双月刊的形式进行印发，以美国教育动态和欧洲教育现状为主要刊载内容，设有美国和西欧等国教育体制、中学教材改革以及战后师范教育问题等专辑，系统考察其教育发展脉络和未来发展趋势。该杂志也涉及日本、苏联和其他国家教育问题，全面观测各国教育动态。《外国教育资料》还翻译出版了不少教育著作，如美国教育家杰罗姆·S. 布鲁纳的《教育过程》、巴巴拉·伯恩的《九国高等教育》等。[④] 1972 年至 1976 年，《外国教育资料》共不定期发行了 21 期[⑤]，为日后比较教育学系统研究积累了丰富的资料，

①　顾明远：《我和比较教育》，载《比较教育研究》，2005(1)。
②　叶澜：《二十世纪中国社会科学：教育学卷》，357 页，上海，上海人民出版社，2005。
③　顾明远：《我和比较教育》，载《比较教育研究》，2005(1)。
④　王承绪：《比较教育学史》，303 页，北京，人民教育出版社，1999。
⑤　胡力佳：《甘抛年华赌明天——为华东师范大学比较教育研究所建所 30 周年而作》，载《外国教育资料》，1994(4)。

奠定了华东师范大学比较教育学的学科地位。

1974 年，吉林师范大学的日本教育研究室也正式创办《日本教育情况》(后更名为《外国教育研究》)。《日本教育情况》主要关注日本的教育发展，刊发有关日本教育的文章，如日本教育 30 年的发展、战后的日本职业教育以及他国对日本教育所造成的影响，等等。[①]《日本教育情况》杂志直到 1985 年才正式公开发行。

除了以上比较教育专业期刊之外，其他教育类期刊也或多或少刊载了关于外国教育动态的文章。据统计，《江苏教育》《学术研究》《湖南教育》《西北师大学报(社会科学版)》以及《国外社会科学文摘》等刊物上这一时期的比较教育论文大约有 70 篇。[②] 比较教育专业学术机构的创建和学术刊物的出版，为中国广大比较教育学者提供了良好的学术交流契机，增加了中国学者对于外国教育状况的了解和认识。比较教育专业期刊的创办也极大地提升了中国比较教育学科发展建设的制度性和规范性，开拓了比较教育交流新天地，同时也满足了研究外国教育问题的需要。

三、国际交流与学术活动

新中国成立初期的国际交流与学术活动主要依靠国外教育专家来华讲学、依托国外资源联合办学、教育学者出国访问与出席国际教育会议、留学交流等形式，以推动中国比较教育学术发展和学科建设。

(一)来华讲学

比较教育学科的制度化建设离不开国际交流和相关学术活动。其中，外国专家来华讲学成为比较教育学术交流的重要途径。1949 年

---

① 王承绪：《比较教育学史》，303 页，北京，人民教育出版社，1999。
② 侯怀银、李旭：《20 世纪比较教育学科建设的本土探索》，载《高等教育研究》，2010(2)。

10 月，苏联文化艺术科学工作代表团来华访问，法捷耶夫为团长。俄罗斯联邦共和国人民教育部副部长杜伯洛维娜也相继在上海、北京等地向中国教育工作者介绍苏联教育工作所取得的成果和教育发展经验。她是新中国成立之后第一个向中国介绍苏联教育发展经验的苏联教育专家。① 此外，为深化中苏教育合作与交流，1950 年至1952 年，教育部先后邀请了五位著名苏联教育专家担任中国教育学发展顾问，包括苏联高等教育专家福民，教育专家卡尔波娃、阿尔辛节夫，学前儿童教育学专家戈林娜，苏联师范学院院长达拉巴金。②

各高等院校也积极邀请苏联专家来校讲学，如北京师范大学、华东师范大学、中国人民大学等都曾先后实施这一举措，并出版了苏联教育专家讲学的教育学报告或讲义，以便使中国高校师生能够时刻学习先进教育思想，并获得深刻启发。

1957 年 1 月，中央教育科学研究所邀请了苏联对外文化协会代表团团长、俄罗斯联邦共和国教育科学院院长凯洛夫来华讲学，全面介绍苏联在教育科学研究工作中的发展历程和有效经验。③ 凯洛夫的教育学说对中国产生了深远的影响。据统计，在我国，他主编的《教育学》1948 年版印刷了 10 次，共计291516册；1956 年版印刷 8次，共计 193897 册，当时的城市中小学教师几乎人手一本。④

（二）联合办学

1949 年 12 月，政务院举行的第一次政务会议指出，中国将革新

---

① 毛礼锐、沈灌群：《中国教育通史》第 6 卷，86 页，济南，山东教育出版社，1989。

② 毛礼锐、沈灌群：《中国教育通史》第 6 卷，86～88 页，济南，山东教育出版社，1989。

③ 杨琳：《20 世纪下半叶教育学在中国的引进及其影响研究》，博士学位论文，山西大学，2007。

④ 毛礼锐、沈灌群：《中国教育通史》第 6 卷，96 页，济南，山东教育出版社，1989。

高等教育体系，重新成立新型大学，以更好地适应我国社会发展需
要。中共中央决定以华北大学、华北人民革命大学和政法干部学校
为基础，创办一所以苏联高校为模板的新型大学，中国人民大学得
以诞生。[①] 学校全面参考苏联高校经验，邀请苏联教授来校指导，
全面、系统地引领学校建设发展。通过设立教学研究室、编译室以
及俄语专修班等举措，中国人民大学成为当时借鉴苏联教学经验的
典型示范高校。

　　1950 年 4 月，教育部依照刘少奇副主席的指示，出台了《哈尔滨
工业大学改进计划》，要求哈尔滨工业大学以苏联工业大学为蓝本，
仿效苏联工业大学的发展路径，重点培养中国大学所需的理工科师
资队伍和国内重工业部门所需的工程师，以代替派遣大批学生前往
苏联留学。[②] 实际上，哈尔滨工业大学的前身是一所中俄工业学校，
并由中、苏两国共同负责管理，直到 1950 年才由我国正式接管。教
育部印发《哈尔滨工业大学改进计划》后，哈尔滨工业大学进行了多
项改革，大力引进苏联工业高校的教材、教学大纲、教学制度和教
学计划，提倡俄语教学，并先后从苏联的 26 所高校中聘请 67 位教
育专家到哈尔滨工业大学进行讲学，以传授苏联工业大学发展经
验。[③] 中苏联合办学，使各级各类高校能够更加系统地接触苏联办
学模式，感知苏联教育人才培养体系，强化中苏教育交流与合作。

　　(三)教育访问与出席国际会议

　　1953 年 11 月，高等教育部印发了《关于赴苏联、东欧各兄弟国
家中国语文教员的规定》，由此，中国开始向罗马尼亚、波兰、捷克

---

　　① 王雯：《中国大学学习苏联教育经验开展教学改革的历史回顾——以清华大学为
案例》，载《清华大学教育研究》，2003(6)。
　　② 中央教育科学研究所：《中华人民共和国教育大事记：1949—1982》，16 页，北
京，教育科学出版社，1984。
　　③ 顾明远：《论苏联教育理论对中国教育的影响》，载《北京师范大学学报(社会科学
版)》，2004(1)。

斯洛伐克、保加利亚、东德、蒙古、朝鲜等国派遣汉语教师，并为坦桑尼亚、越南等国设置了专门奖学金名额，给予教学器材方面的援助，积极推进中国与社会主义国家的教育学术交往。①

1955 年 9 月，清华大学、北京大学、中国人民大学以及浙江大学等 18 所高校共选派 33 名高校教师前往苏联进行一到两年的短期培训和教学进修。② 同年 10 月，教育部副部长陈曾固带领中小学教师代表团前往苏联进行教育考察，重点学习苏联综合技术教育、师范教育、教学工作、教育行政领导四个方面的教育举措。代表团归国后在北京、上海、天津、沈阳、西安、成都、重庆、哈尔滨、南京、广州等 16 个城市开展了教育传达报告，全面介绍苏联教育发展状况。1960 年 12 月，以教育部办公厅主任崔仲远为代表的中国教育工作者代表团前往苏联参加了综合技术教育国际讨论会，1961 年 7 月，教育部副部长刘皑风参加了在苏联举行的全苏高等教育工作会议。③

1965 年，清华大学副校长张维带领的高等教育考察团访问了柬埔寨；复旦大学副校长王零考察了波兰、罗马尼亚以及东德的教育概况。同年，印度尼西亚高等教育与科学部部长沙里夫·达伊普带领的高等教育代表团来华考察；几内亚教育部部长贡代·塞杜率领的教育代表团考察我国教育情况④，全面推进中外教育交流。1966 年，教育部副部长刘皑风带领中国代表团考察了坦桑尼亚、埃及、马里等国。

"文化大革命"爆发后出国教育访问活动几乎都停止了，直到

①　卫道治：《中外教育交流史》，334 页，长沙，湖南教育出版社，1998。
②　叶澜：《二十世纪中国社会科学：教育学卷》，362 页，上海，上海人民出版社，2005。
③　卫道治：《中外教育交流史》，321 页，长沙，湖南教育出版社，1998。
④　中央教育科学研究所：《中华人民共和国教育大事记：1949—1982》，391 页，北京，教育科学出版社，1984。

1970 年，我国才逐渐与外国互派教育访问代表团。据统计，1970 年至 1976 年，外国教育代表团共来我国考察 73 次，大约 372 人次；这 6 年间，中国代表团访问美国、法国、英国、老挝、巴基斯坦、科威特以及日本等国 16 次，出国访学人数达到 102 人次左右。[①]　其中，菲律宾、索马里、加拿大等国教育代表团以及学生代表团在 1971 年来华考察。芬兰、南也门等国教育代表团于 1973 年来华访问。这一年，中国学者也访问了英、美等国家。1974 年，巴基斯坦、尼泊尔、苏丹等国教育代表来华，同年，中国也相继考察了朝鲜、南斯拉夫、加拿大等国家教育状况。到 1976 年"文化大革命"结束，来华考察的外国教育代表团数量越来越多。[②]

除教育访问外，中国学者也积极参加世界教育会议。1946 年11 月 9 日，由赵元任、竺可桢、李书华、瞿菊农、钱三强、汪德昭、程天放等人组成的中国代表团前往巴黎大学参加第一届联合国教科文组织大会，王承绪先生为代表团秘书。[③]　1971 年，联合国教科文组织正式恢复了中国的合法席位。1972 年，清华大学副校长张维教授作为中国代表参加了联合国教科文组织第十七届大会。1974 年，顾明远先生作为教育顾问赴法国巴黎参加了联合国教科文组织第十八届大会。[④]

（四）派遣留学生

1950 年，在苏美对峙背景之下，为加强与苏联等社会主义国家的国际关系与合作交流，互派留学生成为新中国成立初期重要的国际学术交流方式。1950 年 9 月，新中国成立后第一批留学生到捷克斯洛伐克、保加利亚、罗马尼亚、匈牙利和波兰五国学习。来自这

---

①　田正平：《中外教育交流史》，1004～1015 页，广州，广东教育出版社，2004。

②　中央教育科学研究所：《中华人民共和国教育大事记：1949—1982》，440、458～459、470、489 页，北京，教育科学出版社，1984。

③　田正平：《中外教育交流史》，776 页，广州，广东教育出版社，2004。

④　顾明远、李敏谊：《顾明远教育口述史》，61 页，北京，北京师范大学出版社，2007。

五个国家的 33 名留学生也在 1950 年年底和 1951 年年初来到中国留学。与上述五国相比，中国向苏联派遣了更多留学生。1951 年 8 月，中共中央遣派了首批 375 名留学生前往苏联学习农医、外交、师范、财经、理工等众多专业。其中，顾明远先生就作为我国公派留学生前往苏联国立莫斯科列宁师范学院教育系留学五年，留学期间对苏联教育的深入了解，奠定了顾明远后期研究苏联教育的基础。[①]

这之后，中国每年留学苏联的学生人数持续增长，其中少则 200 多人，多则 2000 多人。对于当时国内众多部门而言，他们也非常愿意派遣人员到苏联各大工厂、企业进行学习交流，以开阔眼界，获得国外先进实用技能。[②] 据统计，1950 年至 1956 年，我国共派遣了 985 名留学生到东欧国家进行学习，而 1951 年至 1956 年，则共计派遣 6500 多名学生前往苏联留学。其中，留学捷克斯洛伐克和波兰的学生重点学习技术专业，而留学匈牙利、罗马尼亚等其他国家的学生则致力于学习该国的历史或语文。除派出留学生数目增加外，来华留学人数也显著增长。1957 年至 1965 年，中国首次接受了撒哈拉以南非洲国家的学生来华留学，并分别于 1959 年和 1960 年召开了全国来华留学生教育工作大会。[③]

根据 1950 年至 1966 年的统计报告，在这 16 年间共有 68 个国家和地区的学生来华留学，留学总人数达到 7239 名，他们大多来自社会主义国家，占总人数的 90.8%，而欧美等资本主义发达国家的来华留学人数仅占总人数的 1.9%。[④] 这一时期的留学情况基本反映

① 褚远辉：《顾明远比较教育价值取向研究》，载《教育探索》，2015(9)。

② 张惠：《新中国职业教育国际交流与合作研究》，载《济南职业学院学报》，2014(5)。

③ 张惠：《新中国职业教育国际交流与合作研究》，载《济南职业学院学报》，2014(5)。

④ 国家教育委员会外事司：《教育外事工作历史沿革及现行政策》，98 页，1994。转引自王相宝、张务一、徐海宁：《来华留学生教育的回顾与前瞻》，载《高等教育研究》，1997(4)。

了中国当时的国际政治立场，是国际外交关系倾向的间接反映。

"文化大革命"爆发后中国的国际交流活动被迫中断，直到1973年才逐渐开始恢复接收外国来华留学生，仍以越南、罗马尼亚、阿尔巴尼亚等社会主义国家为主要留学对象国，而亚非拉国家的留学生仅占一小部分。当时，来华留学的学生共有383名，分别来自44个国家和地区。[①] 来华留学和出国留学已成为当时社会发展的重要趋势，这对于考察外国教育现状、全面了解各国教育发展经验具有重要意义；同时，也有助于将中国教育推向世界，展现中国教育风采，并为反思中国教育发展局限与困境提供参考。

第三节　比较教育学研究成果与观点

新中国成立后到"文化大革命"结束，一些学者发表了关于外国教育政策与制度、西方教育理论与教育思潮以及国外教育实践与教育改革等方面的文章；既关注学校教育制度、教学大纲等宏观教育理念，也聚焦学科教学、高校实习等微观教育工作；在以苏联作为主要研究对象国的同时，也对美国、英国、日本、德国等进行了适当探索。

一、教育政策与制度比较研究

学者从宏观层面研究日本、美国、英国、法国、西德以及苏联等国学校教育制度，探析各级学校教育计划与教学大纲，以期为中国学制改革、制定教育决策以及教育体系优化提供有益借鉴与参考。

（一）探讨各国学制体系

新中国成立初期，国内学术界集中介绍了苏联教育制度。汪德

---

① 王相宝、张务一、徐海宁：《来华留学生教育的回顾与前瞻》，载《高等教育研究》，1997(4)。

亮等人介绍了苏联的教育宗旨，分析了该国培养社会主义建设者和新型共产主义接班人的经验。[①] 1972 年以后，受"文化大革命"影响的比较教育学得以逐渐恢复生机。这一时期，《人民教育》和《江苏教育》等杂志摘译并刊载了一系列关于国外各级各类学校教育制度的文章。1973 年 5 月，北京师范大学主办的《外国教育动态》在《说明》中写道，它所出版的第一期文献《日、美、英、法、西德和苏联等国的教育比较》即摘译自日本《我国的教育水平》一文，摘译的重点内容就是关于各级学校教育制度、教育趋势发展等方面的国际比较。[②] 总体看，学者主要关注了阿尔巴尼亚、西德、苏联、美国、英国、法国等国学校教育制度的建设与发展。

研究发现，阿尔巴尼亚确立了由普通教育、中等专业技术教育、高等教育、师范教育以及成人业余教育组成的统一学制，且各级学校由国家进行统一管理。普通教育主要为八年制学校，儿童 6 岁入学，学校的任务主要是基于学生实际年龄，提供丰富多样的实践工艺知识和技能训练，为后期学习和发展奠定坚实的基础。学习课程包括 34％的自然学科、42％的人文知识以及 17％的手工劳动和简单的体育训练。中等专业技术教育主要分为初等职业学校和中等专业技术学校，不同类型学校修业年限不同，培养任务各异。1972 年时，阿尔巴尼亚的学生和教师人数分别约为 725000 人和 29000 人。[③]

学者们研究发现，朝鲜民主主义人民共和国的普通教育致力于实施十年制高中义务教育，教学任务主要在于使年青一代能够树立牢固的革命精神，掌握系统的现代科学知识和实用技能，从而培养出适应社会主义工业发展和革命斗争的共产主义建设者和接班人。高等专门学校的修业年限一般为三年，且不限入学年龄，所学的课

---

① 汪德亮：《苏联的教育制度和成就》，载《理论与实践》，1958(2)。
② 《说明》，载《外国教育动态》，1973(1)。
③ 《阿尔巴尼亚的学校教育制度》，载《外国教育动态》，1973(2)。

程内容包括外语、高等数学基础课、思想政治教育以及专业技术教育等，同时，高等专门学校也非常重视学生的劳动实习训练。[1] 法国的学校教育实行高度的中央集权制，以严格管控各级学校教育行政。[2] 美国学制与法国则正好相反。作为联邦分权制国家，美国联邦教育部对于各州的学校教育制度并没有实际控制权，因此美国各州学制具有一定的差异，但最为普遍的仍然是实施"六三三"学制。[3]

　　研究者梳理日本的教育体系后发现，日本也主要是实行"六三三四"学制，即小学六年，中学分为初中、高中各三年，大学四年，且日本的私立学校比公立学校更多。[4] 对于苏联，研究者发现该国在勃列日涅夫上台后运用了一系列举措来改革苏联学制，当时苏联的普通教育主要是以全日制普通中小学形式进行，规定儿童7岁入学，17岁毕业，包括7岁至10岁的三年制小学、7岁至15岁的八年制学校以及7岁至17岁的十年制学校三种主要类型。苏联高等教育有综合大学、专门学院以及高等工学院三种形式。[5] 在英国，学校教育制度基本上还是依据丘吉尔联合政府在1944年通过的《国民教育法令》而制定的教育制度。初等教育分为贵族小学和普通小学，其中贵族小学是作为升入中学的预备学校，而普通小学分为5岁至7岁的幼儿学校和7岁至11岁的小学。英国中等教育中的文法中学主要是学术天才儿童的学习基地，技术学校则主要培养专门技术工人。高等教育类型多样，包括研究院、大学、教育学院以及其他多科工艺学院。[6] 在西德，尽管各州的教学计划和教学大纲具有一定的差异，但其学制却具有统一性，双轨制是其核心学校教育制度。[7]

---

① 《朝鲜民主主义人民共和国的学校教育制度》，载《外国教育动态》，1973(2)。
② 《法国的学校教育制度》，载《外国教育动态》，1973(2)。
③ 《美国的学校教育制度》，载《外国教育动态》，1973(2)。
④ 《日本的学校教育制度》，载《外国教育动态》，1973(2)。
⑤ 《苏联的学校教育制度》，载《外国教育动态》，1973(2)。
⑥ 《英国的学校教育制度》，载《外国教育动态》，1973(2)。
⑦ 《西德的学校教育制度》，载《外国教育动态》，1973(2)。

（二）研究苏联教学大纲与教学计划

这一时期，对于外国教学大纲的介绍和研究是比较教育学研究的一个重要方面，尤其以苏联等社会主义国家为主要研究对象国。诺维柯夫指出，学校所制订的工作计划能够使学校所有的教学工作人员以及学校领导者更加全面地了解各自不同的工作任务，也更加和谐、精确地组织自己的教学工作；强调苏联应该确立全校学年总计划和工作方针，包括学校任务、组织和具体教学方案等；同时也需依据国家教育政策、教育部法令以及前一时期学校总结报告等来制订全校各项工作计划，以明确学校领导、教师及学生新一年的工作安排。①

李敬永等人译介了卡尔波娃的《苏联的初等教育（上）——小学教育讲座》。卡尔波娃认为，苏联人民教育原则是在苏维埃政府成立以后建立起来的，对于苏联的初等学校教学计划，最基本的课程科目就是语文和算术，也强调体育课程和美学教育，同时还包括历史、自然以及地理等科目，旨在使学生获得全面发展。在苏联初等学校的教学大纲中，俄文教学大纲要求儿童能够正确地进行拼读和获得正确的文法知识；自然教学大纲规定自然课将与实验密切结合进行；图画教学大纲则主要是与学生各方面的发展相联系；而历史教学大纲规定四年级才独立开设，之前一直融合在语文教学中进行。②

黄蓄英研究了苏联体育教学大纲，介绍了田径运动、体操、游戏、滑雪等项目的教学内容。③ 另有学者介绍了苏联初等学校算术教学大纲，发现苏联学校算术课在于使学生能够有效掌握基本的算术知识以及直观几何知识，同时也使学生获得实际通用技能，包括

---

① ［苏］诺维柯夫：《苏联中小学的工作计划》，载《人民教育》，1952(3)。

② ［苏］卡尔波娃：《苏联的初等教育（上）——小学教育讲座》，李敬永、林禹儿、苏琢懿等译，载《人民教育》，1951(2)。

③ 黄蓄英：《苏联中学体育教学大纲出版》，载《人民教育》，1953(9)。

口算、笔算以及珠算等，并保证学生的算术思维逻辑获得合理有效的发展。① 付克分析了苏联高等学校教学工作计划的特点及内容，总结了高校教学大纲的三个基本原则：一是要贯穿马列主义的观点和方法；二是必须着眼于国家人才培养计划和发展建设的需求；三是必须依托于先进的科学理论依据。② 朱希潞、赵玉龙研究了苏联中等技术学校的教学计划，梳理了当时苏联中等技术学校对于教学计划、教学辅助设施以及学校教学工作等方面的规定。③

（三）梳理苏联教育制度和政策

舒戈雨尼指出，苏联学校极其重视教育实习工作，将其作为培养苏联未来学校教师的一项重要战略，因此，苏联制定了教育实习制度。对于师范学院学生课外工作的教育实习也进行了规定，明确了课外实习的具体工作任务，包括研究学校课外工作的全部内容，等等。④ 付克对苏联大学生的毕业论文制度进行了研究。苏联教育行政当局明确规定，高校毕业生在其毕业之前必须完成毕业论文方可毕业，并拒绝抄袭和拼凑。具体环节包括选定毕业论文选题、到工厂实习以收集具体写作资料和图文表格、回学校完成论文撰写之后再递交工厂企业部门的专家进行审核、在审查无错漏之后参加公开论文答辩等。⑤

学者翻译介绍了苏联普通学校中的综合技术教育，认为综合技术教育的实施能够保证学生获得系统的文化知识和生产技能，促进学生德、智、体、美、劳全面发展，了解生产体系过程，获得社会

---

① 《苏联初等学校算术教学大纲——俄罗斯苏维埃联邦社会主义共和国教育部审定（一九五〇年版）》，中央教育部翻译室译，载《人民教育》，1952(5)。

② 付克：《苏联高等学校的教学工作》，载《人民教育》，1952(10)。

③ 朱希潞、赵玉龙：《苏联中等技术学校的教学计划》，载《人民教育》，1952(11)。

④ ［苏］舒戈雨尼：《师范学院教育实习的准备和进行》，李敬永译，载《人民教育》，1950(5)。

⑤ 付克：《苏联大学生怎样完成他的毕业论文》，载《人民教育》，1953(6)。

主义劳动教育。① 葛天民探讨了苏联的五级分制计分法。他认为这种计分方式能打破学生分数排名局限，消除学生个人竞争和个人主义的资本主义理念，重视学习过程，关注平时成绩，以杜绝结果主义和形式主义。因此，苏联人民委员会决议对五级分制计分法进行系统说明，要求学校教学工作者能够对五级分制计分法进行详细研究，并与其他计分法相区分，以切实把握五级分制计分法的精髓和运用方式。② 金世柏、杜殿坤等人翻译了麦尔尼科夫在北京所作的关于苏联班级授课制的教育报告，具体包括班级授课制的主要环节、基本方法、注意事项等。③

二、教育理论与思潮比较研究

对教育教学的本质争论、道德教育理论、家庭教育理论，以及儿童学习与劳动教育是探讨外国教育理论与思潮的着眼点。在引介马卡连柯的家庭教育等著名教育理论基础上，研究者也对杜威、卢梭、柏拉图等思想家的观点进行了评述和辨析。

（一）教育教学本质争论

以"人望"为笔名的学者介绍了申比廖夫、奥哥洛德尼柯夫合著的《教育学》。④ 该书认为，教育学就是描述教育一般规律的科学，是对社会主义新生一代的共产主义教育、教养和教学本质与规律进行论述的一门科学。该书认为教育、教养以及教学三者之间是有区别的，"教育"包括培养新生一代参加社会生活和活动的整个过程，强调过程中的行为和态度的养成；而"教养"则重视此过程中学生的

---

① ［苏］麦尔尼科夫：《苏联普通学校中的综合技术教育》，教育专家工作室译，载《人民教育》，1955(1)。

② 葛天民：《介绍苏联五级分制记分法》，载《人民教育》，1950(4)。

③ ［苏］麦尔尼科夫：《苏联学校的班级授课制度》，金世柏、杜殿坤等译，载《人民教育》，1954(12)。

④ 人望：《介绍申比廖夫、奥哥洛德尼柯夫合著"教育学"》，载《人民教育》，1956(7)。

认识活动，用系统的科学知识以及实践技能来武装学生。凯洛夫指出，"教养"是指在掌握知识、技能和技巧的基础上，发展学生的认识能力，使其具有科学的世界观、崇高的精神情感和道德志向。"教学"是在学校内所进行的有计划有组织的一系列工作，其目的在于教师能够循序渐进、全面系统地向学生传递知识，使其能够学会自觉学习。①

达尼洛夫和叶希波夫认为，教学论就是阐述教育和教学的理论。它主要研究学校教育的任务、教育内容、教学原则、教学方法、教学组织形式，以及学生掌握知识、获得技能技巧的实践过程。对于教学论的研究需观察教与学的过程，研究学校相关文件以及儿童作业，同时进行教学实验。② 笔名"青士"的学者阐述了对凯洛夫《教育学》的认识。③ 作者认为，教育具有阶级性，尤其是资产阶级善于隐藏真实的教育目的与教育本质，他们所提倡的"教育机会均等""普及教育"等其实只是"糖衣炮弹"，以掩藏教育的虚伪性，以及对于不同阶级的差别看待与歧视，同时也暴露出资产阶级学校制度的二重性，即对于宗主国和殖民国家的阶级分配，通过享乐主义和宗教迷信麻痹人民。新中国的人民教育则主要是为联合专政的四个阶级服务，应坚持无产阶级教育思想大力发展我国教育体系。

滕大春先生在特定的年代对杜威教育思想进行了一系列的批判，认为杜威的教育实际上是为了捍卫美国资产阶级的利益和权利。杜威夸大教育作用，将教育作为救国救民的治世宝典，这是他唯心主义思想的体现。④ 作者指出，杜威的教育理论和教学理论是完全反动的，杜威关于课程论的思想是最能够反映出反理性主义和愚昧主

---

① ［苏］凯洛夫：《教育学》，沈颖译，北京，人民教育出版社，1951。
② ［苏］达尼洛夫、叶希波夫：《教学论》，北京师范大学外语系 1955 级学生译，北京，人民教育出版社，1961。
③ 青士：《学习凯洛夫"教育学"第一章后的一些体会》，载《人民教育》，1951(8)。
④ 滕大春：《批判杜威的教育目的论》，载《学术月刊》，1957(11)。

义思想实质的，认为他否定教学计划，抹杀学科体系，强调狭窄的个人经验，贬低读书学习，无不凸显出唯心主义的教育思想。[①] 1955 年，曹孚先生在南京做了一次批判杜威实用主义教育思想的报告，之后又出版了《实用主义教育思想批判》一书，涉及杜威的教育目的论、教育作用论、道德教育论和教学理论等诸多方面。[②] 梁忠义先生也认为，杜威"理想学校"是美国垄断资本家维护阶级利益的御用工具。学校改造社会的观点实际上也是在学校内传播资产阶级思想，以便通过学校巩固资产阶级的社会统治地位。其"儿童中心主义"的教学原则否定了教师的主导作用，过分夸大了直接经验的获得，阻碍了知识的学习与掌握。[③]

除杜威外，卢梭的教育思想也成为学者关注的热点。1962 年，滕大春先生对于卢梭的教育思想进行了总结，认为卢梭反对古典主义的教学思想，其智育理论于各国近代教育发展都具有伟大的历史意义。[④] 之后，滕大春先生又对柏拉图的"理想国"及其教育理论进行了分析，认为对于柏拉图所提出的唯心主义错误观点以及教育客观规律思想，应该理智地批判性学习。[⑤]

陈友松分析了凯洛夫《教育学》新版的改动。[⑥] 作者认为，新版的《教育学》注重揭示教育现象的客观规律，理论上大力凸显了教育学的科学独立性，更加充分吸收马卡连柯等多位苏联教育家的思想，大力批判了个人主义以及资产阶级的反动本质。同时新版的《教育

[①] 滕大春：《批判杜威的教学论》，载《河北师范学院学报》，1956(1)。

[②] 曹孚：《实用主义教育思想批判》，上海，新知识出版社，1956。

[③] 梁忠义：《杜威"理想学校"的反动实质》，载《东北师大学报（自然科学版）》，1956(3)。

[④] 滕大春：《卢梭——教学论发展史上的丰碑（纪念"爱弥儿"问世二百年）》，载《河北大学学报（哲学社会科学版）》，1962(2)。

[⑤] 滕大春：《柏拉图的"理想国"及其教育理论初探》，载《河北大学学报（哲学社会科学版）》，1963(1)。

[⑥] 陈友松：《凯洛夫新编"教育学"简介》，载《人民教育》，1956(12)。

学》更加注重教育教学原则，更加强调综合技术教育和劳动教育，提倡实践性原则。该书还提出了"教学原则体系"等新鲜提法。最后作者认为凯洛夫的新版《教育学》是目前为止最完备的一本，对于我国教育学理论建设具有重大学习价值。杨德樨翻译了耶高甫列夫关于教师与学生关系的教育著作。作者指出，师生关系具有巨大的感化作用，对学生自尊心和自信心的养成有重要影响。[①] 教师应该积极发现每个学生的优点，对学生优点进行大力表扬。倘若教师一味打击贬低学生，日积月累，将全面减低甚至破坏学生的自我信任感，阻碍学生发展。

(二)道德教育与家庭教育研究

王雁冰介绍了由苏联著名教育家冀察罗夫与叶西波夫合著的《苏联的新道德教育》一书。作者认为，基于苏联与中国的建设方向一致，所以苏联道德教育发展经验能够对我国有所借鉴，包括在班级和少年先锋队对儿童进行集体主义教育，通过制定共同的任务目标和共产主义者的态度，教师应该以身作则、言行一致、成为学生道德学习的楷模等。[②] 学者李敬永探究了马卡连柯的家庭教育理论。马卡连柯指出从婴儿期就开始正确地教育孩子其实并不是一件困难的事情，这是父母都能够做到的事情，且比在儿童犯错之后进行教育要容易得多。家长在教育孩子的过程中首先应该明晰教育的目的，并制订教育计划，把握家庭教育的机会和时间，并控制教育的限度和方法，父母需要及时地引导孩子，帮助孩子而非牵着孩子走路。[③]

滕大春先生对杜威的道德教育理论进行了批判性分析。作者认

---

① ［苏］耶高甫列夫：《论教师与学生的关系》，杨德樨译，载《江苏教育》，1953 (10)。

② 王雁冰：《介绍苏联的"新道德教育"》，载《人民教育》，1950(4)。

③ ［苏］诺维科夫：《克鲁普斯卡娅论在教学过程中培养共产主义世界观》，潘培新译，载《人民教育》，1950(3)。

为，杜威的教育目的是要把人培养成私利追求者，其道德教育方法也仅是将资产阶级的道德标准移植到学校，逐渐使学生接受并遵从资产阶级的道德尺度和行为。杜威认为德育是民主社会中的基本因素，是社会进步的关键。作者认为这是颠倒德育的意义，其哲学基础是错误的，且政治意图主要是致力于维护资产阶级的统治。^① 杜威将道德夸大成社会构成和发展的决定性因素，并否认了道德的客观性，这是夸大了道德教育的作用，同时也表现出杜威的唯心主义教育思想。因此，杜威的道德论与马列主义道德思想背道而驰，其实质是个人主义思想的反映。^②

(三)劳动教育与儿童学习研究

中国学者翻译介绍了斯瓦德科夫斯基的劳动教育观。斯瓦德科夫斯基认为，劳动是每个人生活的基础和应尽的本分，是影响儿童个性形成的主要因素。在对儿童进行劳动教育的过程中，必须保证所施行的劳动适应儿童实际情况，劳动目的真实合理，并鼓励儿童坚持到底，获得良好的劳动结果。通过日常生活劳动、脑力劳动或学习劳动、生产劳动和综合技术劳动，组织性的社会劳动等形式，培养儿童爱劳动的品质。^③

陈侠译介了苏联的《中小学的综合技术教育》一书。^④ 该书总结了苏联实施综合技术教育的成就与经验。因此，作者认为该书的翻译出版能够对我国综合技术教育的实施有所助益。全书共分为六章，第一章概述了苏联学校综合技术教育的内容和任务，第二章阐释了

---

① 滕大春：《批判杜威关于道德教育的理论》，载《河北天津师范学院学报》，1957(1)。

② 滕大春：《批判杜威的道德论》，载《哲学研究》，1957(4)。

③ ［苏］斯瓦德科夫斯基：《儿童的劳动教育》，12～13页，上海，上海教育出版社，1958。

④ 陈侠：《学习苏联实施综合技术教育的经验——介绍"中小学的综合技术教育"》，载《人民教育》，1956(2)。

综合技术教育与普通教学科目的关系，第三章则是介绍综合技术教育的实施路径，第四章讲述的是少年先锋队和共产主义青年团在综合技术教育中的作用，最后两章则分别阐述了实施综合技术教育所用设备以及如何提高教师的综合技术知识与技能。

中国教育学术界关注了苏联学者的儿童学习理论。何清新翻译了苏罗金娜的《学前教育学》一书。该书认为，学前教育是国民教育制度中的开始阶段。学前儿童的教学主要是强调体育、智育、美育、道德教育以及劳动教育等。其中体育对于儿童机体的成长和人格的形成具有重要意义，它奠定了儿童日后生活的基础。美育旨在使儿童认识美、发现美，并形成正确的生活态度。而智育、道德教育、劳动教育等都是苏联共产主义教育的组成部分。[1] 有学者合译了斯卡特金的《学习是儿童创造性的劳动》，认为机械的背诵式教学会阻碍儿童的智慧发展，使他们对学习产生厌恶心理并感到倦怠。只有当儿童自我发奋并产生积极的学习态度时，他们才能获得学习上的成功。[2] 另外，也有学者对堆列瓦斯卡雅的"儿童学习工作自觉态度的培养"理论进行了研究。该理论提出，应该在儿童年幼时就让儿童学会在集体中生活和工作，使他们具有自觉纪律，遵守家校规则，能够积极服从集体，控制自我行为和情感。[3]

三、教育改革与实践比较研究

新中国成立以来，基于社会经济发展和教育体制革新的需要，教育改革与实践比较研究主要集中在师资培养、学科教学、职业技术教育、高等教育、幼儿教育、扫盲教育等领域。

---

[1]　[苏]苏罗金娜：《学前教育学》，何清新译，14、25 页，北京，人民教育出版社，1960。

[2]　[苏]斯卡特金：《学习是儿童创造性的劳动》，林、燏译，载《人民教育》，1950(3)。

[3]　[苏]堆列瓦斯卡雅：《儿童学习工作自觉态度的培养》，裔寿康译，载《人民教育》，1950(5)。

（一）职前教师培养与职后发展

姜励群翻译了奥尔洛夫关于苏联师范学院师资培养方面的教育改革举措。① 研究发现，苏联乡村中学中经常存在一名教师从事几门课程教学的情况，因此苏联政府决定对师范学院教师培养机制进行调整，将学制改革为五年制，同时扩大师范学院的学生专业培养维度，包括数理系、历史语文系、地理及自然系等，以便他们能够同时胜任不同科目的教学工作。苏联师范学院师资培养机制的革新，一方面有助于解决苏联中学教学工作中的师资短缺问题，另一方面对于提升师范学院综合技术教育课程地位、平衡理论课程与实践科目课程有所裨益。张监佐认为苏联重视师资培养与供给，通过大量增加师范院校，提升师范生数量，提供在职教师进修机会，采用小组会、教师代表会议等多种形式提高教师思想政治水平，使教师成为社会主义教育的有效推行者和支持者。作者认为，中国应积极向苏联学习教师质量提高等举措，制订切实计划，全面提高教育质量。② 此外，西门宗华翻译了索柯洛夫对于苏联体育教师的培养策略。③

张蓝田摘译了魏里奇阔夫斯基关于苏联的成人教育和职后教师训练方面的措施，指出苏联教师不仅需要掌握所教科目，同时也必须具备一定的哲学修养以及辩证唯物主义和历史唯物主义方面的科学理论知识。因此，苏联重视师范教育的发展，尤其是教育学、心理学以及教学法等相关课程的设置，强调教师的教学实习与继续深造，以提升教师的专业素养和职业道德。④ 笔名为"培新"的学者研

---

① ［苏］奥尔洛夫：《苏联师范学院的新任务》，姜励群译，载《人民教育》，1956 (10)。

② 张监佐：《学习苏联提高教师质量的经验》，载《江苏教育》，1957(20)。

③ ［苏］索柯洛夫：《苏联体育教师的培养》，西门宗华译，载《人民教育》，1951(7)。

④ ［苏］魏里奇阔夫斯基：《苏联的成人教育和师资训练——在全国教育工作会议的演讲词》，张蓝田译，载《人民教育》，1950(2)。

究了苏联教师进修学院规程。教师进修学院的宗旨：一是提高教师和学校领导人员以及各省市人民教育科领导工作人员的业务水平；二是对优秀教师的教育教学经验和学校行政管理成效进行研究、总结和推广；三是协助并指导学校教育研究室以及其他教育科学工作组的教学工作。① 苏联教师进修学院是苏联研究和指导苏联学校教师教学工作的中心，它将根据教师的需求给予真实具体的教学指导。②

付克指出苏联在十月革命成功前高校师资比较匮乏，然而在列宁和斯大林的有效领导下，苏联坚持培养大量的师资。苏联高校以研究生作为师资培养对象，让研究生在校期间在教学研究室担任相关教学工作，大力鼓励他们积极研究教学大纲、教学计划以及教学方法等，使他们具备一定的理论素养。当研究生取得正式学位以后，便可开始正式的教学工作。除此之外，苏联也重视教研人员和年轻助教的培养，并鼓励学校之间进行交流，提倡教师到他校进行学习自修，从而不断提高自我的教学水平和科研能力。③ 我国中小学教师访苏代表团向各地教育工作者进行了苏联教育经验汇报，教育部要求将汇报材料作为各级各类学校业务学习文件进行学习。④

(二)学科课程与教学方法

中国学者对苏联学校教学法和课程内容进行了分析和总结。苏联学校的教学任务在于使学生具备系统的科学知识和共产主义精神，通过有组织有计划地进行授课，以实现这一教学目标。苏联教师在上课过程中积极引导学生学习，通过吸引学生的注意力，激发学习

---

① 培新：《教师进修学院规程》，载《人民教育》，1951(8)。
② 中小学教师访苏代表团：《苏联的教师进修学院》，载《人民教育》，1956(5)。
③ 付克：《苏联高等学校是怎样解决师资问题的》，载《人民教育》，1953(2)。
④ 《认真学习苏联教育的先进经验 提高我们小学教育的质量》，载《江苏教育》，1956(7)。

兴趣，使学生能够乐于学习、善于学习；并通过有效利用复习手段，让学生获得扎实的理论知识。其次，苏联课堂教学重视通过历史、文学等相关科目，以发展学生的社会主义思想和共产主义理念。学校课堂也强调教学与生产劳动相结合，个别学习与集体学习相结合，重视学生的身心发展规律与年龄发展特征，采用循序渐进、因材施教等多种教学手段，鼓励教师之间进行沟通与协作，强调教师教学工作的一致性与统一性。[①]

我国中小学教师访苏代表团总结了苏联四年制师范学校"教育学"讲学经验，指出苏联师范学校教师在教育学授课过程中重视直观教具的运用，以充实课堂的生动性和实践性。教师善于采用讲述法、谈话法、实验法、分组研究法、实地参观法等多种教学形式，循序渐进，启发诱导，发展学生学习思维，培养学生独立工作与思考的能力。[②] 李敬永等人研究发现，苏联初等学校的教学方法主要是谈话、讲故事、参观、实验和观察，总结了不同类型教学方法在使用过程中的注意事项。[③] 苏联教育家加里特金和茨维特柯夫在考察旅大市（即现在的大连市）的中学和小学教学之后，进行了总结分析和报告发言。在肯定中国学校取得教学成就的基础上，他们也明确指出了中小学教学过程中还存在一些形式主义和教条主义。[④]

除了一般性的教学法外，中国学者也总结了不同学科的教学特点。学者发现，苏联当时的外语教学存在一系列缺点，学生词汇掌握不足，能力较差，因此要求重新修订中学外语教学大纲，增加外语教学的中学数量，倡导英语教师进修，保证英语教学时数，充分

---

① ［苏］卡尚澈夫：《在苏维埃学校中对上课的一般要求》，宗华译，载《人民教育》，1951(3)。

② 中小学教师访苏代表团：《苏联四年制师范学校"教育学"教学的主要特点》，载《人民教育》，1956(5)。

③ ［苏］卡尔波娃：《苏联的初等教育（下）——小学教育讲座》，李敬永、张蓝田、董一若译，载《人民教育》，1951(4)。

④ 《苏联专家加里特金关于中学数学教学的发言》，载《人民教育》，1954(10)。

利用电视、广播等多种途径学习外语，逐步解决苏联外语教学困境。[1] 同时也要求苏联学校在进行外语教学的时候更加重视综合教授法，充分利用外语交流机会，结合生活实际，强化口语训练。[2] 苏联历史学科专家指出，要想使学生获得系统的历史知识，教师必须按照教学大纲的要求，深入研究教材，以便掌握历史教材的核心思想，同时要善于制订复习计划，运用多种复习手段，实现经常地、及时地巩固重要的历史知识。历史教学应杜绝平铺直叙以及机械化的教学方式，而是要启发学生思维，使他们成为学习的主动者。[3] 此外，国内学者还介绍了苏联中学化学授课内容和教学特点。[4]

　　顾巧英总结了苏联生物课教学的特点。一是坚持理论与实践相一致的基本原则；二是教学方法丰富多样、强调直观教学；三是教师懂得教学规律，使教学适应儿童身心发展特征；四是重视学生生物知识的复习巩固；五是教学中始终坚持教师的主导作用和学生的主体地位，强调学生学习的兴趣与自觉性的培养和激发。[5] 胡世荣在参观苏联学校教学之后，整理分析了苏联普通学校的数学课堂教学特点，包括苏联数学教师具有专业职业素养，苏联数学课堂教学中注重家庭作业的检查，数学课堂教学过程中非常重视知识的复习，注重因材施教、启发诱导等教学方法的运用，等等。[6] 乔永洁指出苏联语文教学的目的在于发展儿童自觉的阅读能力，掌握语言技巧。作者强调，应该坚定不移地向苏联学习，稳步提高我国教学质量水平。[7]

---

[1]　《苏联改进外国语教学的新措施》，载《人民教育》，1961(8)。

[2]　《苏联加强外语教学的口语训练》，载《人民教育》，1962(3)。

[3]　中小学教师访苏代表团：《苏联普通学校的历史教学和历史教学小组》，载《人民教育》，1956(5)。

[4]　《苏联专家茨维特柯夫关于中学化学教学的发言》，载《人民教育》，1954(10)。

[5]　顾巧英：《对苏联普通学校生物学课堂教学的几点体会》，载《人民教育》，1956(4)。

[6]　胡世荣：《我们所见到的苏联普通学校的数学课堂教学》，载《人民教育》，1956(4)。

[7]　乔永洁：《学习苏联语文教学先进经验的一些体会》，载《江苏教育》，1957(20)。

（三）职业技术与劳动教育

王嘉慧总结了苏联职业教育领域的改革举措。为解决知识教育与劳动教育之间的矛盾、职业教育与普通教育之间的矛盾，以及升学和为就业做准备的问题，苏联加强了普通中学的职业教育训练，增加了职业技术学校招生数量，并将现有职业技术学校统一设置为中等职业技术学校等，以缓解教育矛盾，凸显新的教育生机。[①] 麦尔尼科夫也认为综合技术教育能够保证苏联学生为将来的实际工作做好充分的准备。苏联普通学校中的综合技术教育主要倾向于介绍机械工业、动力工程、化学工业以及农业等主要生产部门的生产科学原理与技术，在综合教育过程中，学生能够掌握关于生产方面的科学知识和基本原理。[②] 李敬永翻译介绍了苏联工人速成学校。他指出，工人等劳动人民是苏联工人速成中学的主要学生，旨在使劳动人民获得中等教育机会，甚至升入高等教育学校。苏联工人速成中学主要分为三年制日校和四年制夜校两种，一般附设于大学或工厂里面。日校和夜校分设不同科目、不同课程，招收不同学生，以满足不同的发展需求。同时，对于教员的组成、学生的权利以及学校物质基础等都有统一规定。[③]

金世柏研究了越南民主共和国学校的生产劳动教育。作者指出，越南民主共和国为解决教学与生产劳动相结合的问题，提出了教育与生产相结合的口号。通过在普通学校设置劳动课，并采取一系列劳动教育形式，包括参加公益劳动，尝试农业劳动，前往工厂实习，进行实验工作，制作手工业品等，以便实现在传授学生劳动知识与

---

① 王嘉慧：《苏联教改新动态》，载《江苏教育》，1986(1)。
② ［苏］麦尔尼科夫：《苏联普通学校中的综合技术教育》，4～5 页，北京，时代出版社，1955。
③ ［苏］卡尔波娃：《苏联工人速成中学——在第一次全国工农教育会议上的经验介绍》，李敬永译，载《人民教育》，1950(7)。

生产技能的同时，也能够制造一定的物质财富。① 同时，金世柏分析了当时苏联普通教育与职业教育存在的矛盾。苏联强调普通教育与专业技术教育相结合，加强学生的生产劳动培训和实践。尽管单纯依靠普通学校教育不可能完成综合技术教育任务，但不能削弱普通教育和使综合技术教育理论化，不能实施使高年级职业化的办法，不能加重学生的学习负担，相反，学生的综合技术教育必须通过加强生产劳动实践来进行。②

刘彦译介了马尔古舍维奇关于苏联普通学校实施综合技术教育的工作安排。③ 苏联学校实施综合技术教育的形式不一，不同年级具有明显差异。小学一至四年级强调手工课的开展，五至七年级则更加强调实习作业，八至十年级强调生产基础知识课教学。作者认为，人才应该同时具备自然科学知识、人文科学知识以及生产方面的知识。苏联中等技术学校具有严密的组织性和计划性。苏联国家高等教育部与有关业务部门进行合作，共同领导苏联中等技术教育发展，并进行详细分工，厘清各自的领导范围。此外，苏联技术学校课程设置包括业务课程和普通课程，这两类课程时数分配将依据学习年限和学校性质有所不同。④

(四)高校教学与科研工作

一是教学与实习方面。付克分析了苏联高等学校中学生的实验与实习工作特点以及大学生的文化生活和假期活动，发现苏联高校重视理论与实践的结合，将实习分为两种，包括以培养学生工作兴趣，使其掌握基本仪器规律以及基本操作为主要目的的校内实习，

---

① 金世柏：《越南民主共和国学校的生产劳动教育》，载《人民教育》，1962(5)。
② 金世柏：《目前苏联教育界注意的几个中心问题》，载《人民教育》，1957(5)。
③ ［苏］马尔古舍维奇：《关于苏联普通学校实施综合技术教育的几个问题》，刘彦译，载《人民教育》，1956(6)。
④ ［苏］大拉巴金：《苏联中等技术教育情况》，载《人民教育》，1952(3)。

以及作为一名真正的生产技术人员直接到工厂、矿山等各种企业部门进行工作的校外实习。① 苏联大学一直坚持将紧张的学习和课余休息作为大学生活的基本原则，强调不会休息的学生就不会学习。通过成立俱乐部并设置不同类型的文化小组如舞蹈小组、唱歌小组等，鼓励学生自行加入，培养爱好，并进行文艺表演。② 李敬永对苏联高等教育的任务、种类以及实践等进行了译介。③ 程今吾总结了对于苏联高等教育部的两次访问材料，整理介绍了苏联高等教育情况。④

中国学者对苏联教育家安德列扬诺夫以及阿尔辛节夫的座谈发言进行了摘译，重点介绍了关于苏联高等学校的教学问题、学校组织与行政问题、教学方法问题以及政治思想教育问题。⑤ 研究还发现，苏联高等学校作为知识分子的熔炉，将政治科目当作大学公共必修课程，并积极改进了高等学校中马克思、列宁主义基本思想的教育内容，强化理论知识与生产劳动相结合，以便促进苏联高等教育和谐发展。⑥ 另外，同为社会主义国家的德意志民主共和国为了顺应国家经济政治发展需求，通过设立德意志民主共和国高等教育总署，取消高等教育司，强调教学计划的制订，并要求成立更多新类型的专科学校，实现德意志民主共和国高等教育的新任务，并大

---

① 付克：《苏联大学生的实验实习工作》，载《人民教育》，1952(12)。

② 付克：《苏联大学生的文化生活和假期活动》，载《人民教育》，1953(7)。

③ ［苏］阿尔辛节夫：《从苏联高等教育的经验略谈几个问题——苏联专家 A·п·阿尔辛节夫一九五〇年六月八日在第一次全国高等教育会议上的发言》，李敬永译，载《人民教育》，1950(3)。

④ 程今吾：《苏联高等教育情况介绍》，载《人民教育》，1951(2)。

⑤ ［苏］安德列扬诺夫、阿尔辛节夫：《关于苏联高等学校的教学、行政组织与政治思想教育等问题》，载《人民教育》，1951(9)。

⑥ 教育资料丛刊社：《苏联的高等教育》，1、127 页，北京，人民教育出版社，1951。

力推进国家社会发展。[1]

二是高校科研方面。苏联高等学校中的科学研究工作对于高校教学质量的提高和科学理论的推进具有重要意义。经过长期的摸索与探究所建立起来的苏联高校科学研究工作已经成为一项群众性的任务，在苏联高等学校教学研究室的组织下，在校长、系主任以及教研室主任的科学领导下，在高等教育部以及各企业部门的协同支持下，学校教育工作者以及广大学生都将其作为一项重要职责，通过制订系统的科学研究计划，致力于推进自然科学和社会科学方面的理论性研究。[2] 张棍强调，苏联高校学生在学者的带领和指导下积极开展科学研究工作，并通过成立学生科学研究小组以培养对于科学研究的兴趣，获得从事科学研究所需具备的科学知识与研究技能。苏联高等学校中参加科学研究工作的学生人数可达到学生总人数的 40%，研究团体规模较大，并取得了相当丰硕的研究成果。[3] 此外，苏联高校为推动科学研究工作顺利开展，也建立了教学研究指导组和教育科学研究院，对此，国内期刊进行了翻译介绍。[4]

（五）幼儿卫生与保教工作

中国学者对苏联教育专家戈林娜的幼儿卫生教育思想进行了系统的剖析。戈林娜将儿童卫生学定义为在儿童身心发育时期对其进行保健并强化儿童健康的一门科学，因此，苏联政府及国家领导人极其重视苏联幼儿卫生教育，关注儿童身体的强健，强调对儿童进行卫生教育的方法是在幼儿家庭以及幼儿教育机构中对儿童进行教

---

① ［东德］哈利希：《德意志民主共和国高等教育的发展——一九五三年九月二十六日在中央高等教育部向京津两市高等学校教师所作的报告》，载《人民教育》，1954(2)。

② 付克：《苏联高等学校的科学研究工作》，载《人民教育》，1952(11)。

③ 张棍：《苏联高等学校学生的科学研究工作》，载《人民教育》，1952(7)。

④ ［苏］阿尔辛节夫：《关于苏联高等学校的教学研究指导组问题》，张蓝田译，载《人民教育》，1950(2)；［苏］凯洛夫：《苏联建立教育科学院及进行教育科学研究的经验》，金世柏译，载《人民教育》，1957(2)。

育，按时对幼儿的体格发育进行科学系统的检查，其中，幼儿教育机构中的工作人员应与医生等相关卫生人员进行合作与交流，并依据科学发展规律，制定出儿童身体发展的最低标准，如身高、体重、视力等基本要素，共同研究幼儿身体发展状况。① 戈林娜指出，正确、合理的饮食对于幼儿的身体发育和体格发展也具有重要的促进作用。② 她主要是基于生理学和解剖学的视角，对幼儿消化器官的特征、所需饮食的质量与成分、幼儿饮食烹饪要求及用餐卫生等几个维度进行了解析。

除幼儿卫生之外，苏联一贯重视幼儿保教工作。十月革命胜利之后，苏联成立了专门的幼儿教育司，以统筹发展苏联幼儿教育事业。戈林娜认为幼儿园应该提倡幼儿的全面发展教育，在劳动教育和集体教育中培养幼儿的共产主义精神和良好的道德品质。同时，幼儿园教师应该无微不至地关爱儿童，对儿童表现出真诚的爱与呵护。再者，戈林娜指出在幼儿教学工作中必须克服形式主义，要真真切切地引导儿童教育活动。③ 苏联的幼儿教育任务强调德育、智育、美育、体育全面发展。通过教学大纲和教学计划的要求，逐步实现苏联幼儿教育目标。④ 另一位幼儿教育专家拉季娜则认为，游戏是对幼年儿童进行共产主义教育的最重要的手段之一。儿童依靠游戏来积极地研究和认识世界，但儿童的游戏必须加以指导。在创造性游戏中培养儿童的道德品质，并在游戏和劳动中培养各种年龄儿童之间友爱互动的关系。⑤

潘俊卿在参观了苏联国民教育展览会之后，总结了苏联幼儿教育发展经验，认为苏联的幼儿教育是中国学习的榜样。苏联幼儿园

---

① ［苏]戈林娜:《苏联的幼儿卫生教育》，载《人民教育》，1952(7)。
② ［苏]戈林娜:《苏联的幼儿卫生教育(续)》，载《人民教育》，1952(10)。
③ 陈之璘:《忆苏联幼儿教育专家戈林娜同志》，载《江苏教育》，1957(21)。
④ ［苏]戈林娜:《苏联的幼儿教育》，载《人民教育》，1952(6)。
⑤ ［苏]拉季娜:《幼儿园的教育与教学》，程逢如译，上海，新知识出版社，1958。

不仅保证了母亲能够很好地参加社会生产劳动，而且较为重视幼儿劳动教育、体育训练以及爱国主义精神培养，重视幼小衔接工作的组织与实施。因此，作者在肯定苏联幼儿教育成就的同时，也建议中国幼儿教育事业应该"以苏为师"。①

（六）成人与扫盲教育

有学者研究了阿尔巴尼亚的教育改革措施，并厘清了阿尔巴尼亚的教育发展近况。② 阿尔巴尼亚通过调整国民教育体系，大力实施劳动教育，不断提升教师专业水平，使学生具备共产主义精神与思想，关注成人业余教育等，于 1956 年便解决了 40 岁以下文盲问题，使该国教育事业取得了显著成就。李敬永则译介了苏联教育家菲力波夫所作的关于"苏联怎样扫除文盲"的报告。十月革命后，苏联极其重视扫盲工作的进行，通过颁布扫盲法令，宣传扫盲口号，并大力建设图书馆、人民大学、扫盲学校以及工人俱乐部等开展社会教育，推进成人教育发展，使苏联扫盲工作成为全国性的一项重要发展任务。随着扫盲工作的进行，苏联也成立了扫盲协会和教学法委员会等专业组织，以制定合理的教学大纲，并出版《扫除文盲》杂志，推进扫盲工作的进行，最终取得了扫盲工作的较大成功。③此外，黄敏中、昌瑞颐探析了越南民主共和国关于扫除文盲的教育举措。④

---

① 潘俊卿：《苏联的幼儿教育是我们的榜样》，载《江苏教育》，1957(20)。

② 《阿尔巴尼亚教育近况》，载《人民教育》，1961(12)。

③ ［苏］菲力波夫：《苏联怎样扫除文盲——在第一次全国工农教育会议上的经验介绍》，李敬永译，载《人民教育》，1950(7)。

④ 黄敏中、昌瑞颐：《越南民主共和国是怎样扫除文盲的?》，载《人民教育》，1951(2)。

第四节　比较教育学学科发展特点与原因

新中国成立初及"文化大革命"期间，中国比较教育学发展较为缓慢，甚至一度停滞。总体看，该阶段比较教育学科发展主要表现出研究对象国重点突出、研究主题逐渐变换、研究方法以简单译介为主等特点。国际政治格局以及中国社会建设发展的基本需求等因素，使比较教育学术研究具有典型的时代特色。

一、学科发展特点

从新中国成立到"文化大革命"结束，中国比较教育学科凸显出鲜明的时代特征，发展机遇与困境共存。在学术研究方面，研究对象国从以苏联为主的社会主义国家阵营转向日本等资本主义国家，研究主题也从集中于课程与教学以及中小学教育逐渐变得更加丰富多元，研究方法上仍以译介为主。

（一）比较教育学科发展机遇与困境并存

中国比较教育学在经历从无到有的过程中面临着巨大的发展机遇与众多的建设困境。一是高校逐渐成立了一批研究外国教育问题的专门机构，并创建《外国教育动态》等比较教育学术专业刊物，全面推进比较教育学科发展，构建中国比较教育学合法化机制。二是国际交流与学术活动助推了中国比较教育学科发展，为中国比较教育学注入了丰富的国际元素。三是丰富的比较教育学术研究成果，为中国比较教育深入研究积累了充足的材料，彰显出这一阶段比较教育学科建设取得的重大成就。

在取得一定发展成就的同时，中国比较教育学也经历了一些波折。首先是教育系专业中的必修课程"比较教育"于 1949 年 10 月被正式取消。尽管各级各类师范院校在之后不断关注外国教育发展动向，但"比较教育"在这一时期始终没有正式恢复在高等师范院校的必修课程地位。其次是"文化大革命"的爆发阻碍了比较教育学的发展势头，使初步构建起来的学科机制暂停，比较教育学受到重创。最后是这一时期国家的政治经济发展实际，导致比较教育学的政治色彩浓厚，纯理性比较教育学术研究屈指可数。在机遇与挑战并存的情况下，中国比较教育学者不断探索，逐渐突破学科发展困境并把握学科建设前景，以求努力实现中国比较教育学科制度化。

（二）比较教育学关注对象国以苏联为主

新中国成立后，中国在外交政策上坚持"以苏为师"的基本方针，学术界也把苏联的教育经验当作学习榜样。因此，以研究外国教育为主要目的的比较教育学自然也将苏联的教育发展经验作为主要研究对象，推动了中国比较教育学科的发展。从新中国成立至 1960年，不少学者着眼于苏联教育发展路径，积极翻译苏联教育制度、学校管理、行政制度等各方面的教育经验与成果。与此同时，全国很多教育期刊也专门设立"苏联教育专号"等相应栏目，以刊登苏联教育的文章和翻译作品。据生兆欣统计，在新中国成立后的 17 年间公开发表的 2519 篇比较教育学文章中，2329 篇研究中国以外的社会主义国家教育，占文章总数的 92.5%。而其中以苏联为研究对象国的文章总数高达 2212 篇，占 87.8%。[①] 可见，研究苏联教育是新中国成立初期的中国比较教育学重点。

随着中苏关系破裂，以及一批外国教育问题研究室的创建，中国比较教育学科开始广泛关注研究外国教育理论与现状，比较教育学科发展逐渐走向制度化道路，比较教育学术研究也呈现出多元化研究趋势。"文化大革命"爆发后，比较教育研究者一度关注日本。1973 年 3 月 31 日，日本京都大学人文科学研究所访华代表团来到中国进行访问交流；1974 年 1 月 12 日，北京大学社会科学代表团前往

---

① 　生兆欣：《二十世纪中国比较教育学史》，34 页，北京，高等教育出版社，2011。

日本进行教育考察。[①] 这一阶段，苏联的比较教育中心研究地位逐渐被日本所取代。

1974 年，吉林师范大学创办《日本教育情况》，刊登了大量的日本教育以及经济方面的文章，同时也印发了许多关于联合国教科文组织教育实践活动方面的成果。《日本教育情况》第四期的《编者前言》特别指出："为配合我国参加今年的联合国教科文组织第十八次大会活动，本期《日本教育情况》根据一九七四年日本报刊的材料，专题介绍日本在联合国教科文组织活动的情况。"[②]在同年第 5 期《编后记》中也提到："为对日本在联合国教科文组织的活动情况有较多的了解，本期内容与上期（第四期）一样，继续介绍日本从一九六一年至一九七一年间在联合国教科文组织的活动材料。"[③]这一时期，对联合国教科文组织的研究旨在实现"反帝反修"的政治目的。[④] 此外，由于国际政治局势的发展演变，中国比较教育学也开始关注英国、美国等欧美资本主义国家，逐渐打破了以苏联作为单一研究对象国的局限，极大地拓展了比较教育学的发展外延。

（三）比较教育学关注主题集中在基础教育实践

新中国成立之初，战争的动荡和社会的不稳定，导致大量的文盲，儿童的入学率极低。因此，基于国民经济发展需求，中国迫切需要发展中小学教育，以提升中国儿童入学率和国民识字率，通过着眼于苏联等国的中小学教育教学发展经验，以改进中国中小学教育发展体系，培养大批具有知识基础和基本实践技能的劳动者，满足国家的迫切需要。这一时期，《人民教育》杂志刊载了大量关于苏

---

① 卞彦勤：《当代中日教育交流简述》，载《辽宁师范大学学报（社科版）》，1993(2)。

② 《编者前言》，载《日本教育情况》，1974(4)。

③ 《编后记》，载《日本教育情况》，1974(5)。

④ 顾明远、李敏谊：《顾明远教育口述史》，61 页，北京，北京师范大学出版社，2007。

联中小学教学发展经验的文章，包括苏联中小学工作计划、教学大纲、中小学综合技术教育、中学化学教学举措、数学教学手段等。这些研究主题对中小学教学具有重要参考价值，使中国在秉承"整顿巩固、重点发展、提高质量、稳步前进"的中小学教育发展方针的基础上，大力优化中小学教学质量，完善中小学教育管理体制。[①]

"文化大革命"期间，中国比较教育学关注的主题不再仅仅局限于苏联中小学教育教学发展经验，研究范围有所扩展。基于现实的需求，比较教育学更加关注外国教育的综合发展举措，更加关注国际教育议题，对于"高等教育"以及保罗·朗格朗所提倡的"终身教育"也较为关注。[②] 比较教育学术研究主题的变化正是基于中国社会建设发展的需求，从基础教育问题着手，在全力解决阻碍中国教育发展的基础性问题后，逐渐扩展比较教育问题研究领域，关注高等教育等其他教育综合发展战略。这一过程表现出比较教育研究强烈的目的性，以及与当时中国社会发展、经济建设、政治形势等一系列因素间的复杂关系。

(四)译介为主的研究方法凸显了比较教育学的借鉴特征

新中国成立初期，学校教育迫切需要发展，教育体制迫切需要改革，以适应新中国建设发展诉求。而直接翻译外国教育文章和著作是最高效、最简便的方式，不仅可以在短时间内就大量引进外国教育成果，同时也节省了人力、物力和考察研究时间。国家教育发展缺什么则立即翻译引进别国教育举措，以快速了解各国教育战略，实现教育借鉴的目的。因此，比较教育学的借鉴价值甚为凸显。

这一时期，除直接译介外国教育报告，以及摘译别国教育论著外，也有学者撰写了关于外国教育制度、教育理念以及教育经验评

---

①　卫道治：《中外教育交流史》，331 页，长沙，湖南教育出版社，1998。
②　生兆欣：《二十世纪中国比较教育学史》，47 页，北京，高等教育出版社，2011。

述方面的文章，但是政治立场极其鲜明。如果作者介绍的是苏联等社会主义阵营国家，文章大多采取一种褒扬、赞美的语调，以及虚心学习的心态，要求中国学者能够主动反思相应的中国教育问题，倡导学习与借鉴苏联等社会主义国家教育发展经验。而对于欧美资本主义国家的教育描述大多会站在批判性的研究视角，贬低资本主义教育发展，将这些国家的教育冠以"伪自由""阶级性""法西斯化""玩弄花招"以及教育危机等各种极端称谓。学者以消极的视角对欧美教育进行剖析，控诉西方垄断资产阶级的罪恶，表现出浓烈的政治性和批判主义色彩。

概言之，这一时期比较教育学者对于外国教育的研究受到了国家政治以及国际关系的强烈影响，比较教育研究方法除客观译介之外，还有简单的描述叙事法，并加入浓厚的政治意识，或"宣扬"或"批斗"，态度鲜明，研究手法清晰。尽管这一阶段的比较研究法并未表现出真正的价值，但也有学者运用"比较"的方法，对国外教育制度进行简单的并置比较与分析。如 1973 年《外国教育动态》就刊载了《日、美、英、法、西德和苏联等国的教育比较》一文，虽然学者个人研究观点并不明显，文章中的"比较"也只是简单的平铺直叙，但"比较研究法"重返中国比较教育学昭示了学科发展的方向。

二、学科发展原因分析

新中国成立初期和"文化大革命"期间，比较教育学科发展一波三折，这背后有着复杂的原因，包括"一边倒"外交政策、教育落后及快速发展的迫切需求，以及国际关系导致比较教育文章中批判式话语盛行等。

（一）国际政治格局推动"以苏为师"成为必然选择

新中国成立之初，国际政治格局表现出以美国为首的资本主义国家和以苏联为首的社会主义阵营相互对立的局面。中国也曾尝试与美国建立外交关系。然而美国始终坚持"遏制共产主义"的战略政策①，对社会主义新中国实行排斥和挑衅。他们不仅大力实施经济干涉，也对中国进行军事遏制，并在国际交往中实行孤立和封锁。正是由于美国对于新中国的敌视，中美外交局势陷入僵局。因此，毛泽东提出了"一边倒"的方针政策："一边倒，是孙中山的四十年经验和共产党的二十八年经验教给我们的，深知欲达到胜利和巩固胜利，必须一边倒。""中国人民不是倒向帝国主义一边，就是倒向社会主义一边，绝无例外。"同时，毛泽东在《论人民民主专政》中也强调：不要国际援助也可以胜利这是错误的想法，但我们需要英美政府的援助在现时也是幼稚的想法。② 因此，中国转向积极发展以苏联为首的社会主义国家的外交关系。

此时的苏联已经在十月革命胜利后经过了较长时间的发展过程，并且在第二次世界大战后确立了世界强国地位。中国也始终坚持走无产阶级革命道路，同苏联一样坚持以马克思列宁主义作为国家最高指导思想，当时的国家领导人认为，苏联所走的社会主义发展道路将成为中国未来的必然选择，苏联教育发展经验也被视为革新教育体制的有效参考和发展捷径。③ 苏联在 30 多年社会主义建设发展过程当中，取得了丰硕的教育成果，也积累了丰富的教育改革经验，形成了完整而成熟的国家教育发展体系。④ 由于国际格局的推动以及苏联的榜样作用，"以苏为师"成为教育发展的必然选择。

1952 年，中国在完成新民主主义革命任务之后，进入了社会主义改造和发展时期，中央要求从之前的"借助"苏联教育发展经验，转化为"全面系统地"学习和借鉴苏联教育成功策略，以革新中国传

---

① 顾宁：《冷战年代中苏教育交流的启示》，载《世界历史》，2004(4)。

② 《毛泽东选集》第 4 卷，1472～1474 页，北京，人民出版社，1991。

③ 顾明远：《论苏联教育理论对中国教育的影响》，载《北京师范大学学报(社会科学版)》，2004(1)。

④ 顾明远：《中国教育的文化基础》，232 页，太原，山西教育出版社，2004。

统教育体系，建设社会主义教育制度。① 直到 20 世纪 60 年代初，由于中苏关系的破裂以及国际形势的变化，来华苏联教育专家从中国全部撤离，对苏联教育经验的学习暂告一段落。②

(二)社会基本国情迫使比较教育借鉴性价值突出

新中国成立初期，社会经济发展缓慢，百废待兴。学校教育成为国家发展的中坚力量，我国迫切需要用教育重塑社会结构，带动经济发展，实现改变国民知识文化现状的基本目标。但此时的中国教育制度与教育体系面临一系列问题，在推翻旧教育教学体制之后，新教育体制陷入发展困境，对于旧式学校的接管和改造，以及高等学校课程方面所表现出来的学用脱节、无目的性、内容重复琐碎等局限，都成为中国教育事业发展中亟待解决的重大问题。③ "文化大革命"期间中国教育事业发展甚至出现了瘫痪状态，在这样的社会背景之下，中国只能聚焦外国教育发展经验，以实现快速改革本国教育系统的目的。研究者们只能从最基本、最简单的步骤着手研究外国教育，相关成果除简单翻译之外，也带有浓烈的政治气息，比较教育研究更多是基于政治目的，研究态度也颇为鲜明，以适应国际国内社会发展的基本形势。

另一方面，基于当时社会建设发展的急切需求，比较教育学者来不及对外国教育举措进行详细的分析与研究，简单译介的研究方式成为当时最高效、最便捷的方式。在了解外国教育经验与教育成就的同时，也能够保证比较教育研究的效率。于是，这一时期的研究者主要是基于教育发展的实际需求，以及相关教育部门的政策指

---

① 王雯：《中国大学学习苏联教育经验开展教学改革的历史回顾——以清华大学为案例》，载《清华大学教育研究》，2003(6)。

② 教育部中华人民共和国教育史研究课题组：《中华人民共和国教育 50 年大事记》，载《人民教育》，1999(10)。

③ 毛礼锐、沈灌群：《中国教育通史》第 6 卷，14、24、63～64 页，济南，山东教育出版社，1989。

导，定向研究外国教育某个专题，如对于苏联中小学教育发展举措的研究，以及各国扫盲教育的研究等，都对新中国成立初期扫除文盲，培养大量初、中级技术工作者具有一定的参考价值。

简言之，从新中国成立到"文化大革命"结束，基于国家建设发展需要，比较教育须快速、高效地帮助中国教育工作者了解外国教育发展概况，以便能够尽快恢复教育发展，改变国内教育弊病，填补新教育制度建设空白。也正因如此，这一阶段中国比较教育学科借鉴性较为凸显，研究的目的较为简单，研究方法单一，但对于当时中国社会建设，以及国家教育重建仍发挥了重要作用，也为后期中国比较教育学迈入正轨奠定了基础。

(三)政治运动的盛行致使批判式话语流行

1949 年第一次全国教育工作会议指出，要在批判吸收旧教育经验的基础上，借助苏联先进教育经验，振兴本国教育。之后，新中国积极聚焦苏联教育发展举措，编译教材，制订教学计划和教学大纲，改革考试制度，推进旧教学体制改革，实现新教学制度建设。在这一阶段，中国将苏联教育奉为学习榜样，对于苏联教育的评述也几乎是采取褒扬、赞美的语气。1956 年后，在赫鲁晓夫与勃列日涅夫主政下，苏联走上了修正主义的道路，推行大国沙文主义，将教育变成推行修正主义的重要工具，并凸显苏联"指挥棒"的作用。①1960 年，中苏关系破裂，在结束了"一边倒"的外交政策后，中苏两国关系全面恶化。

在这样的社会背景之下，中国学术界对于苏联教育的态度开始逆转，指责苏联修正主义教育阻碍苏联社会正常发展，其本质是反动的、腐朽的，最终将导致阶级对立，造成严重的教育危机，引领

---

　　① 育林：《我国五十年代学习苏联教育经验是"全盘苏化"吗？》，载《安徽师大学报(哲学社会科学版)》，1979(2)。

教育畸形发展。① 这一时期，在与苏联有关的教育研究文章中，也少不了将"苏联修正主义教育"与"社会帝国主义教育""霸权主义教育"进行等同批判。②

此外，中国作为一个社会主义国家，在新中国初期"一边倒"政策影响下，对欧美资本主义国家制度也持否定态度，对以美国为首的资本主义教育进行了强烈的批判。1950 年至 1951 年，《人民教育》刊载的欧美教育文章尽管数量少，仅有的几篇文章如《美帝侵略下菲律宾教育的真相》《法西斯教育下美国儿童的悲哀》《美国学校与教育的危机》《法西斯化的美国大学教育》也是以"法西斯化""剥削"等词汇进行阐释，并对美国教育家及其教育思想进行了大力抨击。在中苏关系不断恶化的情况下，中美关系仍处于相对僵持状态，"反对苏联修正主义"与"打到美国帝国主义"成为这一时期的流行口号。③ 新中国成立初期及"文化大革命"期间此起彼伏的政治运动，使得比较教育学术文章中批判式话语异常流行，国际国内政治立场贯穿教育始终，是这一时期比较教育学科发展的鲜明时代特征。

---

① 《苏修教育是资产阶级专政的工具》，载《人民教育》，1975(5)。

② 岩文：《拴在霸权主义战车上的苏修教育——评叶留金：〈苏联高等学校及其当前的发展问题〉》，载《人民教育》，1975(7)。

③ 丁明：《审时度势，铸就辉煌——新中国外交战略演变的历史回顾》，载《当代中国史研究》，2009(5)。

第二章
比较教育学的重建发展
阶段(1977—1992 年)

  1977 年后,中国比较教育学迎来了发展的春天。随着中国陆续与一些国家建交,党和国家领导人对外国教育研究重新给予关注,国内比较教育学科专业的建立与人才培养机制走上了健康发展的道路,全国性的学术机构与学术刊物相继创立,为常态化的比较教育学术会议与学术活动搭建了高效的交流平台,比较教育在拨乱反正与改革开放的浪潮中走上了重建之路。按照顾明远等人的观点,改革开放之后 30 年中国比较教育学发展大致可分为三个阶段,第一阶段为 20 世纪 70 年代末期至 80 年代中期,中国比较教育学拥有描述与介绍的特点;第二阶段为 20 世纪 80 年代中期至 90 年代中期,这一时期深入各个国家的教育进行系统的国别研究,以及专题研究或专题比较研究;第三阶段为 20 世纪 90 年代中期以后,中国比较教育的学科建设进一步发展。[①] 按照顾明远等人的分期,1977—1992 年的中国比较教育学基本上对应前两个发展阶段。

---

  ① 顾明远、阚阅、乔鹤:《改革开放 30 年中国比较教育的重建和发展》,载《比较教育研究》,2008(12)。

第一节　比较教育学学科制度化建设

学科制度化水平是展现学科发展成就、凝聚学科成员共识、支撑学术研究的重要基础。"文化大革命"结束后，中国比较教育学科制度化建设逐渐步入正轨，在专业建设与人才培养、学术机构与学术刊物、学会建设与学术活动等方面取得了重要进展，为中国比较教育学科重建奠定了坚实的制度基础。

一、专业建设与人才培养

专业建设与人才培养是学科制度化建设的核心，是凝练比较教育学者学科归属感，形成具有特定的学科道德和自律准则的共同体，构筑职业化和专业化的比较教育研究者和学术机构网络，为学科发展培养后备人才的基石。在王承绪、朱勃、顾明远等中国比较教育学界前辈的努力下，中国比较教育专业建设和人才培养工作在"文化大革命"结束后逐渐步入正轨。

（一）比较教育学科专业的重建

1977 年 8 月 18 日至 9 月 4 日，在教育部高等教育司司长刘道玉与处长蒋妙瑞的促成下，高等教育司在北戴河召开了比较教育研究工作座谈会①，参会的有北京师范大学苏美教育研究室、华东师范大学西欧北美教育研究室、东北师范大学日本教育研究室和朝鲜教育研究室、河北大学日本教育研究室的负责人。会议不但讨论了今后比较教育研究工作的开展方向，还制订了短期及中期工作计划。

1978 年 8 月，教育部高等教育司在武汉召开高等学校文教科学工作座谈会，制定了《高等师范院校教育系学校教育专业学时制教学方案（修订草案）》，该方案明确规定将比较教育学列入高等师范类院

---

① 李其龙：《我国比较教育科学的发展历程》，载《外国教育资料》，1983(1)。

校"学校教育专业"设置的教育类选修课程，具体包含比较教育、外国教育论著选读、外国教育现状与思想流派等内容。[①] 这是改革开放后比较教育学课程开始走进大学课堂的第一步。

1980 年，顾明远在北京师范大学组织了一个教育学高校教师研修班，参加研修班的教师探讨了我国比较教育学科重建的问题。考虑到当时缺乏国人编写的比较教育教材，研修班的教师们商量着编写一本比较教育的教材。在得到教育部高等教育司的支持后，教材的编写工作被提上日程。自 1980 年起，由教育部高等教育司牵头，编写组先后于 1980 年 5 月在北京、1981 年 5 月在保定、1982 年 2 月在广州召开了三次教科书讨论会，详细地讨论了这本书的大纲、初稿和第二稿。

为了保证质量，教材编写组邀请了老一辈比较教育学者，包括杭州大学的王承绪、邵珊，华南师范学院的朱勃、刘展如，福建师范大学的檀仁梅、吴文侃，北京师范大学的顾明远、周蕖、成有信、曹筱宁，西南师范学院的任代文，东北师范大学的巩树森、陈铭，华东师范大学的金含芬，哈尔滨师范大学的刘树范，西北师范学院的李德琴，主编为王承绪、朱勃、顾明远。[②] 檀仁梅教授因身体原因未能参加。1980 年至 1982 年，陆续加入书稿的大纲、初稿、第二稿修改讨论会的专家学者还包括西北师范学院的胡德海、华中师范学院的杨汉清、河北大学的刘文修和刘北鲁、中央教育科学研究所的金世柏、华南师范学院的雷晓春等人。

最终，新中国成立后的第一本比较教育教科书《比较教育》问世，虽然后来历经多次修改，但它至今仍是全国各大高等师范院校本科

[①]　生兆欣：《二十世纪中国比较教育学史》，51 页，北京，高等教育出版社，2011。

[②]　王承绪、朱勃、顾明远：《比较教育》，编者说明，北京，人民教育出版社，1982。

生使用的基本教材。① 这本《比较教育》，只研究了美国、苏联、英国、法国、西德、日本六个国家的教育，没有把中国作为对象国加以比较研究，这是受到当时客观条件的限制。因为教材编写期间，中国教育战线正处于拨乱反正、调整改革的过程中，学制、结构、课程等重要问题还不够明确，一些基本数据尚未公开。考虑到作为中国自编的第一部比较教育学教科书会带来一定的国际关注与影响，为慎重起见没有将中国列入研究对象国。② 由于比较教育成为高等师范院校教育系的一门课程，除了科研人员之外又增加了比较教育学授课教师和学生，比较教育学科队伍得到进一步充实。

(二)比较教育学教材和经典教育著作的引进

改革开放后，中国比较教育学者翻译了国外比较教育学者的理论性著作。其中，顾明远翻译了索科洛娃的《比较教育学》(文化教育出版社，1981)，刘树范、李永连翻译了冲原丰的《比较教育学》(吉林人民出版社，1984)，朱勃编译了《印度比较教育学——启发提问》(北京师范大学出版社，1985)和《比较教育——名著与评论》(吉林教育出版社，1988)，赵中建、顾建民组织翻译了不同时期国外比较教育学者的代表性著作《比较教育的理论与方法——国外比较教育文选》(人民教育出版社，1994)，为比较教育学专业重建发挥了重要作用。

这一时期国内学者组织翻译了众多国外教育学著作，傅统先翻译了瑞士教育心理学家皮亚杰的《教育科学与儿童心理学》(文化教育出版社，1981)，曹秋平等翻译了帕普利和奥尔兹的《儿童世界》(人民教育出版社，1981)，邵瑞珍翻译了布鲁纳的《教育过程》(文化教育出版社，1982)，罗黎辉、施良方等人翻译了布卢姆主编的《教育

① 顾明远：《我和比较教育》，载《比较教育研究》，2005(1)。
② 马骥雄：《比较教育学科的重建》，载《高等师范教育研究》，1989(5)。

目标分类学》(华东师范大学出版社，1986，1987，1989)，邱渊等人翻译了布卢姆的《教育评价》(华东师范大学出版社，1987)，邹进翻译了雅斯贝尔斯的《什么是教育》(生活·读书·新知三联书店，1991)。

　　改革开放后，中国学者对卢梭、杜威和赫尔巴特等西方教育家的思想不再一味批判。滕大春出版了《卢梭教育思想述评》(人民教育出版社，1984)，改变了"文化大革命"期间的单一批判性论述。赵祥麟、王承绪编译了《杜威教育论著选》(华东师范大学出版社，1981)。1990年，王承绪翻译了《民主主义与教育》一书并由人民教育出版社出版。1989年，李其龙根据德文原著翻译了赫尔巴特的《普通教育学》和《教育学讲授纲要》，合为一书由人民教育出版社出版。

(三)比较教育学专业的人才培养

　　一门学科的繁荣发展离不开接班人的培养，在拨乱反正和改革开放时期的比较教育重建工作中，比较教育专业人才培养制度完成了从无到有的蜕变，中国初步建成了一支比较教育研究的生力军。1979年，北京师范大学外国教育研究所成立并开始招收第一届比较教育学专业硕士研究生，比较教育学的第一个硕士点(1982年)和博士点(1983年)也获得批准。1981年11月，国务院批准的"高等师范院校首批硕士学位授予单位及其学科、专业名单"中，比较教育正式成为教育学的二级学科。1983年，北京师范大学外国教育研究所比较教育学被国务院学位委员会批准为第一个有权授予比较教育学博士学位的学科点。1984年，杭州大学比较教育研究所紧随其后通过了比较教育学专业的博士点审批，同年秋天在杭州召开了比较教育学课程建设讨论会，与会人员就比较教育学科教科书的编写工作展开了讨论。[①] 经过一段时间的准备，顾明远先生在1985年招收了我

---

① 成有信：《比较教育教程》，1页，北京，北京师范大学出版社，1987。

国第一位比较教育学专业博士生，即后来美国高等教育研究领域的专家、北京师范大学的王英杰教授。1987 年，华东师范大学获得了比较教育学专业博士学位授予点。到 1992 年国务院学位委员会第四次审批之前，全国比较教育学共有 8 个硕士学位授权点和 3 个博士学位授权点培养单位。

这一时期的比较教育人才培养具有时间上缓慢发展、空间上分布面较窄等特点。一是在时间纵轴上呈现缓慢发展的趋势。据生兆欣博士统计，比较教育学专业研究生的招生情况在 1979 年至 1983 年比较稳定，每年招收硕士研究生不超过 10 人，保持在 6 人左右。1984 年后比较教育学专业硕士研究生招生人数开始增加，招生人数增至 16 人，1985 年至 1992 年硕士研究生招生人数稳定在 20 人左右，每年会有一定的波动。而比较教育学专业开始在 1985 年招收博士研究生 3 人，1985 年到 1992 年，博士研究生招生人数保持在每年 3 人左右。①

二是在空间分布上表现为东南沿海地区优先发展并囊括全国大半学位点，东北、西南地区紧随其后。② 比较教育学科发展呈现出横向地域分布特征，这与当时的社会背景息息相关，反映了中国的政治、经济、文化情况。随着我国改革开放局面的确立，我国东南沿海地区成为中国特色社会主义经济最先发展的地区，同时也是文化发达地区之一。由于先天的地理优势以及后天的资源倾斜，比较教育学在这些区域发展得较早较快。随着改革的春风吹向西部地区，西南地区的比较教育学也加快了发展的步伐。

总体来看，一是比较教育专业招生人数虽然有些年份会有波动，但是基本上呈现逐年稳健上升的趋势。比较教育专业研究生招生起始阶段规模比较小，人数不稳定，但是 1985 年以后招生人数趋于稳

---

① 生兆欣：《二十世纪中国比较教育学史》，51 页，北京，高等教育出版社，2011。
② 生兆欣：《二十世纪中国比较教育学史》，51 页，北京，高等教育出版社，2011。

定，研究生招生规模也有所上升。这也从侧面证明了改革开放之后中国经济的蓬勃发展，国家建设对于高层次人才的渴望与全国人民对教育的需求；同时也说明了我国完善教育体制过程中，国家政策、统一的招生计划对硕士研究生的培养规模具有深远的影响。二是博士研究生招生数量比硕士研究生招生数量更加平稳。原因是博士属于国家的高级人才，本身培养基数就比较小，同时跟国家教育与学科发展政策侧重点紧密相关。随着中国比较教育学科建设的发展，研究生开始扩招，于是硕士研究生数量增长曲线更加陡峭。总的来说，由于知识经济引起社会深刻的变革，国家对高水平人才的渴望，以及比较教育学科本身的魅力吸引了更多人投身比较教育学科。

二、学术机构与学术刊物

党的十一届三中全会召开后，中国比较教育学术机构和刊物也迅速发展，除了国家和地方教育科研机构外，以北京师范大学为代表的高等院校以系科专业调整为契机，相继成立专门的比较教育研究机构。与此同时，各研究机构也通过公开出版或内部发行学术刊物，为中国比较教育研究拓展学术交流平台。

(一)比较教育学术机构的重建

"文化大革命"期间各高校的外国研究机构遭到了毁灭性的打击，随着改革开放的到来，外国教育研究首先在机构重建方面焕发出了新的生命力，其中最突出的表现为 1964 年建立的首批外国教育研究机构("四家五室")的扩建与合并，即北京师范大学的苏美教育研究室、华东师范大学的西欧北美教育研究室、河北大学的日本教育研究室、东北师范大学的日本教育研究室和朝鲜教育研究室(见表2.1)。

表 2.1　改革开放后全国首批外国教育研究机构扩建前后对比

大学	扩建前	扩建后
北京师范大学	苏美教育研究室	北京师范大学外国教育研究所：外国高等教育研究室、外国普通教育研究室、外国教育理论研究室、外国教育资料翻译室
华东师范大学	西欧北美教育研究室	华东师范大学比较教育研究所：美英教育研究室、西欧教育研究室、苏日教育研究室
河北大学	日本教育研究室	日本教育研究室
东北师范大学	日本教育研究室 朝鲜教育研究室	东北师范大学教育科学研究所：日本教育研究室、朝鲜教育研究室、比较教育研究室

　　北京师范大学的苏美教育研究室在 1977 年之后全面恢复工作。1979 年 1 月，北京师范大学进行校内机构调整，撤销外国问题研究所，以外国教育研究室为基础成立外国教育研究所，顾明远任所长，毕淑芝任副所长，岳谦任支部书记。外国教育研究所扩建为四个研究室：外国高等教育研究室、外国普通教育研究室、外国教育理论研究室和外国教育资料翻译室。在国家改革开放政策指导下，北京师范大学外国教育研究所重点研究世界教育发展的动态和趋势，介绍各国教育制度和改革经验，积极承担国家重点研究课题，开展政策咨询服务，逐渐成为我国比较教育学科的一个重要阵地。

　　1980 年，华东师范大学外国教育研究室经教育部高等教育司批准独立建制，在原有的基础上扩建成为外国教育研究所，研究人员经过重新组合分配，编制 28 名[1]，之后根据刘佛年教授提议改名为比较教育研究所，含美英教育研究室、西欧教育研究室和苏日教育研究室。改革开放以来，华东师范大学比较教育研究所硕果累累，一是率先在国内系统地介绍国外有影响力的教育思潮和人物，如在

---

[1]　胡力佳：《甘抛年华赌明天——为华东师范大学比较教育研究所建所 30 周年而作》，载《外国教育资料》，1994(4)。

《外国教育资料》杂志 1977 年第 3 期推出"终身教育"专辑，向国内教育学术界系统地介绍了"终身教育"思潮，并通过推荐一大批当代教育名著，包括《学会生存》《教育过程》《儿童世界》《苏联关于教育思想的论争》等，有步骤地介绍与评论欧美和苏俄现代教育流派的代表人物。二是为我国师范院校教育专业师生提供了一大批教育科学新著，这批新著有助于打破苏俄凯洛夫教育学思想一统我国教育学术界的局面。

东北师范大学日本教育研究室和朝鲜教育研究室在 1975 年合并成立外国问题研究所，之后在 1979 年更名为东北师范大学教育科学研究所，在外国教育研究方面除原有的两个室以外，还增设了比较教育研究室。1987 年，东北师范大学整合校内机构成立比较教育研究所，1990 年再度更名为国际与比较教育研究所并沿用至今。这一时期，河北大学日本教育研究室在机构方面则保持不变。①

在上述"四家五室"发展得如火如荼之际，全国高等院校又建立了一批新的外国教育研究机构。比如 1979 年恢复的中央教育科学研究所新设了比较教育研究室，华南师范学院教育科学研究所也新建了比较教育研究室，杭州大学教育系设立了外国教育研究室，同济大学自从与德国波鸿鲁尔大学建立了姊妹大学关系后设立了德国科教情报研究室，哈尔滨师范大学外语系设立了苏联教育研究室，等等。至此，中国比较教育研究机构在全国范围内形成的研究网络已经初具规模，各有分工却又紧密联系地开展比较教育研究。

（二）比较教育学术期刊的发展

专业性学术机构的成立带来丰富的研究成果，迫切要求发展比较教育学术期刊以作为成果发布平台。1978 年至 1984 年的比较教育学科重建阶段，完成了比较教育学五大期刊的正式对外发行，包括

① 李其龙：《我国比较教育科学的发展历程》，载《外国教育资料》，1983(1)。

《外国教育动态》(北京师范大学)、《外国教育资料》(华东师范大学)、《外国教育研究》(东北师范大学)、《外国中小学教育》(上海师范大学)、《外国教育》(中央教育科学研究所)，为比较教育学研究成果提供了交流的平台。①

1979 年，北京师范大学教育系主任兼外国教育研究所所长顾明远先生为促使《外国教育动态》正式复刊，给国务院主管科教的方毅副总理写信，说明《外国教育动态》于新中国成立后在外国教育研究方面所取得的成果，展现了《外国教育动态》所留存的学术基础，提出改革开放以后我国教育界了解和学习外国教育经验的迫切性，希望《外国教育动态》能早日复刊并向国内外公开发行。建议很快得到方毅同志的批复，同意复刊并成为正式刊物向国内外发行，《外国教育动态》由此成为中国比较教育学科发展的重要平台。② 期刊一直秉持新、快、准的理念，为国内教育研究工作者带来国外教育的动态。1991 年，《外国教育动态》被确定为中国教育学会比较教育研究会的会刊，并正式更名为《比较教育研究》。

华东师范大学在 1972 年创办了《外国教育资料》。1982 年，经教育部批准，《外国教育资料》开始向全国公开发行，后于 2000 年更名为《全球教育展望》并沿用至今。东北师范大学则在 1981 年将之前创办的《日本教育情况》和《朝鲜教育研究》合并更名为《外国教育情况》。1983 年，杂志更名为《外国教育研究》并在内部发行。1985 年，《外国教育研究》公开发行。此外，上海师范大学在 1979 年创办了《外国教育资料选译》，该刊在 1981 年更名为《外国中小学教育》。

依托这些期刊，中国比较教育研究在改革开放之后迎来了如花般绽放，论文数量总体上逐步攀升，研究对象国分布较为广泛，不

---

① 高益民：《改革开放与中国比较教育学三十年》，载《清华大学教育研究》，2008 (6)。

② 顾明远：《我和比较教育》，载《比较教育研究》，2005(1)。

论发达国家还是发展中国家都有涉猎，并且重点国家重点关注，其中美国和苏俄的研究占据了较大的份额，紧随其后的是西欧各国与日本，还形成了由教育热点组成的研究专题，以专题的形式梳理并进行深入研究。① 据统计，20 世纪 80 年代以苏联、美国、日本、德国、英国、法国为对象国的比较教育研究文章占全部文章的大半，而有关美苏两国的文章占全部文章的近一半，可以看出那个时期中国比较教育学对学习借鉴发达国家的迫切需求。从文章主题上看，关于教育思想理论的文章发文量高居榜首，外国教育研究学者向国内引进了许多先进的教育理念与教学方法，令人耳目一新。②

从 20 世纪 90 年代开始，学术期刊上有关教育实践活动的文章数量开始攀升，这一时期的比较教育研究者开始注重自身学科领地的建设，表现为比较教育学科建设发文量显著上升，包括从历史角度梳理比较教育学科发展历程，构建本学科的框架并形成研究范式，其中不乏开始批判反思比较教育学科的学者，探讨比较教育学科存在的价值与意义。就教育层次而言，基础教育(中小学教育)、高等教育是比较教育研究的主要对象。80 年代关于基础教育研究的文章占优势，原因可能是 80 年代国内整体文化水平偏低，普及义务教育是当时的首要任务。90 年代则偏向于高等教育研究，原因可能是改革开放十多年后国家对高水平人才的渴望更加强烈。

三、学会建设与学术活动

比较教育专业学会的成立以及相关学术活动，为团结和组织全国比较教育研究的学者和爱好者开展相关学术交流活动提供了舞台，促进了比较教育学科的发展。召开学术年会、发行会刊、举办小型座谈会等方式加强了中国比较教育学者之间的交流与合作，同时也

---

① 高原：《借鉴与救赎：中国比较教育百年》，载《全球教育展望》，2017(10)。
② 延建林：《80、90 年代中国比较教育研究主题的演变》，载《比较教育研究》，2002(4)。

在形成和维护全国比较教育学学术共同体的过程中发挥了重要作用。

（一）中国比较教育学会与各省比较教育学会的建设

1978 年 7 月，北京师范大学、华东师范大学、东北师范大学、河北大学、华南师范学院五所高校的外国教育研究室（组）在北京师范大学联合举行了第一次外国教育学术研讨会，后被称作比较教育研究会的第一届年会。1979 年 10 月，第二次外国教育学术研讨会在上海召开，并成立外国教育研究会（1983 年更名为比较教育研究会）。学会第一任理事长是刘佛年先生，在 1979 年至 1981 年任职；第二任理事长是张天恩先生，于 1981 年至 1983 年任职。1983 年，顾明远先生出任第三任理事长，随后连任七届，至 2001 年。中国教育学会比较教育研究会于 1984 年加入了世界比较教育学会联合会（World Council of Comparative Education Societies，WCCES），并于 1987 年成功当选为世界比较教育学会联合会执行委员会成员。在改革开放初期，中国比较教育研究队伍在世界比较教育学会联合会的舞台上大放异彩，赢得了国际认可。

比较教育研究会的主要职责包括以下几个方面：一是定期举办比较教育学术会议；二是积极开展会员之间的学术交流与合作；三是为国家制定教育决策和教育实践改革提供咨询；四是开展包括编写教材、出版书刊、从事培训在内的各种形式的比较教育学术成果的普及活动等。其中每两年召开一次的学术年会是比较教育学会重中之重的任务。最初的学会章程商定每届年会由北京师范大学、华东师范大学、东北师范大学、河北大学与华南师范学院五所学校轮流承办。

除了全国性的中国教育学会比较教育研究会，区域性的比较教育研究会也纷纷建立起来。比如河南省比较教育研究会、吉林省比较教育研究会、广东省比较教育研究会等，也表现得很活跃。

(二)1977 年至 1992 年国内比较教育学会年会综述

1978 年 7 月由北京师范大学承办的第一届全国外国教育学术研讨会被视为比较教育研究会的第一届年会,会议以探讨恢复外国教育研究、筹备外国教育研究会等事宜为主题,由北京师范大学、华东师范大学、东北师范大学、河北大学与华南师范学院联合举办,有 50 余名代表参会,提交了 20 多篇论文。这次会议成为我国教育学者重建比较教育学科的标志。① 时任教育部副部长高沂出席了会议并在大会上讲话,动员国内教育研究者强化外国教育研究。众多专家立足国情,在会议上激烈讨论了国外普通教育中的文理分科、天才教育、能力分组教学等教育问题,并介绍了外国教育研究中的经验。②

1979 年 10 月 24 日至 11 月 3 日,以探讨外国教育研究会近期工作任务等事宜为主题的第二届外国教育学术研讨会在上海召开,除上述五所院校外国教育研究所外,还新增了中央教育科学研究所、人民教育出版社及其他几所师范院校的代表共 90 余人。此次大会不仅进行了学术报告和学术交流,还成立了隶属于中国教育学会的外国教育研究会,秘书处设于中央教育科学研究所。大会推选华东师范大学校长刘佛年先生担任研究会第一届理事长,共有理事 33 人,会员 196 人。③ 外国教育研究会秘书处发布了理事会的三项任务:一是调查全国外国教育研究机构、队伍的状况,发展会员;二是初步拟定 1980 年的专题学术活动,包括五国教育史译编讨论会、比较教育学教材编写讨论会、苏联教育专题讨论会;三是创办会刊《外国教育》,陆续选登第二届外国教育学术讨论会的文章。

---

① 顾明远:《新时代比较教育的新使命——纪念改革开放 40 周年》,载《比较教育研究》,2018(8)。

② 《加强外国教育研究促进我国教育事业发展,全国首次外国教育学术研讨会在京召开》,载《光明日报》,1978-07-25。

③ 顾明远:《我和比较教育》,载《比较教育研究》,2005(1)。

1981 年 5 月 21 日至 29 日，外国教育研究会第三届学术年会在保定召开，这届大会包括七个专题，分别为"教育与经济的关系""教育行政与立法""教育结构的改革""师范教育的改革动向""高等教育的改革趋势""近年来国外教学论的发展特点""比较教育学的教材编写问题"。会议由河北大学日本教育研究室承办，全国 30 所高等院校外国教育研究机构的 120 余名研究人员与会。大会共收到 142 篇论文。围绕本次会议的七个专题，参会代表报告了所在研究所的研究成果，介绍了国外的基础理论与教育思潮，并针对我国教育工作中的问题及改革发表了各自的看法。会议期间还组织了苏联教育、日本教育、英美教育、德法教育四个国别论坛，对这六个发达国家的教育情况进行了详细而深入的介绍探讨。会议提交的论文陆续发表在《外国教育》《外国教育动态》等学术期刊上，人民教育出版社还选编一些论文出版"外国教育丛书"。这次会议上进行了理事会换届，中央教育科学研究所副所长张天恩任理事长，滕大春、朱勃为副理事长。

1983 年 7 月 21 日至 27 日，以"比较教育如何为我国教育新局面服务"为主题的全国比较教育研究会第四届学术年会在长春召开，来自全国各地外国教育研究机构的 100 多位工作者出席了会议，此时会员由上届的 130 人发展到 249 人，涌现了大量的研究成果，共收论文、译著 195 篇（部）。国内发行的比较教育类学术期刊达到 15 种之多，公开发行的以比较教育为主要内容的学术期刊有四种，包括面向中小学的《外国中小学教育》、综合性的《外国教育》《外国教育动态》《外国教育资料》，每年出版或内部发行文献达二百多万字。会议期间各位代表围绕"比较教育学科建设"等四个专题进行了讨论，并根据国际经验强调了普及义务教育的重要性与优先性，同时意识到教育立法是义务教育的基础，免费的义务教育和合格稳定的教师队伍是普及义务教育的基本条件；大会还探讨了教育与生产劳动的关系。理事会照常进行了换届，由顾明远担任理事长。为了更好、更全面地反映研究会的学术性质，外国教育研究会正式更名为"比较教育研究会"。

1986 年 9 月 15 日至 19 日，全国比较教育研究会第五届学术年会在华中师范大学召开，来自全国 25 个省、市、自治区的 172 名专家学者带领全国各大高校的 33 名研究生齐聚一堂进行学术交流。此次大会还邀请了日本学者手塚武彦、田口孝雄、大塚丰等人作学术报告和演讲，促进了中国比较教育学的国际化进程。这次会议以"借鉴国际经验，探讨教育体制的改革问题"为主题，论坛分教育思想、教育理论小组，普通教育小组，职业技术教育小组，高等教育小组和"比较教育学"教材编写小组进行报告探讨。顾明远先生从研究目的出发，提出了比较教育要在不同国家教育的比较中探寻教育的规律，然后结合本国国情，理论联系实际，这样才能为我国的教育改革提供外国的经验，又能使得比较教育研究有深度。这次大会上，许多专家、学者就自己的研究成果进行了观点鲜明、有理有据的发言，颇有百花齐放的盛况。部分比较教育研究者对当时比较教育研究大多处于宏观层面、缺乏深入微观层面的不足进行了反思。

1990 年 11 月 27 日至 30 日，全国比较教育研究会第六届学术年会在天津市教育科学院召开。这次年会设"中外道德教育""比较教育""高等教育""普通教育和职业教育""中外教育改革反思""比较教育与对外交流""苏联东欧教育与社会经济变迁""西方教育思想研究"八个专题，设置了针对青年学者和研究生的研讨会，出席会议的有来自全国 21 个省市的 130 余名代表。在大会开幕式上，副理事长金世柏先生致开幕词，顾明远先生作了"比较教育的回顾与展望"的发言，总结了改革开放十多年来我国比较教育发展的成绩和问题，阐明了今后发展的方向。学会秘书长周南照教授汇报了研究会在发展我国比较教育研究、促进国内外学术合作与交流等方面所做的工作和取得的成就。这次会议选举出第五届全国比较教育学会理事会理事 46 名，顾明远继续担任理事长。同时，学会理事会同意将《外国教育动态》作为中国比较教育研究会会刊，并改名为《比较教育研究》。

以上六次学术年会代表了 1977 年至 1992 年中国教育学会比较教育分会的活动轨迹，从中我们可以大致地看出在拨乱反正和改革开放早期的这 15 年里，比较教育学会已经有了规律性的学术活动且在全国有了较大影响力，越来越多的教育研究者参与到比较教育研究队伍中，在大会上涌现出的丰硕研究成果也促进了比较教育学科的发展。

四、国际交流与合作

改革开放后，中国学者频繁出席国际学术会议，使得中国比较教育逐渐成为国际比较教育舞台上的新生力量，同时，我国广泛邀请国外学者赴华讲学交流学术心得，为我国比较教育专业繁荣发展添砖加瓦。同期，中国比较教育学会顺利加入世界比较教育学会联合会，标志着中国比较教育研究进入了一个专业发展的新阶段，同时也标志着世界比较教育学会联合会对中国比较教育研究团队的肯定。

一是广泛邀请国外学者到中国讲学。活跃的学术活动与稳定壮大的专业研究人群为比较教育吸引了更多研究者的目光，也正是国内外关注促进中国比较教育研究更上一层楼。1980 年 3 月，美国哥伦比亚大学教育学院比较教育专家、美籍华人胡昌度教授受邀到北京师范大学讲学，同时组织了一个高等学校比较教育教师进修班，有 10 所高等学校的 12 名教师参加，顾明远先生作为教育系主任和外国教育研究所所长组织了这次活动，并与本科生和进修班教师同堂听课。① 1983 年，王承绪先生邀请美国印第安纳大学著名比较教育学家阿诺夫教授，为杭州大学学生开设了用英语授课的比较教育学课程。1984 年，应北京师范大学外国教育研究所和中央教育科学研究所的邀请，英国著名比较教育学家埃德蒙·金来中国讲学，《外国教育动态》进行了全面介绍，金在北京师范大学作了"教育如何适应科学技术的迅速变革""从学校到工作的过渡：对一个世界性问题的研究""教师作用的变化和师范教育对此做出的反应""高等教育：改革、趋势和研究"四个专题报告，受到与会者的欢迎。除此以外，联合国教科文组织国际教育规划研究所首任所长菲利普·库姆斯、德国柏林洪堡大学的施瑞尔等学者都到中国进行了学术交流。

　　二是走出去参加国际学术交流。1980 年夏天，顾明远先生应日本比较教育学会会长平塚益德教授的邀请，与中央教育科学研究所金世柏先生和北京师范大学外国教育研究所苏真教授一道赴日本琦玉县参加了世界比较教育学会联合会第四届大会，并提出了中国比较教育学会加入世界比较教育学会联合会的申请，这是中国比较教育学踏出国门的重要一步。1981 年 10 月至 12 月，梁忠义等人应日本国际交流基金的邀请，作为日本国立冈山大学客座研究员，赴日本考察教育和经济，并进行短期研究。② 1983 年，朱勃先生与王承绪先生一起赴英法两国考察比较教育，两位学者在 36 天的访问中，走访了 12 所大学，拜访了联合国教科文组织、国际教育规划研究所等 8 家机构，实地考察了两所中学，并访谈了 58 位比较教育学者、教育官员。1984 年，中国比较教育研究会正式加入世界比较教育学会联合会。③ 之后，华东师范大学的马骥雄和河北大学的刘文修作

　　① 顾明远：《我和比较教育》，载《比较教育研究》，2005(1)。

　　② 师教严：《梁忠义、孙世路和宋绍英同志赴日进行教育考查和研究》，载《外国教育研究》，1983(1)。

　　③ 顾明远、李敏谊：《顾明远教育口述史》，80 页，北京，北京师范大学出版社，2007。

为代表参加了在巴黎召开的世界比较教育学会联合会第五届大会。
1987 年第六届大会在巴西里约热内卢召开，中国比较教育研究会派
出金世柏、周南照、吴福生、孟宪德和顾明远参加大会。此次大会
上世界比较教育学会联合会执行委员会正式批准中国比较教育学会
为该会的团体会员，并选举顾明远为联合会副主席，肯定了中国比
较教育学会的努力及成果，使得中国比较教育这支新生力量走上国
际舞台。

这一时期中国比较教育的国际化建设也并非一路顺畅。因为刚
入会、资历浅，中国比较教育学会举办世界比较教育大会的第一次
申请被拒并延后。在成为世界比较教育学会联合会团体成员之后，
中国比较教育代表团提出了在中国北京举办世界比较教育学会联合
会第七届大会的申请，但是世界比较教育学会联合会执行委员会认
为中国比较教育学会入会时间太短、资历浅，于是拒绝了中国的申
请。但鉴于中国申请举办大会的积极态度和主动精神，执行委员会
承诺第八届大会在中国举办，并将会期由三年缩短至两年，这样一
来第七届大会能够提前至 1989 年举办，第八届大会将在 1991 年举
办。[①] 由于国内外形势的变化，世界比较教育学会联合会第八届大
会于 1992 年在捷克举行。

第二节　比较教育学研究成果与观点

1977 年至 1992 年，中国比较教育学得以重建，比较教育学科制
度化建设基本完成，比较教育专业研究生招生已经形成一定的规模，
不仅"四家五室"比较教育研究工作走上了正常运转的轨道，全国师
范类院校也纷纷成立专门的比较教育研究机构，规律性的全国比较

---

① 顾明远：《我和比较教育》，载《比较教育研究》，2005(1)。

教育研究学术会议催生专业学术组织，比较教育研究队伍逐渐壮大，比较教育研究者开始撰写或者翻译国外比较教育学家的著作，涌现了大批高质量的比较教育学研究成果，各种学术观点也异彩纷呈。

一、学科建设与基础理论研究

1977年至1992年，中国比较教育学经历了学科重建继而走上逐渐繁荣的道路，这离不开国内部分学者对于比较教育学科性质与基础理论的研究，涉及比较教育的概念、比较教育研究目的及对象、比较教育研究方法、比较教育基础理论与应用、比较教育研究的发展趋势等研究，标志着比较教育研究走向成熟。

（一）比较教育的概念与学科性质

王承绪、朱勃、顾明远三位先生在第一本由国人编写的比较教育教科书——《比较教育》中梳理了比较教育学者关于"比较教育"概念的不同观点，如有些人认为比较教育就是研究外国的教育，另一些人认为比较教育就是分析研究外国教育制度的学科，还有一些人认为外国教育并不能称为比较教育。比较教育学者的疑问与争论引出了比较教育的三个基本特征：一是跨国性或国际性；二是跨学科性；三是可比性。基于比较教育的基本特征，学术界将"比较教育"界定为用比较分析的方法研究当代国外教育的理论和实践，然后找出教育发展的共同规律和发展趋势来为本国教育的改革提供经验教训[1]，并以此揭示了设置比较教育课程的目的在于增长见识、参考借鉴、培养运用马列主义思想分析教育问题的能力。继《比较教育》之后，20世纪八九十年代比较教育学教材大量涌现，如成有信的《比较教育教程》（北京师范大学出版社，1987）、吴文侃与杨汉清的《比较教育学》（人民教育出版社，1989）、张维平与张诗亚的《比较教育

---

[1]　王承绪、朱勃、顾明远：《比较教育》，14～26页，北京，人民教育出版社，1982。

基础》(辽宁大学出版社，1991)、高如峰与张保庆的《比较教育学》
(上海外语教育出版社，1992)等比较教育学教材纷纷问世，比较教
育专业的基础理论性著作为学科建设打下了坚实的基础。

王承绪认为，比较教育就是研究外国的教育，但不是仅仅分析
研究外国教育制度的学科，因此外国教育并不与比较教育等同，因
为外国教育与比较教育在外文中拥有自己的专有名词且对应的意义
完全不同。根据比较教育的学科属性，比较教育具有跨国家、跨文
化、跨学科等性质。[①] 朱勃先生详细梳理了国内外比较教育的发展，
从历史的角度提出比较教育学是教育科学的有机组成部分，通过研
究世界各国的教育发展规律，探寻各国教育的优势与劣势，然后加
以借鉴，为本国所用。在具体研究方式上，朱勃先生提出应超出学
校的范围，从经济、社会、科技等多维度研究教育。[②]

吴文侃、杨汉清教授在 1989 年出版的《比较教育学》里论证了比
较教育学的重大意义。他们认为，比较教育学作为一门科学，通过
对各国教育的比较研究，不但扩大了教育工作者的眼界、增长了见
识，而且能加深对本国教育制度和自身教育工作的认识。通过掌握
各国教育的普遍规律和本国教育的特殊规律，吸取外国教育的成功
经验和失败教训，作为本国教育改革的借鉴，增进国际理解，促进
国家间的文化交流。比较教育学作为一门课程，通过对各国教育的
比较研究，不仅能够丰富学生的知识，而且可以提高学生分析问题
和解决问题的能力。[③]

其他一些学者也对比较教育学的学科性质和概念内涵进行了探
讨。顾美玲回顾了古代、中世纪、16 世纪至 18 世纪的比较教育先驱

---

① 王承绪：《从国外比较教育学科发展的现状看我国比较教育教学中的若干问题》，
载《杭州大学学报(哲学社会科学版)》，1979(4)。

② 朱勃：《比较教育学的发展》，载《外国教育动态》，1981(4)。

③ 吴文侃、杨汉清：《比较教育学》，2～10 页，北京，人民教育出版社，1989。

的教育思想，梳理了比较教育从孕育至成熟发展的历程，古代的比较教育研究从旅行者的报道中总结教育儿童方式的异同点并发表评论，然后得到有价值判断的结论。① 薛理银探讨了比较教育的国际视野问题，认为比较教育是在更广阔的维度上分析一个或多个国家的教育问题、教育传统和教育体制等，也就是探讨一些教育问题在不同国家的表现以及各国由于文化不同而对该问题做出的不同的反应，随后指出比较教育是一门与教育社会学、教育哲学和教育史学等学科处于相同地位的教育学基础学科，并且各门教育学基础学科之间互相渗透，因此比较教育学与教育社会学之间的界限非常模糊。② 张国才也撰文探讨了比较教育的定义与特征问题。③

除了提出关于比较教育的概念外，国内学者在这一时期也翻译引进了国外学者对比较教育的定义。董小燕和顾建民翻译了诺亚的文章，诺亚认为比较研究是一种尽可能用概念(变项)名词来替代制度(国家)名称的尝试。④ 郭玉贵翻译引进了黎成魁的观点，认为比较教育学是旨在探究、分析和解释与政治、经济、社会和文化背景有关联的各种教育事实之间的相似点和差异点的一门科学。⑤ 埃克斯坦通过研究分析 19 世纪中期与 20 世纪前半期的比较教育文献发现，比较教育的含义和功用的认识发生了变化：把教育看作一个系统，重视其对丰富关于社会发展动力的基本知识的可能性，这种更为综合的研究取代了对学校实践做狭隘的、功利主义的研究。⑥

---

① 顾美玲：《朱利安之前的比较教育先驱》，载《四川师范大学学报(社会科学版)》，1991(5)。

② 薛理银：《英国比较与国际教育学者论比较教育》，载《比较教育研究》，1992(5)。

③ 张国才：《与比较教育定义有关的两个问题的讨论》，载《教育评论》，1986(6)。

④ [美]诺亚：《给比较教育下定义》，董小燕、顾建民译，载《现代外国哲学社会科学文摘》，1989(5)。

⑤ [法]黎成魁：《比较教育学》，郭玉贵译，载《外国教育动态》，1988(6)。

⑥ [美]埃克斯坦：《比较教育：概念和理论》，顾建民译，载《外国教育资料》，1988(4)。

（二）比较教育学的研究目的与研究对象

为了更好地为比较教育学科建设打下坚实的理论基础，比较教育学者对比较教育研究的目的及对象做了大量的研究，中外学者众说纷纭。金世柏指出，研究比较教育的目的一是更好地掌握本国教育的特点，通过对外国教育的分析研究，可以加深对本国教育的理解；二是更好地推动本国教育改革。[①] 吴文侃认为，比较教育学的研究目的从 19 世纪学科萌芽时期起，就在于借鉴他国教育经验，改进本国的教育实践，但随着国际接触日益频繁，各国比较教育研究也注意向外国宣传本国的教育成就和经验，以加强国家间的文化交流。尽管如此，借鉴外国教育经验，仍是现阶段比较教育研究的主要目的。[②]

成有信教授认为比较教育学作为教育科学的一个分支，其研究对象包含了普通教育学的研究对象或教育科学各个分支学科的共同研究对象——社会中的教育现象及其发展规律，但是比较教育学的研究对象具有一定的特殊性，表现在比较教育学的研究对象涉及它研究的目的、研究范围的广度和深度以及研究方法等许多问题。借鉴别国的教育经验和范例以改革本国教育是比较教育学产生的直接动机，这是比较教育学的目的，并且这个目的的现实性决定了比较教育学研究的现实性，即它要借鉴当代世界各国和各地区教育的实践经验和理论范例。[③] 商继宗教授回顾了比较教育在国外的发展历程，揭示了比较教育对各国相互联系、相互合作的依赖性，同时指出发展经济、科学革新和改革教育与比较教育的内在联系，肯定了

[①]   金世柏：《"三个面向"与比较教育研究》，载《外国教育研究》，1984(3)。
[②]   吴文侃：《比较教育学的对象和方法论基础》，载《外国教育动态》，1987(4)。
[③]   成有信：《比较教育学的对象及其发展的历史分期》，载《北京师范大学学报》，1985(4)。

经济界、金融界、政治界对比较教育研究的使命感。① 吴畏教授梳理了国外教育改革的动向和经验，强调比较教育学重点是为教育的一系列改革服务、为发展我国的教育科学服务，提出要加强我国比较教育学自身的学科建设。②

国内学者也介绍了国外知名比较教育专家的学术观点。苏真教授研究了马越彻关于外国教育研究的思想，总结了外国教育研究的目的在于促使研究者更加深入地、客观地思考和认识本国的教育情况，使研究者学会运用相对论的观点分析问题，并且还能激发研究者对本国教育改革的积极性。③ 张民选教授分析了埃德蒙·金的比较教育思想，总结了金的"比较教育研究四框架论"，即不管是从事低层次的比较研究还是进行综观全局的高层次比较研究，都必须注意包括四个方面的完整框架：概念、环境、体制与实施。④ 拓向阳教授翻译了布雷克的文章，探讨了康德尔比较教育思想的成就，认为贯穿康德尔比较教育学著作的一条基线就是教育与国家之间的关系，肯定了一个国家的政治特征对教育特征的决定性影响，因此比较教育学的目的就是要通过对各国不同的历史、文化背景的考察，来说明为什么各国产生和发展了不同的教育制度。⑤

(三)比较教育学的研究方法与方法论

朱勃先生认为，比较教育要成为一门科学，就必须建立在将马克思主义原理作为方法论的基础上，从各国的教育实际出发，应用

① 商继宗：《比较教育在国外》，载《外国中小学教育》，1985(1)。

② 吴畏：《以教育改革为中心 大力加强比较教育的研究》，载《外国教育动态》，1986(1)。

③ 苏真：《日本比较教育学教授马越彻谈外国教育研究问题》，载《外国教育动态》，1987(3)。

④ 张民选：《社会变革、比较研究、教育决策——埃德蒙·金比较教育思想浅谈》，载《外国教育研究》，1988(2)。

⑤ ［美］大卫·W. 布雷克：《论比较教育学的目的和性质：I. L. 康德尔的贡献》，拓向阳译，载《外国教育研究》，1984(2)。

多种比较研究的科学方法。常用的方法分两大类：一是以区域研究为主进行比较，二是以问题研究为主进行比较，还可以用描述法、历史法、社会学法、统计法等方法作为辅助。① 朱勃先生还重点介绍了比较教育学家贝雷迪的"四阶段"法，介绍了历史学派与社会学派关于比较教育分类从属的争论，指出贝雷迪把区域研究和问题研究的步骤界定为描述阶段、解释阶段、并置阶段、比较阶段具有其合理性，并强调了地区研究的重要性。② 类似地，殷企平教授回顾了英国比较教育学家霍尔姆斯的"问题法"的历史背景与思想基础，认为"问题法"批判和挑战了实证主义，是建立在后相对主义哲学和实用主义哲学的思想基础上的有效方法。③

　　成有信教授探讨了比较教育学研究方法的方法论基础，认为比较教育学的方法论基础是辩证唯物主义和历史唯物主义，不论使用什么方法研究问题，都应遵循辩证唯物主义和历史唯物主义的立场、观点和方法。比较教育研究一是要把教育现象看作客观存在的社会现象，看作在和周围社会现象的众多联系中的社会现象；二是要在教育现象和其他现象的联系中来研究和认识教育；三是在这些联系中必须抓住本质的联系。④

　　张人杰教授评述了第二次世界大战后至 1965 年西方比较教育研究方法的演变，详细地介绍了五类研究方法：一是统计法（朱利安建议的方法）；二是"纯"比较法（希尔克和贝雷迪的比较研究步骤）；三是以其他学科为基础的方法（教育史地法、社会学的功能主义接近法）；四是问题法；五是分类法（按教育理论加以分类、按民族心理

---

① 　朱勃：《论比较教育》，载《课程·教材·教法》，1983(2)。
② 　朱勃：《比较教育家贝雷迪的比较方法》，载《外国中小学教育》，1986(3)。
③ 　殷企平：《"问题法"评述》，载《外国教育动态》，1991(6)。
④ 　成有信：《比较教育学的对象及其发展的历史分期》，载《北京师范大学学报》，1985(4)。

学加以分类、按统计加以分类)。① 周文智编译了布里夫索的文章,作者深入探讨了比较教育学的研究对象、研究方法、研究任务以及研究过程中数量指标和质量指标的关系等问题,提出比较教育学的研究对象可以是任何国家的学校教育,为了避免在进行比较分析时常常被迫采用不全面的统计及不准确的数字,需要就统一各国教育文献术语和统计参数进行专门的工作。②

因为这一时期我国比较教育学科建设还处于起步阶段,于是我国比较教育学者开始反思批判比较教育的研究方法,质疑比较教育学的研究成果就是翻译或者编译的声音逐渐变大。吴自强教授指出,以往做比较教育研究都是采用阅读外国刊物收集资料,随着我国对外开放,文化教育交往频繁,还可以通过教育经验交流会、教育学术年会等国际会议互相交流教育情报。③ 韩骅教授发现,中国比较教育研究当时还处在初期阶段,同时也是以资料收集为主的阶段,提出了不能用翻译介绍与比较研究这种笼统的结论来掩盖比较研究更为薄弱的明显事实。他进一步指出了这种观点客观上阻碍着比较研究的深入。④ 袁祖望教授探讨比较教育学的研究方法时认为,方法论研究是比较教育学研究中最薄弱的部分。⑤

(四)比较教育学的发展历史与特征

成有信教授通过梳理教育发展史,将教育的发展分为三段——

① 张人杰:《评二战后西方比较教育研究方法的演变(上)》,载《外国教育资料》,1989(2);张人杰:《评二战后西方比较教育研究方法的演变(下)》,载《外国教育资料》,1989(3)。

② 〔苏〕布里夫索:《比较教育学的方法论问题》,周文智编译,载《外国教育动态》,1989(6)。

③ 吴自强:《略述我国比较教育学的发展历程及今后研究这门学科几个问题的商榷》,载《外国教育研究》,1986(2)。

④ 韩骅:《对比较教育研究方法问题的几点看法》,载《湖北大学学报(哲学社会科学版)》,1985(2)。

⑤ 袁祖望:《比较教育中两个问题的商榷》,载《教育研究与实验》,1987(3)。

原始社会教育、古代阶级社会教育（奴隶社会教育和封建社会教育）、现代教育（资本主义教育和社会主义教育），以此为基础对比分析了古代教育与现代教育的教育目的、教育者与受教育者、教育内容、教育组织形式、教育方法、学制等教育因素，总结现代教育拥有大生产性及其相联系的其他特征，并归纳了现代教育的基本特征：一是现代教育的科学性表现在教育与生产劳动相结合；二是现代教育拥有普及性和群众性；三是现代教育拥有高速发展和迅速变革的性质；四是现代教育具有开放性与国际性；五是现代教育具有革命性；六是现代教育具有未来性。[①]

高如峰、张保庆教授梳理了中外比较教育发展史，阐释了借鉴论、因素论、马克思主义比较论等比较教育理论基础与流派，探讨了方法论基础与方法，总结了改革开放 10 年后中国比较教育呈现出的特点：一是将任务重点放在中外教育资料信息系统筹建上；二是努力壮大比较教育研究队伍，完善比较教育研究机构的重建；三是制订未来的科研计划；四是改进研究方法。[②] 朱希璐编译了尼康德洛夫的文章，探讨了苏联比较教育研究对教育改革方向的意义和影响，作者认为比较教育探讨外国有益的教育主张、教学技术和方法并将其移植到自己的国家来，同时批判了那些有问题、有缺点的资产阶级教育理论。[③]

汪霞教授分析了比较教育从属理论，认为该理论自 20 世纪 60 年代产生以来，受到各国比较教育学家越来越多的关注。它承认发达国家和发展中国家之间经济、政治势力的相互作用充满着支配关系，并认为这是由外围国家自己移到国内的，同时指出，这些外围

---

① 成有信：《比较教育教程》，22～48 页，北京，北京师范大学出版社，1987。

② 高如峰、张保庆：《比较教育学》，171～194 页，上海，上海外语教育出版社，1992。

③ ［苏］尼·尼康德洛夫：《苏联比较教育研究及教改动向》，朱希璐编译，载《外国教育动态》，1991(3)。

国家在发展的过程中也有相对程度的独立性，即经济、政治、社会的结构(包括教育制度)在国家之间的支配和从属关系中有它自己的动力。所以，外围国家所具有的从属地位其实并不是霸权中心的一种简单的直接产物，从某种意义上说，从属关系只不过是资本主义制度内部各种因素起作用的必然结果，资本主义的各种制度必然会产生和再生产支配关系以及由此而来的各种不平等现象。[①]

（五）比较教育学的发展趋势

朱勃先生分析了比较教育学发展的总趋势，总结了几个显著的特征：一是可比性，比较教育学首要的特点是用比较研究法，这就是说，比较教育学是对两个问题或更多的问题进行比较；二是国际性，比较教育学主要不是研究某一国的教育，而是研究两个以上国家的教育，并且以国家为单位，对两国或多国教育进行比较研究；三是综合性，比较教育学所关心的主要是对现行教育的研究，特别是综合性的比较研究，很多著名的比较教育学者如贝雷迪、诺亚和埃克斯坦等都强调比较教育学跨文化、跨学科的综合性研究。[②] 同时他还指出战后世界各国教育的现代化发展是大势所趋，而社会的现代化进程显然对教育的数量与质量都提出了严苛的要求，因此提高教育数量与提升教育质量之间的矛盾是未来比较教育研究中的一个重要课题；另一方面，以现代化理论作为理论基础的比较教育研究将集中在探索教育现代化对政治、经济和社会所起的作用上。[③]

吴文侃教授在探讨我国比较教育学科重建时总结了中国特色社会主义国家比较教育学建设应具有以下五个特点：一是方向性。我国比较教育学科建设应当有一个明确的方向，这就是为我国的社会主义教育服务。因此，必须坚持四项基本原则，反对资产阶级自由

---

① 汪霞：《从属理论和比较教育》，载《比较教育研究》，1992(6)。
② 朱勃：《比较教育学的发展》，载《外国教育动态》，1981(4)。
③ 朱勃：《比较教育史略》，89 页，广州，广东高等教育出版社，1988。

化，以"教育要面向现代化，面向世界，面向未来"作为指导思想。二是计划性。因为计划性是社会主义特点之一。三是针对性。从事教育工作的人，由于岗位不同、层次不同，需要亦有所差别。四是系列性。由于不同的教育工作者对比较教育的需求各有所侧重，比较教育学科建设应考虑系列性。五是科学性。由于科学性体现在实事求是地概括事物发展的客观规律，因此违背这一要求，比较教育就会成为伪科学。①

丁邦平指出，比较教育研究的趋势将会呈现以下三方面的特点：第一，在研究的理论基础和方法上，比较教育领域拓宽了研究方向。除了新马克思主义和依赖论外，一些新的理论或范式已被运用于比较教育研究，如批判理论（Critical Theory）、现象学社会学（Phenomenological Sociology）、历史社会科学（Historical Social Science）、合法化理论（Legitimization Theory）。第二，在研究课题上，比较教育研究的主要课题不再只限于教育与发展、学校教育的成绩，以及对教育制度的大量描述性分析等，而是越来越重视过去忽视的一些课题，如妇女教育问题、少数民族教育问题等。第三，在比较的单位上，许多比较教育专家主张运用世界体系分析，使比较教育研究跳出把国家作为比较对象的传统框架，同时还提倡做地区差异分析，使得比较研究与世界体系分析一样深入、精确和全面。②

国外比较教育学者基于当时比较教育学科发展实际，提出了发展方向，他们的观点被国内学者翻译引入。郑桂泉教授翻译了美国比较学会前会长盖尔·P. 凯利的文章，认为比较教育研究缺乏中心，本质是多学科研究的混合体，比较教育将会在文化、方法和理

---

① 吴文侃：《再论我国比较教育的学科建设》，载《外国教育动态》，1991(1)。
② 丁邦平：《国外比较教育研究述评》，载《外国教育动态》，1991(1)。

论的纷争中保持不断向前发展的生命力。[①] 英国学者黎安琪分析了国际教育与比较教育研究的发展状况，指出未来国际教育和比较教育研究所面临的主要挑战之一，是如何把我们对微观学习系统的前因后果的认识，与我们对宏观层次的教育与发展的关系的理解结合起来。[②]

二、教育政策与制度比较研究

教育政策与教育制度大致反映了一个国家的教育情况以及教育趋势。改革开放时期，中国各级各类学校教育制度百废待兴，比较教育研究正好为中国教育打开了一扇世界之窗，通过基础教育政策比较研究、职业教育政策比较研究、学前教育政策比较研究、高等教育政策比较研究、师范教育政策比较研究深化我国对外国各级教育政策与体制的认识，以期为我国教育改革提供借鉴经验。

(一)基础教育政策与制度比较研究

一是国别基础教育总体研究。基础教育是指为学生终身成长奠定基础的教育阶段，包括学前教育、小学教育、中学教育等。"文化大革命"结束后的中国，面临着完善教育管理体制、提高教学质量、普及义务教育等重大任务，对基础教育领域的诸多问题有所关注。这一时期的关于普通教育的国别研究著作成果特别丰硕，如梁忠义先生的《战后日本教育与经济发展》(人民教育出版社，1981)和《战后日本教育——日本的经济现代化与教育》(吉林教育出版社，1988)、朱勃先生的《教育三面向与今日比较教育》(广东高等教育出版社，1985)、马骥雄教授的《战后美国教育研究》(江西教育出版社，1991)、王承绪先生和徐辉教授合著的《战后英国教育研究》(江西教

---

① [美]盖尔・P. 凯利：《比较教育的论争与趋势》，郑桂泉译，载《比较教育研究》，1992(5)。

② [英]黎安琪：《国际教育和比较教育研究的未来趋势》，载《杭州大学学报(哲学社会科学版)》，1992(4)。

育出版社，1992）、赵中建教授的《战后印度教育研究》（江西教育出版社，1992）等著作深入分析了战后各国普通教育发展状况，以及各国教育思想与理论基础。

二是幼儿与学前教育体制研究。曹筱宁教授深入分析了苏联《幼儿园教育大纲》，总结大纲拥有以下特点：第一，重视早期教育，主张自然地加速儿童的发展；第二，根据儿童生理心理发展特点确定教育任务与内容；第三，重视各种教育活动，特别强调游戏的作用；第四，在国民教育体系中又出现了为六岁儿童办小学预备班，使入小学的准备工作又有了发展。[①] 祝子平摘译了日本《世界教育史大系》关于西德与法国的幼儿情况，发现西德的幼儿园大致可分为以教育为主的幼儿园、以保育为主的幼儿园以及上述两种的混合体三类，学习的内容分为语言教学、观察能力和思维能力的培养。西德非常重视幼儿的培养，所以经历了一系列幼儿教育改革与实验研究，还将五至六岁幼儿教育阶段划到义务教育里。同时，他还分析了法国幼儿园的情况，认为法国的幼教机构是由公立和私立两种形式组成的，一般称为"母亲学校"或"幼儿学校"。市政当局、慈善团体、联合产业商会以及私人都可以开设母亲学校，公立母亲学校由政府或地方自治团体开设，法国的幼儿教育不属于义务教育。[②] 随后他又介绍了美国幼儿教育的情况，幼儿机构主要分为幼儿园与保育学校两种，在行政管理上分为收费的私立和免费的公立。美国幼儿机构最大的特点在于不进行读、写、算与外语的教学，而是通过一系列活动与游戏促进幼儿的发展。[③] 周南教授分析研究了瑞士的幼儿教育制度，他认为瑞士社会对下一代成长的高度重视和精心培育表现在家庭关怀、政府提供高额教育经费、社会发起慈善组织等方面。

---

① 曹筱宁：《苏联〈幼儿园教育大纲〉的特点》，载《外国教育动态》，1981(4)。
② 祝子平：《西德和法国幼儿教育的状况和动向》，载《外国教育动态》，1981(4)。
③ 祝子平：《美国幼儿教育的状况与动向》，载《外国教育动态》，1981(5)。

由"摇篮""日间妈妈""日间活动中心"等多种教育机构组成的教育体系实现了完备而又简朴的幼儿教育环境。[①] 1989 年，中央教育科学研究所比较教育研究室编辑出版《世界学前教育研究》一书，首次对代表性国家的学前教育发展进行了梳理。

三是中小学教育结构与体系研究。改革开放初期，顾明远先生分析了各国中等教育结构，提出中国教育结构改革和课程改革必须结合进行。[②] 商继宗教授深入研究了各国中小学的教育体制。他发现国外注重中小学体制的多层次化、多类型化发展，国外中学教育改革就是普通教育与职业教育的融合，呈现四种类型：第一，"三渠道型"，分别是通过普通教育、职业技术学校和中等专业学校进行中等教育；第二，"交叉型"，就是普通教育学校要进行一些职业教育，职业学校要完成普通学校的教育；第三，"融合型"，就是把普通教育与职业教育融合为一体；第四，"定向型"，就是在义务教育后进行职业定向。[③] 宋树恢和李培如介绍了澳大利亚中小学的教育现状，发现澳大利亚各州普遍实行六至十五周岁的小学初中义务教育，学校主要分成两类：州立政府学校与私人、社会团体、宗教界所开办的非政府学校，学制比较灵活，课程设置繁多，学校类型多样，但是因其自然环境的原因，实施普及教育并没有成功，只有从政策、经费、教育结构、设施各方面一齐努力才有突破的可能。[④]

宋文宝总结了法国和西德中等学校的特点：一是法国和西德的义务教育年限和中小学学制年限都比较长；二是中等教育设立多种类型的学校，分为普通学校与职业学校两个教育系统；三是在中学设立定向教育阶段，对学生进行升学或就业的方向指导；四是在中

---

① 周南：《瑞士幼儿教育》，载《外国教育动态》，1981(5)。

② 顾明远：《从各国中等教育的结构看我国中等教育结构的改革》，载《外国教育动态》，1980(1)。

③ 商继宗：《中小学比较教育学》，北京，人民教育出版社，1989。

④ 宋树恢、李培如：《澳大利亚的中小学教育现状》，载《外国教育动态》，1981(5)。

学阶段实行分科教育，并广泛开设选修课程；五是重视职业教育；六是使高校招生考试的专业分类与中等教育结构相适应；七是职业学校实行教育部门与企业部门的双重领导体制。① 此外，曹阳编译的《日本教育立法与日本近代教育法制史年表》(吉林教育出版社，1988)、袁衍喜与张维平编著的《当代美国教育改革与教育立法》(辽宁教育出版社，1992)对日本与美国的教育立法进行了国别研究。

除了介绍发达国家各级各类学校之外，蔡郁毓介绍了菲律宾的乡村中学②，邱华描述了日本立羽田中学的学校管理方案③，刘饶介绍了东德中学体育教师的培训制度④，周南照探讨了美国中等教育的教育结构⑤，迟恩莲介绍了苏联的中等专业教育⑥，陈树清介绍了丹麦的高中教育⑦，这一系列成果通常停留在介绍描述阶段，为我国的教育研究者打开了世界教育之门并提供了一定的参考。

(二)高等教育政策与制度比较研究

一是国际和区域高等教育比较研究。符娟明教授的《比较高等教育》是这一时期运用比较研究法研究各国高等教育政策与制度变革的重要著作。该书以专题为纲，以国别为目，每个专题除按照国别铺陈以外，还有综合性和现象性的比较。⑧ 朱勃教授梳理了世界高等教育发展史，总结出了世界高等教育具有以下特点：第一，现代化，表现在调整高等教育的职能、发展高等教育的数量、提高高等教育的质量各方面；第二，国际化，提出未来比较高等教育领域应进行

---

① 宋文宝：《法国和西德中等教育结构的几个特点》，载《外国教育动态》，1980(2)。
② 蔡郁毓：《菲律宾的乡村中学》，载《外国教育动态》，1982(1)。
③ 邱华：《学校管理案——日本丰桥市立羽田中学》，载《外国教育动态》，1982(1)。
④ 刘饶：《东德中学体育教师的培训制度》，载《外国教育动态》，1982(2)。
⑤ 周南照：《美国中等教育结构探讨》，载《外国教育动态》，1983(2)。
⑥ 迟恩莲：《苏联的中等专业教育》，载《外国教育动态》，1983(3)。
⑦ 陈树清：《丹麦的高中教育》，载《外国教育动态》，1983(4)。
⑧ 符娟明：《比较高等教育》，北京，北京师范大学出版社，1987。

各国之间的借鉴型比较研究、因析型比较研究、创新型比较研究等。[1] 苏真教授定义了高校横向联合包含高校之间、国内乃至国际的高等学校校际协作、高校同社会科研机构的联合和高校同企业单位、生产部门之间的横向联系，梳理了国外高校联合的历史发展，介绍了主要的联合形式，并认为校际联合是高校进一步发展的必然趋势，联合的组织形式是多种多样的，高校联合虽然是大势所趋，但仍然有不小的阻力。[2] 这一时期，王承绪先生承担了"各国高等教育比较论"、汪永铨先生承担了"英、法、德、苏、日、美高等教育思想的比较研究"等课题，确立了比较高等教育研究领域。

　　这一时期学者们重视从社会发展角度看待各国高等教育发展。郭晋华认为 20 世纪 80 年代的高等教育与社会变革息息相关，80 年代的大学面临着人口下降、各国经济的相互依赖性加强等方面的问题，因此高等教育将会出现国际化发展趋势。为了有效控制并解决这些问题，他提出要解放思想，脱离西方桎梏，加强第三世界国家学术交流等建议。[3] 陈曦红总结了西欧高等教育的发展趋势：第一，趋向职业化和多样化；第二，把开放性的招生政策和严格的入学条件相结合；第三，愈加注重采用函授方法；第四，大学型高校学生数增长率下降，非大学型高校学生数增长率上升。[4] 此外，陶遵谦的《国外高等学校教师聘任及晋升制度》(华东师范大学出版社，1984)、中央教育科学研究所编写的《六国高等教育结构》(贵州人民出版社，1988)、贾非的《各国大学入学考试制度比较研究》(辽宁教育出版社，1990)，这些研究的共同点在于能够把研究的注意力集中在特定的范围，转向专题性比较高等教育研究。

------

①　朱勃：《当代世界高等教育的发展和特点》，载《高教探索》，1985(4)。
②　苏真：《国外高校之间的横向联合》，载《外国教育动态》，1989(1)。
③　郭晋华：《八十年代外国高等教育的展望》，载《外国教育动态》，1980(5)。
④　陈曦红：《西欧高等教育发展趋势》，载《外国教育资料》，1980(1)。

二是高等教育政策与改革的国别研究。符娟明教授介绍了英国高等教育的结构。[①] 滕大春先生从重视教学的历史传统、保持大学内在逻辑基础、保持严格谨慎的态度三个方面论证了英国大学办得好的原因以及"少而精"的优点。[②] 周蕖教授翻译了鲁特凯维奇与菲利波夫的文章并探析了苏联高等学校在改变社会结构中培养知识分子、消灭社会差别等作用[③]，介绍描述了莫斯科鲍曼高等工科学校[④]。伍岳中翻译了黑田则博的文章，介绍了美国大学生通过主动休学，离开校园体验生活的现实意义与积极性。[⑤] 侯明君介绍了美国高等教育的基本情况。[⑥] 王英杰教授分析了美国的高等学校招生制度，认为高校招生工作必须集合专家进行系统性研究，将知识型考试变换为能力型考试，发展现代化评分方式，坚持择优录取的招生标准。[⑦] 陈时见和任宝祥教授梳理了美国高等教育选科制的历史发展。[⑧] 施晓光教授探析了美国高等教育立法，从教育权力、教育管理、联邦拨款、联邦税收四个方面对联邦高等教育法进行了阐释。[⑨]

苏真和司荫贞教授总结了日本高校具有重视专门知识与技能培养，课程设置、学期安排、授课方式灵活多样，提高女学生高等教

[①] 符娟明：《英国的高等教育结构》，载《外国教育动态》，1980(1)。

[②] 滕大春：《英国怎样办好大学本科教育》，载《外国教育动态》，1982(3)。

[③] ［苏］鲁特凯维奇、菲利波夫：《苏联高等学校在改变社会结构中的作用》，周蕖摘译，载《外国教育动态》，1980(1)。

[④] 周蕖：《莫斯科鲍曼高等工科学校》，载《外国教育动态》，1981(2)。

[⑤] ［日］黑田则博：《美国大学生的"休学"》，伍岳中摘译，载《外国教育动态》，1980(4)。

[⑥] 侯明君：《美国高等教育状况》，载《外国教育动态》，1981(5)。

[⑦] 王英杰：《浅谈美国高等学校的招生和考试制度》，载《外国教育动态》，1983(3)。

[⑧] 陈时见、任宝祥：《美国高等教育选科制的历史发展》，载《外国教育动态》，1989(2)。

[⑨] 施晓光：《美国高等教育法初探》，载《外国教育研究》，1992(4)。

育普及率，与当地文化密切相关等特点。① 李伟民揭露了日本高等
教育质量的低劣与工商管理专业追名逐利的弊端，以及大学毕业生
学习情绪低迷、死记硬背以应付考试的情况。② 在发展中国家方面，
冯若霓编译的一则"亚洲开发教育革新中心"发布的报告显示，印度
设立奖学金以启动全国科学人才选拔计划。③ 邓存瑞在探讨菲律宾、
泰国高等教育发展的时候，提出发展中国家高等教育的发展必须与
经济发展相适应。④ 蔡郁毓介绍了泰国高等教育拥有传统的西欧模
式、集权制模式、北美模式、混合模式四种模式。⑤

　　(三)教师教育政策与制度比较研究

　　苏真教授于1991年出版的《比较师范教育》是国内较早系统运用
比较研究方法研究教师教育政策与实践的著作。该书介绍了美国、
英国、法国、西德、日本、苏联、中国七国的师范教育，分析了各
国师范教师的职前培养与发展趋势，并从师范教育制度、教师地位、
教师待遇等方面进行了专题比较。⑥ 朱勃先生分析了美苏两国的师
范教育，从教育行政制度的基本思想方面比较了两国发展师范教育
的积极性，从中小学教员的概况方面对比了两国师范教育的成就，
从各类教育课程的设置方面总结了两国师范教育的特点。对比发现：
第一，美国重视发挥中央积极性，苏联则注重发挥地方积极性办好
师范教育；第二，两国都比较重视不断提高中小学教师的质量；第
三，两国都比较重视师范教育的特点，具体表现在师院各类课程设

　　① 苏真、司荫贞：《日本的短期大学——兼谈我国高等教育结构》，载《外国教育动
态》，1981(1)。
　　② 李伟民：《日本大学教学的失败》，载《外国教育动态》，1982(1)。
　　③ 冯若霓：《印度选拔和培养科学人才的一个侧面》，载《外国教育动态》，1981(3)。
　　④ 邓存瑞：《菲律宾、泰国高等教育发展的启示——发展中国家高等教育的发展必
须与经济发展相适应》，载《外国教育研究》，1990(1)。
　　⑤ 蔡郁毓：《泰国高等教育的几种模式》，载《外国教育动态》，1983(3)。
　　⑥ 苏真：《比较师范教育》，北京，北京师范大学出版社，1991。

置方面。①

　　迟恩莲教授等人总结了苏联、美国、法国、日本、英国、西德的师范教育体制，发现这些国家拥有以下共同点：第一，加强综合大学在师资培养中的作用，提高师范院校的规格；第二，在加强基础课程的同时重视教育专业课程的学习；第三，从文化程度、在职培训、降低师生比等多个方面提高师资质量；第四，建立考核晋升制度。② 干正探讨了苏联师范教育的未来发展趋势：第一，进一步扩大招生名额，改进招生和毕业生的分配方法；第二，增设新院系，开设新课程；第三，扩大培养课外、校外活动教师以及多科教师；第四，扩大进修网；第五，提倡在职进修；第六，建立三阶段制，精选师范生。③

　　此外，徐俞教授翻译了哥伦比亚师范学院的比较教育和国际教育学位的课程计划。④ 石伟平教授介绍了英国地方性公立师范院校的发展经验⑤，为我国比较教育研究人员提供了研究资料。商继宗教授分析研究了国外中小学教师的许可证制度，发现大致分为四种：学历制度、考试制度、宣誓制度与教师试用制度。⑥ 邢克超教授总结了法国师范教育的发展特点：始终坚持公立性质、证书制度逐渐完善、师资规格不断提高、逐步加强职业培训。⑦

---

　　①　朱勃：《美苏两国的师范教育》，载《外国教育动态》，1980(1)。
　　②　迟恩莲、苏真、宋文宝：《几个发达国家的师范教育》，载《外国教育动态》，1980(3)。
　　③　干正：《苏联师范教育的今昔和未来》，载《外国教育动态》，1986(2)。
　　④　徐俞：《1985—86 学年哥伦比亚师范学院比较教育和国际教育学位课程计划》，载《外国教育动态》，1986(5)。
　　⑤　石伟平：《英国地方公立师范院校与英国师范教育（中）》，载《外国教育资料》，1988(3)。
　　⑥　商继宗：《国外中小学教师的许可证制度——中小学比较教育之七》，载《外国中小学教育》，1987(4)。
　　⑦　邢克超：《法国师范教育发展的几个特点》，载《外国教育动态》，1988(3)。

（四）职业教育政策与制度比较研究

一是职业教育的国际和区域比较研究。改革开放后，国家劳动总局培训局于 1981 年编辑出版了《日本、印度、苏联、西德、美国的职业技术教育概况》一书，对上述国家职业教育管理体制、课程与教学安排等进行了介绍。① 这一时期对各国职业教育政策的研究并没有囿于发达国家的职业教育政策，不仅包括美国、苏联、日本、西德等西欧、亚洲发达国家，还涵盖了印度、坦桑尼亚等发展中国家。周蕖教授的《中外职业技术教育比较》一书在比较职业教育领域具有重要意义。该书以国别为经，以职业技术教育的发展、体系、课程设置、师资、管理、质量评估为纬，系统介绍了国内外职业技术教育情况。② 郝新生等人主编的《比较职业教育》对中国和苏联、美国、日本、联邦德国、英国、印度等 10 余个国家的职业技术教育的历史、现状、管理、特点等进行了介绍和比较。③ 梁忠义、金含芬的《七国职业技术教育》一书研究了联邦德国、美国、日本、苏联、英国、法国、印度七国的职业教育情况。④ 雷正光则对德国双元制教学模式进行了系统介绍。⑤ 强海燕揭示了发展中国家的正规教育发展囿于财力不足和自身不能完全扫盲的局限性，进而提出非正规教育是提高劳动力文化技术水平的必要手段，非正规教育是正规教育的必要补充，非正规教育是解决"发展教育与资金匮乏"这一矛盾的有效途径。⑥

二是职业教育政策与改革的国别研究。蔡郁毓教授介绍了美国

① 国家劳动总局培训局：《日本、印度、苏联、西德、美国的职业技术教育概况》，北京，劳动出版社，1981。
② 周蕖：《中外职业技术教育比较》，北京，人民教育出版社，1991。
③ 郝新生、袁吉林、钱怀智：《比较职业教育》，延吉，延边大学出版社，1987。
④ 梁忠义、金含芬：《七国职业技术教育》，长春，吉林教育出版社，1990。
⑤ 雷正光：《德国双元制教学模式初探》，北京，科学普及出版社，1992。
⑥ 强海燕：《浅谈发展中国家的非正规教育》，载《外国教育动态》，1987(5)。

全国职业教育研究中心运作情况，经费主要由美国教育署的职业与成人教育办公室提供，各州有关职业教育的问题都集中到这一全国研究中心来进行分析研究，并且中心还要完成与职业与成人教育办公室签订的项目。① 刘传德梳理了美国职业教育的发展历史，总结了美国职业教育的特点是种类繁多、形式不一，领导体制也不统一。美国存在着公立、私立、厂办等职业学校和训练班的多种教育模式，但职业技术学校多为地区性的，由州和学区提供经费，主要有下列几种类型：工业职业技术学校、农业职业学校、商业职业学校、家政学校、综合中学中职业科。②

曲恒昌教授探讨了美国重视职业教育的原因：第一，普通教育存在严重缺陷，劳动力素质不能完全满足科技革命和经济发展的需要；第二，现有劳动力无法适应产业结构和就业结构的急剧变化；第三，政府和企业管理人员面临着新问题；第四，剧烈的国际竞争增加了职业教育的紧迫感。他进而指出美国发展职业教育的措施有：第一，以法律的形式动员全国力量加强职业教育；第二，资助职业培训；第三，改革职业培训管理体制，更好地调动私人企业和社团的积极性；第四，确定选择培训对象的原则，有重点地进行职业培训；第五，实行多样化的职业教育；第六，增加高等职业教育投资，促进职业教育高教化；第七，企业与学校相结合，实行半工半读。③

刘启娴教授探讨了苏联职业教育的特点：第一，从 20 世纪 60 年代中期起中等职业技术学校逐步取代初级职业技术学校；第二，学校与生产单位密切配合，共同肩负培养青年工人的重任。同时，职业学校也存在以下缺点：第一，忽视了学生的劳动思想教育；第

---

① 蔡郁毓：《美国"全国职业教育研究中心"》，载《外国教育动态》，1980(4)。
② 刘传德：《美国职业教育的发展》，载《外国教育动态》，1982(5)。
③ 曲恒昌：《职业教育——推动美国社会经济发展的一种强大杠杆》，载《外国教育动态》，1985(2)。

二，职业指导作用发挥得不够。① 王义高教授对于苏联职业教育的特点有不同的看法，他认为苏联职业教育发展速度快，突出发展了中等职业技术学校，重视农村中等职业技术学校的发展，注意提高教学质量，提高了职业技术教育干部的业务水平，加强了职业技术教育的科研活动。② 孙震瀚从宏观上分析了苏联的职业教育，他发现苏联已经建立一个包含普通教育、职业技术教育、中等专业教育和高等教育在内的具有本国特色的教育体系，形成了半熟练工人、熟练工人、中级专家和高级专家这四个层次分明又相互链接的完整的教育结构。③

　　司荫贞教授摘译了日本《关于高中今后的职业教育》报告，总结了日本职业教育的发展特点：适应产业经济的变化，推行适应学生多种需要的灵活措施，培养具备适应性的人才，发展开放的职业教育，并指出了职业教育的改革方向，包括要改善和充实职业学科，增设新学科，课程要灵活、多样；在职业教育相互协作的同时，高中普通科要加强职业教育。④ 翁全龙教授回顾了日本企业的职业教育历史，总结了日本企业的职业教育具有以下特点：第一，根据经济发展的不同阶段，制定和完善职业训练法；第二，管理严格，有整套具体的培训方法；第三，规定各类人员的学习要求，建立考核晋升制度。⑤ 吴忠魁教授探讨日本职业教育改革时指出，以往日本的职业教育与产业经济的发展具有极高的相关性，企业本位取代了国家本位，并且企业的需要高于个人的需要，企业的要求决定了职业教育的发展方向，但是经过改革后，职业教育的培养目标发生了

_____

① 刘启娴：《苏联职业技术教育发展的特点》，载《外国教育动态》，1983(3)。
② 王义高：《当前苏联职业技术教育发展的几个特点》，载《外国教育动态》，1981(1)。
③ 孙震瀚：《从宏观上看苏联的职业技术教育》，载《外国教育动态》，1984(5)。
④ 司荫贞：《日本理科教育及产业教育审议会〈关于高中今后的职业教育〉的报告》，载《外国教育动态》，1985(4)。
⑤ 翁全龙：《日本企业的职业教育的特点》，载《外国教育动态》，1983(1)。

由培养同质性的经济型人才向富有个性的从业人员转变,由接受性教育向创造性教育转变,从孤立地发展职业教育向将其作为终身学习体系的一部分转变,由主要适应第二产业的需要向适应广泛的经济和社会进步的需要转变。[1]

蔡郁毓教授通过数据分析指出东德政府部门以及工会、青年组织都很重视青年工人的职业培训。东德的职业教育分为多科技术教育、职业学校、职业指导这三种形式,分别针对在校学生、职业学校学生与公共大众。[2] 朱敏信与谢业慧介绍了西德的职业教育情况。西德科学技术发展较快有两个原因:重视科研和重视职业教育;西德职业教育"双重制"的特点表现为学生每周五天工作日中有四天在所在的工作单位实习,一天到职业学校学习理论。[3] 张曼云详细介绍了西德中等职业学校拥有义务教育制职业学校、职业专科学校、职业进修校、专科学校、中等专业学校五种类型。[4] 唐其慈认为西德高等专科学校的成功应该归功于政府对高等教育结构的改革所采取的审慎的态度,经过长时间的调查与深入的讨论,明确制定高等专科学校的基本办学原则,并且在不影响教学质量的前提下缩短了学制,在招生要求、课程设置、实验设备、师资力量等方面充分保证了学生的动手能力。[5]

三、教育理论与思潮比较研究

改革开放初期,国外涌现出一大批如劳动教育、农业教育、合作教育、英才教育、个别化教育、终身教育等教育理论和思潮,我国比较教育学者将这些思潮引进国内,高效快速传播了这些教育理

---

[1] 吴忠魁:《论日本职业教育目标模式的转变》,载《外国教育动态》,1989(4)。
[2] 蔡郁毓:《东德职业教育概况》,载《外国教育动态》,1980(3)。
[3] 朱敏信、谢业慧:《西德的职业教育》,载《外国教育动态》,1982(2)。
[4] 张曼云:《西德的中等职业学校》,载《外国教育动态》,1980(4)。
[5] 唐其慈:《西德战后经济发展的产物——高等专科学校》,载《外国教育动态》,1983(2)。

论与思潮。

(一)劳动教育与农业教育

基于对劳动教育的重视，苏联在中小学、高校普遍开展劳动教育，掀起了劳动教育热。何国华教授翻译了雷谢恩柯的文章。该文探寻了马卡连柯和苏霍姆林斯基关于青年劳动教育的思想，肯定了劳动教育的重要性。[①] 晓白介绍描述了苏霍姆林斯基劳动教育体系的基本内容，将劳动教育与全面发展、多方面的精神生活相结合，在劳动中发展个性，肯定了劳动的崇高道德性与公益性，尽早参与劳动并将劳动普及开来。[②] 王义高教授等人也探析了苏霍姆林斯基劳动教育体系，并总结了这个体系的特点：一是通过劳动教育促进德、智、美、体全面发展；二是在劳动中展示、发展个人的天赋和才能；三是通过劳动教育促进学生的职业定向。[③]

干正探析了苏联学生的劳动教育，发现劳动教育历次进入苏联教育改革重点的名单，因为劳动教育具有必要性，学生社会积极性的形成和发展有赖于劳动教育，同时苏联建立了包含校内的劳动教学课、课外的公益劳动和生产劳动、校外和班外的技术创造活动等完整的劳动教育体系。[④] 史根东从社会学角度出发，阐释了劳动教育的意义：一是工农业生产逐步广泛使用了现代技术和先进经营方式，社会需要具有较高文化科学水平并接受过一定专业技能训练的劳动者；二是社会主义社会极大地改善了人民的物质生活条件，显著地提高了劳动人民的福利水平；三是现代青少年身体发育明显加快，劳动教育有助于推动年青一代的发展进程；四是年青一代必须

---

① ［苏］雷谢恩柯：《马卡连柯和苏霍姆林斯基论青年的劳动教育》，何国华译，载《外国教育动态》，1983(1)。
② 晓白：《苏霍姆林斯基论劳动教育——劳动教育体系的基本内容》，载《外国教育动态》，1982(3)。
③ 王义高、蔡青：《苏霍姆林斯基论劳动教育》，载《外国教育动态》，1982(1)。
④ 干正：《苏联中学生的劳动教育》，载《外国教育动态》，1988(1)。

参加社会生产过程，共建人类最美好理想社会。① 郭戈教授分析了苏霍姆林斯基劳动教育思想，解释了培养劳动兴趣对于劳动教育的重要性，进而揭示了劳动兴趣在劳动教育中具有重大意义，它能更好地促进学生的全面发展和职业定向，劳动兴趣和劳动教育是辩证统一的关系，在劳动教育中要有效地培养学生的劳动兴趣。②

在资本主义国家盛行的农业教育与社会主义国家劳动教育相对应。赵卫教授分析了法国农业情况，总结了法国农业教育的实施具有如下特点：一是努力建立一种学校类型多样、办学层次不同、构成比例合理的现代农业教育体制；二是设置新兴学科专业，开设灵活多样的课程；三是普及农村义务教育，注重提高全体农业人口质量；四是按照各地经济地理特点，发展区域化的农业教育；五是加强农业科学研究，建立农科知识普及推广站。③ 赵卫教授还总结了英国实施农业教育的经验：一是开办了层次不同、类型多样、学制灵活的农业学校；二是严格规定学业管理标准；三是教育经费充足，师资后备力量丰富；四是农业教育专业课程齐全。④ 日本同样在中学中设置了劳动教育。杨铭总结了日本劳动教育的目标是培养劳动观和职业观，采用了陶冶主义教育方式。⑤

（二）合作教育学思想研究

王策三先生介绍了合作教育学的主要内容，包括倡导师生合作、倡导学生个性民主化发展等，认为倡导以师生合作的观念代替行政命令式强制学生学习的观念，使得教学大纲、教学方法、教师的工

---

　① 史根东：《从社会学观点看劳动教育的意义——苏联中小学劳动教育的若干理论问题》，载《外国教育动态》，1984(2)。

　② 郭戈：《培养劳动兴趣是劳动教育的重要任务——学习苏霍姆林斯基劳动教育思想的一点体会》，载《外国教育动态》，1984(2)。

　③ 赵卫：《法国农业教育的实施与特点》，载《外国教育动态》，1989(3)。

　④ 赵卫：《英国实施农业教育的主要经验》，载《外国教育动态》，1988(4)。

　⑤ 杨铭：《日本中学的劳动教育》，载《外国教育动态》，1983(1)。

作方法都得到了更新。① 刘昌炎翻译了苏联《教师报》上署名奥尔洛夫和拉吉霍夫斯基的文章，介绍描述了合作教育学产生于反人道、官僚主义、口是心非的行政教育学背景之下，合作教育学是自下而上产生的，来自有实践经验的教师，其教学法原则是人际交往的平等原则，建立在尊重他人意见，信任，把学生和教师从相互猜疑、不友好、不真诚、恐惧中解脱出来的基础上。合作教育学是真正改造内心世界和发展民主个性的教育学。②

　　王义高教授探析了马卡连柯和苏霍姆林斯基的人道主义教育学，认为合作教育学是以人道主义教育学为基础的，将师生关系建立在人道基础上，积极、有效地促进学生个性发展。合作教育学的教育目的一是培养内心有信仰而无盲从的人；二是激发学生的创造性才能，将个性自由与社会责任感相结合；三是不仅让学生得到一般发展，还能兼顾个性发展。③ 韩骅教授翻译了利哈乔夫的《合作教育学的现实性与虚构》这篇文章，作者认为合作教育学立足于儿童独立自主的内心世界，致力于构建平等合作、互利伙伴关系的师生关系，发展儿童的创造独立性和表现首创精神的才能，培养社会主义个性的公民立场；同时，作者揭示了合作教育学的缺点，即忽略了个人与社会利益的统一和完整性思想，很容易让教师在确定教育目的和手段时误入歧途。④ 此外，金增、于淑华、姜俊和等人也对合作教育学的意义、学校的人道化、学校民主化、个性发展是新型学校思

---

　　① 王策三：《苏联合作教育学的兴起及其对我们的启示》，载《江西教育科研》，1989(3)。

　　② 刘昌炎：《合作教育学的起源、原则与前景》，载《外国教育动态》，1988(4)。

　　③ 王义高：《马卡连柯—苏霍姆林斯基—"合作教育学"——苏维埃人道主义教育思想的接力式发展》，载《外国教育动态》，1988(5)。

　　④ ［苏］利哈乔夫：《合作教育学的现实性与虚构》，韩骅译，载《外国教育动态》，1989(3)。

想体系的核心等问题展开了研究。[①]

(三)英才教育思想研究

英才教育主要流行于欧美国家,日本效仿欧美在中小学开展了英才教育。梁忠义先生分析了日本实行英才教育的背景,总结了日本的动向:一是大力建设"英才教室",加强儿童智能的早期开发;二是设置育英奖学金制度。[②] 邹晓燕和张国华摘译了帕索的文章,探讨了澳大利亚、波兰、英格兰和威尔士、以色列这几个国家对天才儿童的培养计划,建议从学习的广度和深度、学习的进度、学习内容的性质或种类三个方面予以重视。[③] 王英杰教授翻译了福克斯和派里特关于探讨培训天才儿童的文章。作者认为应该使用能力倾向测验和成绩测验来考验潜在的天才学生,促进天才学生发展可以使用以下措施:速成班、快班、大学课程、通过考试取得学分、提前进入大学等。[④]

袁祖望教授梳理了美国天才教育的发展历史,并提出了影响天才教育发展的因素是政治因素、经济因素、不同教育的思想交锋、天才教育实践自身的失误等。天才教育在培养出大批尖端人才的同时存在着天才教育发展轨道不健康、天才教育加剧教育不平等、各州教育发展失衡、天才教育经费受限等不可避免的缺点。[⑤] 赖灿成回顾了美国天才儿童教育的发展历程并将其划分为三个阶段,早期的天才教育以加速升级为原则,20 世纪 20 年代至第二次世界大战期间的天才教育以能力分组及在普通班内增加课程内容为原则,第二

---

① 金增、于淑华:《关于合作教育学的讨论纪要》,载《外国教育资料》,1989(2);姜俊和:《苏联合作教育学述评》,载《外国教育研究》,1991(3)。

② 梁忠义:《日本注重英才教育的趋势》,载《日本教育情况》,1979(1)。

③ [美]A. H. 帕索:《国外的天才教育》,邹晓燕、张国华摘译,载《外国教育动态》,1985(6)。

④ [美]林恩·H. 福克斯、米歇尔·C. 派里特:《对天才青年的指导》,王英杰译,载《外国教育动态》,1980(1)。

⑤ 袁祖望:《美国天才教育的历程及其因素分析》,载《外国教育研究》,1989(1)。

次世界大战后的天才教育从小学扩展到了中学。[1]

(四)终身教育思想研究

联合国教科文组织倡导的终身教育思想在中国也得到了广泛传播。1979年10月，华东师范大学比较教育研究所组织翻译了《学会生存——教育世界的今天和明天》一书。作为当代教育思想发展中的一个里程碑，《学会生存——教育世界的今天和明天》在中国产生了广泛的影响。1985年，周南照先生翻译了保尔·朗格朗的《终身教育引论》(中国对外翻译出版公司，1985)。梁忠义先生根据《文部广报》总结了终身教育的意义在于每个人都拥有以自身必要的学习为主体得以选择和开展的能力与热情。随后他梳理了终身教育的研究课题，一是研究每个人在终身的各个时期，适当地进行必要的学习，并有助于地区社会的每个人的生活和文化的提高；二是在学校教育方面，为培养终身教育的基础，谋求在各个学校阶段为继续终身学习培养必要的热情和能力；三是在高等教育方面，为满足社会和地区的要求，要进一步使制度及其运用多样化和弹性化。[2] 任宝祥教授翻译了关于终身教育思想的文章，梳了终身教育的历史背景，并提出终身教育的含义就是力图使各层级教育的贡献系统化。[3]

关世雄等人的《世界各国成人教育现状》一书翻译了联合国教科文组织第四次国际成人教育会议报告，以及土耳其、法国等12个国家教育代表团的发言，介绍了日本、新加坡、苏联、德国、加拿大、美国等国的继续教育机构、扫盲教育、开放教育、职工教育等发展状况与实践经验。[4] 李亚玲探讨了高等教育在终身教育中的作用，总结了高等教育机构能对终身教育的发展做出的四类主要贡献：一

---

[1]　赖灿成：《美国天才儿童教育的发展》，载《外国教育动态》，1985(1)。

[2]　梁忠义：《关于日本的终身教育问题》，载《日本教育情况》，1980(1)。

[3]　任宝祥：《终身教育》，载《西南师范大学学报(人文社会科学版)》，1982(1)。

[4]　关世雄、张念宏：《世界各国成人教育现状》，北京，北京出版社，1986。

是在对高深知识和对学术完整性的正统追求的限制下，它们应该尽可能地为更广范围的学生服务；二是大学将继续它们当前的科研功能以增加知识的储存，但应该尽可能把研究工作与社会需要结合成为一个整体，而不是把科研束缚在狭隘的学术项目中；三是高校应该成为其他教育系统的资源中心；四是它们可以与国内外的其他大学和学院联合，以保证在一个地方获得的知识能迅速、广泛地传播至整个系统。① 钟启泉先生从终身教育观的角度探讨了学校课程的改革。② 这期间，乔冰与张德祥教授合著的《终身教育论》一书研究了终身教育理论的产生和发展、终身教育的基本原理、终身教育中的学校教育、终身教育与社会教育、国外终身教育和终身教育与我国现代化建设等内容，是关于终身教育的代表性著作。③

（五）其他国外教育理论研究成果

赵修义教授等人介绍并评析了尼采、存在主义、弗洛伊德主义、实证主义和实用主义、功利主义、20 世纪基督教新神学、法兰克福学派、西方未来学这一系列具有代表性的西方思潮，在阐释各流派基本理论基础与观点之上，提出该派教育思想加以分析评述。④ 李定仁教授回顾了要素主义教育流派的形成与历史发展，批判了实用主义教育思想，梳理了要素主义教育的基本观点：一是重视教育、改革"进步派"教育；二是传递文化要素是教育的核心；三是注重"天才"的发掘与培养。⑤ 蔡振生翻译介绍了要素主义、永恒主义、进步主义、改造主义四个西方教育哲学。⑥ 崔录等人探讨了存在主义教

---

① 李亚玲：《高等教育在终身教育中的作用》，载《外国教育资料》，1986(6)。

② 钟启泉：《终身教育与课程改革》，载《外国教育资料》，1990(1)。

③ 乔冰、张德祥：《终身教育论》，沈阳，辽宁教育出版社，1992。

④ 赵修义、邵瑞欣：《教育与现代西方思潮》，24～32 页，北京，中国科学技术出版社，1990。

⑤ 李定仁：《要素主义教育述评》，载《外国教育动态》，1983(1)。

⑥ ［美］R. D. 范斯科特、R. J. 克拉夫特、J. D. 哈斯：《当代西方教育哲学流派》，蔡振生译，载《外国教育动态》，1980(6)。

育思想。① 冯增俊教授的《当代西方学校道德教育》一书系统探讨了
西方学校道德发展的社会动因、历史沿革和阶段特征，研究了当代
西方学校德育中最有影响力的八大理论流派。②

　　吴志宏教授梳理了美国进步教育运动的历史脉络，认为进步教
育运动主要是围绕帕克"昆西教学法"、杜威芝加哥实验学校、约翰
逊有机教育学校展开的，其中出现了文纳特卡制、道尔顿制、设计
教学法等新方法，随后评价了进步教育提高了儿童在教育中的地位，
强调了儿童个别差异性，有利于培养学生的思维主动性和创造性等
优点，但是也具有一定的局限性，表现为降低了学校教育的质量，
破坏了学校在传授人类文化知识经验方面应起的作用。③ 王觉非分
析了美国有效教育理论，总结了有效教育学校具有两个特点，进而
归纳出有效教育学校的定义，有效教育学校必须有良好的学校风气、
坚强的领导班子、明确的教育要求、统一的教育目标和科学的评价
手段。④

　　廖太初教授分析了美国教育专家对于个别化教育的看法，剖析
了教师作用产生变化的原因：一是由于学生人数极大地增加，一切
年龄的人都要求学习；二是知识、技术发展变化急剧，不断需要重
新学习；三是电视、计算机辅助教学等现代化教育手段的应用，使
得个别学习有了可能；四是传统大学的费用过于昂贵，个别学习花
钱少，更易获得不同程度的知识和技能；五是接二连三的经济不景
气、失业，办学经费相对减少；六是学校办学观念已经过时。⑤ 此
外，刘义兵教授总结了生计教育运动产生的背景，分析了实施生计

　　①　崔录、王升平：《存在主义教育思想批判》，载《外国教育动态》，1984(4)。
　　②　冯增俊：《当代西方学校道德教育》，广州，广东教育出版社，1993。
　　③　吴志宏：《美国"进步教育运动"述评》，载《外国教育动态》，1984(6)。
　　④　王觉非：《有效教育学校在美国的兴起》，载《外国教育动态》，1988(2)。
　　⑤　廖太初：《欧美个别化教育的旋风》，载《外国教育动态》，1980(6)。

教育的模式等。① 帅常恺和胡家笃分析了创造教育发展的脉络，提出创造型人才素质结构独有的特点。②

就西方教育理论而言，这一时期的著作主要集中在介绍当代西方主要教学流派以及西方教育思潮上。1982 年，陈友松先生的《当代西方教育哲学》出版，该书是由中国学者撰写的第一部系统评述当代西方教育哲学的专著，为探讨当代世界的教育哲学思想提供了一个很好的起点。③ 1984 年，陆有铨先生翻译了罗伯特・梅逊著的《西方当代教育理论》，对进步主义、要素主义、永恒主义、存在主义、分析哲学、西方马克思主义等流派的思想渊源、产生的时代背景、理论基础进行了系统阐述。吴文侃先生的《当代国外教学论流派》（福建教育出版社，1990）详细地介绍了西方主要教学流派及其观点。华东师范大学等组织编译西方自古希腊以来的教育经典，于 20 世纪 70 年代末、改革开放初期出版了《现代西方资产阶级教育思想流派论著选》和《西方古代教育论著选》，为我国比较教育研究创建了一套完整的外国资料收集系统，拓宽了我国教育工作者的理论视野。

四、教育改革与实践比较研究

教育改革与实践被深深地打上了时代烙印，各国依据各自的国内形势展开实践探索。改革开放后，中国比较教育在教育改革与实践方面主要集中于教师教育、教学模式、课程内容、质量评价与教育科研这五个领域。

（一）教师培养与职后发展

苏真教授的《比较师范教育》分析了各国教师的职前培养与发展趋势，并从师范教育制度、教师地位、教师待遇等方面进行了专题

---

① 刘义兵：《美国的生计教育运动》，载《外国教育动态》，1988(4)。
② 帅常恺、胡家笃：《关于创造教育》，载《外国教育动态》，1987(5)。
③ 陈友松：《当代西方教育哲学》，北京，教育科学出版社，1982。

比较。① 蔡郁毓教授总结了发达国家师范教育的共同倾向，主要有：师资供求失去平衡，教师过剩；提高了对教师的资格要求，缩短了小学与中学教师之间社会地位的距离；强调在师范院校毕业的教师不断继续学习的重要性；开始研究大学教学法；积极从事科研活动，缩小师范院系与其他院系在一些学科方面的学术差距；教育课程进行跨学科的探讨，采用以"问题为中心"的课程；师范教育的科学研究有较大的发展。② 顾敦沂和季银泉比较研究了美、日、英、法、德、苏的师范学校概况及课程设置，总结了六个发达国家的经验：一是增设选修课程，实行定向型与非定向型相结合；二是加强师范性，重视教育专业课程；三是教学内容和课程结构要现代化；四是加强与小学的联系，重视教育实践。③

苏智欣教授探讨了美国师范教育改革中若干有争议的问题，如教育是否为一门专业技术职业、师范教育知识的构成、师范教育课程的组成、如何改进师资和师范教育的质量、师范教育应由谁管辖及教师职业本身应具有哪些职权、如何处理师范教育学院与中学之间的脱节等，总结了对我国师范教育改革的借鉴启示。④ 林柏春梳理了英国师范教育发展的政策文件，指出英国师范教育改革的特点：一是改组了师范教育体系；二是改革了师范教育课程结构；三是丰富教学理论，加强教学实践。⑤ 李春生回顾了苏联高等师范教育的发展与改革，总结了十月革命后苏联建立师范教育体系的经验，包括：创建以师范学院为主体的高等师范教育体系，坚持优先培养工农青年的原则，逐步完善高等师范院校的教学制度，等等。⑥

---

① 苏真：《比较师范教育》，北京，北京师范大学出版社，1991。
② 蔡郁毓：《浅谈国际师范教育动向》，载《外国教育动态》，1981(2)。
③ 顾敦沂、季银泉：《六国师范课程与我国中师课程的改革》，载《外国教育动态》，1987(5)。
④ 苏智欣：《美国师范教育改革中反复争议的问题》，载《外国教育动态》，1987(2)。
⑤ 林柏春：《英国师范教育改革现状》，载《外国教育动态》，1987(2)。
⑥ 李春生：《苏联高等师范教育的发展与改革简述》，载《外国教育动态》，1987(6)。

李守福和孙启林教授介绍了朝鲜师范教育历史与现状，总结了朝鲜促进师范教育发展的措施：一是制定教师考核晋级和授予荣誉称号的政策措施，鼓励教师提高教学质量；二是鼓励发展在职教师的函授教育和离职学习；三是利用寒暑假，为中、小学教师举办教学讲习班；四是加强领导，改进教学方法，提高教学水平；五是发挥教学组的作用；六是做好教学参考书籍的出版工作。[1]

(二)课程结构与教学内容

顾明远先生分析了各国中等教育结构并总结了各国中学教育拥有如下特点：一是实行综合中学；二是有些国家在初中阶段设有一个定向教育阶段；三是许多国家普通高中都趋向于分科；四是加强职业教育；五是把普通教育和职业技术教育结合起来。他进而强调我国中等教育结构改革时应注意把中等教育的结构改革和课程改革结合起来，因为结构是形式，课程是内容。课程改革是一个十分复杂的问题，它取决于当代学科发展的水平、学生身心发展的年龄特点和社会政治经济发展的要求，必须组织专家参考各国课程改革的经验，深入地研究。[2] 商继宗教授探讨了各国中小学教育内容的改革热点，指出各国在教学内容上的改革主要是加强了基础知识，反映了科学技术新成就。随后他详细地分析了国外的改革方式：一是导入新的知识领域，如情报资料的处理、消费者的教育、政治教育、和平教育、父母教育等；二是试图在中学适当增加选修科目；三是强调基础教育的作用。[3] 蒋兆灿摘译了对各国基础教育讨论的文章，探讨了美、苏、日、德、法、英六国小学在数学、科学、社会学习、

---

① 李守福、孙启林：《朝鲜中小学教师的在职培训》，载《外国教育动态》，1980(5)。
② 顾明远：《从各国中等教育的结构看我国中等教育结构的改革》，载《外国教育动态》，1980(1)。
③ 商继宗：《教学内容的改革——中小学比较教育之六》，载《外国中小学教育》，1987(3)。

本国语和外国语等课程上的教学情况，发现综合成绩排名前三的依次为日、苏、德，法、美、英紧随其后。①

钟启泉先生等人的《美国教学论流派》从理论层面对美国教学改革进行了梳理。孙世路教授梳理了战后日本中等教育结构的演变历程，介绍了日本"各种学校"的课程内容，主要集中于一些与现实生活和职业密切相关的知识和技能。② 司荫贞教授分析了印度普通教育学制和课程的改革：一是延长普通教育学制，推迟选科开始时间；二是将高中职业课程改为职业高中课程，增加选科的灵活性。③ 邢克超教授探讨了法国幼儿教育理论与实践的动向：一是从观念上重视社会环境对儿童的影响，审视三岁儿童的学习行为；二是在课程内容中增加促进儿童社会交往的部分，同时强调运动的重要性；三是要尊重个人的发展进度。④ 王正旭总结了日本中小学数学教材的修订情况，他认为日本修订数学教材的主要目标是数学教育的现代化，强调培养数学的思考方法并对小学、初中、高中的教学内容和课程设置做了一个详细的介绍。⑤ 刘启娴分析了苏联小学数学教学大纲，总结了从一年级至六年级增减的学习内容，并且发现修改后的大纲要求教师特别关注儿童运用已掌握的理论知识去完成某些具体实际的任务，同时要求低年级学生主要掌握好口算、笔算的技巧。⑥

徐辉教授回顾了美国普通中学课程的变革历史，认为美国中学课程名目繁多、种类复杂，总的来说分为社会学科，英语，外国语，科学与数学，商业教育，职业与实用工艺，艺术，健康、体育与娱

① 蒋兆灿：《谁是第一流的》，载《外国中小学教育》，1988(3)。
② 孙世路：《战后日本中等教育结构的演变》，载《外国教育动态》，1980(1)。
③ 司荫贞：《印度普通教育学制和课程的改革》，载《外国教育动态》，1980(2)。
④ 邢克超：《法国幼儿教育理论与实践的几个动向》，载《外国教育动态》，1980(2)。
⑤ 王正旭：《日本中小学数学教材的修订情况》，载《外国教育动态》，1980(4)。
⑥ 刘启娴：《苏联小学数学教学大纲和课本中的某些改变》，载《外国教育动态》，1980(3)。

乐八大类，最后肯定了课程改革对于教育的意义。^① 蔡振生探究了美国科学教育的现状并介绍了美国科学教育的新动向，美国教育家认为肯定自然科学课的学校"基础课"地位是促使公民掌握科学的关键，为了促进自然科学课走进课堂，一是扩大自然科学课的范围，二是通过阅读材料提前向学生普及自然科学知识，三是由校外机构承担大部分科学教育的责任。^② 黄宗泽介绍了美国高等院校对中学数学课程的详细要求和建议，要求学生掌握代数、几何、三角和解析几何基础知识，强调了家庭作业与课堂练习的重要性。^③

（三）教学模式与教学方法

万云英等人介绍了非指导性教学、发现法、暗示教学、程序教学、掌握学习、范例教学、"探究—研讨"教学、伙伴教学、小队教学、开放教学、"先行组织者"教学、最优化教学、"纲要信号"图示法、赞科夫的小学教学新体系这 14 种国外主要的教学流派，提出在学习借鉴国外教学方法时应该重视思考与创新，学习知识与习得技能是一个相互统一的过程，分析了学习由模仿与尝试、操作与练习、思考与发现这三部分组成，最终归纳总结学习受感性知识、操作能力、教材、教法的影响，肯定了启发思考在教学中的重要性。^④

金世柏先生分析了国外教育改革趋势，认为各国的教育改革与本国的政治、经济和社会改革紧密相关，指出了各国大体上进行了三方面的教育改革：一是学制改革；二是学校课程改革，包含课程设置和课程内容改革；三是教学方法的改革，提倡以启发为主且师

---

① 徐辉：《美国普通中学课程的历史演变》，载《外国教育动态》，1988(6)。
② 蔡振生：《美国科学教育的新动向》，载《外国教育动态》，1980(3)。
③ 黄宗泽：《美国高等院校对中学数学课程的要求和建议》，载《外国教育动态》，1980(4)。
④ 万云英、方展画、张伟远等：《当代国外教学流派》，217~264 页，武汉，湖北教育出版社，1989。

生共同讨论的方法，发展儿童创造性思维的能力。[1] 商继宗教授探讨了深化教育改革的方式，关键是扫除思想上的障碍。作者比较研究苏联与美国的教育改革后认为，两国一是改变了人的质量观，从改革学校课程结构与教学方法入手以提高学生智力；二是改变了传统的教学观，重视独立的、启发的和思考的教学，不仅传授国外的先进科学技术，还启发学生去探索取得先进科学技术成果的途径和方式；三是改变了陈旧的学校观，教育迎接新的挑战必须加强自然科学特别是人工科学和技术科学的教育。[2]

吴文侃教授考察了苏联在教学过程、原则和方法上的改革动向，分析了巴班斯基的教育理论，将教学方法按照知识来源进行分类，分为实习法、直观法、讲述法。[3] 邢克超教授翻译了彼尔曼关于瑞典幼儿学校历史演变的文章，将学前学校分为三种形式——部分时间制的幼儿学校、托儿所、家庭托儿所，主要教学方法为对话教育学。[4] 这一时期，吴文侃教授的《比较教学论》一书用比较的方法，以辩证唯物主义、历史唯物主义和现代系统论为手段，对教学论做跨文化的研究，奠定了比较教学论学科发展基础。[5]

(四)质量评价与学业考试

黄志成教授回顾了美国教育改革的曲折过程，论述了 20 世纪 80 年代在美国教育改革中出现的改革浪潮，体现在教师工资增加并开始实行以工作表现为基础的报酬制，与教学质量挂钩的奖优制出现，

---

[1]　金世柏：《对教育改革问题的再认识——从比较教育的角度》，载《苏联问题参考资料》，1988(3)。

[2]　商继宗：《扫除深化教育改革的障碍——中小学比较教育之八》，载《外国中小学教育》，1987(5)。

[3]　吴文侃：《当前苏联对教学过程、原则和方法的研究》，载《外国教育动态》，1980(2)。

[4]　[瑞典]格特鲁德·舒尔-彼尔曼：《瑞典幼儿学校的演变》，邢克超译，载《外国教育动态》，1980(2)。

[5]　吴文侃：《比较教学论》，北京，人民教育出版社，1993。

建立教师分档梯度，教学质量评估与教师薪酬息息相关。① 吴鲁定探讨了"对比参考系"为学校改革服务的意义，用横向比较的办法来正确认识我们本身，从而确定或调整本单位改革的目标和步伐，同时也是一种主动的进行自我评价，从而达到自我调节、自我完善的手法；肯定了"对比参考系"在教育改革中发挥着可靠信息来源的作用，能够加深对本单位过去的改革和各项工作的认识，也有助于管理干部研究工作风气的形成。②

杜殿坤探讨了苏联教育改革中人才评价的新趋势，提出世界各国大的教育改革运动都有一个共同点，要求培养与新社会、新经济形势相适应的人才，并开始实行分化教学模式。该模式已经被实验、评估了三十多年。③ 何仁分析了苏联高等教育人才选拔的新动向，为适应大学生数量的快速增加，为了保障教学质量，对教学组织、形式、内容、方法等各方面进行许多的改革，所有一切措施的最终目的就是要解决专家的质量问题、培养人才的问题。为了筛选高质量的生源，苏联高等学校一贯用竞争性很强的入学考试来选择新生，以保证新生的质量。④

荣军翻译了 1979 年日本高校招生统一考试数学题和答案，从一个侧面反映了日本中等教育的水平和高等学校的要求。⑤ 吴万伟和张玉鸾翻译了约翰斯通等人的文章，作者厘清了大学化学教学的革新脉络，每周用一小时，把班级分成四个更小的单位，采用诊断考查的方式避免学生与班上其他同学进行竞争并防止学生抄袭。通过画出的诊断考查过程摘要图，详细描述了大学化学课程的考核方式。⑥

---

① 黄志成：《八十年代来美国教育改革的两大浪潮》，载《外国教育资料》，1992(5)。
② 吴鲁定：《建立"对比参考系"为学校改革服务》，载《高教研究》，1989(2)。
③ 杜殿坤：《苏联教改的新趋势浅析》，载《外国教育资料》，1987(6)。
④ 何仁：《苏联高等教育的一些新动向》，载《外国教育动态》，1980(4)。
⑤ 荣军：《国外高考试题与解答选译》，载《外国教育动态》，1980(3)。
⑥ ［英］亚历克斯·H. 约翰斯通、戴维·U. A. 夏普：《大学化学教学的革新》，吴万伟、张玉鸾译，载《外国教育动态》，1980(4)。

　　(五)人的现代化与现代生产

　　顾明远先生在 20 世纪 80 年代初开创性地探讨了现代生产与现代教育的关系，提出人的地位发生了质的变化，引发了学术界关于人力资本问题的讨论，肯定了现代生产与现代教育紧密相关。顾明远先生还总结了战后世界教育发展的特点：一是教育的普及化；二是教育结构的多样化；三是教育内容的现代化；四是职业教育与终身教育的兴起；五是加强生产技术教育和学校同企业的联系；六是教育方法的改革和现代化教育手段的应用。[1]

　　金世柏先生探讨了教育现代化与比较教育的关系，他认为教育要适应时代和社会发展的需要，还要充分满足个人身心发展的需要，要使教育有成效，就必须适应国情，妥善处理传统教育与现代教育的关系。随后从比较教育的角度提出了八个促进教育发展的关键性问题：一是教育经费不足妨碍教育发展；二是加强基础教育，提高国民素质是教育改革的重点；三是革新教育思想，转变教育观念；四是加强和振兴道德教育；五是提倡愉快的学习；六是打破划一主义的教育模式，推行终身教育；七是关于学校教育的统一性和多样性问题；八是教师是保障教育发展、教育质量的关键性要素。[2]

　　纪中探讨了各国在现代化背景下的教育改革及其推动力量。研究发现，苏联推进教育改革，一是因为苏维埃社会生产关系趋于完善，上层建筑发生变化；二是由于科技的进步；三是为了改善"培养青少年的工作"、促进经济和文化发展、完善社会关系和上层建筑。法国推行教育改革，是由于法国教育遇到了科学技术这个最大的挑战。美国认为本国面临的最大挑战是教育质量和数量远远落后于国际竞争者。日本感到在"超工业化"和"知识工业化"的时期，一个企

　　[1]　顾明远：《现代生产与现代教育》，载《外国教育动态》，1981(1)。
　　[2]　金世柏：《教育现代化与比较教育》，载《东疆学刊》，1991(4)。

业、一个国家不具有高等理论知识，是无法生存的，进而总结了科学技术新变革对教育的三个要求：一是培养现代化的人；二是开发人的智力；三是急需大批各种各样的高级、中级科技人才和技术工人，改革旧的教育体制和知识结构来适应和满足科学技术的快速发展。[①]

第三节　比较教育学学科发展特点与原因

"文化大革命"结束以及改革开放后，中国比较教育学学科建设逐渐走上健康发展的道路。比较教育学在许多方面的发展经历了从无到有、从有到成熟的过程，即从重新确立学科地位到明确研究方向，从组建专业研究队伍到取得大批学术成果，最后走向世界大舞台。

一、学科发展特点

比较教育学在 1977 年至 1992 年间深受时代背景的影响，展现出改革开放初期所独具的学科发展特点，突出表现在研究导向上为国家教育改革与发展服务，研究队伍逐渐专业化，及时介绍国外教育改革动态等方面。

（一）政策服务的研究导向

改革开放初期恢复比较教育研究的初衷便带着浓厚的政策服务导向，因为国家需要重建教育制度、出台教育政策，这便为比较教育的生长带来良好的土壤。面对百废待兴的中国，顾明远先生向国家领导人提出的第一条也是至关重要的一条建议就是加大对教育的

[①]　纪中：《教育为什么要改革——中小学比较教育之三》，载《外国中小学教育》，1986(6)。

投入，以培养未来 20 年国家所需要的劳动力。① 他还提出了一系列改革建议，包括在基础教育阶段加强科学教育和外语教学，加强技术教育，扩充高等教育课程，以及强调让学生获得使之成为终身学习者所需的自学技能的重要性。

这一时期中国比较教育学为中国建立现代学位制度提供了有分量的咨询报告；引进了国外的学分制度，澄清了国内在学分制上的混乱认识，促进了教学管理制度的改革。比较教育研究者还深入研究了国外教育督导制度，推动了我国督导制度和机构的建立。以顾明远先生为代表的比较教育学者还为制定多项教育政策、法令、制度等全国性文件提供咨询与参考服务，如教育法、义务教育法、高等教育法、教师法和学位条例等。比较教育研究者还为 1985 年 5 月召开的具有历史意义的全国教育工作会议提供了大量的国外材料，为这次会议的成功召开做出了重要贡献。②

中国比较教育学还推动着教育内部诸要素的改革。比较教育学者参与了几乎所有重大法令的制定，跟踪和评析了国外历次重大教育改革，为我国教育改革的发展方向提出参照。例如，比较教育学者研究了美国在 20 世纪 50 年代末受到苏联卫星挑战以后所推行的激烈改革；研究了苏联 70 年教育发展和改革的历史经验，跟踪研究了苏联解体后俄罗斯的历次教育改革，为我国教育发展和改革提供了振聋发聩的参照与警示。③ 在课程与教学改革方面，比较教育学者及时向国内介绍了国外教育改革经验与趋势，对推动国内教育教学改革发挥了重要作用。④

---

① ［加］许美德：《顾明远与中国的比较教育》，丁瑞常译，载《比较教育研究》，2018(10)。

② 王英杰：《我国比较教育研究的成绩、挑战与对策》，载《比较教育研究》，2011(2)。

③ 王英杰：《我国比较教育研究的成绩、挑战与对策》，载《比较教育研究》，2011(2)。

④ 高原：《借鉴与救赎：中国比较教育百年》，载《全球教育展望》，2017(10)。

（二）研究队伍愈渐壮大

新中国成立至 1977 年，比较教育学科几乎没有任何发展，全国高校的比较教育课程被取消，比较教育研究机构停止运转，比较教育学类的刊物时断时续，比较教育研究队伍也被分散。"文化大革命"结束特别是改革开放之后，比较教育学一跃而起，成为教育学中最受瞩目的学科之一，比较教育学能搭上迅速发展的快车，一是因为知识分子获得解放，二是因为国家需要比较教育学。①

一方面，逐渐成熟的人才培养制度是比较教育研究队伍创生发展的有力支撑，稳定的研究队伍是一门学科可持续发展的保障。1977 年之后，以王承绪、朱勃、顾明远等为代表的比较教育学者开始了队伍组建工作。先是受到时代的召唤承担起为国家教育政策出谋划策、严格把关的责任，在得到了国家政策支持后，比较教育学科走上了快速健康发展的道路。北京师范大学、华东师范大学首先设立硕士点，紧接着北京师范大学、杭州大学被授予博士点，比较教育专业的研究队伍不断壮大。在"文化大革命"结束后的 15 年里，比较教育学由一门师范类高校的选修课程发展成为一门二级学科，不但建立了硕士研究生的培养机制，还促使这套培养机制走向成熟；博士研究生的培养方案也渐渐实行，为国家培养了一批比较教育学的高水平人才。

另一方面，德高望重的比较教育学前辈是比较教育研究队伍创生发展的坚实基础。在邓小平"尊重人才，尊重知识"思想的指导下，历经拨乱反正、改革开放，知识分子得到了解放，一批从事比较教育研究的学者开始了自由的研究和艰难的探索。虽然新中国成立后一段时间内知识分子的学术发展一度遭遇挫折，但拨乱反正、改革

---

①　高益民：《改革开放与中国比较教育学三十年》，载《清华大学教育研究》，2008（6）。

开放以后学识渊博、眼界开阔、底蕴深厚的老一辈学者们还是回到了年轻时代的工作岗位上。他们身体力行，急迫且不知疲劳地开展学术研究，成为中国比较教育学学科发展的中流砥柱。如汇聚各方力量编写中国比较教育学第一部教材——《比较教育》，1979 年至1982 年人民教育出版社出版"外国教育丛书"，滕大春先生主持编写《中国大百科全书》教育卷中的外国教育分卷，历时五年出版"战后国际教育研究丛书"等。

这一时期中国比较教育研究范式也逐渐成熟。从改革开放之初的介绍描述到国别研究、专题研究，比较教育研究不再停留在描述介绍教育现象，而是深入分析各国教育系统，探寻深层次的原因，总结教育现象背后的教育规律，并用比较法、因素分析法等研究方法解释这些教育规律。因此，这个时期的中国比较教育学为教育学科发展做出了突出贡献。

(三)研究成果以译介为主

改革开放初期，比较教育研究总体呈现出着重描述介绍的特点，主要为国家制定教育方针政策提供参考，为实施教育改革提供咨询，使普通教育工作者开阔眼界，形成一套完整的国外教育资料系统。

这一时期的比较教育学主要集中于教育思想和教育制度两个方面。一是介绍描述外国教育家的教育思想或主要教学流派，比如以皮亚杰和布鲁纳为代表的结构主义教育思想、布卢姆的教育目标分类思想、赞可夫的发展性教育思想和苏霍姆林斯基的和谐教育思想。二是着重描述美、英、法、德、日、苏等发达国家的教育制度和教育政策，借鉴参考国外教育制度，再依据本国国情，构架出我国的学制体系和结构框架。[1]

---

[1]　陈时见、王远：《比较教育学科发展的历史演进及未来走向》，载《教育研究》，2019(1)。

即使前期局限性较大，比较教育学仍然能在中国得到快速发展，是因为比较教育在中国实现了自身的价值。简单来说就是比较教育成果具有的咨询、预测功能切合当时社会需要，而刚好国家也鼓励比较教育研究的发展，于是政策扶持加上资源倾斜，使得比较教育学迎来了发展的春天。比较教育研究提供了大量的国外教育发展的原始数据与资料，比较教育学科在这个时期的显著特点是以国别研究为主，为国家领导人的出访和接待、留学生的出国学习以及广大一线教师学习与了解国外新的教育教学方法提供了大量的一手资料，很好地发挥了国外教育数据库和咨询中心的作用。①

（四）国际交流日益频繁

比较教育学因为研究者有外语和研究主题广泛等优势，与国外学者专家有更多的交流机会，更便于开展国际交流与合作。在改革开放初期，中国亟须向世界介绍自己，通过学术交流在内部增强软实力，在外部积聚国家的影响力。同样地，我国也邀请国外的教育专家来中国高校巡回讲学，传播先进的教育思想。比较教育学就像是连接中国与世界的学术桥梁，既让中国教育研究者认识世界，也让世界教育研究者认识中国。中国老一辈的比较教育学者以开阔的胸襟和渊博的学识让中国比较教育学在世界比较教育史上留下了浓墨重彩的一笔。学术活动完成了从无到有，再到自由交流的蜕变，虽然其间有过一些波折，但是总体来说中国比较教育学已经走上了国际化发展的道路。

改革开放打开了中国的国门，也打开了中国人的眼界。中国自古以来就乐于进行对外文化交流，1977 年之前囿于国内特殊情况，而改革开放以后比较教育研究刚好架起了友谊的桥梁，中国比较教

---

① 王英杰：《我国比较教育研究的成绩、挑战与对策》，载《比较教育研究》，2011 (2)。

育学者开始参加国际会议并申请承办国际会议，频繁而丰富的国际
学术活动带来了中国对外的学术交流，促进中国比较教育由被动输
入的译介借鉴阶段走向主动输出的创生阶段。比较教育学在发展的
过程中搭建了教育国际交流的平台，开始了中外教育研究工作者的
平等对话。面对经济全球化背景下的日益频繁的国际往来，中国比
较教育如何能够合理借鉴，这是至今仍有待比较教育学者解答的
问题。①

二、学科发展原因分析

1977 年至 1992 年期间的中国比较教育学科发展，受中国政治、
经济和文化变革等因素的影响，国家进步、社会变革、教育改革的
浪潮推动着中国比较教育学行走在健康发展的道路上。

（一）拨乱反正后的思想解放创造了学科发展外部环境

极左路线是比较教育学科发展的巨大障碍，对极左思想的彻底
批判为比较教育学科重新营造了一个健康发展的学术环境，同时也
为发展比较教育学提供了正确的方向。② 1977 年至 1982 年，我国比
较教育学科建设处于过渡时期，主要表现为纠正陈旧错误的思想观
念，逐步恢复比较教育学在相关高等院校中课程开设、外国研究机
构运转及学术期刊出版等。

一是对知识分子学术研究方向的解放。改革开放后，国家现代
化加速，在邓小平提出"尊重知识，尊重人才"后，在重视国外教育
的参考价值后，外国教育研究得以恢复，在研究方向上最鲜明的一
个特点就是为政策制定服务，集中表现为为国家教育改革以及教育
体制重建服务。尽管忽视学科建设工作与比较教育学科本土化建设

---

① 高原：《借鉴与救赎：中国比较教育百年》，载《全球教育展望》，2017(10)。
② 高如峰、张保庆：《比较教育学》，171～194 页，上海，上海外语教育出版社，
1992。

工作，但中国比较教育研究总算是迈出了发展的第一步。①

二是对知识分子思想的解放。在邓小平"教育要面向现代化，面向世界，面向未来"的号召下，中国比较教育学界脱离了极左思想的桎梏，以译介为主要研究方法大量引进国外教育思想。"文化大革命"期间，由于国内秩序的混乱与消息的闭塞，对国外教育动态和教育思想缺乏了解，加上政治运动的影响，国内教育研究工作者将精华与糟粕一起摒弃。改革开放以后，比较教育学率先开始与国际接轨，介绍描述国外的教育情况、教育思潮，逐步打开教育研究视野，对中国教育学的发展起到了不可磨灭的积极作用，犹如打开了一扇世界之窗。②

（二）改革开放促进了国内外比较教育学术交流

改革开放政策的实行为比较教育学创造了有利的学术交流条件，极大地推动了我国比较教育研究工作的发展。

一是为国内比较教育研究提供了资源倾斜。这一时期的比较教育学科发展处于介绍描述时期，外国语工作者利用语言的便利翻译介绍了大量的国外教育概况，形成了一定规模的知识储备量，为我国教育工作者带来了巨大的便利，同时也解放了国内教育研究者的思想。国内各级各类比较教育学术会、研讨会为比较教育学科发展营造了良好的学术环境。那个时代背景下中国比较教育研究者在国内获得的资源倾斜、期待和重视是以往任何一个历史时期都无法比拟的。

二是为比较教育学术交流提供了必要的外部条件。1986 年至 1992 年，比较教育学科发展处于国别研究和专题研究阶段。中国比

---

① 孙进：《定位与发展：比较教育的理论、方法与范式》，70 页，济南，山东教育出版社，2015。
② 王英杰：《我国比较教育研究的成绩、挑战与对策》，载《比较教育研究》，2011（2）。

较教育学界认识到，要借鉴外国教育的经验，必须对各个国家的教育发展进行深入系统的研究，才能把握各国教育的本质特点和发展脉络，于是开始了国别研究，对发达国家的教育做了较为系统的研究。[①] 中国比较教育学者将目光集中于更加成熟、更加实用的发达国家培养人才的学制和教育政策上，国外考察、访问、讲学等学术交流活动为中国比较教育的国际交流提供了必需的生长土壤，包括出席世界比较教育大会等国际学术会议趋于常态化。

（三）经济发展推动教育变革

随着第三次工业革命的到来与科学技术的发展，社会的方方面面都经历着深刻的变革，市场不断提高对生产要素的要求，对劳动力的知识水平要求也水涨船高，经济的快速发展对教育改革提出了挑战，集中表现在对高水平人才的急迫需求。1985 年，《中共中央关于教育体制改革的决定》发布，提出"教育体制改革的根本目的是提高民族素质，多出人才、出好人才"。此次教育体制改革强调了教育的重要性，国家将注意力重新聚焦在教育上，渴求在教育上寻求出路。这也是各国政府战后不谋而合的做法。比较教育研究始终密切关注和跟踪世界主要国家的教育改革，从而为自身发展奠定了合法性基础。

这一时期比较教育研究队伍渐渐壮大也得益于改革开放良好的经济势态。从地域维度来看，中国比较教育学在东南沿海地区率先发展，与这一地区经济上的较快发展不无关系。现代社会的生产因素已经发生了变化，对劳动力的要求越来越高，为了适应社会变革，人们对于教育的需求愈渐变大。为了更好地解决国内的教育问题，教育研究者将目光放到国外，在比较研究国外教育制度、教育理论、

[①]　顾明远：《中国比较教育研究 50 年——〈中国比较教育研究 50 年〉丛书序》，载《比较教育研究》，2015(11)。

实践之后，总结教育规律，用以指导本国改革，制定教育政策，培养适应现代社会发展的高水平人才，而培养的人才又有一部分从事比较教育工作，从而形成人力资本的良性循环。

总体来看，中国比较教育研究工作者在"文化大革命"结束后的拨乱反正时期和改革开放初期，立足百废待兴的国情，在充实比较教育学科基础理论的基础上，将注意力集中在介绍描述国际教育政策和实践中的教育问题上，从政治、经济和文化方面深入分析解释背后的原因并做出批判性思考，由此形成一系列丰硕的学术研究成果，在服务教育改革与发展的同时，也推动了学科在重建中发展。

第三章
比较教育学的拓展成熟阶段(1993—2012 年)

历史的车轮滚滚向前,中国比较教育学在经历起步初创、艰难探索、暂时停滞和再度重建的曲折过程后,终于迎来了学科发展的春天。随着改革开放的深入,各类教育工作逐步恢复到正常轨道,比较教育学也在学科建设初步完成的基础上有了进一步的稳固和完善。1992 年 1 月,邓小平南方谈话再度吹响了改革开放的号角,把中国改革开放与社会主义现代化建设推进到一个新的发展阶段。同年 10 月,中国共产党第十四次全国代表大会在北京隆重召开,明确提出了建立社会主义市场经济体制的目标,决定将改革开放事业推向深入。中国比较教育学在内部各种因素相互作用、社会众多力量不断激荡、表里各种要素共同影响之下得以成熟,以其超越国家、民族、文化和学科界限的研究思想,不断吸纳和借鉴国外教育领域的各种理论和经验,为推动中国教育发展做出了重要贡献。

第一节 比较教育学学科制度化建设

随着社会的持续发展和改革开放的进一步深入,中国比较教育学开始迈出制度化的实质性步伐。20 年间,比较教育学承袭前期发展基础,进一步夯实了一个独立学科所必须具备的基本要素,有一支规模相当大的专门研究队伍，有一个比较活跃的学会组织，在高等院校普遍设置了比较教育专业，开设了比较教育课程，出版了专门刊物。① 除此之外，比较教育国际交流与合作活动频繁，拓展了国际教育对话路径。总之，中国比较教育已经初步完成了学科的制度化建设，正向着进一步成熟与完善的目标前进。

一、专业建设与人才培养

此阶段的比较教育硕士点、博士点在原有基础上继续增多，这象征着比较教育学科制度化水平不断提高。至 2012 年，比较教育学科的博士点共有 12 个，硕士点近 40 个。12 个博士授予点高校分别为北京师范大学、华东师范大学、东北师范大学、西南大学、浙江大学、南京师范大学、华南师范大学、华中师范大学、西北师范大学、厦门大学、上海师范大学以及四川师范大学。

（一）课程设置与教材编写

课程设置方面，"比较教育（学）"已成为大学教育学各专业的必修课或选修课，有的大学甚至在本科阶段就开设了比较学前教育、比较中小学教育、比较高等教育、比较教育管理等专业性更强的课程，而研究生阶段则在比较教育学专业以外的教育学各专业中开设了更加深入与专门的比较教育课程。② 除公共必修课以外，各大高校几乎均设有比较教育理论与方法、国际教育、区域教育比较研究、西方教育思想、西方教育名著等相关课程。此外，心理学、教育哲学、人类学等相关课程也成为比较教育学专业研究生的必修或选修课程。

学科教材是比较教育一个时代的理论成果和实践经验的载体，

---

① 王英杰：《再谈比较教育学的危机》，载《比较教育研究》，2007(3)。
② 刘宝存、张伟：《中国比较教育的制度化：历程、挑战与变革》，载《中国教育科学》，2016(3)。

既是对前人工作成果的整合归纳，也是引领新一代学习者、研究者前行的明灯。王承绪、朱勃、顾明远等老一辈比较教育学家联合主编的全国通用高等学校比较教育学教材《比较教育》几经修订，在1999 年印发了第三版，增加"中国教育制度"一章；在 2012 年印发了第四版，修订吸取了进入 21 世纪以后比较教育研究的成果和实践经验。该书曾先后荣获"高等学校优秀教材国家级二等奖"和"全国普通高等学校优秀教材一等奖"等奖项，至今仍是全国师范院校教育学专业学生的比较教育学课程教材，为促进比较教育学学科建设和发展做出了不可磨灭的贡献。

　　赵中建和顾建民教授在 1994 年出版的《比较教育的理论与方法——国外比较教育文选》选取了法、澳、美、日、英、德、加、阿根廷、希腊等国的著名比较教育学家的重要论文和专著节录共 24篇，前 4 篇涉及比较教育的界说及历史发展，第 5 至 20 篇按时序反映了比较教育理论及方法的各种观点，最后 4 篇则是一组学术争鸣性文章。该书在纵向上汇集了国外比较教育理论及方法的发展脉络，在横向上汇集了国外学者对若干比较教育理论及方法问题的不同见解及争鸣。[①] 1994 年出版的全国比较教育研究会编《国际教育纵横——中国比较教育文选》收录论文 60 余篇，分为比较教育学科建设、国际教育改革与发展、国际教育思潮、课程与教学、普及义务教育等九个部分。[②]

　　1996 年，顾明远、薛理银著《比较教育导论——教育与国家发展》一书出版。该书从教育与国家发展的角度阐明比较教育研究的对象、任务和方法，从动态上研究教育系统的各个要素，反映世界比

---

　　① 　赵中建、顾建民：《比较教育的理论与方法——国外比较教育文选》，北京，人民教育出版社，1994。
　　② 　全国比较教育研究会：《国际教育纵横——中国比较教育文选》，北京，人民教育出版社，1994。

较教育研究的新动向。1997 年，张瑞璠、王承绪主编的《中外教育比较史纲》三卷本由山东教育出版社出版。全书分古代、近代、现代三卷，共 150 余万字，将中外教育史放在世界历史大文化的背景中进行比较，是一套熔比较教育、中外教育史及文化科技交流史于一炉的具有创新意义的丛书。① 1999 年，吴文侃、杨汉清主编的《比较教育学（修订本）》出版。全书共分四编二十一章，其内容包括比较教育发展历史、八国教育、问题研究、总结与展望等。同年，王英杰主编的《比较教育》出版，该书成为全国高等教育自学考试的指定教材。

2002 年，梁忠义先生主编的《比较教育专题》出版。该书是全国中小学校长任职资格培训教材之一。该书描述了世界基础教育的改革和发展历程，对世界基础教育的课程改革、教学改革进行了比较研究，还包含世界中小学德育比较、世界基础教育学校管理比较以及世界基础教育教师的培养与培训等相关内容。② 2005 年，商继宗教授所著的《中小学比较教育学（第二版）》出版。全书围绕中国普通教育领域内亟待解决的若干问题，运用丰富的材料，对世界各国的情况进行了广泛的横向比较，为改进和发展中国的普通教育提供了可资借鉴的宝贵经验与教训。2008 年，冯增俊教授、陈时见教授、项贤明教授主编的《当代比较教育学》出版。该书是普通高等教育"十一五"规划重点教材，由全国十四所著名大学联合编写。这一新世纪比较教育新教材力作既深入探讨了学科发展、培养学科意识和学科方法等比较教育学的基本理论问题，又重点论述了教育现代化、教育国际化及教育信息化等当今国际教育改革与发展的前沿论题，具有鲜明的系统性和创新性。③

这一时期的比较教育教材还包括冯增俊教授的《比较教育学》（江

---

①　张瑞璠、王承绪：《中外教育比较史纲》，济南，山东教育出版社，1997。
②　梁忠义：《比较教育专题》，长春，东北师范大学出版社，2002。
③　冯增俊、陈时见、项贤明：《当代比较教育学》，北京，人民教育出版社，2008。

苏教育出版社，1996)，安双宏、白彦茹教授的《比较教育学》(哈尔滨工业大学出版社，1997)，卢晓中教授的《比较教育学》(人民教育出版社，2005)，陈时见教授的《比较教育导论》(商务印书馆，2007)和《比较教育学》(西南师范大学出版社，2012)等。这期间，顾明远先生组织出版了"比较教育译丛"，翻译了艾萨克·康德尔的《教育的新时代——比较研究》、埃德蒙·金的《别国的学校和我们的学校——今日比较教育》、卡扎米亚斯等人的《教育的传统与变革》、何塞·加里多的《比较教育概论》、菲利普·库姆斯的《世界教育危机》、伯顿·克拉克的《大学的持续变革——创业型大学新案例和新概念》、阿尔特巴赫的《比较高等教育：知识、大学与发展》、藤田英典的《走出教育改革的误区》、约翰斯通的《高等教育财政：问题与出路》、马克·贝磊等人的《比较教育研究：路径与方法》、于尔根·施瑞尔的《比较教育中的话语形成》等著作。总而言之，中国比较教育学教材数量日益增多，质量也有所保障，一方面显示了中国比较教育学者勤勤恳恳，编订教材的工作颇有成效；另一方面也表明了比较教育学科建设蒸蒸日上。

(二)比较教育学专业研究生培养

中国比较教育专业在 1993 年以前共招收研究生 200 余名，而到2012 年时，招收人数达到 1900 余名，规模扩大近 10 倍。[①] 大量比较教育学专业研究生进入高校，在导师的指点下学习理论知识和提高实践能力。不同高校围绕历史渊源、地理位置、自身特性等对比较教育专业研究生进行各具特色的针对性培养，在全国各地形成了一派欣欣向荣的学术景观。

以北京师范大学 2011 年比较教育学学术型硕士培养方案为例，

---

①　笔者根据《全国研究生招生大全 统计资料》(1978—1992)、《1991—1995 年全国研究生招生统计年鉴》《1996—2002 年全国研究生招生统计年鉴》以及此后历年各大高校公布的研究生招生人数估算得出。

其比较教育学下设研究方向包括：①比较政策与管理：教育宏观决策比较研究、中外教育政策分析、教育管理比较研究；②比较基础教育：基础教育比较研究、比较教育理论与方法、比较课程与教学论；③比较高等教育：高等教育比较研究、西方高等教育组织理论；④国际教育：国际理解教育的理论与实践、国际组织与教育发展、东亚文化与教育、学校改进国际比较、学术职业国际比较。除此之外，还有发展教育、区域教育以及跨文化教育等多个研究方向。

华东师范大学的比较教育硕士、博士研究生专业下设有：①教育制度与政策比较研究；②国际教育理论与思潮研究；③课程教学与学习科学前沿研究；④教育社会学比较研究；⑤学生发展指导研究；⑥多元文化教育研究；⑦公民与道德教育研究等。该校还确立了对硕博研究生在读期间的科研成果要求、定期考核制度和学位论文标准。除此之外，还针对比较教育学硕博连读研究生实行分阶段的导师指导与指导小组集体培养相结合的方式。

东北师范大学比较教育专业硕士研究生课程设置包含公共基础课、学科基础课（教育哲学、教育史、教育研究方法等）、专业主干课（国际与比较教育基础理论、研究设计等）和发展方向课（区域教育研究、专题研究等），硕士研究生也可在导师指导下跨专业选课。其2011 年修订的比较教育专业博士研究生培养方案中设有如下研究方向：①东北亚区域教育研究；②比较教育的理论与方法；③教育政策与制度；④教师教育比较；⑤公民与道德教育比较等。该校实行学术交流与报告、博士生助教等制度，突出创新能力培养和批判意识的养成。

西南大学自 1999 年、2003 年开始分别招收比较教育专业硕士、博士，截至 2012 年已培养比较教育学专业硕士 165 人、博士 33 人、博士后 7 人。该校 2010 年修订的比较教育学硕士、博士研究生培养方案中包含以下研究方向：①比较教育理论与方法；②各国教育制度比较；③职业技术教育比较；④教师教育比较。通过团队教学、国内外访问、前沿讲座以及举办专业学术论坛等方式，西南大学比较教育学基本形成了多元立体的人才培养体系。

20 年间，国内各大高校培养了一大批优秀的比较教育学专业博士、硕士研究生，在完成学业后继续投身比较教育学术研究。总体来说，比较教育专业研究生培养机制进一步完善，人才培养数量与质量齐头并进，为承接前辈们的学术成果、开启对未知领域的研究提供了人才保障。

二、学术机构与学术刊物

学术机构和专业学术刊物是一门学科成熟的重要外部条件。学术机构方面，各高校成立的国际与比较教育研究所或比较教育研究中心构成了中国比较教育研究的主要阵地；学术刊物方面，除《比较教育研究》《外国教育研究》和《全球教育展望》三大期刊外，《教育研究》《高等教育研究》等知名期刊也多有比较教育的成果发表。

(一)比较教育学术机构

北京师范大学国际与比较教育研究院是中国比较教育学的重镇，是中国成立最早、规模和影响最大的比较教育研究机构之一。其前身是 1979 年成立的外国教育研究所，1995 年更名为国际与比教教育研究所，1999 年经教育部批准成为首批教育部普通高等学校人文社会科学重点研究基地之一，同时也是比较教育学科唯一的教育部普通高等学校人文社会科学重点研究基地。研究院在对国别教育进行精深研究的基础上，设有教育政策与管理比较研究、高等教育比较研究、基础教育比较研究、文化与教育发展比较研究、比较教育理论与方法研究等研究方向。研究院积极承担国家重大教育研究任务，出版了一大批高水平的研究成果，如 1993 年王英杰教授的《美国高等教育的发展与改革》，1994 年毕淑芝教授、司荫贞教授主编的《比较成人教育》，2000 年顾明远先生主编的《世界教育大系》《世界教育大事典》以及项贤明教授的《比较教育学的文化逻辑》，2004 年刘宝存教授的《大学理念的传统与变革》等。在做好学术研究的同时，研究院还积极开展政策研究工作，为多项国家教育改革与发展规划的制定提供了调查资料与咨询服务，为新中国成立后借鉴外国教育经验、改善本国教育实践做出了极大贡献。

其他高校的比较教育学研究机构也在这期间继续发展。2000 年，华南师范大学正式设立教育科学学院，对教育学科的系所进行调整和重新设置，并成立国际与比较教育研究所，重视为国家和地方改革开放服务，有选择、有重点地研究相关国家或地区教育发展与改革的历史经验和现实趋向，形成了以亚太地区，尤其是东南亚地区与澳大利亚、中国港澳台地区为主要研究对象的国别和区域教育研究特色。2008 年 7 月，中国教育科学研究院设立国际比较教育研究中心，定位于结合中国教育改革发展的需求，对重大的国家教育战略目标进行国际比较研究，为中国的教育决策提供理论先导、数据支撑和政策论证。研究中心完成了教育部课题"中国高等教育竞争力国际比较研究"、科技部软科学课题"基于实证的建设人力资源强国对策研究"，以及"建立中国教育质量国家标准"等重大研究项目。

2008 年 12 月，西南大学正式成立国际与比较教育研究所，秉持"立足国际前沿、研究国际教育、推动国际合作"这一发展理念，重点围绕比较教育理论与方法、国别与区域教育比较、教师教育比较三大研究领域，致力于创建比较教育研究的学术平台，以创新学科体系、促进教育改革。2009 年 12 月，厦门大学成立比较教育研究所，重点关注高等教育大众化比较研究、研究生教育比较研究、教育公平比较研究、国际合作办学比较研究、高校教师发展比较研究等领域。2011 年，浙江师范大学成立国际与比较教育研究院，主要专注于教育战略与政策比较研究、非洲教育研究和国际教育研究三大分支研究领域。

　　20 世纪 80 年代以来，经过 30 年的发展，中国比较教育研究大致形成了"三横三纵"的分布格局，"三横"即指陇海、成渝经黔渝至湘黔、沪杭经浙赣至湘桂三大铁路线，而"三纵"则指京哈至京广、京沪、宝成至贵昆三条铁路线。[①] 由此连点成线，聚线成面，新老比较教育学术机构勠力同心，共同推动和引导了比较教育学科发展，同时也提升了比较教育学在整个学术界的地位和影响力。

　　(二)比较教育学术刊物

　　比较教育学术期刊的创立和出版对学科制度化建设同样具有极大影响，它不仅是比较教育最新学术成果发表的平台，同时也是学者们相互交流、相互学习的场所。改革开放深入阶段，比较教育学各大学术刊物以马克思主义为指导，根据"教育要面向现代化，面向世界，面向未来"的精神，对外国教育的理论与实践进行比较研究，积极服务于中国教育改革与实践，发挥了认识世界、引介借鉴、理论创新、资政育人和服务社会等重要功能，极大地促进了比较教育学的发展。

　　北京师范大学创办的中国比较教育研究会会刊——《比较教育研究》在教育界具有重要的学术地位，历次入选中国社会科学引文索引(CSSCI)来源期刊、全国中文核心期刊、中国人文社会科学核心期刊、教育类核心期刊，并于 2012 年成为首批获得国家社科基金资助的期刊。学术影响力方面，《比较教育研究》的影响因子、引用率、下载率、下载量、转载量等各类数据均处于国内同类学术期刊的前列。中国知网的《中国学术期刊影响因子年报(人文社会科学)》数据显示，2009 年《比较教育研究》的影响因子在 284 本教育学刊物中排名第七；中国社会科学评价研究中心发布的统计数据显示，1998 年

---

　　① 容中逵：《空间分布、地域特色与发展策略——当代中国比较教育研究的现实图景》，载《比较教育研究》，2012(6)。

至 2007 年,《比较教育研究》在载文被引次数和影响因子两项数据上均位列第四;中国人民大学人文社会科学学术成果评价研究中心的数据分析显示,2008 年至 2010 年,《比较教育研究》全文转载率不断上升,2011 年在教育学科中排名第四,综合学术影响力持续提高。①

在发文量上,中国知网收录的《比较教育研究》论文在 1993 年至 2012 年间达到了 4000 余篇。除在国内公开发行外,还与国外多家研究机构定期交换刊物。中国知网 2010 年公布的《比较教育研究》发行与传播统计报告显示,《比较教育研究》网络媒体的影响力持续扩大,其机构用户共 2774 个,分布于 21 个国家和地区;个体用户分布于 33 个国家和地区;芝加哥大学、哥伦比亚大学、哈佛大学、牛津大学、剑桥大学、墨尔本大学等均属于《比较教育研究》高端用户。

华东师范大学创办的《全球教育展望》(原称《外国教育资料》,1992 年更名为《国际教育》,1993 年再度更名为《外国教育资料》,2001 年正式更名为《全球教育展望》)重点关注国际教育改革战略、课程理论与政策、教育理论与技术、考试与评价制度改革以及教师教育改革五个领域,下设素质教育与课程改革、课程与教学、学习理论、教育研究方法、教师教育和专家访谈等主要栏目。中国人民大学人文社会科学学术成果评价研究中心发布的“2010 年度《复印报刊资料》转载学术论文指数排名”及研究报告显示,《全球教育展望》转载量位列教育类期刊第五,转载率位列第九,综合指数位列第六。发文量方面,中国知网收录的《全球教育展望》论文在 1993 年至 2012 年间达到了 3400 余篇。

东北师范大学创办的《外国教育研究》为全国教育类核心期刊、中国人文社会科学引文数据库(CHSSCD)来源期刊、中国社会科学

① 宋佳:《努力打造国内一流、在国际上有影响力的学术期刊——2012 年〈比较教育研究〉编委会会议纪要》,载《比较教育研究》,2013(1);司林波、赵晓东:《〈比较教育研究〉的学术影响力评价》,载《比较教育研究》,2009(6)。

引文索引（CSSCI）来源期刊、中文科技期刊数据库（SWIC）来源期刊。该期刊以东北亚教育为重要栏目，关注外国教育理论、思潮及流派，外国中小学教育、职业教育、高等教育、教师教育、课程与教学论、学校道德教育、农村教育等方面的内容。发文量方面，中国知网收录的《外国教育研究》论文在 1993 年至 2012 年达到了 2900余篇。

表 3.1　2003—2012 年比较教育学专业期刊影响力指标

年份	《比较教育研究》			《全球教育展望》			《外国教育研究》		
	载文篇数	被引次数	影响因子	载文篇数	被引次数	影响因子	载文篇数	被引次数	影响因子
2003	271	593	0.86	238	785	1.03	180	340	0.62
2004	280	842	0.88	223	858	0.70	178	440	0.61
2005	285	1082	0.91	216	1024	0.54	212	630	0.61
2006	246	1323	0.91	209	1170	0.57	191	905	0.65
2007	251	1811	1.11	251	1350	0.50	198	1132	0.82
2008	299	1973	0.84	230	1379	0.41	236	1328	0.63
2009	295	2220	0.78	217	1391	0.46	220	1411	0.42
2010	293	2346	0.70	222	1684	0.67	213	1596	0.49
2011	276	2488	0.61	194	1598	0.61	210	1670	0.50
2012	271	2466	0.74	202	1805	0.70	197	1719	0.49

比较教育学专业学术期刊在培养学术新人、引介国外重要教育理论和思潮、追踪教育改革动向、探索教育发展规律、促进教育科学发展方面做出了重要的贡献，为中国教育政策的制定起到了参考作用。

三、学会建设与学术活动

专业学会的创立和学术活动的定期举行是比较教育学术共同体不断成长的标志之一。1993 年至 2012 年，中国比较教育学者召开了多次年会，除全国性的比较教育年会外，世界比较教育论坛、区域性比较教育年会以及地方性比较教育会议的开展也如火如荼。

（一）中国教育学会比较教育分会

1992 年至 2012 年，中国教育学会比较教育分会先后成功举办了十次全国性年会。1993 年 11 月 23 日至 26 日，第七届学术年会在北京师范大学召开，共有 80 余人出席年会。本届年会围绕"面向二十一世纪的比较教育"这一主题进行了热烈讨论。在比较教育的学科建设方面，比较教育工作者需坚持"面向世界各国教育，针对中国教育实际"的方向和原则，突破只对外国教育状况进行介绍和比较的局限，力求进行专题研究和决策参与。在文化与教育方面，需促进东西方文化交融与教育现代化，加强文化与道德教育。在市场经济与教育方面，需正确认识市场经济对教育的正负冲击，并对中国市场经济体制下教育的办学体制、招生制度、经费等进行具体讨论。在教育教学改革方面，与会代表围绕《中国教育改革和发展纲要》提出的中国教育发展目标，讨论了中国教育发展的宏观状况，成人教育和高等教育改革问题，以及中小学教育的课程改革问题。[1]

1995 年 10 月 24 日，第八届学术年会在山东济南大学召开，学会理事长顾明远先生致开幕词，济南大学校长李庆臻教授致欢迎词，与会代表达 120 余人。本届年会围绕"亚太地区教育和经济文化发展"这一主题召开，梁忠义先生与周南照教授分别作了题为《市场经济与教育机制》《亚太地区教育、经济、文化互动和比较研究的作用》的主题发言。会议期间举行了四个专题研讨，分别为各级各类教育改革、文化传统与教育现代化、教育与市场经济的关系、比较教育学科建设，共 20 名代表在分论坛发言，涉及的国家包括英国、美

---

[1]　曾晓洁：《全国比较教育第七届年会综述》，载《比较教育研究》，1994(1)。

国、日本、韩国、新加坡、中国等。①

1997 年第九届学术年会在黄山召开，来自全国各地的 150 余位比较教育界专家、学者以及研究生代表出席年会。本届年会以"民族文化传统与教育现代化"为主题，与会人员就如何均衡教育国际化与教育本土化间的关系，如何推动教育现代化发展转型，以及如何进行比较教育学科建设和自我定位等问题展开了热烈讨论，进一步丰富和完善了比较教育的理论体系。

1999 年 10 月 26 日至 29 日，第十届学术年会在西南师范大学(现西南大学)召开，来自英国、法国、美国、日本、马来西亚等国家和地区，以及国内 20 多个省、自治区和直辖市的 160 余名代表出席年会。本届年会围绕"跨世纪创新人才培养的国际比较"的主题展开，与会人员就"素质教育与创新人才培养""高教改革与创新人才培养""创新人才培养与选拔制度改革""制约创新人才培养的主要因素"等问题展开了广泛而深入的讨论。还有代表对当前比较教育研究的若干重要问题发表了意见，如王长纯教授以"超越'边缘'与'中心'促进中国比较教育理论的新发展——阿尔特巴赫依附论的因革观分析"为主题做了发言，朱旭东教授阐述了比较教育研究的学术制度化与规范化问题等。②

2001 年 11 月 2 日至 6 日，第十一届学术年会在广西桂林召开，主题是"终身学习在中国"。来自国内外的 120 多名代表，就终身学习的背景与环境、终身学习的理论与行动、终身学习对学校教育的挑战、中国终身学习的体系建设以及国外终身学习的经验等进行了深入探讨和交流。与会代表们一致认为，知识经济、信息社会、计

---

① 曾晓洁：《第八届全国比较教育年会在济南大学召开》，载《比较教育研究》，1996(1)。

② 徐辉、易连云：《创新：二十一世纪中华民族振兴的希望——中国比较教育研究会第十届学术年会综述》，载《比较教育研究》，2000(1)。

算机网络技术等的出现呼唤全人类的终身学习和终身教育。这一时代背景是理解和践行终身学习，建设具有中国特色学习化社会的参照系。在建立学习化社会和终身学习体系这一伟大活动中，比较教育学者大有可为。本届年会进行了学会理事会换届，梁忠义先生被推选为学会理事长。2003 年后，理事会再度进行了换届，钟启泉先生被推选为学会理事长。2002 年 12 月之后，中国比较教育研究会依据相关文件更名为"中国教育学会比较教育分会"。①

2004 年 11 月 20 日至 22 日，第十二届学术年会在广东珠海召开，国内 50 余所高等院校和研究机构的 120 余位代表出席了会议，140 余名研究生列席了会议。中国教育学会会长、比较教育分会名誉会长顾明远先生致辞，世界比较教育联合会主席、香港大学比较教育首席教授贝磊作了专题发言。本届年会围绕"全球视野下的中国教育改革"，对比较教育学科建设、高等教育改革、基础教育改革、教育体制与创新等问题进行了热烈讨论。②

2006 年 11 月 12 日至 14 日，第十三届学术年会在上海师范大学召开，与会代表共有 300 多人，提交论文达 140 余篇。年会直面中国教育改革和比较教育发展实际，以"课程改革、教师教育、国际合作"为主题，围绕比较教育学科建设、高等教育、国别比较、国际交流与合作、教师教育、中小学课程与教学等论题进行了大会报告和分组讨论。钟启泉先生等多名比较教育专家学者作了专题报告。③

2008 年 11 月 21 日至 22 日，第十四届学术年会在浙江温州召开，来自全国各地的专家学者和研究生代表共 260 余人参加了会议。

———————

　　① 李现平：《全国比较教育研究会第 11 届年会综述》，载《比较教育研究》，2002 (1)。

　　② 刘健儿：《全球视野下的中国教育改革——中国教育学会比较教育分会第 12 届学术年会综述》，载《比较教育研究》，2005(3)。

　　③ 刘健儿：《不断向纵深发展的中国比较教育——中国教育学会比较教育分会第 13 届学术年会综述》，载《比较教育研究》，2007(3)。

大会围绕"中国教育改革与比较教育研究"的主题，分设比较教育学科建设与未来发展、国别教育改革与中外教育比较、教师教育改革与比较教育研究、课程教学改革与比较教育研究、高等教育改革与比较教育研究和研究生专场六个分会场。本届年会同时进行了学会理事会换届，王英杰先生被推选为学会理事长。

2010 年 10 月 9 日至 10 日，第十五届学术年会暨庆祝王承绪教授百岁华诞国际学术研讨会在杭州举行。本届年会嘉宾云集，盛况空前，来自国内外近 600 位代表参加了会议，共收到 285 篇论文。大会围绕"国际视野下的教育均衡发展"的主题展开，分主题有"基础教育均衡发展""高等教育均衡发展""创新人才培养与教育改革""比较教育学科建设"等，还设立专场进行了王承绪先生比较教育思想研讨。①

2012 年 9 月 15 日至 16 日，中国教育学会比较教育分会第十六届学术年会在长春市东北师范大学隆重召开，国内外 300 多名代表参加了大会，共收到 224 篇学术论文。本届年会围绕"教育改革创新与比较教育的时代使命"的主题展开，对"中国特色比较教育理论新探索""世界教育理论创新与制度创新的动向和趋势""全球视阈下区域教育改革发展的理论与实践""国际公平与优质取向的教育政策、制度和行动""国际人才培养模式创新的基本经验"以及"国际教师成长与教师教育者专业发展的问题和对策"六个方面的问题进行了讨论。②

此阶段召开的 10 次比较教育全国性年会，在内容上切合时代主题，与"民族文化""创新人才培养""终身学习""教师教育与课程改

---

① 徐小洲、梅伟惠、阚阅：《国际视野下的教育均衡发展——中国教育学会比较教育分会第 15 届学术年会暨庆祝王承绪教授百岁华诞国际学术研讨会综述》，载《比较教育研究》，2011(2)。

② 林伟：《东北师范大学国际与比较教育研究所成功举办中国教育学会比较教育分会第十六届年会》，载《比较教育研究》，2012(11)。

革""国际合作"时代特色紧密结合;在人数规模上,随着比较教育研究人员逐渐增多,研究队伍日益壮大,参会人数逐年增加,从 1993 年的 80 余人发展到 2012 年的 300 余人;在年会主题与层次上,年会日益关注国际热点话题,逐渐向国际性会议转型。比较教育全国性年会回应改革开放的呼唤,积极研究和讨论世界各国先进教育思想与教育理论,为中国的教育改革和发展提供了新的思路和对策。①

(二)区域性比较教育学会或研讨会

这一时期部分高校或研究机构还举办了区域性比较教育年会和研讨会。1994 年 12 月,华南师范大学与佛山市教委联合主办"珠江三角洲教育实践与中国教育现代化"国际学术研讨会。1998 年,华南师范大学召开"走向 21 世纪的粤港澳台教育"研讨会。2007 年 8 月,中国教育学会比较教育分会与河北大学教育学院联合主办了比较教育学科建设研讨会,对比较教育学科的身份定位、比较教育的研究方法、比较教育的课程建设与人才培养等一系列学科建设的理论和现实问题进行了热烈的讨论。2009 年 11 月,华东师范大学国际与比较教育研究所在上海举办了主题为"社会转型中的比较教育学科建设"的高层学术研讨会。研讨会总结了中国比较教育对于中国教育改革做出的贡献。在转型时期对于比较教育学科发展的高层探讨,对于中国比较教育学科发展具有重要意义。

2010 年 3 月,北京师范大学比较教育研究中心、中国教育学会比较教育分会在北京师范大学举办"教育公平与教育质量学术研讨会",会议主题为"教育公平与教育质量",与《国家中长期教育改革和发展规划纲要(2010—2020 年)》征求意见稿中的 20 字"工作方针",以及"形成惠及全民的公平教育"的战略目标是一致的。2011 年 1 月,

---

① 李文英、王薇:《中国教育学会比较教育分会的发展、组织及作用》,载《比较教育研究》,2014(2)。

中国教育学会比较教育分会、东北师范大学国际与比较教育研究所联合举办了"东北亚区域教育改革发展国际研讨会",来自日本、韩国、俄罗斯等国家以及国内多个比较教育研究机构的专家、学者参加了会议。会议围绕"比较教育方法论建设"和"新世纪东北亚国家的社会变动与教育改革"两个主题,进行了精彩的学术讨论与交流,取得了丰硕的成果。

四、国际交流与合作

截至2012年年底,中国已与200多个国家和地区以及联合国教科文组织等40多个国际组织建立了教育交流与合作关系。随着社会形势的发展和改革开放的进一步深入,中国各大高校与世界知名高校的合作更加密切,组织了大量国际教育会议,承担了大量国际合作项目。中外文化教育交流的平台与机制趋于成熟。

(一)开展国际学术交流

北京师范大学国际与比较教育研究院先后把赞可夫、苏霍姆林斯基、巴班斯基、布鲁纳、布卢姆、瓦根舍因、蒙台梭利、加德纳等世界著名教育家的教育思想和国际上先进的教育模式介绍到国内,开展相关的实验研究并加以推广。步入21世纪后,研究院与美国、加拿大、英国、法国、德国、瑞典、丹麦、芬兰、奥地利、意大利、西班牙、俄罗斯、乌克兰、澳大利亚、日本、韩国、印度、新加坡等20多个国家的高等院校和研究机构以及联合国教科文组织、联合国儿童基金会等国际组织建立了广泛的科研合作、研究生联合培养、人员交流和信息资料交换的关系。研究院自2010年起开设第一期"国际教育大讲堂",定期邀请国外知名专家学者到院交流,至2012年年底已举办37期,使广大比较教育研究生对国外的热点问题及最新研究成果有了更深的了解。

东北师范大学先后与美国、加拿大、日本、英国、韩国、澳大利亚、俄罗斯等39个国家和地区的325所大学和科研机构建立了合作与交流关系，开展了一系列重要的交流合作。西南大学于 2008 年成立国际与比较教育研究所后积极开展国内外学术交流活动，其比较教育学团队先后邀请国内外知名学者到校讲学和交流，如国际著名比较教育学者许美德教授、日本比较教育学者马越彻教授、加拿大温莎大学教育学院许世静教授等，同时也积极组织团队成员及比较教育专业研究生参加国际比较教育学术交流会，促进了比较教育国际交流。

各高校比较教育研究机构还积极引进国际人才，聘请外国比较教育专家学者担任名誉教授、客座教授、兼职教授和研究员，在跨文化合作下进行比较教育研究，提高教学的多元性，使比较教育研究生接受国际化的培训和指导。另外，中国"引进来"与"走出去"的人员往来也更加频繁。仅以美国为例：2000 年至 2012 年美国来华留学生人数约为 16.9 万，同时期中国大陆前往美国留学的学生总人数达 110 万。[①] 访问学者方面，1993 年至 2000 年中国大陆赴美的访问学者人数约为 7.3 万，2000 年至 2012 年则达到 25.7 万。[②] 赴美留学的学生、访问学者带回一手的外国教育资料和信息，自发地进行比较教育研究，一定程度上也促进了比较教育的国际交流。

(二)拓展国际学术项目

一是国际学生培养项目。由北京师范大学国际与比较教育研究院和斯德哥尔摩大学国际教育研究所合作，联合开发的比较教育学专业"教育领导与政策"全英文教学国际研究生项目在 2011 年启动。该项目培养了一批高质量的国际留学生。东北师范大学分别与美国肯尼绍州立大学、南伊利诺伊大学合作开展了计算机科学与技术专业本科教育项目、英语(科技交流)专业本科教育项目，并与美国罗

---

① 数据来源为《中国教育年鉴》(2000—2013)。
② 数据来源为美国国际教育协会发布的《门户开放：国际教育交流报告》(1948—2013)。因该报告仅统计访问有博士学位授予权的高等教育机构的学者，故实际数值更大。

格斯新泽西州立大学合作设立了中外合作办学机构——东北师范大学罗格斯大学纽瓦克学院。学校每年送留学生 300 余人，招收来自世界 100 余个国家和地区的千余名学生来校学习深造。

二是国际合作科研项目。以北京师范大学国际与比较教育研究院为例，该院 2002 年与韩国教育课程评价院合作承担《教育课程评价的国际比较研究》，2003 年与联合国教科文组织合作承担《中国教育政策分析》，2005 年与英国巴斯大学合作承担《中国学生面对中英高校的选择决策》，2006 年承担德意志学术交流中心资助的《德国与中国比较教育话语形成的比较分析》，2008 年与英国苏塞克斯大学合作承担《中国农村义务教育研究》，2010 年与日本创价大学合作承担《池田大作和平与教育思想研究》，2011 年承担韩中科学技术合作中心委托课题《韩中日教育合作促进方案》等。

三是对外教育援助与培训活动。以东北师范大学为例，该校自 2002 年开始承办教育部援外项目。2004 年"教育部教育援外基地"在东北师范大学正式挂牌，以配合教育部教育援外任务，发挥自身优势和特色开展教育援外工作，承担来华、出国培训项目，选派援外教师、建立援外教师人才库以及承担其他部委委托的援外项目。截至 2012 年 9 月，东北师范大学共承办教育部、商务部援外项目 25 期，对来自非洲、亚洲、大洋洲、南美洲的 70 多个国家和地区的 507 名教育工作者进行了培训。2002 年开始，浙江师范大学承办了"非洲基础教育管理研修班""非洲高等教育管理研修班"等援外项目，为非洲国家培养了一批高水平教育管理人才。

(三)举办世界比较教育论坛等国际学术会议

1998 年 10 月 6 日至 9 日，亚洲比较教育学会第二届年会在中国北京召开，与会人数 200 余人，这是中国首次主办国际性比较教育学会。会议主题为"文化传统与教育现代化"，顾明远先生做了"民族文化传统与教育的现代化"主题发言，来自美国、英国、德国、法国、韩国、日本、马来西亚、印度等国的 13 位比较教育专家学者也进行了主题发言。大会下设五个小组，其议题分别是"文化传统与教育现代化""知识经济与高等教育""基础教育与师范教育""信息社会与教育改革"以及"国际与比较教育"。国内外比较教育学者畅所欲言，针对国内外各类教育问题展开讨论。他们的发言摘要皆被译为英文以会议论文集的形式发表。

北京师范大学国际与比较教育研究院在 2002 年创办了"世界比较教育论坛"，论坛每三年举行一次，2012 年之前成功举办了四届。在 2002 年 10 月的第一届世界比较教育论坛上，来自 26 个国家和地区的 160 余位代表参会，会议主题为"经济全球化与教育改革"。世界比较教育学会联合会会长安妮·哈德逊、中国教育学会会长顾明远、德国柏林洪堡大学教授于尔根·施瑞尔、韩国比较教育学会会长李丙金、中国比较教育学会会长梁忠义、世界比较教育研究联合会秘书长马克·贝磊以及美国波士顿学院教授菲利普·阿尔特巴赫等知名学者在大会发言。

2005 年 8 月的第二届世界比较教育论坛上，来自 15 个国家和地区的 200 余位代表参加了会议，共收到 100 余篇学术论文。此次论坛围绕"政府、市场与社会"对全球教育进行了研讨。中国教育学会会长顾明远先生、世界比较教育学会联合会主席马克·贝磊和秘书长福克斯、日本比较教育学会前会长铃木慎一和现任会长望田研吾、美国比较教育学会前会长阿诺夫、韩国比较教育学会会长李铉清等作了精彩的大会发言。大会还围绕"国际教育""教育投资与市场化""传统文化与比较教育"等议题做了分组讨论。

2008 年 10 月，第三届世界比较教育论坛隆重举行，来自 15 个国家和地区的 260 余位专家、学者、教师和学生参加盛会，收到学术论文 140 余篇。在论坛开幕式及主题发言阶段，多位国内外知名比较教育专家围绕教育"和谐、差异、共生"这一大会主题分享了他们的最新研究成果和精辟见解，随后分别就教育交流与合作、多元文化主义与教育、高等教育、基础教育、教师教育、农村教育、远程教育、职业与终身教育、美国教育改革、俄罗斯教育改革、日本教育、教育公平以及比较教育学科建设等专题展开了热烈的小组讨论。本次论坛围绕教育问题所展开的深入而广泛的探讨对弘扬多元、尊重差异、促进和谐、实现共生具有重要意义。

2011 年 10 月，第四届世界比较教育论坛召开，来自 14 个国家和地区的著名专家、学者、教师、学生共 350 余人参加了这次盛会。本次论坛恰逢北京师范大学国际与比较教育研究院建院 50 周年，150 多名校友特来参会。围绕"全球教育改革：公平·质量·发展"这一主题，19 位学者发表了精彩的主题演讲。来自国内外的比较教育专家学者还就教育均衡发展的政策与实践、创造性人才培养、教育质量保障、比较教育学科建设、留学生与教育国际化、大学文化建设与研究等主题进行了精彩发言。

世界比较教育论坛成果斐然，已然成为提升中国比较教育学科国际化水平、展示中国教育研究成果的一个重要窗口。世界各国与会代表高度评价该论坛，认为它给世界各国专家、学者提供了一个发表各自见解的机会，同时提供了一个广阔的交流和思考空间，对今后经济全球化背景下各国的教育改革将起到积极的促进和指导作用。

第二节　比较教育学研究成果与观点

随着学习国外先进教育经验需求的激增，比较教育在内外因素的共同推动下得到了极大的发展。一方面，中国比较教育学科建设工作稳步进行，逐步完善了比较教育学科体系，比较教育理论、方法论等基础研究也更加深刻成熟。同时，对教育政策与制度、理论与思潮、改革与实践的研究更加深入，研究对象丰富、涉猎广泛，对象国包括发达国家和发展中国家。对各国教育政策和教育的研究涵盖初等教育、中等教育、高等教育、成人教育、特殊教育、职业教育等各个层面。

一、学科建设与基础理论研究

1992 年至 2012 年，随着学术研究的不断深入，比较教育学内部呈现出异质化与多元化的趋势，由此引发了众多比较教育学者对于比较教育学的学科性质、研究目的、研究对象、研究方法与方法论等一系列问题的热烈讨论。

（一）比较教育学概念与性质

此阶段，学界持续多年的"学科"与"领域"之争仍在继续。王承绪先生将比较教育学定义为"一个跨国家、跨文化的研究各国教育的学科"，认为比较教育学既具有跨学科性质，又有本身的独特性，是一门起着综合作用的学科。[①] 滕大春先生指出，美国一些高等院校把外国教育史、比较教育和教育哲学三门科目组成一个领域有可取之处，认为"比较教育之成为学科仅一个世纪，比较教育的实践却是不绝于书"[②]。刘卫东教授认为，研究方法只不过是研究的工具，并不反映学科的本质特征，研究内容是研究目标在一定层次的具体化，这两者都不适宜被用作学科的定义，进而指出比较教育学已作为一门学科存在，只不过仍是一门"不成熟的学科"[③]。谷贤林教授将比较教育学视作教育科学的一个分支，认为比较教育学是一门跨边缘的、具有多学科属性的中间学科。[④]

吴定初教授认为，比较教育作为一个研究领域，是将比较研究

---

① 王承绪、朱勃、顾明远：《比较教育》，17 页，北京，人民教育出版社，1999。
② 滕大春：《迎接二十一世纪的比较教育》，载《比较教育研究》，1996(2)。
③ 刘卫东：《中国比较教育危机之我见》，载《比较教育研究》，1995(3)。
④ 谷贤林：《关于比较教育若干问题的探讨》，载《比较教育研究》，2003(7)。

这种模式运用在教育领域之中；而比较教育缺少独特的研究方法和一系列核心概念，故而不是一门真正的学科。[①] 也有学者将这两方的见解综合起来，提出比较教育既是一门学科也是一个领域的说法。与此相对应，卢晓中教授提出了"比较教育学既非学科亦非研究领域"，他认为比较教育实质上是一种研究教育问题的方法或者关于教育研究的方法论，其方法色彩远甚于其学科或研究领域的特征。[②] 冯增俊教授则提出了比较教育学科领域方法三重说，他认为比较教育既是人类教育活动的一个领域，也是一种独特的研究方法，同时也是一门或者必将成为一门有独特学术地位的学科，三者是三位一体的。[③]

顾明远先生和薛理银在 1993 年出版的《当代比较教育方法论研究——作为国际教育交流论坛的比较教育》和 1996 年人民教育出版社出版的《比较教育导论——教育与国家发展》中提出了对比较教育的一个全新定位，即"论坛说"，认为比较教育的发展历史就是国际教育交流论坛形成、制度化以及国际化的过程，它大于一门学科，是国际(跨文化、民族间)教育交流的论坛，是一切愿意贡献教育见解的社会群体的公共领域。[④] 值得注意的是，"论坛说"并非否定比较教育的学科身份，而是强调比较教育的研究者、研究对象、研究方法十分丰富，是一门"大学科"。

针对众多学者对比较教育学科性质的认识分歧，朱旭东教授将其归结于比较教育研究中存在的知识生产和消费不和谐的情况。他认为比较教育在生产知识的时候忽视了内部的消费性，研究者在进行知识资源消费时并没有以比较教育研究所提供的知识资源去认识

① 吴定初：《关于教育研究中"比较"的若干概念辨析》，载《教育评论》，1999(1)。
② 卢晓中：《比较教育学》，8 页，北京，人民教育出版社，2005。
③ 冯增俊：《比较教育学》，12～14 页，南京，江苏教育出版社，1996。
④ 顾明远、薛理银：《比较教育导论——教育与国家发展》，14～16 页，北京，人民教育出版社，1996。

教育研究的对象，并强调学科内知识资源的利用是比较教育研究学术实质规范的前提。[1] 陈时见教授则将这种分歧归因于比较教育学概念界定的多维性，他指出比较教育是一门学科，是从学科体系的维度来认识比较教育；比较教育是一个研究领域，是从比较教育研究所涉及范围的维度进行讨论的；比较教育是一种方法，是从研究方法的维度来理解的。各种观点之间不应该是相互排斥的，而应该是相互补充的。[2] 虽然比较教育学科性质之争最终并没有获得一个统一的结果，但在讨论与辩争之中，比较教育学者们对于比较教育学的学科定位有了更清晰的认识，有力地推动了比较教育学的学科建设。

（二）比较教育学研究目的

除概念和学科性质外，学者们也广泛讨论了比较教育学的研究目的。根据众多学者的观点，比较教育学目的可以分为科学知识的目的、人文知识的目的、教育决策的目的以及增进对本国教育的理解和促进国际理解和友好合作等目的。[3] 而另一种认可度较高的分法是将比较教育学的研究目的分为"借鉴论""交流论"和"理解论"三种。借鉴论以认识他国教育现象、探索普遍教育规律为认知性目的，并通过"本土化"来实现"借鉴"的实践性目的。冯增俊教授在《比较教育学》中认为，"借鉴"是比较教育的根本目的，他认为借鉴对于比较教育来说不是某一个阶段的事，而是在整个比较教育发展历程中都有的活动。依据借鉴的内容和水平，冯增俊教授将比较教育的发展阶段划分为全盘借鉴期（即自朱利安以来的传统"借鉴期"）、经验借鉴期（即传统的因素分期时期）、理性借鉴期（即第二次世界大战后的

---

[1] 朱旭东：《比较教育研究的学术制度化和规范化》，载《比较教育研究》，1999(6)。
[2] 陈时见：《比较教育学的概念建构及其现实意义》，载《比较教育研究》，2013(4)。
[3] 蔡婷婷、丁邦平：《西方比较教育研究现状及其对我国的启示》，载《比较教育研究》，2006(4)。

社会科学时期)。[①]

交流论以认识他国教育的独特性为认知性目的,并通过"本土生长"来实现"交流"的实践性目的。顾明远先生与薛理银认为,比较教育是国际教育交流论坛,并提出以民族中心主义、科学主义、相对主义、国际主义为参照系统的国际教育交流模型,强调比较教育是在协商与互动之中进行并实现跨文化的交流。[②]

理解论则是在前一时期借鉴论的基础上,强调比较教育意在促进国际理解。王长纯教授提出,国际理解是比较教育的基本原则,比较教育学者需与国际教育交流对话,不断形成对教育经验与理论成果的新理解。[③] 王长纯教授还将比较教育与中国儒家哲学思想相结合,提出"和而不同"应当是与国际比较教育对话理解的基本立场和态度,"一以贯之"应当是比较教育的研究目的。[④] 项贤明教授则从文化的角度提出,比较教育学家跨文化进行学术交流能够达成不同民族之间在教育方面的相互理解,形成不同民族关于教育现象的共识,并由此构成新的相互理解的基础,这也是不同民族之间文化视野不断交融的过程。[⑤]

(三)比较教育研究对象

在比较教育的研究对象上,国别研究、专题研究仍然十分受重视,除关注教育宏观问题以外,还逐渐从传统的对国民教育系统或

---

① 冯增俊:《比较教育学》,23~40页,南京,江苏教育出版社,1996。

② 顾明远、薛理银:《比较教育导论——教育与国家发展》,61~87页,北京,人民教育出版社,1996。

③ 王长纯:《教育的国际视野与国际理解——比较教育若干问题的哲学散论》,载《外国教育研究》,1994(5)。

④ 王长纯:《孔子的哲学思想与中国比较教育——兼论与国际教育对话的立场》,载《外国教育研究》,1995(6)。

⑤ 项贤明:《比较教育学的立足点和方法论》,载《比较教育研究》,2001(9)。

亚系统的比较研究，转向了对微观学习系统的比较研究。① 比较教育研究对象不断扩展，将区域、国际组织等纳入研究对象中，表现出丰富性和多样性。钟启泉先生等人从比较教育科学研究的方法论困境出发，以"比较课程与教学论"为切入点拓展了一个新的研究视域，认为课程研究必须在立足本土的基础上与国际学术前沿接轨，面向一线实践，实现名词"课程"向动词"课程"的彻底置换。②

徐辉教授在《比较教育的新进展——国际教育初探》一书中提出，国际教育是比较教育学的逻辑起点，从国际教育的产生与发展、国际教育的概念、国际教育与比较教育的关系、国际教育的组织、国际教育的交流与合作、国际教育的学校（目的、课程、语言等）、国际教育的当代理论流派等方面对国际教育的发展脉络进行了梳理，指出国际教育的实质是以国际理解教育为核心，促进国际教育交流与合作的整个国际社会的教育。③ 朱旭东教授认为比较教育学研究对象的拓展应该引起学者重视，将原本不属于比较教育研究范围的对象也纳入比较教育之中是一把双刃剑。他强调比较教育研究应该存在边界，教育体系、民族国家、教育问题的"当代性"是比较教育研究的边界。④ 在《民族国家和比较教育研究》一书中，朱旭东教授指出现代比较教育赖以建立的基础依然是民族国家，同时梳理出比较教育的民族国家理论，并通过对比较教育产生危机的原因分析，把多元现代性理论作为可资借鉴的理论资源，提出研究比较教育的基本理路。⑤

---

① 杨丽茹：《2006 年中国比较教育学科建设研究年度报告》，载《外国教育研究》，2007(6)。

② 钟启泉、黄志成、赵中建：《开拓比较教育科学研究的新视域——兼论比较课程与教学论研究的方法论特征》，载《比较教育研究》，2005(3)。

③ 徐辉：《比较教育的新进展——国际教育初探》，成都，四川教育出版社，2001。

④ 朱旭东：《试论中国比较教育研究的无边界特征》，载《比较教育研究》，2005(10)。

⑤ 朱旭东：《民族国家和比较教育研究》，合肥，安徽教育出版社，2008。

　　张德伟教授等人认为，区域研究是比较教育理论创新的一条有效路径，区域研究的流程模式为：教育的区域研究（实地调查和学科研究）——区域教育的比较研究——比较教育的理论化——形成新的比较教育理论——新的教育的区域研究。① 生兆欣博士则从时间、空间、内容三个维度分析了比较教育的研究对象问题，认为在时间上，教育史研究"过去"，教育未来学研究"未来"，比较教育学研究"现在"；在空间上，可以将"民族—国家"作为比较单位的划分，而以"内部同质"的原则区分也无不可，选择多种空间单位作为研究对象才有利于解释事物的质；在内容上，研究对象的转变是探索事物成因和根基时的必然结果，应该构建新的学科体系来容纳新的学科研究领域，而不是为了保持研究领域的纯度而画地为牢。②

　　（四）比较教育方法论

　　在对比较教育学科建设问题的探讨中，方法与方法论问题仍是一个基础性的核心问题，在此阶段形成了一系列具有启发意义的研究成果。1994 年全国比较研究会论文合集中提到：在论述教育的共性和特色时，应以马列主义关于生产力与生产关系、经济基础与上层建筑、阶级与国家的基本原理，来研究教育与政治、经济、社会、文化和民族的关系，阐明决定教育发展的基本因素，并根据外国和中国教育先进地区的教育经验，概括出教育问题的基本经验和普遍规律。③

　　"和而不同"是另一种脱胎于中国传统文化的指导思想。1995 年，王长纯教授在第六届比较教育学术年会上提出"和而不同"取向的比

---

① 张德伟、王喜娟、卫沈丽：《"区域研究"与中国比较教育学的新发展》，载《比较教育研究》，2009(12)。

② 生兆欣：《二十世纪中国比较教育学史》，121～129 页，北京，高等教育出版社，2011。

③ 全国比较教育研究会：《国际教育纵横——中国比较教育文选》，69 页，北京，人民教育出版社，1994。

较教育方法论，承认不同文明和不同教育的存在，将跨文化对话作为比较教育的基本途径，经由"和"创造"不同"，促进中国教育创新和世界教育繁荣。① 1998 年，王长纯教授提出"内显型"比较范式，这是一种与中国传统哲学的优秀因素密切结合的研究系统，主张以中国自己的现代化理论为第一级理论框架，研究过程包括：①本国教育调研确定选题；②外国教育调研确定对象；③根据选题要求详细占有研究对象的资料；④资料分析与定义阐述；⑤结论或建议；⑥评价与总结。② 在《和而不同：比较教育的跨文化对话》一书中，王长纯教授系统阐述了"和而不同"的比较教育学方法论思想。③

项贤明教授提出了比较教育学的"文化说"，他在《比较教育学的文化逻辑》一书中提出，通过对潜藏于比较教育学学术实践中的文化权力和文化自我意识的反思，可以获得关于比较教育学这种跨文化学术实践的更加深刻的认识，而沉溺于方法论的无休止争论是长期以来限制比较教育学理论发展的一个思维陷阱。④ 朱旭东教授从词源学、哲学、学科和方法等多个维度对比较教育中的"比较"进行了分析，认为词源学上的"比较"对于比较研究和比较教育研究具有本体论意义；哲学上的"比较"对于比较教育研究和教育的比较研究是一种认识活动；学科意义上的"比较"一是无边界的教育的比较，二是有边界的比较教育研究；方法论意义上的"比较"能够且应当用于政治现象和社会现象的共性研究。⑤

陈时见教授指出，从比较教育学科发展来看，其研究对象和研

① 王长纯：《"和而不同"：比较教育研究的哲学与方法（论纲）》，载《比较教育研究》，2009(4)。
② 王长纯：《"和"的哲学与比较教育：兼论西方中心主义在比较教育理论研究中的终结》，载《外国教育研究》，1998(6)。
③ 王长纯：《和而不同：比较教育的跨文化对话》，北京，人民教育出版社，2007。
④ 项贤明：《比较教育学的文化逻辑》，哈尔滨，黑龙江教育出版社，2000。
⑤ 朱旭东：《试论"教育的比较研究"和"比较教育研究"》，载《比较教育研究》，2008(2)。

究方法都具有明显的层次性，由此可以把比较教育学的学科体系具体描述为"三圈层、多交叉结构"。第一个层次是作为技术层面的比较法，影响比较教育的开放程度和拓展空间；第二个层次是作为整体取向的比较视野，规定比较教育的理论模型和分析方式；第三个层次是作为信念层次的比较范式，确立比较教育的研究信念和研究方向，由此构成了比较教育的方法体系。① 徐辉教授等人对康德尔的比较教育方法论进行了分析，认为其方法论深受德国人文主义传统影响，表现出相对主义的色彩，其比较教育方法论思想对于理解比较教育中的民族立场与国际视野的关系问题有所启迪。②

　　薛理银博士的《当代比较教育方法论研究》从剖析当代比较教育方法论入手，探索新的较为科学的比较教育方法论，深刻地评析了实证主义、实用主义、文化相对主义和新马克思主义等流派的比较教育方法论思想，并对 14 位国内外知名的比较教育学家的方法论观点进行了评析。全书分为比较教育的诸要素分析、比较教育中的模型与参照系统、当代比较教育家方法论观点评述、国际教育交流论坛剖析四篇。③ 刘宝存教授等人认为，比较教育虽然是以比较法为基础而兴起的一门学科或领域，但在其自身发展过程中也形成了一些独特的研究方法，当前比较教育学科理论建设的不完善促成了比较教育研究"开放性"的特征，比较教育研究在引入当代重要思潮的过程中，逐步形成了切合自身的研究范式和方法，同时也为其他学科开拓了新的研究视野。④

　　(五)比较教育学科发展史与人物思想

　　生兆欣博士所著的《二十世纪中国比较教育学史》以时间为线索，

①　陈时见：《论比较教育的学科属性与学科体系》，载《比较教育研究》，2008(6)。
②　徐辉、王正青：《康德尔比较教育方法论述评》，载《比较教育研究》，2006(6)。
③　薛理银：《当代比较教育方法论研究》，北京，人民教育出版社，2009。
④　刘宝存、张永军：《比较教育研究与教育科学的发展》，载《外国教育研究》，2010(2)。

分四个历史时期概括了中国比较教育学在整个 20 世纪的学术制度发展和研究成果的阶段特征。同时，作者以研究专题为线索，分别对教育思想、教育制度、课程教学以及比较教育学科本体问题四方面的百余年发展进行了历史梳理与评析；以学科发展的要素为线索，对中国比较教育学的实践环境、实践主体、实践性质及实践结果四个方面进行了探讨。① 李文英教授等人在《比较教育学家思想研究》一书中选取了比较教育发展史上 26 位著名的比较教育学家作为研究对象，全面而细致地探讨了他们的生平、基本思想主张及其贡献和影响，并深刻剖析了比较教育学家思想形成的深层次原因。全书共分史前时代的比较教育活动研究、借鉴时代的比较教育学家思想研究、因素分析时代的比较教育学家思想研究和社会科学方法时代的比较教育学家思想研究四个部分。②

祝怀新教授系统研究了霍姆斯的比较教育思想。作者站在马克思主义科学理论的立场上，依据唯物辩证法基本原理，从霍姆斯的理论基础、方法论体系、资料分类系统等方面对他的比较教育思想进行了系统、深入的研究，以期促进中国比较教育学科建设。③ 田小红博士在《知识的境遇：中国比较教育学的学术生态》一书中以社会生态系统理论为基础，系统地探讨了比较教育学知识与哲学、社会学、政治学等相关学科和学科群之间的关系，论述了比较教育学的学科制度认同、比较教育学者的社会心理认同和经济全球化时代的教育实践认同，指出了在经济全球化时代和东西方学术对话中中国比较教育学的发展方向。④

---

① 生兆欣：《二十世纪中国比较教育学史》，北京，高等教育出版社，2011。
② 李文英等：《比较教育学家思想研究》，北京，人民教育出版社，2012。
③ 祝怀新：《霍姆斯比较教育思想研究》，广州，广东教育出版社，2007。
④ 田小红：《知识的境遇：中国比较教育学的学术生态》，北京，高等教育出版社，2011。

（六）比较教育学科发展方向

此阶段的比较教育学者也针对学科的发展方向问题进行了思考。梁忠义先生指出，改革开放以来，中国的比较教育研究有了长足的发展，但面向 21 世纪，比较教育还要不断解决自身的问题。他提出了中国比较教育研究的五个走向：要以马克思主义作为方法论基础；要重视个案研究，加深国别教育研究，把握国际教育发展的一般趋势；要加强比较研究；要进行跨学科的综合研究；要开展广泛的国际交流与合作。① 李现平教授在《比较教育身份危机之研究》一书中探讨了比较教育身份危机问题，主要表现在比较教育的学科同一性危机、社会价值和社会地位危机、学者认同感危机和区域性比较教育群体生存危机四个方面，提出只有在谋求教育、教育学、比较教育、比较教育学及人的可持续发展中，比较教育才能够不断地建构其具有现实意义的新型身份。②

冯增俊教授指出，中国要实现现代化，需要比较教育发挥重要作用，要建设有中国特色的比较教育学，这是中国走向世界先进民族之林的迫切要求，也是全体中国比较教育工作者的夙愿。③ 项贤明教授认为，比较教育学正面临着学科同一性的危机，这种现象主要起因于比较教育学没有跟上教育改革和发展的步伐，也未能及时地完成知识更新的任务。中国比较教育学要想获得更好的发展，就必须回答好话语转换、队伍建设、学科关系等一系列基本问题。归根到底，满足教育改革和发展的实际需要，是比较教育立足的根本。④

---

① 梁忠义：《中国比较教育研究的走向》，载《比较教育研究》，1996(1)。

② 李现平：《比较教育身份危机之研究》，北京，教育科学出版社，2005。

③ 冯增俊：《建设有中国特色的比较教育学》，载《华东师范大学学报（教育科学版）》，1998(2)。

④ 项贤明：《站在十字路口的中国比较教育学》，载《比较教育研究》，2005(3)。

二、教育政策与制度比较研究

教育政策与制度比较研究是此阶段的热点和重要趋势。比较教育基于中国教育改革发展需要，以社会变迁为依托，分析了各国教育政策与制度对社会变动与教育革新的影响，为中国的教育决策和制度改革提供了数据支撑和理论指导。

（一）学前教育政策与制度比较

比较学前教育领域研究在 20 世纪 90 年代以后受到越来越多的人的关注。1995 年，霍力岩教授的《学前比较教育学》一书，从学前教育沿革、现状与展望，比较研究了美国、英国、日本、苏联的学前教育制度与体系，总结了世界学前教育发展的经验与趋势，初步确定了学前教育比较研究框架与主要领域。[①] 李生兰教授的《比较学前教育》论述了比较学前教育的基本特点、研究内容、研究意义和研究手段，对世界五大洲的学前教育发展情况进行了比较，并将中国的学前教育与反映世界现代学前教育发展重要特点的国家进行了对比研究。[②]

2000 年以后，研究世界各国学前教育方面政策与制度的成果增多，且大多具有明显的时代特性，与研究国的社会政治、经济背景联系紧密。

一是各国学前教育政策领域研究。庞丽娟教授等人梳理了世界主要国家和地区学前教育免费政策，认为国际免费学前教育政策主要呈现以下特点：以政府为主导，以政策制度为保障，强力推进学前教育免费；以政府财政投入为主，建立免费学前教育经费保障机制；分阶段逐步推进免费学前教育；弱势群体优先，重点保障免费

---

① 霍力岩：《学前比较教育学》，北京，北京师范大学出版社，1995。
② 李生兰：《比较学前教育》，上海，华东师范大学出版社，2000。

对象，促进学前教育公平；多种形式相结合，实施免费学前教育。[1]
此外，刘焱对英国学前教育的现行国家政策[2]、余强对葡萄牙学前
教育政策[3]、陈玥等人对美国奥巴马政府学前教育政策进行了系统
梳理[4]，对推动中国学前教育改革发挥了积极作用。

　　其他概览性研究各国学前教育的成果还有钱文等人的《中、外幼
儿教育的比较与实践》(上海教育出版社，1999)、虞永平的《当代世
界学前教育》(苏州大学出版社，2004)、黄亨奎的《韩国学前教育》
(吉林人民出版社，2005)、李生兰的《儿童的乐园：走进21世纪的
美国学前教育》(南京师范大学出版社，2011)，专题性研究包括唐淑
等人的《国外幼儿园课程》(南京师范大学出版社，1999)、陈时见的
《幼儿园课程的国际比较：侧重幼儿园课程设置的经验案例与趋势研
究》(西南师范大学出版社，2011)等。

　　二是关于学前教育质量评价与投入。李敏谊等人指出，国际社
会中学前教育指标体系的内容框架主要有以经济合作与发展组织和
美国为代表的决策型模式(CIPP模式)及以联合国教科文组织和发展
中国家为代表的偏重背景信息和教育参与的内容框架，不同价值取
向、目标和功能定位的数据库决定不同的学前教育指标。[5] 柳倩等
人研究了美国、英国和印度等国的学前教育特殊计划，提出通过国
家特殊计划直接提供处境不利儿童及其家庭支持的社会政策具有积
极作用；以政府注资为主整合多种资源的资金运作模式有助于实现
"平等、优质"的目标；加强国家特殊计划的研究和评估有助于监控、

---

　　① 庞丽娟、夏婧、张霞：《世界主要国家和地区学前教育免费政策：特点及启示》，
载《比较教育研究》，2010(10)。
　　② 刘焱：《英国学前教育的现行国家政策与改革》，载《比较教育研究》，2003(9)。
　　③ 余强：《葡萄牙现行学前教育政策述评》，载《外国教育研究》，2010(6)。
　　④ 陈玥、薛娜娜：《美国奥巴马政府学前教育政策改革的特点及启示》，载《外国教
育研究》，2012(3)。
　　⑤ 李敏谊、霍力岩：《国际学前教育指标体系建设的新趋势》，载《比较教育研究》，
2009(12)。

促进项目健康运作，确保资源使用的有效性。①

（二）中小学教育政策与制度比较研究

一是区域或世界范围内基础教育政策与制度。王英杰教授等人采用实地调查与文献研究、个案研究与宏观研究、定量分析与定性分析相结合的方法，比较研究了中国、印度、巴基斯坦、泰国和马来西亚五国义务教育的历史与现状、成功与不足，找出第三世界普及义务教育的共同规律，为中国实现普及义务教育的目标提供一些可供选择的方案。② 周满生教授在《世界教育发展的基本特点和规律》一书中着重阐述了 20 世纪 90 年代具有规律性的教育发展与改革的特点和趋势，从不同国家社会经济水平、产业结构、科技发展、人口变化、社会价值观及政治路线方面对教育问题进行了科学分析。③ 裴娣娜教授主编的"国外中小学教育面面观"系列丛书选择国外现代中小学教育研究中各侧面最有价值的优秀成果，以专题介绍的形式，以问题研究为网点，反映国外中小学教育特色。

冯增俊教授的《走向新纪元的粤港澳台教育》一书揭示了在新与旧、东方与西方文化的冲撞中粤港澳台的教育发展，揭示了这种冲撞的本质和根源④，分析了东南亚泰国、马来西亚、新加坡、菲律宾、印度尼西亚五个国家战后的教育发展⑤。柯森教授的《港澳台教育改革与发展异同及其解读（2000—2010）》深化了港澳台教育研

---

① 柳倩、钱雨：《国际学前教育公共投入的国家行动计划比较研究》，载《全球教育展望》，2009(11)。

② 王英杰、曲恒昌、李家永：《亚洲发展中国家的义务教育》，北京，人民教育出版社，1997。

③ 周满生：《世界教育发展的基本特点和规律》，北京，人民教育出版社，2003。

④ 冯增俊：《走向新纪元的粤港澳台教育》，北京，人民教育出版社，2003。

⑤ 冯增俊：《东盟五国教育实践的基本经验与亚太教育现代化的主要特征》，载《比较教育研究》，1996(2)。

究。① 强海燕的《中、美、加、英四国基础教育研究》梳理了中国、美国、加拿大、英国的基础教育改革与发展趋向，并对多元文化教育、民族与双语教育、性别平等与性别公平化教育等专题进行了横向比较研究。② 李其龙教授等人分析了美国、英国、德国、法国、日本、韩国、印度等国家和地区高中教育普及化的历程及其相应的社会、政治、经济、文化、科技发展与教育制度背景。③ 黄志成教授总结了发展中国家教育改革和发展过程的特点，认为发展中国家教育正从精英型、学术型、消费型教育逐渐发展到大众型、经济型、生产型教育，并正在向普及型、社会型、质量型教育过渡。④

二是单个国家基础教育领域政策与制度。吴忠魁教授介绍了日本文化立国战略与基础教育改革的新发展，包括加强中小学教育改革，强调"心的教育"和适应每个学生个性与能力的教育，重新制定了课程标准，开展青少年社会体验、自然体验和创造性体验等活动。作者认为，知识创新对个性教育的要求，物质富裕对精神和文化的需求，推动了日本中小学教育改革。⑤ 高益民教授梳理了日本《义务教育标准法》对推进义务教育均衡发展的影响。作者认为，第二次世界大战后日本的义务教育之所以实现了均衡发展，是因为1958年颁布的《义务教育标准法》在半个世纪以来与《义务教育费国库负担法》等法律相配合，为中央财政支持义务教育提供了可操作的机制，其

---

① 柯森：《港澳台教育改革与发展异同及其解读(2000—2010)》，广州，广东高等教育出版社，2010。

② 强海燕：《中、美、加、英四国基础教育研究》，北京，人民教育出版社，2005。

③ 李其龙、张德伟：《普通高中教育发展国际比较研究》，北京，教育科学出版社，2008。

④ 黄志成：《发展中国家教育改革与发展的特点、趋势和问题》，载《全球教育展望》，2002(11)。

⑤ 吴忠魁：《日本文化立国战略与基础教育改革的新发展》，载《比较教育研究》，2001(4)。

至实现了国家对落后地区更多的教育投入。① 此外，梁忠义先生的
《日本教育发展战略》(吉林教育出版社，1993)，张德伟教授的《日本
教育特质的文化学研究》(东北师范大学出版社，1999)也是研究日本
教育的代表性成果。肖甦和王义高的《俄罗斯教育十年变迁》(北京师
范大学出版社，2003)总结了俄罗斯独立后第一个 10 年的教育改革。

三是围绕各国基础教育中某一方面教育内容展开研究。曲恒昌
教授翻译了《全球教育产业：发展中国家私立教育的经验教训》一书，
该书描述了十几个国家私立教育的状况，论述了私立教育为什么会
得到发展、如何并在何处发展、哪些问题会阻碍私立教育的发展等
问题。王长纯教授主编的《比较初等教育》从初等教育学制、行政管
理以及教师教育等方面，对美国、英国、德国、俄罗斯、法国、印
度、日本等国初等教育发展历史和改革现状进行了分析。② 张民选
教授主编的《比较初等教育》介绍了世界初等教育发展的脉络和趋势，
对各国初等教育制度、教育方法、教学策略和道德教育经验进行了
总结。③ 吴忠魁教授的《私立学校比较研究——与国家关系角度的分
析》分析了中国、欧美及日本等国家和地区的私学观，各国私立学校
与国家间关系的演变，以及私立学校相关管理措施。④ 此外，张德
伟教授等人分析了日本中小学性教育的发展阶段、实施途径和主要
特征。⑤

四是招生考试与学业评价研究。韩家勋教授等人的《中等教育考
试制度比较研究》介绍了英国、美国、法国、德国、日本、韩国等国
的中学毕业考试与升学考试的由来、现状与发展趋势，并就世界各

---

① 高益民：《〈义务教育标准法〉与日本义务教育的均衡发展》，载《比较教育研究》，
2011(10)。
② 王长纯：《比较初等教育》，北京，首都师范大学出版社，2004。
③ 张民选：《比较初等教育》，北京，中央广播电视大学出版社，2004。
④ 吴忠魁：《私立学校比较研究——与国家关系角度的分析》，北京，北京师范大学
出版社，1999。
⑤ 张德伟、饶从满：《日本中小学的性教育》，载《外国教育研究》，2000(6)。

国共同关心的考试制度，考试科目、内容、方法，考试的控制与管理，考试与社会的关系等问题进行了深入的研究。① 汪贤泽教授的《基于课程标准的学业成就评价的比较研究》一书结合英美等四国的经验，探讨了学生学业成就评价的基本要素和实施环节，并就我国的情况做了尝试性的研究。② 其他代表性成果还包括康乃美等人的《中外考试制度比较研究》(华中师范大学出版社，2002)、钱一呈的《外国教育督导与评价制度研究》(中央广播电视大学出版社，2006)、滕梅芳等人的《面向未来：国际学生评价项目PISA启示》(上海教育出版社，2010)、徐辉教授的《中等教育考试政策与实践——美、英、日、俄、印、中六国的比较研究》(重庆大学出版社，2012)等。

国别研究方面，李欣教授的《高中学业水平考试的中美比较》聚焦中国高中学业水平考试的实际问题，以中美比较的方式，回顾了两国考试的产生背景和发展历程，从教育评价、教育测量、教育行政三个维度深入分析了两国考试的现状，总结了两国考试的特点和问题，并对其未来改革趋势做了展望。③ 王立科博士的《英国高校招生考试制度研究》一书，系统地阐明了英国大学招生考试制度发展演进与历史传统，论述了英国大学招生考试制度的实践与改革，并选取若干有代表性的大学为个案进行深入剖析。④ 厦门大学刘海峰教授主持出版了中国首套"高考改革研究丛书"，其中以唐滢教授的《美国高校招生考试制度研究》为代表的部分著作，对美国、英国、法国、俄罗斯、加拿大、澳大利亚、日本等世界发达国家及地区的高校招生考试制度进行了专题研究。

---

① 韩家勋、孙玲：《中等教育考试制度比较研究》，北京，人民教育出版社，1998。
② 汪贤泽：《基于课程标准的学业成就评价的比较研究》，北京，教育科学出版社，2010。
③ 李欣：《高中学业水平考试的中美比较》，福州，福建教育出版社，2012。
④ 王立科：《英国高校招生考试制度研究》，武汉，华中师范大学出版社，2008。

（三）高等教育政策与制度比较

一是区域和世界范围内高等教育政策与制度调整。谢安邦教授主编的《比较高等教育》一书从高等教育发展历程的回顾、各国高等教育制度、高等教育管理体制与运行机制、高校入学制度与大学生就业、高等教育专业与课程设置、高校教师聘用与队伍建设、高校科研与管理、学会制度、经费筹措与配置等多个层面分析了世界各国高等教育发展中面临的实际问题。[①] 邢克超教授主编的《共性与个性：国际高等教育改革比较研究》着重阐述了 20 世纪 90 年代具有规律性的高等教育发展与改革特点和趋势，展望和分析了国际教育宏观走势及政府对教育发展的作用，从不同国家社会经济水平、产业结构、科技发展、人口变化、社会价值观及政治路线方面对高等教育问题进行了科学分析。[②] 王承绪先生的《发展中国家高等教育模式的国际移植比较研究》一书选取泰国、越南、马来西亚、印度尼西亚、菲律宾、巴西、加纳等国家高等教育发展情况作为案例，详细分析了西方殖民势力对这些国家高等教育发展的影响以及与本土文化的融合情况。[③] 此外，陈学飞的《美国、日本、德国、法国高等教育管理体制改革研究》（教育科学出版社，1995）、黄志成的《发展中国家高等教育》（东北师范大学出版社，1997）、徐小洲的《当代欧美高教结构改革研究》（内蒙古大学出版社，1997）、袁锐锷等人的《经济发展中的高等教育——亚洲"四小龙"比较研究》（广东高等教育出版社，1998）也是这方面研究的代表性著作。

二是某个国家高等教育体系或某类型高等教育制度的研究。其中，杨汉清教授等人的《比较高等教育概论》一书对英国、法国、德国、美国、俄罗斯、日本等国高等教育的演变和特点、结构与功能、教学与科研、行政与管理、存在的问题与发展趋势，进行了深入的比较研究。① 王英杰教授的《美国高等教育的发展与改革》一书论述了美国现代高等教育制度的建立、第二次世界大战后美国高等教育的飞速发展，以及美国主要研究型大学的发展经验等内容，是比较高等教育国别研究的代表性著作。② 《美国高等教育发展与改革百年回眸》一文总结了美国高等教育的发展特色，包括建设了社区学院、研究型大学，扩大了高等教育职能，发展了市场竞争机制，完善了政府干预机制等。③ 沈红教授的《美国研究型大学形成与发展》一书研究了美国研究型大学形成和发展的历史过程，分析了美国联邦政府与研究型大学之间的关系，美国高等教育系统的特点和美国研究型大学的特点。④ 万秀兰教授的《美国社区学院的改革与发展》以美国社区学院的职能和发展为线索，以美国加州的高教系统为例，探讨了美国高等教育任务分工模式，并引出对社区学院在美国高教系统中的地位和角色问题的研究。⑤ 此外，刘宝存介绍了世界范围内创新型国家建设经验⑥，牛道生介绍了美国大学的学位制度⑦，汪利兵等人研究了英国高校学位授予权审批制度⑧，高益民研究了日本

①　杨汉清、韩骅：《比较高等教育概论》，北京，人民教育出版社，1997。
②　王英杰：《美国高等教育的发展与改革》，北京，人民教育出版社，1993。
③　王英杰：《美国高等教育发展与改革百年回眸》，载《高等教育研究》，2000(1)。
④　沈红：《美国研究型大学形成与发展》，武汉，华中科技大学出版社，1999。
⑤　万秀兰：《美国社区学院的改革与发展》，北京，人民教育出版社，2003。
⑥　刘宝存：《创新型国家建设与中国高等教育改革》，北京，高等教育出版社，2009。
⑦　牛道生：《美国大学的学位》，载《外国教育研究》，1998(3)。
⑧　汪利兵、吴洁莹：《英国高校学位授予权审批制度的现状及特点》，载《全球教育展望》，2006(9)。

专业学位研究生教育①，杨民等人分析了新西兰海外留学生政策②。

　　三是高等教育中某方面政策调整与理论争鸣。赵曙明教授的《美国高等教育管理研究》一书介绍了美国高等教育管理方面的诸多问题，包括三级分权的行政制度、大学国际化、资源分配方法、大学的科学研究等。③ 张民选教授在《理想与抉择：大学生资助政策的国际比较》一书中，比较分析了大学生资助政策、资助理念的嬗变、新观念的成长、资助方法的比较、贷学金操作技术的选择等内容。④ 刘宝存教授的《大学理念的传统与变革》围绕大学是什么、大学的职能、人才培养在大学中的地位、大学应培养什么样的人，以及大学应如何培养理想的人才这一线索展开，对西方和中国大学的理念进行了系统、深入的研究，并就知识经济时代的大学理念提出了自己的见解。⑤ 陈列教授研究了世界范围内市场经济与高等教育的关系，包括市场经济与高等教育课题、市场经济下高等教育体制与运行机制、市场经济下高等教育的市场调节等。⑥ 程晋宽教授对国外高校学生事务管理、教学管理、教师工作等展开了研究，并出版《象牙塔、知识工厂、超级市场——大学管理问题的比较研究》一书。其他代表性成果还包括顾建民的《自由与责任：西方大学终身教职制度研究》(浙江教育出版社，2007)、谷贤林的《美国研究型大学管理——国家、市场和学术权力的平衡与制约》(教育科学出版社，2008)、马健生与孔令帅合著的《学习化社会高等教育的使命》(山西教育出版社，2010)、吴慧平的《西方大学的共同治理》(北京师范大学出版社，

① 高益民：《日本专业学位研究生教育的初步发展》，载《比较教育研究》，2007(5)。
② 杨民、王焱鑫：《新西兰海外留学生新政策简析》，载《比较教育研究》，2006(4)。
③ 赵曙明：《美国高等教育管理研究》，武汉，湖北教育出版社，1992。
④ 张民选：《理想与抉择：大学生资助政策的国际比较》，北京，人民教育出版社，1998。
⑤ 刘宝存：《大学理念的传统与变革》，北京，教育科学出版社，2004。
⑥ 陈列：《市场经济与高等教育——一个世界性的课题》，北京，人民教育出版社，2002。

2012)。

学术论文方面，张民选教授等人总结了各国通过出台相关法律和政策保障留学生权益的举措①，牛道生教授介绍了美国高等院校升学考试的特点和变革历史②，彭伟强教授等人探讨了 20 世纪 90 年代以来教育人员的国际流动③，陈时见教授等人分析了美国高等教育质量认证的运行模式④，汪利兵教授等人梳理了英国 RAE 大学科研评估制度及其对英国大学科研拨款的影响⑤，强海燕教授以哈佛大学、斯坦福大学和多伦多大学为例比较研究了世界一流大学人文课程设置与实施经验⑥，孙启林教授等人研究了韩国教育监察制度与教育奖学制度相结合的教育督导制度⑦，安双宏教授研究了印度实行多种考试并存的高考制度。⑧

四是以课程教学为核心的人才培养改革研究。陈学飞等人的《西方怎样培养博士——法、英、德、美的模式与经验》一书描述了西方国家博士生培养模式的演变历程和现实状况，分析归纳了其特点、主要影响因素及发展趋势。⑨ 王英杰、刘宝存教授的《世界一流大学的形成与发展》选择 11 所当代世界一流大学作为研究对象，从办学

---

① 张民选、丁笑炯、吕杰昕：《留学生利益保障的国际比较》，载《比较教育研究》，2008(12)。

② 牛道生：《简析美国高等院校的升学考试制度》，载《外国教育研究》，2003(10)。

③ 彭伟强、冯增俊：《发达国家教育人员国际流动探讨》，载《高等教育研究》，2001(6)。

④ 陈时见、侯静：《美国高等教育质量认证的运行模式——以美国南部院校协会(SACS)为例》，载《比较教育研究》，2008(12)。

⑤ 汪利兵、徐洁：《英国 RAE 大学科研评估制度及其对大学科研拨款的影响》，载《高等教育研究》，2005(12)。

⑥ 强海燕：《世界一流大学人文课程之比较——以哈佛大学、斯坦福大学、多伦多大学为例》，载《比较教育研究》，2012(11)。

⑦ 孙启林、金香花：《韩国教育督导制度及其特点评析》，载《外国教育研究》，2007(7)。

⑧ 安双宏：《印度高考制度探析》，载《比较教育研究》，2010(9)。

⑨ 陈学飞等：《西方怎样培养博士——法、英、德、美的模式与经验》，北京，教育科学出版社，2002。

理念、师资管理体系、生源、办学资金、教学科研条件等方面研究了一流大学的形成原因。① 贺国庆教授等人主编的《国外高等学校课程改革的动向和趋势》系统介绍了高校课程领域改革。② 此外，郭德红的《美国大学课程思想的历史演进》(中央编译出版社，2007)、游振声的《美国高等学校创业教育研究》(四川大学出版社，2012)、王玉衡的《美国大学教学学术运动》(北京师范大学出版社，2012)、张帆的《德国高等学校的兴衰与等级形成》(北京师范大学出版社，2012)、姜炳军的《俄罗斯研究生教育的传统与变革》(北京师范大学出版社，2012)在学术界也受到了广泛关注。

五是高等教育质量保障与评价研究。其中，最早也最有影响力的是陈玉琨教授等人的《高等教育质量保障体系概论》一书。该书共九章，包括高等教育质量保障体系概述、西方高等教育质量保障的基本模式、西方高等教育质量保障的价值取向等内容。③ 国际比较方面的代表性成果有许明的《高等教育质量保障体系的国际比较》(辽宁师范大学出版社，2004)，范文曜、马陆亭的《国际视角下的高等教育质量评估与财政拨款》(教育科学出版社，2004)、张彦通的《欧洲地区高等教育质量保障体系研究》(北京航空航天大学出版社，2007)、郑晓齐的《亚太地区高等教育质量保障体系研究》(北京航空航天大学出版社，2007)。这些研究成果在比较研究中探寻各国高等教育质量保证的有效经验，进而为中国高等教育质量保障体系的构建提供借鉴。

高等教育质量保障与评价的国别研究也颇受关注，代表性成果

---

① 王英杰、刘宝存：《世界一流大学的形成与发展》，太原，山西教育出版社，2008。

② 贺国庆、华筑信：《国外高等学校课程改革的动向和趋势》，保定，河北大学出版社，2000。

③ 陈玉琨、代蕊华、杨晓江等：《高等教育质量保障体系概论》，北京，北京师范大学出版社，2004。

有王建成的《美国高等教育认证制度研究》(教育科学出版社，2007)、吴向明的《美国高等院校招生制度研究》(中国社会科学出版社，2008)、阚阅的《当代英国高等教育绩效评估研究》(高等教育出版社，2010)、唐霞等人的《英国高等教育质量保证体系》(北京师范大学出版社，2012)、丁丽军的《基于 AUQA 的澳大利亚高等教育质量保障模式研究》(江西人民出版社，2012)。

(四)职业教育政策与制度研究

石伟平教授的《比较职业技术教育》一书选择英国、德国、美国、澳大利亚、日本等六个国家和地区的个案，全面呈现其职业教育发展特点；并从国际比较视角系统呈现战后世界职业教育总体发展、课程改革、学徒制度的基本走向。[1] 王英杰先生总结了世界职业技术教育发展趋势，包括传统意义上的中等职业技术教育出现萎缩、高等职业技术教育有了较大发展、职业技术教育观点发生变化三个趋势。[2] 孙启林教授总结了韩国职业技术教育的发展经验与改革趋势[3]，李延平教授研究了澳大利亚建立国家职业教育体系的经验[4]，吴忠魁教授等人研究了德国"学习领域"、澳大利亚"培训包"、英国"资格与学分框架"以及美国"职业群"等中等职业教育课程设置经验[5]，吴雪萍等人研究了丹麦职业教育和培训质量保障制度。[6]

这一时期代表性著作还有徐涵等人的《中外职业教育体系比较研究》(东北大学出版社，2005)、匡瑛的《比较高等职业教育：发展与

---

[1]　石伟平：《比较职业技术教育》，上海，华东师范大学出版社，2001。

[2]　王英杰：《试谈世界职业技术教育发展趋势及我国职业技术教育的困境与出路》，载《比较教育研究》，2001(3)。

[3]　孙启林：《韩国职业技术教育的发展与改革》，载《比较教育研究》，1994(4)。

[4]　李延平：《政府主导下的澳大利亚职业教育公平》，载《外国教育研究》，2009(7)。

[5]　吴忠魁、陈朋：《四国中等职业教育的课程设置经验及其对我国的启示》，载《比较教育研究》，2012(6)。

[6]　吴雪萍、董婧怡、张志欣：《丹麦职业教育和培训质量保障探析》，载《高等教育研究》，2012(8)。

变革》(上海教育出版社，2006)、翟海魂的《发达国家职业技术教育历史演进》(上海教育出版社，2008)。国别研究方面，则有沈学初的《当代日本职业教育》(山西教育出版社，1996)、饶从满与梁忠义合著的《当代日本职业训练》(山西教育出版社，1997)、翟海魂的《英国中等职业教育发展研究》(高等教育出版社，2005)、黄日强的《战后德国职业教育研究》(新华出版社，2006)、胡国勇的《日本高等职业教育研究》(上海教育出版社，2008)，姜大源的《当代德国职业教育主流教学思想研究：理论、实践与创新》(清华大学出版社，2007)。

（五）成人教育政策与制度研究

随着终身教育思想深入人心，成人教育成为教育发展的重要主题，比较教育领域也涌现出相关代表性成果。毕淑芝与司荫贞教授合著的《比较成人教育》介绍了各国成人教育实施情况，对成人教育的特点和发展动力、成人教育的发展历程、成人教育的地位、职能与结构体系，成人教育立法与管理、现代化教育手段在成人教育中的应用等方面，结合当代世界成人教育的理论与实践进行了比较研究。[①] 张维教授主编的《国际成人教育比较研究》介绍了比较成人教育的历史发展过程、国外流行的成人教育理论流派、国际成人教育模式实践和理论。[②] 其他代表性著作还有李秉千等人的《比较成人教育理论》(黑龙江教育出版社，1992)、沈金荣的《国外成人教育概论》(上海科技教育出版社，1997)、吴遵民的《现代国际终身教育论》(上海教育出版社，1999)、赵红亚的《迈向学习社会：美国成人教育思想与实践的传统和变革》(中国社会科学出版社，2004)、史芳等人的《成人教育比较研究》(云南大学出版社，2005)、魏志耕的《终身教育新论》(湖南人民出版社，2006)、桑宁霞的《中外视野下的成人教育》

---

①　毕淑芝、司荫贞：《比较成人教育》，北京，北京师范大学出版社，1994。
②　张维：《国际成人教育比较研究》，北京，工商出版社，1996。

（山西人民出版社，2006）。

高益民教授等人梳理了欧盟出台的一系列终身学习政策，认为这些政策的形成与欧洲严重的失业问题、人口老龄化与移民问题及知识经济的挑战密切相关。欧盟为解决这些问题，把终身教育政策的重点放在了敦促成员国确立终身学习战略、提倡加强终身指导、呼吁重视老年人和移民教育、推动对非正规与非正式学习的评价和认证等几个方面。[1]此外，王保星分析了国际成人教育观念从"终身教育"到"终身学习"的转变[2]，王晓辉介绍了法国终身教育的发展特色[3]，对把握国际成人教育领域改革趋势提供了有益借鉴。

（六）教育行政管理与制度改革

这一时期中国比较教育学者对各国教育行政与管理诸多领域进行了细致研究。一是教育行政与管理体系领域研究。钟海青和陈时见在总体介绍比较教育管理的意义、现实基础、研究对象和研究方法后，从教育行政、教育法规、教育督导、教育经费等角度，比较研究了各国基础教育、职业教育、教师教育等管理现状。[4]许云昭和石鸥的《差距与超越：中美教育管理比较研究》分析了美国教育及其管理方面的可取之处，内容包括美国教育在国民经济发展中的作用、中美中小学教育管理比较、美国高等教育的产学研结合等。[5]卢海弘的《当代美国学校模式重建》一书介绍了美国新型学校模式，包括特许学校、虚拟学校、家庭学校、教师专业发展学校等学校的

---

① 高益民、张宏理：《2000 年以来欧盟终身学习政策述评》，载《比较教育研究》，2010(3)。

② 王保星：《从"终身教育"到"终身学习"：国际成人教育观念的根本性变革》，载《比较教育研究》，2003(9)。

③ 王晓辉：《法国终身教育的发展与特色》，载《比较教育研究》，2007(12)。

④ 钟海青、陈时见：《比较教育管理》，南宁，广西教育出版社，2001。

⑤ 许云昭、石鸥：《差距与超越：中美教育管理比较研究》，长沙，湖南师范大学出版社，2000。

运行特点。① 赵中建分析了美国学校管理改革中校本管理、特许学校、公校私营、全面质量管理等改革举措②，吴坚探讨了高校管理中学术权力与行政权力关系③，周满生等人梳理了荷兰大学内部治理结构的变迁历程④。其他代表性成果还包括陈如平的《效率与民主——美国现代教育管理思想研究》(教育科学出版社，2004)、张举玺的《中俄教育管理体制比较》(河南大学出版社，2007)等。

二是教育经费投入与市场化改革。其中，高如峰教授的《义务教育投资国际比较》一书对美国、法国、德国等国义务教育投资的成功经验进行了总结，对中国义务教育投资存在的问题做了剖析。⑤ 陈国良教授的《教育财政国际比较》，在将基础理论与专题研究相结合、基本方法与实际操作相结合的基础上对各国基础教育和高等教育的教育财政状况进行了比较研究。⑥ 邱白莉的《当代美国中小学教育绩效责任探析》一书探讨了教育绩效与绩效责任制、教育绩效责任人的职责承担、建构教育绩效责任制等内容。⑦ 冯增俊分析了国际范围内市场机制引入与教育管理体制的创新趋势，提出了建立开放、公平、自由的市场竞争机制的建议。⑧ 顾美玲重点分析了国外民办教育立法中校产归属问题，提出了完善民办学校成本核算、投资回报、财务管理等建议。⑨ 其他成果还包括崔玉平的《美国教育财政的理论与实践》(海南出版社，2000)、陈永明的《教育经费的国际比较》(天津教育出版社，2006)等。

---

① 卢海弘：《当代美国学校模式重建》，广州，中山大学出版社，2004。

② 赵中建：《近年来美国学校管理改革述评》，载《教育研究》，2001(5)。

③ 吴坚：《高校管理中学术权力与行政权力的协调》，载《高等教育研究》，2005(8)。

④ 褚艾晶、周满生：《走向管理主义——荷兰大学内部治理结构变迁研究》，载《比较教育研究》，2011(1)。

⑤ 高如峰：《义务教育投资国际比较》，北京，人民教育出版社，2003。

⑥ 陈国良：《教育财政国际比较》，北京，高等教育出版社，2000。

⑦ 邱白莉：《当代美国中小学教育绩效责任探析》，广州，中山大学出版社，2003。

⑧ 冯增俊：《市场机制引入与教育管理体制创新》，载《比较教育研究》，2005(3)。

⑨ 顾美玲：《对民办教育立法中校产归属问题的思考》，载《教育研究》，2001(9)。

　　三是教育法制化与市场化等制度调整。其中，郝维谦教授等人的《各国教育法制的比较研究》是我国第一部全面系统介绍中外教育法制建设的专著。该书对欧洲、美洲、亚洲若干发达国家和发展中国家的教育法制建设的主要历程、教育法规体系、教育立法制度、教育执法监督做了新的观察和分析。[①] 孙惠春的《国外教育法制比较研究》从各国教育立法的制度、执法监督制度、教育法律责任等教育法制结构角度，介绍了英国、法国、美国、日本以及苏俄教育法制发展历史。[②] 马健生的《公平与效率的抉择：美国教育市场化改革研究》一书则是关于美国教育市场化改革的专题研究，解释了美国教育改革过程中市场发挥作用的机制与边界，揭示了教育市场化改革的过程与特征。[③] 此外，施晓光总结了国外通过拓宽法域、增加数量、完备层次等方式建立起完备教育法律体系的经验[④]，高如峰梳理了国外教育法制发展特点[⑤]，程晋宽研究了美国的教育司法制度[⑥]，吴坚等人关注了日本教育基本法的修改[⑦]。

　　这一时期学者们探讨了学校与政府关系，以及学校改革等问题。冯大鸣的《西方六国政府学校关系变革》梳理了美国、英国、德国、法国、澳大利亚、日本六国 20 年来的政府学校关系变革，分析和归纳了六国政府与学校间关系特征。[⑧] 吴刚平与徐佳合著的《权力分享与责任分担——转型期西方教育校本化思潮及其启示》分析了西方国

---

①　郝维谦、李连宁：《各国教育法制的比较研究》，北京，人民教育出版社，1997。

②　孙惠春：《国外教育法制比较研究》，哈尔滨，黑龙江人民出版社，2002。

③　马健生：《公平与效率的抉择：美国教育市场化改革研究》，北京，教育科学出版社，2008。

④　施晓光：《国外教育法律的发展及其启示》，载《外国教育研究》，1994(1)。

⑤　高如峰：《国外教育法制发展与我国教育法制建设》，载《教育研究》，1998(7)。

⑥　程晋宽：《美国教育司法制度论析》，载《外国教育研究》，2002(1)。

⑦　吴坚、赵杨：《日本教育基本法的修改与其"教育宪法"地位探讨》，载《高等教育研究》，2008(12)。

⑧　冯大鸣：《西方六国政府学校关系变革》，上海，上海教育出版社，2011。

家校本化管理的代表模式与实践经验。① 其他代表性成果包括陈永明的《当代日本私立学校》(山西教育出版社，1996)、贺武华的《新自由主义主导下的学校重建研究》(光明日报出版社，2008)、段晓明的《当代国际学校教育模式发展研究》(中国科学技术出版社，2009)。

(七)国际教育交流与跨国教育

在国际教育交流与跨国教育方面，徐辉教授的《比较教育的新进展——国际教育初探》全面梳理了国际教育的发展历程，阐述了国际教育的组织与理论等议题，尤其是辨析了与国际教育相关的概念内涵。② 顾建新的《跨国教育发展理念与策略》一书构建了跨国教育的概念与分析框架，探讨了跨国教育的发展理念，比较研究了各国跨国教育的政策目标与发展策略。③ 余子侠主持出版了"中外教育交流研究丛书"，根据中国的历史发展走向及教育交流的历史运行轨迹，涵盖中美、中日、中俄苏、中欧教育交流，以及留学教育管理等议题，研究梳理了当代以来中外教育交流的一些关键问题。其他代表性成果有陈学飞的《高等教育国际化：跨世纪的大趋势》(福建教育出版社，2002)、彭未名的《国际教育交流与管理》(华南理工大学出版社，2007)、李敏的《教育国际交流挑战与应答》(书海出版社，2009)、粟高燕的《中美教育交流的推进》(山东教育出版社，2010)、陈昌贵与谢练高合著的《走进国际化：中外教育交流与合作研究》(广东教育出版社，2010)。

21 世纪以来，中国教育对外开放更加广泛，"一带一路"倡议和"构建人类命运共同体"理念提出后，教育对外援助、"一带一路"沿线国家教育成为中国比较教育学科的热点话题。靳希斌等人合著的

---

① 吴刚平、徐佳：《权力分享与责任分担——转型期西方教育校本化思潮及其启示》，济南，山东教育出版社，2011。
② 徐辉：《比较教育的新进展——国际教育初探》，成都，四川教育出版社，2001。
③ 顾建新：《跨国教育发展理念与策略》，上海，学林出版社，2008。

《国际教育援助研究——理论概述与实践分析》一书论述了国际教育
援助的基本概念与基本理论，分析了国际教育援助的历史、特点、
作用与项目运作，分析了世界银行贷款项目等案例。① 此外，马健
生教授总结了国际教育资助的发展趋势②，赵玉池等人分析了国际
教育援助对世界教育发展的影响③。总体来看，上述研究强调了国
际教育援助的必要性和可行性，较为全面地分析了国际组织和发达
国家的国际教育援助策略。随着《比较教育研究》和《外国教育研究》
先后于 2007 年、2009 年开辟专栏探讨非洲教育问题，研究非洲教育
的论文迅速增加，非洲在 2010 年成为仅次于美国和英国的第三大被
研究体。④

三、教育理论与思潮比较研究

这一时期国外各种教育理论与思想的引入继续保持繁荣势头，
留学生的派遣、网络电子技术的发展以及教育国际化的深入为国外
理论与思想的引入创造了新的途径。比较教育学者们积极引入各种
国际先进理论与思潮，指导中国的教育实践与比较教育学自身发展。

（一）教育理论与教育思潮概览性研究

教育理论与教育思潮概览性研究指的是同时介绍多种教育理论
与思潮。其中，毕淑芝和王义高教授在 1999 年主编的《当今世界教
育思潮》中详细介绍和分析了七种教育思潮，包括教育的经济主义思
潮、教育的科技取向思潮、教育个性化思潮、终身学习思潮、全民
教育思潮、"被压迫者教育学"思潮和女童教育思潮，阐述了世界教

---

①　靳希斌、安雪慧、闫国华等：《国际教育援助研究——理论概述与实践分析》，福州，福建教育出版社，2008。
②　马健生：《国际教育资助的发展趋势》，载《比较教育研究》，1997(2)。
③　赵玉池、陈时见：《国际教育援助及其对世界教育发展的影响》，载《比较教育研究》，2010(10)。
④　李旭：《"十一五"期间我国比较教育研究方向的变化趋势分析》，载《比较教育研究》，2013(5)。

育的走向和趋势。① 顾明远先生在 2009 年主编的《中外教育思想概览》则按专题且依时间顺序分门别类编排，汇集了古今中外近千位思想家有关教育的论述共八千余条，内容涵盖教育基本理论、德育、智育、体育与健康教育、美育、劳动教育，幼儿教育、基础教育、高等教育、职业技术教育等各级各类教育以及教育行政和学校管理等。②

徐辉教授等人的《现代外国教育思潮研究》一书系统研究了进步主义教育、国际理解教育、后现代主义教育、女性主义教育、后殖民主义教育、批判教育学理论、建构主义教育等思潮，主要包括不同思潮的演变以及对教育实践的影响。③ 这一时期整体性介绍国外教育思潮的著作还有周谷平的《近代西方教育理论在中国的传播》(广东教育出版社，1996)、王枬的《西方现代教育思潮》(广西师范大学出版社，2003)、刘新科教授的《现代西方教育思潮》(陕西人民教育出版社，2006)、黄志成教授的《西方教育思想的轨迹——国际教育思潮纵览》(华东师范大学出版社，2008)等。为提高教育管理的科学化水平，中国比较教育学者还探讨了有效教育决策与智库建设等问题，代表性成果有周满生的《教育宏观决策比较研究》(人民教育出版社，2009)、王晓辉的《教育决策与治理》(教育科学出版社，2010)。

(二)教育心理与学习认知理论

随着基础教育领域课程改革的兴起，比较教育学界展开了教育心理与学习认知理论相关研究。冯增俊教授探讨了道德认知发展理论的内涵与阶段运作，认为道德认知是儿童道德发展、智慧发展、形成社会角色认知与公正概念的一个不断构建的过程。④ 王斌华教

---

① 毕淑芝、王义高：《当今世界教育思潮》，北京，人民教育出版社，1999。
② 顾明远：《中外教育思想概览》，广州，广东教育出版社，2009。
③ 徐辉、辛治洋：《现代外国教育思潮研究》，北京，人民教育出版社，2008。
④ 冯增俊：《科尔伯格道德认知发展建构观的探讨》，载《外国教育研究》，1994(2)。

授针对中国正在开展的双语教学试验，有选择地介绍了国外有关双语教育的平衡理论、思想库模式、阈限理论和依存假设理论以及滴注式语言计划、淹没式双语教育、沉浸式双语教育和双向双语教育。作者认为，不仅要研究双语国家的双语教育，更要研究单语国家的双语教育；不仅要开展双语教学的实验，而且要加强双语教学的科学研究；要在承认英语为国际通用语言的同时加强汉语学习。[①]

丁邦平教授等人从建构主义理论视角探讨了中国基础科学教育改革中的问题。作者认为，用建构主义的观点探讨中国基础科学教育改革中亟须解决的主要问题，如科学观问题、有效地科学学习的问题、教师与科学课程开发问题、发现式科学教学与建构式科学教学的联系与区别问题等，能够为我们提供新的视角和思路。[②] 钟启泉先生认为，从个人建构主义转向社会建构主义是当今建构主义的发展趋势，认为人是在社会文化情境中接受其影响，通过直接地跟他人的交互作用来建构自己的知识的，在这一点上可以说同个人建构主义划清了界限。[③] 王长纯教授等人分析了国内学者在研究俄罗斯发展性教学理论中的不足，认为比较教育研究应更多重视非主流教育思想。[④] 张华教授研究了"存在现象学"课程理论，认为该理论是概念重建主义课程范式，着眼于个体意识的提升与存在经验的开发。[⑤]

---

① 王斌华：《学习双语教育理论 透视我国双语教学》，载《全球教育展望》，2003(2)。

② 丁邦平、胡军：《建构主义理论与我国基础科学教育改革的若干问题》，载《比较教育研究》，2005(7)。

③ 钟启泉：《知识建构与教学创新——社会建构主义知识论及其启示》，载《全球教育展望》，2006(8)。

④ 王长纯、叶玉华：《对俄罗斯发展性教学理论的批评——非主流教育思想的个案研究》，载《比较教育研究》，2001(1)。

⑤ 张华：《美国当代"存在现象学"课程理论初探》，载《外国教育资料》，1997(5)。

（三）引领改革的教育理论与思潮

一是与教育公平相关的教育思潮。华东师范大学黄志成教授持续开展了全纳教育研究，认为全纳教育注重人的受教育权利，普通学校开展全纳教育可以为实现教育公平、走向和谐社会打好基础。[①] 史静寰教授指出，国际社会对女童教育问题的关注是社会民主化、教育现代化进程的重要成果之一。社会性别理论对中国目前女童教育中有关人的自然性别与社会性别、人的社会性别形成与教育、社会性别公平化教育等理论与实践问题具有指导意义。[②] 徐辉教授等人总结了女性主义教育理论的四种模式：平等的分析模式，追求受教育机会的平等；性别的分析模式，追求学校教育内部的男女平等；解放的分析模式，旨在解放教育中的受压迫者；后现代女性主义的分析模式，重视性别与其他压制系统的交错作用。[③] 陈晓莹的《融合·发展——加拿大多元文化教育解读》（民族出版社，2008）、屈书杰的《美国黑人教育发展研究》（河北大学出版社，2004），以及译著《多元文化教育的理论与实践》（人民教育出版社，2012）、《理解人类差异——美国的多元文化教育》（中央民族大学出版社，2011）是关于多元文化教育等方面的代表性著作。

二是与学校教育活动相关的教育思潮。徐辉与祝怀新教授合著的《国际环境教育的理论与实践》一书，系统地收集了国际环境教育的一系列理论问题，并介绍了美国、英国、澳大利亚、日本等发达国家和印度、泰国、菲律宾、马来西亚及中国等发展中国家在发展环境教育方面的实例和经验，探讨了环境教育的含义与目的、课程

---

① 黄志成：《教育公平——全纳教育的基本理念探析》，载《比较教育研究》，2010（9）。

② 史静寰：《关于女童教育的几个理论与实践问题》，载《比较教育研究》，2000（S1）。

③ 徐辉、章光洁：《试析女性主义教育理论的分析模式》，载《外国教育研究》，2004（6）。

论、原则与方法、工业化国家的环境教育、发展中国家的环境教育、中国的环境教育等内容。① 吴文侃教授的《中小学公民素质教育国际比较》阐明了公民素质教育的概念，公民素质教育国际比较研究的对象、任务和方法论基础，从传统与变革、现状与特点、问题与对策三个方面，研究了代表性国家的中小学公民素质教育及其经验。② 徐小洲教授的《国外中学创业教育》系统分析了美国、日本、苏格兰、澳大利亚、新西兰的中学创业教育。③ 此外，陈以藏总结了全球公民教育思潮的兴起与发展历程④，韩芳等人研究了澳大利亚公民教育实施与评价办法。⑤

　　道德与品格教育方面，饶从满教授研究了西方道德教育理论流派，尤其是日本道德教育理念变迁和实践动向⑥，出版了《日本现代化进程中的道德教育》(山东人民出版社，2010)等著作。此外，王凌皓的《中日近代道德教育理念比较研究》(东北师范大学出版社，2005)、曹能秀的《当代日本中小学道德教育研究》(商务印书馆，2007)也是比较研究道德教育方面的最新成果。

　　三是指导人才培养改革的教育思潮。1996 年，联合国教科文组织发布《教育——财富蕴藏其中》报告，赵中建教授进行了翻译引进，在国内产生了广泛的影响。此外，赵中建教授还主持翻译了《全球教育发展的历史轨迹——国际教育大会 60 年建议书》《全球教育发展的研究热点——90 年代来自联合国教科文组织的报告》，全面梳理了联

---

① 徐辉、祝怀新：《国际环境教育的理论与实践》，北京，人民教育出版社，2002。
② 吴文侃：《中小学公民素质教育国际比较》，北京，人民教育出版社，2002。
③ 徐小洲：《国外中学创业教育》，杭州，浙江教育出版社，2010。
④ 陈以藏：《全球公民教育思潮的兴起与发展》，载《外国教育研究》，2010(3)。
⑤ 韩芳、李延平：《澳大利亚公民教育评价：背景、框架及启示》，载《外国教育研究》，2008(3)。
⑥ 饶从满：《日本道德教育与现代化关系研究的历史与现状》，载《外国教育研究》，2006(10)；饶从满：《日本道德教育与现代化关系的考察》，载《东北师大学报(哲学社会科学版)》，2006(4)；饶从满：《道德教育与日本的教育病理》，载《中国教育学刊》，2006(5)。

合国教科文组织的相关建议和报告。刘宝存教授分析了全人教育思潮的兴起与教育目标的转变，认为全人教育作为一种教育思潮，主要体现为联结、整体性和存在三个基本概念和原则，全人教育思潮的提出引发了各国教育目标的转变。① 此外，王作亮分析了学习共同体思潮及其对美国学校变革的影响②；兰英辨析了科学主义、人文主义教育思潮，探讨了建立新型教育发展观的重要性与紧迫性③；易晓明研究了视觉文化艺术教育思潮及其在美国的实践④；孙颖等人总结了美国成人教育理论研究的三种取向，即认知发展理论取向、年龄理论取向和功能主义理论取向⑤。

（四）学者个人的教育思想或学术流派

一是系统介绍著名教育家的教育思想。其中，顾明远先生对苏霍姆林斯基的教育思想展开了研究。顾明远先生认为，中国提倡素质教育，就是要让学生和谐地全面发展，培养学生的高尚品质、创新精神和实践能力，苏霍姆林斯基的教育思想正好切合我们的实际。⑥ 肖甦教授系统研究了苏霍姆林斯基的教师理念，主持翻译了《苏霍姆林斯基选集》《育人三部曲》《做人的故事》等著作。这一时期研究苏霍姆林斯基教育思想的代表性著作还有张庆远的《苏霍姆林斯基的德育理论与实践》（四川人民出版社，1992）、王天一的《苏霍姆林斯基教育理论体系》（人民教育出版社，1992）、续润华的《苏霍姆

---

① 刘宝存：《全人教育思潮的兴起与教育目标的转变》，载《比较教育研究》，2004(9)。

② 王作亮：《学习共同体思潮的兴起及其对美国学校变革的影响》，载《外国教育研究》，2011(12)。

③ 兰英：《科学主义、人文主义教育思潮与当今我国的教育发展观》，载《外国教育研究》，1999(2)。

④ 易晓明：《当代美国视觉文化艺术教育思潮述评》，载《全球教育展望》，2010(8)。

⑤ 孙颖、于伟：《试析美国成人教育理论研究的三种取向》，载《外国教育研究》，2011(2)。

⑥ 顾明远：《苏霍姆林斯基教育思想在中国的传播及其现实意义》，载《教师教育研究》，2007(4)。

林斯基和谐发展教学思想研究》(中国档案出版社，2004)、韩和鸣的《苏霍姆林斯基的教学方法和艺术》(河南大学出版社，2008)等。

黄志成教授系统研究了弗莱雷的解放教育理论，所著《被压迫者的教育学——弗莱雷解放教育理论与实践》一书详细阐述了弗莱雷教育思想的形成背景、解放教育思想的发展过程以及弗莱雷在非洲、巴西的教育改革。[①] 在《弗莱雷解放教育课程建构论述评》一文中，黄志成教授将批判和建构视为弗莱雷课程建构的主要特色。[②] 此外，褚宏启的《杜威教育思想引论》(湖南教育出版社，1997)、蒋林的《赫尔巴特的反轻松教育》(湖南少年儿童出版社，2006)、张红兵的《蒙台梭利教育理论概述》(北京理工大学出版社，2007)、余中根的《裴斯泰洛齐教育思想研究》(云南大学出版社，2009)、曹永国的《自然与自由——卢梭与现代性教育困境》(福建教育出版社，2012)深度研究了不同教育家的思想。

二是道德与品格培养相关的教育思想。孔锴等人研究了杜威的公民教育思想，认为杜威公民教育思想的核心是以培养和提高公民的民主素质作为发展民主的途径，以公民教育为核心发展民主社会的教育。[③] 赵雪霞、孙启林研究了诺丁斯的关心理论，分析了诺丁斯关心理论的生活性与时代性特点。[④] 高亚杰、饶从满等人研究了伊藤启一的统合性道德教育思想。研究发现，伊藤启一以核心关键词"统合性"为统摄，将教师主导的 A 型(传授·理解型)教学与儿童主体的 B 型(接纳·创造型)教学融合于多课时大主题的道德教学中，以实现一种简单易行、充满活力的道德教育，培养儿童丰富的道德

---

① 黄志成：《被压迫者的教育学——弗莱雷解放教育理论与实践》，北京，人民教育出版社，2003。

② 黄志成：《弗莱雷解放教育课程建构论述评》，载《全球教育展望》，2003(2)。

③ 孔锴、孙启林：《试论杜威的公民教育思想》，载《外国教育研究》，2008(9)。

④ 赵雪霞、孙启林：《诺丁斯关心理论评析》，载《比较教育研究》，2005(6)。

性和人生观。①

三是教育教学过程相关的教育思想。张谦研究了阿莫纳什维利的教育实验思想。作者认为，阿莫纳什维利的教育实验是在科学假说的基础上构建起一个崭新的实验教学教育体系的"形成性教育实验"，其教育观概括起来就是"育人""爱生"和"奉献"，并以此为基础形成了"愉快""积极"和"发展"的教学观。通过情感交流和交往实践去完成教育理论和师生关系构建，这是阿莫纳什维利对教育实验艺术的纯真把握。② 此外，米靖研究了马丁・布伯的对话教育思想，认为马丁・布伯主张的"自由"只是教育得以完成的前提条件而非其目标和全部内容。③ 李文英等人研究了莫尔曼的文化区域理论模型。④ 施晓光分析了亨利・菲利普・塔潘的大学思想，具体阐述了塔潘所认为的"新大学"应具备的特征。⑤

四、教育改革与实践比较研究

比较教育学研究和引介国外先进教育经验，最终的目的是为本国的教育改革与实践服务。结合这一时期中国基础教育课程改革的推进，比较教育学者密切关注了国外课程与教学领域改革，以及教师教育领域动向。由于这一时期城乡教育一体化及教育均衡发展成为中国教育发展的重要主题，教育均衡发展、农村教育也成为这一时期学者们关注的热点话题。

（一）国内外课程改革比较研究

一是世界范围内课程改革趋势与经验研究。华东师范大学钟启

---

① 高亚杰、饶从满、魏薇：《伊藤启一统合性道德教育论解析》，载《比较教育研究》，2011(11)。

② 张谦：《阿莫纳什维利的教育实验思想评介》，载《比较教育研究》，1993(2)。

③ 米靖：《批判与建构——马丁・布伯与新教育思潮》，载《比较教育研究》，2003(3)。

④ 李文英、陈鹏：《莫尔曼文化区域理论模型述评》，载《外国教育研究》，2010(3)。

⑤ 施晓光：《亨利・菲利普・塔潘的大学思想》，载《高等教育研究》，2000(3)。

泉先生团队翻译了国外课程与教学理论的"世界课程与教学新理论文库"，出版了介绍国外课程改革状况的《世界课程改革趋势研究》。该书分上、中、下三卷。上卷为课程改革专题，包括课程标准、课程内容、课程实施、课程评价等；中卷为课程改革国别研究，包括美国、英国、德国、法国、日本、墨西哥、泰国等 15 个国家和地区；下卷为学科课程改革研究，包括数学、科学、信息技术、实践活动等 17 个专题。[①] 汪霞教授的《国外中小学课程演进》一书选取美国等 10 个国家，探讨了各国中小学课程沿革与当前改革。[②] 杨燕燕的《国外课程改革政策及价值取向》(浙江大学出版社，2010)、徐辉的《课程改革论：比较与借鉴》(人民教育出版社，2011)重点分析了课程改革的基本政策与价值取向。

二是课程改革中关键性问题的比较研究。汪霞教授介绍了国外课程编制的方法、程序与模式[③]，黄甫全教授分析了国外课程整合的发展走势[④]，吴刚平教授总结了国外课程开发机制的基本类型及改革经验[⑤]，靳玉乐教授等人从国家与地方目标、课程目标自身、课程目标内容等方面剖析了国外基础教育课程目标的特点[⑥]，和学新教授等人探讨了国外中小学在课程决策方面的经验[⑦]，孟凡丽介绍了国外多元文化课程开发由平行式向整合式再向拓展式演进的趋

[①] 钟启泉、张华：《世界课程改革趋势研究》，北京，北京师范大学出版社，2001。

[②] 汪霞：《国外中小学课程演进》，济南，山东教育出版社，2000。

[③] 汪霞：《国外几种课程编制的方法、程序及模式》，载《外国教育研究》，1994(1)。

[④] 黄甫全：《国外课程整合的发展走势及其启示》，载《比较教育研究》，1997(3)。

[⑤] 吴刚平：《国外课程开发机制的基本类型及改革经验》，载《教育研究》，2000(10)。

[⑥] 靳玉乐、张家军：《国外基础教育课程目标的特点及其启示》，载《外国教育研究》，2000(4)。

[⑦] 和学新、蔡寅亮：《国外中小学学校课程决策的经验与启示》，载《全球教育展望》，2012(9)。

势①，李敏以世界各国课程管理模式的变革为对象总结了世界课程管理模式正由三级分立走向三级整合的结论。②

三是国别课程政策与改革研究。柯森教授等人的《当代美国中小学课程概观》一书对美国中小学课程做了一个大致的"概观"，选择了英语、数学、科学、社会研究、体育、健康、艺术、外语、家政、公民教育和信息技术教育这 11 门课程作为探讨的具体对象，分析了不同课程的教学特点。③ 黄甫全教授从哲学角度分析了影响美国课程理论的认识论流派④，徐辉教授等人分析了联邦、州、学区和学校在美国地方课程开发与管理中的作用⑤，许明教授等人梳理了美国基础教育课程标准改革的背景及内容⑥，胡庆芳教授梳理了美国高中自形成以来的课程发展历程⑦，王斌华教授介绍了美国的校本课程开发经验⑧。崔映芬介绍了英国 2008 年中等教育国家政策⑨，易红郡分析了英国国家课程实施中的问题与对策⑩，肖甦等人分析了俄罗斯基础教育阶段的课程管理政策⑪，张德伟分析了日本普通高中课程改革的结构、管理与实施等特点⑫，司荫贞总结了日本面

① 孟凡丽：《国外多元文化课程开发模式的演进及其启示》，载《比较教育研究》，2003(2)。

② 李敏：《从三级对立走向三级整合的世界课程管理模式》，载《全球教育展望》，2004(6)。

③ 柯森等：《当代美国中小学课程概观》，广州，中山大学出版社，2005。

④ 黄甫全：《美国多元课程观的认识论基础探析》，载《比较教育研究》，1999(2)。

⑤ 徐辉、辛治洋：《略论美国地方课程的开发与管理》，载《教育研究》，2002(3)。

⑥ 许明、胡晓莺：《美国基础教育课程标准述评》，载《教育研究》，2002(3)。

⑦ 胡庆芳：《美国高中课程发展研究——从失衡发展到基础振兴》，广州，广东高等教育出版社，2005。

⑧ 王斌华：《美国校本课程开发》，载《教育科学》，2002(5)。

⑨ 崔映芬：《英国 2008 年中等教育国家课程评析》，载《外国教育研究》，2009(9)。

⑩ 易红郡：《英国国家课程实施中的问题、对策及启示》，载《课程·教材·教法》，2004(1)。

⑪ 肖甦、周耀慈：《俄罗斯基础教育阶段课程管理政策变化评述》，载《全球教育展望》，2004(1)。

⑫ 张德伟：《日本普通高中新课程改革研究》，载《全球教育展望》，2002(3)。

向 21 世纪在中小学教学内容和课程上的系列改革①。

　　四是学科性的课程改革领域研究。钟启泉先生在 20 世纪 90 年代系统研究了战后日本理科课程的发展，分析了国外"科学素养说"与理科课程改革。② 樊笑英对世界各国科学课程改革中地球科学教育的地位变化以及内容设计进行了详细研究。③ 孟献华等人介绍了国外社会性科学议题课程(SSI)④，郭洪波等人介绍了国外中学体育与健康课程内容与标准⑤，彭伟强介绍了国外外语课程在课程政策、指导框架、教学模式、教学手段和评估等方面的经验⑥，郭玉英等人介绍了世界范围内综合科学课程的发展⑦，李稚勇比较研究了中美两国社会科课程结构⑧，易红郡总结了美国中小学信息技术课程对信息素养能力的重视与培养路径⑨，陈小青比较分析了中国、英国、加拿大三国信息技术课程内容。⑩

---

　　① 司荫贞：《日本面向二十一世纪中小学教育内容和课程改革》，载《比较教育研究》，1999(2)。

　　② 钟启泉：《战后日本理科课程的发展轨迹》，载《外国教育资料》，1995(1)；钟启泉：《国外"科学素养说"与理科课程改革》，载《比较教育研究》，1997(1)。

　　③ 樊笑英：《地球科学教育：国际视野下的课程内容体系建构》，北京，北京师范大学出版社，2011。

　　④ 孟献华、李广洲：《国外"社会性科学议题"课程及其研究综述》，载《比较教育研究》，2010(11)。

　　⑤ 郭洪波、窦丽：《国外现行中学体育与健康课程内容(标准)的比较研究》，载《北京体育大学学报》，2007(3)。

　　⑥ 彭伟强：《当代国外外语课程变革的经验及其借鉴》，载《比较教育研究》，2002(4)。

　　⑦ 郭玉英、曲亮生：《世界范围内综合科学课程的发展》，载《课程·教材·教法》，2001(1)。

　　⑧ 李稚勇：《中美社会科课程结构比较研究——兼评社会科课程世界发展趋势》，载《课程·教材·教法》，2004(8)。

　　⑨ 易红郡：《信息素养：美国中小学信息技术课程的重要课题》，载《课程·教材·教法》，2002(2)。

　　⑩ 陈小青：《中国、英国、加拿大三国信息技术课程内容分析的比较研究》，载《中国电化教育》，2006(5)。

（二）国内外教学领域改革创新

一是世界范围内教学改革共同趋势或理论。郝志军等编著的《当代国外教学理论》一书选取经典教学理论、反思性教学理论、有效教学理论、对话教学理论、多元智能教学理论等当代国外有影响力的教学理论，对它们的基本思想和方法做了介绍，并结合国外教学案例分析，阐明各教学理论的实际运用。① 萧枫的《国外学校教学改革》一书梳理了国外中小学盛行的课堂讨论活动、探究活动、实验教学、个性化教学、合同教学、方向指导性教学等教学改革举措。② 李其龙教授等人的《研究性学习：国际视野》一书围绕研究性学习这一主题，结合案例探讨了开放课堂学习、框架下的发现学习、以兴趣为导向的探究性学习、项目研究模式的学习等模式。③ 张谦的《国外教学实验模式与评价纵横谈》一书梳理了国外体验式教学实验、归纳思维式教学实验、假说式教学实验、游戏教学法实验等近 30 种教学实验。④

二是教学改革的国别研究。石鸥教授的《美国中小学课程与教学》一书分析了美国中小学课程结构、课程内容、课程开发、教学实施、教学评价、课程管理等内容，并在每部分内容中总结了对中国课程与教学改革的启示。⑤ 邱白莉系统研究了美国绩效责任制，包括当代美国中小学教育改革、教育绩效与绩效责任制、教育绩效责任制、教育绩效责任人的职责承担、建构教育绩效责任制等内容。⑥ 此外，黄志成教授介绍了美国的个别化教学模式⑦，原青林介绍了

---

① 郝志军等：《当代国外教学理论》，北京，教育科学出版社，2012。
② 萧枫：《国外学校教学改革》，沈阳，辽海出版社，2011。
③ 李其龙、张可创：《研究性学习：国际视野》，上海，上海教育出版社，2003。
④ 张谦：《国外教学实验模式与评价纵横谈》，北京，国际文化出版公司，1999。
⑤ 石鸥：《美国中小学课程与教学》，长沙，湖南师范大学出版社，2010。
⑥ 邱白莉：《当代美国中小学教育绩效责任探析》，广州，中山大学出版社，2003。
⑦ 黄志成：《美国的个别化教学》，载《全球教育展望》，1992(1)。

美国中小学盛行的系统直接讲授法、整体讲授法、主题循环法等有效教学方法[1]，高凌飚分析了英国的课程与教学质量监控体系[2]，肖甦等人总结了俄罗斯高中阶段侧重专业式教学的改革措施[3]，张德伟分析了日本中小学教学与评价的一体化原则[4]。杨桂青的《英美精彩课堂：英国、美国教师的另类教学设计》(教育科学出版社，2005)、杜惠洁的《德国教学设计研究》(中国科学技术出版社，2008)、陈德云的《美国优秀教师专业教学标准及其认证：开发、实施与影响》(北京师范大学出版社，2012)等著作也有较大的影响力。

　　三是针对某个具体学科的教学研究。其中，林若男的《国外小学阅读教学》一书介绍了日本、美国、英国、苏联等国家的阅读教学概况、教学步骤、方法等。[5] 吴忠豪的《外国小学语文教学研究》研究了英国、法国、美国、俄罗斯、日本、新加坡等国家母语课程设置、教学目标、教材编写、教学过程、教学方法等内容。[6] 马卫东的《国外历史教学现状及发展趋势述评》一书分析了各国历史教学改革与发展现状。[7] 此外，严明等人研究了专门用途英语(ESP)教学模式和教学体系现状[8]，丁邦平研究了英国小学科学课堂教学中的"建构式探究"或"接受式探究"教学模式[9]，吴成军等人介绍了美国生物教学中

　　① 原青林：《美国有效教学方法简介》，载《比较教育研究》，2004(6)。

　　② 高凌飚：《课程与教学质量监控——英国的经验对我们的启示》，载《教育研究》，2004(8)。

　　③ 肖甦、周耀慈：《俄罗斯高中阶段侧重专业式教学的改革构想及实施》，载《比较教育研究》，2006(8)。

　　④ 张德伟：《日本中小学教学与评价一体化原则及其对我国的启示》，载《外国教育研究》，2005(2)。

　　⑤ 林若男：《国外小学阅读教学》，上海，上海教育出版社，1993。

　　⑥ 吴忠豪：《外国小学语文教学研究》，上海，上海教育出版社，2009。

　　⑦ 马卫东：《国外历史教学现状及发展趋势述评》，海口，海南出版社，2000。

　　⑧ 严明、冯莉：《国外 ESP 教学研究及其启示》，载《黑龙江高教研究》，2007(4)。

　　⑨ 丁邦平：《英国小学科学教育改革：实地考察与思考》，载《比较教育研究》，2008(9)。

吸引、探究、解释、迁移和评价的"5E"模式。①

（三）教师培养与教师专业发展

一是各国教师教育现状与政策变革领域研究。其中，陈永明教授主编的《国际师范教育改革比较研究》对当代国际师范教育进行了广泛深入的研究，阐述了各国中小学师资培养的课程、人事制度、教育制度等，除重点研究美国、英国、法国、德国、瑞典、西班牙、俄罗斯、日本等发达国家外，还关注了朝鲜、巴西、印度等发展中国家的师范教育状况。② 黄崴教授的《教师教育体制国际比较研究》一书系统地论述了发达国家的教师教育制度、中国的教师教育制度、教师教育基本制度的比较、学校内部教师教育管理体制的比较等内容。③ 孙启林教授等人分析了朝鲜的师资培养制度发展与改革④，赵中建教授回顾了美国 20 世纪 80 年代以来的教师教育改革⑤，许明等人介绍了美国选择性教师教育政策与实施情况⑥，吴雪萍等人评述了澳大利亚的《二十一世纪教师》计划⑦。其他代表性成果还有陈永明的《中日两国教师教育之比较》（华东师范大学出版社，1994）、胡艳和蔡永红的《发达国家中小学教师教育》（海南出版社，2000）、赵长林的《国际比较视野中的教师教育》（广东教育出版社，2012）。

二是教师职前培养领域研究。其中，单中惠教授等人的《西方师

①　吴成军、张敏：《美国生物学"5E"教学模式的内涵、实例及其本质特征》，载《课程·教材·教法》，2010(6)。

②　陈永明：《国际师范教育改革比较研究》，北京，人民教育出版社，2005。

③　黄崴：《教师教育体制国际比较研究》，广州，广东高等教育出版社，2003。

④　孙启林、索丰：《朝鲜的师资培养制度发展与改革述评》，载《外国教育研究》，1996(6)。

⑤　赵中建：《美国 80 年代以来教师教育发展政策述评》，载《全球教育展望》，2001(9)。

⑥　连莲、许明：《对美国选择性教师教育的反思和前瞻》，载《外国教育研究》，2003(10)。

⑦　吴雪萍、刘辉：《澳大利亚〈二十一世纪教师〉计划述评》，载《全球教育展望》，2003(12)。

范教育机构转型——以美国、英国、日本为例》，以西方国家教师教育改革与发展为研究对象，对这些国家教师教育的历史与现状进行了梳理和解读。① 陈时见教授的《教师教育课程论：历史透视与国际比较》一书从历史发展和国际比较两个维度，综合分析了教师教育课程改革的时代意义、基本内容、主要模式和发展趋势。② 任学印教授的《教师入职教育理论与实践比较研究》一书对有代表性的教师入职教育理论，以及起步较早、体制较完善、成效较显著的日本、美国、英国的教师入职教育与实践进行了比较研究。③ 此外，贺国庆教授等人以伦敦大学教育学院为例分析了英国大学教育学院的课程设置④；王艳玲等人分析了英国教师职前教育课程与教学的特征⑤；温忠麟等人梳理了英国教师资格证制度的沿革，分析了师范教育课程对教师胜任职业岗位的有效性⑥。其他代表性成果还有王泽农和曹慧英的《中外教师教育课程设置比较研究》(高等教育出版社，2003)、谌启标的《教师教育大学化的国际比较研究》(福建教育出版社，2008)、陈时见和谭建川的《中小学初任教师入职教育的国际比较——侧重发达国家的主要经验与发展趋势》(西南师范大学出版社，2011)、陈时见和周琴的《综合大学教师教育的国际比较——侧重综合大学教师教育发展的案例分析》(西南师范大学出版社，2011)。

---

① 单中惠、王晓宇、王凤玉等：《西方师范教育机构转型——以美国、英国、日本为例》，济南，山东教育出版社，2012。

② 陈时见：《教师教育课程论：历史透视与国际比较》，北京，人民教育出版社，2011。

③ 任学印：《教师入职教育理论与实践比较研究》，长春，东北师范大学出版社，2005。

④ 贺国庆、张薇：《英国大学教育学院的课程及教学特征——以伦敦大学教育学院为例》，载《比较教育研究》，2002(11)。

⑤ 王艳玲、苟顺明：《试析英国教师职前教育课程与教学的特征》，载《教育科学》，2007(1)。

⑥ 温忠麟、李玉辉：《英国师范教育课程的职业有效性审定》，载《比较教育研究》，1998(1)。

　　三是教师专业化与职后发展。单中惠教授主编的《教师专业发展的国际比较》对世界各国的教师专业发展进行了个案研究，具体论及各国教师专业发展的理念、内容及实施、机构、评估、特点与趋势等。① 许明教授的《教师教育伙伴合作模式国际比较》梳理了教师教育伙伴关系理论，探析了代表性国家教师教育伙伴实践。② 饶从满教授探讨了反思型教师培养、教师团队建设、教师终身学习体系建设等议题，出版了《教师专业发展》（东北师范大学出版社，2005）、《学校教师的社会学研究》（人民教育出版社，2011）等著作。

　　学术论文方面，梁忠义先生研究了日本的教师继续教育制度，发现日本将教师定位为教育公务员，为了履行职责，必须努力研修。③ 姜勇教授分析了国外教师专业发展的实体思维向实践思维的转向④，丁邦平教授研究了美国教师专业发展学校的发展与作用⑤，祝怀新教授等人研究了英国教师培训管理体系及改革⑥，朱旭东教授探讨了国外教师教育模式的转型⑦，孟凡丽等人总结了欧美国家在多元文化背景下教师能力培养新趋势⑧，吴志功等人总结了各国职前教师教师资格认证制度⑨，兰英研究了国外教师教学思想⑩，阎

　　① 单中惠：《教师专业发展的国际比较》，北京，教育科学出版社，2010。

　　② 许明：《教师教育伙伴合作模式国际比较》，北京，人民教育出版社，2012。

　　③ 梁忠义：《谈日本教师的继续教育》，载《比较教育研究》，1996(5)。

　　④ 姜勇：《从实体思维到实践思维：国外教师专业发展新取向》，载《外国教育研究》，2005(3)。

　　⑤ 丁邦平：《论美国教师教育的改革与创新——教师专业发展学校及其对我们的启示》，载《首都师范大学学报(社会科学版)》，2001(2)。

　　⑥ 祝怀新、许啸：《英国教师培训管理体系改革探析》，载《西南大学学报(社会科学版)》，2009(3)。

　　⑦ 朱旭东：《国外教师教育模式的转型研究》，载《外国教育研究》，2001(5)。

　　⑧ 孟凡丽、于海波：《国外多元文化背景下教师教学能力培养的探索及启示》，载《高等教育研究》，2008(2)。

　　⑨ 吴志功、陈英霞、王显芳：《世界教师教育发展趋势分析与未来教师资格证书方案设计》，载《比较教育研究》，2001(11)。

　　⑩ 兰英：《当代国外教师教学思想研究》，载《比较教育研究》，2000(4)。

光才梳理了美国教师教育机构的转型历程①，易红郡探讨了英国教师职前培养、入职教育和在职进修的一体化特征②，夏惠贤等人分析了英国合格教师标准及其对教师职前培训的新要求③，任友群结合实践案例探讨了日本教师的课程开发能力④。

四是有关教师管理与评价领域研究。王斌华的《发展性教师评价制度》(华东师范大学出版社，1998)、蔡敏的《美国中小学教师评价及典型案例》(北京大学出版社，2009)、洪明的《美国教师质量保障体系历史演进研究》(北京师范大学出版社，2010)等著作研究了各国教师聘用与管理制度，对完善教师管理制度提供了有益借鉴。学术论文方面，贾建国分析了美国中小学教师绩效工资改革，总结了美国提供法律保障和财政支持、引入增值评价、制定绩效工资比例与级差等经验。⑤　汪丞等人介绍了日本教师的"定期流动制"，认为这是解决中国区域内师资不均衡的有效方式。⑥　蔡宝来等人认为，课堂教学评价是课程与教学改革的重要部分，从课堂评价理念、标准与效果三方面阐释了英国教师课堂教学评价体系。⑦　此外，刘淑杰等人介绍了教学档案袋在美国教师教学评价领域的运用⑧，赵希斌

---

① 阎光才：《美国教师教育机构转型的历史经验及其启示》，载《教师教育研究》，2003(6)。

② 易红郡：《英国教师职前培养、入职培训和在职进修的一体化及其特征》，载《高等师范教育研究》，2003(4)。

③ 夏惠贤、严加平、杨超：《论英国合格教师专业标准与教师职前培训要求》，载《外国教育研究》，2006(3)。

④ 任友群：《日本教师的课程开发能力》，载《外国教育资料》，2000(5)。

⑤ 贾建国：《美国中小学教师绩效工资改革及其对我国的启示》，载《比较教育研究》，2009(9)。

⑥ 汪丞、方彤：《日本教师"定期流动制"对我国区域内师资均衡发展的启示》，载《中国教育学刊》，2005(4)。

⑦ 蔡宝来、车伟艳：《英国教师课堂教学评价新体系：理念、标准及实施效果》，载《全球教育展望》，2008(1)。

⑧ 刘淑杰、陆兴发：《新课程理念下教师教学评价方法探微——美国教学档案袋述评》，载《外国教育研究》，2002(5)。

介绍了国外发展性教师评价的发展趋势①，李星云从工资发放标准、发放主体、发放形式和保障措施等方面介绍了国外教师工资制度②，许明围绕"表现管理"介绍了英国中小学教师评价制度③，方彤等人介绍了英国的教师流动政策④，祝怀新等人介绍了日本教师资格制度及资格更新制⑤。

（四）农村教育与基础教育均衡发展

一是农村教育研究。中国比较教育学者对于农村地区的教育问题同样予以关注，从世界各国的乡村教育中吸取对本国乡村教育有益的经验。徐辉教授出版了《中外农村教育的发展与改革》一书，分别论述了中国、美国、丹麦、印度、苏联、英国、日本七个国家农村教育的发展与改革。⑥ 邱白莉的《EFA 会议以来国际组织对发展中国家农村教育的关注》一书重点梳理了联合国教科文组织、联合国儿童基金会、世界银行等国际组织对发展中国家农村教育的扶持措施。⑦ 王强的《美国农村教育发展史》一书梳理了美国农村教育发展历史，特别是美国农村学校城市化路径和当代美国农村教育多元均等发展。⑧ 此外，高如峰比较研究了美国与日本两国的农村义务教育财政体制⑨，张乐天以中国、印度、马来西亚和尼泊尔为例分析

---

① 赵希斌：《国外发展性教师评价的发展趋势》，载《比较教育研究》，2003(1)。

② 李星云：《国外中小学教师工资制度对我国的启示》，载《教育与经济》，2008(3)。

③ 许明：《英国中小学教师的评价制度和特点》，载《外国教育研究》，2002(12)。

④ 方彤、王芳芳：《英国的教师流动：问题、对策及启示》，载《湖南师范大学教育科学学报》，2011(4)。

⑤ 祝怀新、丁波：《日本教师资格更新制浅析》，载《比较教育研究》，2007(2)。

⑥ 徐辉、黄学溥：《中外农村教育的发展与改革》，重庆，西南师范大学出版社，2000。

⑦ 邱白莉：《EFA 会议以来国际组织对发展中国家农村教育的关注》，广州，中山大学出版社，2009。

⑧ 王强：《美国农村教育发展史》，银川，宁夏人民出版社，2009。

⑨ 高如峰：《农村义务教育财政体制比较：美国模式与日本模式》，载《教育研究》，2003(5)。

了各国农村教育补偿政策①，傅松涛等人研究了美国"农村教育成就项目"对促进城乡教育机会均等的影响②，秦玉友分析了美国、印度、日本农村教育的主要问题③，于海波分析了俄罗斯农村教育的基本状况、改革难点和实施策略④。

　　二是薄弱学校改造与教育均衡发展。孙启林教授等人主编的《世界主要发达国家义务教育均衡发展比较研究》一书通过对英国、法国、美国、德国、俄罗斯等国家义务教育均衡发展政策梳理，对照各国义务教育办学特色、课程设置以及教学评价标准等进行研究，总结了义务教育均衡发展的国际经验。⑤ 刘宝存教授等人总结了 21 世纪美国改造薄弱学校的政策变迁，认为其政策核心是有条件的拨款资助，价值目标是公平与效率。⑥ 李协京从制度环境出发，分析了日本教育财政制度和教育立法对促进教育均衡发展的作用。⑦ 王正青总结了国外推进城乡教育均衡发展的若干措施⑧，叶玉华总结了各国促进教育均衡发展的政策⑨，方彤研究了美国"跃进学校模式"对改造薄弱学校的作用⑩，杨军分析了英国促进教育均衡发展的

　　① 张乐天：《发展中国家农村教育补偿政策实施状况及其比较——中国、印度、马来西亚、尼泊尔四国案例分析》，载《比较教育研究》，2006(11)。
　　② 傅松涛、赵建玲：《美国城乡教育机会均等与"农村教育成就项目"》，载《外国教育研究》，2006(3)。
　　③ 秦玉友：《美国、印度、日本农村教育发展中的主要问题及启示》，载《外国教育研究》，2007(12)。
　　④ 于海波：《俄罗斯农村教育现代化及其启示》，载《外国教育研究》，2007(12)。
　　⑤ 孙启林、孔锴：《世界主要发达国家义务教育均衡发展比较研究》，长春，东北师范大学出版社，2009。
　　⑥ 刘宝存、何倩：《新世纪美国薄弱学校改造的政策变迁》，载《比较教育研究》，2011(8)。
　　⑦ 李协京：《日本教育财政和教育立法的若干考察——教育均衡化发展的制度环境》，载《外国教育研究》，2004(3)。
　　⑧ 王正青：《国外推进城乡教育均衡发展新趋势——社会生态系统的理论框架》，载《中国教育学刊》，2011(1)。
　　⑨ 叶玉华：《教育均衡化的国际比较与政策研究》，载《教育研究》，2003(11)。
　　⑩ 方彤：《美国跃进学校模式：薄弱学校的变革之道》，载《教育研究与实验》，2004(2)。

政策性支持①，阚阅阐述了英国"连锁学校"在推动基础教育均衡发展方面的作用②，王艳玲分析了英国"教育行动区"计划对改造薄弱学校的贡献③，阚阅介绍了印度反歧视政策对义务教育均衡发展的影响④，李文英等人总结了日本促进义务教育均衡发展的主要途径⑤，孔令帅分析了印度政府推动义务教育均衡发展方面的举措。⑥

三是农村学校合并与调整。孙启林教授等人分析了韩国农村小规模学校合并政策及其实施效果，认为其经济利益优先的合并模式进一步加剧了农村教育的萧条和农村社会的荒芜化。⑦ 张德伟等人梳理了俄罗斯农村完全中学的改革与发展进程，认为俄罗斯农村完全中学通过区域内网络互动模式、巴拉赫特地区模式、马拉霍夫中学模式等方式获得了新的发展。⑧ 王建梁等人梳理了 21 世纪以来新西兰农村学校布局调整，认为应重视学校在农村地区发展中的重要性，以长远眼光看待学校布局调整，且应抛弃简单的经济逻辑，遵循教育逻辑，可以组建专业评估委员会，依据农村学校的特点制定多样化的学校评价标准。⑨ 熊淳等人分析了日本义务教育学校布局

① 杨军：《英国促进基础教育均衡发展政策综述》，载《外国教育研究》，2005(12)。

② 阚阅：《推进基础教育均衡发展的新尝试：英国"连锁学校"的政策与实践》，载《比较教育研究》，2010(5)。

③ 王艳玲：《"教育行动区"计划——英国改造薄弱学校的有效尝试》，载《全球教育展望》，2004(9)。

④ 阚阅：《公平与积极的反歧视：印度义务教育均衡发展策略透析》，载《比较教育研究》，2011(8)。

⑤ 李文英、史景轩：《日本义务教育均衡发展的实现途径》，载《比较教育研究》，2010(9)。

⑥ 孔令帅：《教育均衡发展与政府责任——试论印度政府在基础教育均衡发展中的作用》，载《比较教育研究》，2010(5)。

⑦ 韩春花、孙启林：《韩国农村小规模学校合并政策实施效果及其对策研究》，载《外国教育研究》，2010(11)。

⑧ 乔桂娟、张德伟：《俄罗斯农村完全中学的改革与发展》，载《外国教育研究》，2009(4)。

⑨ 王建梁、陈瑶：《21世纪新西兰农村学校布局调整的反思及启示》，载《外国教育研究》，2011(6)。

调整的背景与特点。①

第三节　比较教育学学科发展特点与原因

这一时期的中国比较教育研究领域不断拓展，研究质量不断提升，国际交流与合作日益密切，对国外经验的引介成果丰硕又不乏批判和思考，着眼国际又不乏立足本国。比较教育学者们心系教育、同心协力，共同勾勒出比较教育学的繁荣画卷。

一、学科发展特点

随着改革开放的深入推进，中国比较教育学呈现出明显的阶段性特征：一是积极服务国家教育发展的需要；二是依据中国的实际情况产出了一系列具有本土特色的研究成果；三是课题资助力度加大，助力比较教育学科发展；四是学科间交叉融合的趋势日益明显；五是中外教育交流与互动更趋常态。

（一）积极服务国家教育发展需要

1995 年，江泽民同志在全国科技大会上的讲话中提出了实施科教兴国的战略，确立科技和教育是兴国的手段与基础的方针。2001年，《中华人民共和国国民经济和社会发展第十个五年计划纲要》提出"实施人才战略"，首次将人才战略确立为国家战略。中国比较教育在"科教兴邦""人才强国"等战略指导下，以服务教育发展为导向，积极推进中国教育的现代化转型，全面研究不同国家的教育发展经验，参与国家重大教育政策的制定，并为之提供了大量的调查资料与咨询服务。

21 世纪初，中国比较教育依然担当着教育改革先锋的时代重任。

---

① 熊淳、魏体丽：《日本义务教育学校布局调整的背景、特点及其启示》，载《教育与经济》，2012(2)。

2001 年，教育部颁发《基础教育课程改革纲要（试行）》，正式启动新一轮基础教育课程改革；2004 年，教育部修订《普通高等学校本科教学工作水平评估方案（试行）》，启动普通高等学校本科教学工作水平评估；此外，为解决中国改革开放后各行各业出现的人才紧缺问题，职业技术教育、成人教育、继续教育等也亟须变革。比较教育学积极从国外的人才培养经验中寻找有利于中国人才培养和建设事业的路径，展开了对国外中小学基础教育、西方现代大学制度、高等教育管理模式和学位制度、课程与教学、教师教育等多项专题研究，在服务中国教育的实践中推进学科发展，实现学科的时代创新。

（二）创建中国特色比较教育

改革开放以后，中国比较教育学再一次推进学科向高一级转型，在理性借鉴中创建了具有中国特色的比较教育学科体系。

一是学科分析框架的时代转型。以 1996 年顾明远先生等人的《比较教育导论——教育与国家发展》和 2008 年冯增俊等人的《当代比较教育学》为标志，中国比较教育实现了从描述性研究到经验性研究再到原理性研究的发展，使理性辩证的比较教育研究分析框架更能把握未来教育的整体战略发展。[1]

二是研究方法的本土化。比较教育在研究方法上试图摆脱过去简单描述和介绍的"译本"模式，建立起注重深层次原因分析、与中国社会情境兼容的真正意义的"比较"模式。鉴于此，比较教育学者们对西方比较教育方法论的引介和对比较教育方法论的探讨不断增多。单纯翻译国外教育的文章大量减少，对国外教育现象背后的政治、经济、文化因素的解释受到重视；更加注重批判性，将所引介的内容完整叙述后，加以"缺陷和不足"的客观评价环节；立足自身，

---

[1]　马早明、冯增俊：《改革开放以来中国比较教育学的发展与转型》，载《教育研究》，2009(6)。

研究别国教育后得出对于中国的"启示"几乎成为比较教育学者的共识。除此之外，中国的少数学者开始致力于根据中国传统文化和传统智慧，汲取对比较教育有益之处，甚至自主提出了具有中国特色的比较教育方法论体系。

众多比较教育学者加强对学科领域的反思研究，在引入大量国外比较教育学家理论和思想的基础上，对比较教育的学科性质、研究目的、研究对象、研究方法与方法论以及学科的未来发展方向等展开了热烈的讨论，呈现出学术争鸣、百花齐放的态势。对学科自身根基问题的严谨反思，表明中国比较教育又进一步发展成熟，也只有如此，比较教育才能继续成长壮大，继续为中国的教育事业添砖加瓦。

(三)课题资助力度加大，助力比较教育学科发展

以全国教育科学"十五""十一五""十二五"期间的比较教育类国家重点课题和国家一般课题为例，2001 年至 2005 年共有 4 项课题，2006 年 4 项，2007 年 6 项，2008 年 2 项，2009 年 10 项，2010 年 8 项，2011 年 3 项，2012 年 6 项(详见表 3.2)。

表 3.2　2001—2012 年全国教育科学规划中比较教育学类立项课题

年份	课题名称
2001—2005	世界一流大学的形成与发展研究(国家重点课题)
	中国比较教育理论建设的研究
	信息社会高等教育变革国际比较研究
	教育宏观决策的比较研究
2006	经济全球化背景下大学生国际理解能力培育模式研究：基于国际政治观教育视角的考量与测度
	全球视野下中国教育发展战略研究
	国内外大学排名的实证研究：指标、权重与影响
	美、英、中高校创业教育比较研究

续表

年份	课题名称
2007	巴西、俄罗斯、印度、中国四国教育发展与国家竞争力的比较研究（国家重点课题）
	美国中小学公民教育及其启示
	中美日英俄德六国体育学科研究生培养体制与教育模式的比较研究
	美国高等教育的强国职能及其借鉴研究
	外国职业教育史
	中国、印度、美国、日本、俄罗斯五国中等教育考试政策与考试制度研究
2008	高校教师专业化发展及其组织模式：国际经验与本土实践
	发达国家促进民族教育均衡发展相关政策研究
2009	西方道德教育思想史比较研究
	英国现代教育思想流派的历史演进研究
	美国德育价值观澄清理论研究
	德国应用科技大学学士制度与我国高职院校人才培养模式比较研究
	中国与美国关于景观设计教育的分析研究
	中美加三国中学生领导力培训模式研究
	国际视域下实践导向的教师培训研究
	美国高校社会捐赠制度研究
	东欧转型国家的农村教育发展的研究
	近年来主要发达国家高校本科教学模式的改革与创新研究
2010	主要国家民族教育政策比较研究（国家重点课题）
	主要国家高中数学教材比较研究（国家重点课题）
	西方教育社会学理论流派的思想史研究
	国际组织与世界教育发展研究
	中西文化背景下的教师职业道德养成比较研究
	美国公立研究型大学教育质量保障研究
	美国高校社会捐赠机制研究及其借鉴
	20 世纪九十年代以来中德中等职业教育课程改革比较研究

续表

年份	课题名称
2011	经济全球化背景下中国特色基础教育发展道路研究
	国际视野下的区域卓越教育理论与实践研究
	跨境民族教育研究
2012	高校创新能力国际比较研究(国家重点课题)
	中小学理科教材国际比较研究(国家重点课题)
	中美研究型大学通识教育模式比较研究
	印度教育公平战略及其实施成效研究
	基于国外应用型大学经验的新建本科院校成长理论与实践
	美国研究型大学"黄金时代"的形成与发展

　　2001 年至 2012 年全国教育科学比较教育类国家重点课题和国家一般课题，主要关注以下内容：①教育政策与制度：既有宏观的教育政策与战略，如 2006 年的"全球视野下中国教育发展战略研究"及 2010 年的国家重点课题"主要国家民族教育政策比较研究"；也有微观的教育机制与制度，如 2007 年对中、印、美、日、俄五国中等教育的考试制度研究，2009 年与 2010 年对美国高校社会捐赠机制的研究等。②教育与国家发展：研究教育的强国功能，如 2007 年的国家重点课题"巴西、俄罗斯、印度、中国四国教育发展与国家竞争力的比较研究"。③一流大学建设：研究世界一流大学的形成与发展、排名机制、教育质量保障机制等，介绍国外研究型大学、应用型大学的教育模式与实践经验。④教材设计：研究主要针对国外中等教育中的教材设置，如 2010 年的国家重点课题"主要国家高中数学教材比较研究"和 2012 年的国家重点课题"中小学理科教材国际比较研究"等。⑤学生能力养成：重点关注经济全球化背景下学生个体的均衡发展与素质养成，研究国外学生国际理解能力、领导力和创新能力等的培育模式。

（四）学科之间交叉融合日益明显

比较教育学尽极大可能将"实用"和"实践"导入视野之中，其基于比较视野对国际教育整体性发展的研究可以说是独有的，而随着经济全球化浪潮、多元文化的冲击以及后现代理论群影响的不断加强，比较教育与社会发展、人文科学的联系日益紧密，呈现出明显的跨学科性。哲学在方法论上给予比较教育学指导，现象学、后现代主义、后殖民主义、解释学、话语伦理学等无不影响了比较教育学的发展，高亚杰、饶从满的《现象学方法在比较教育研究中的应用》、朱旭东的《后现代主义与比较教育研究——评柯温的后现代比较教育理论》、孙振东的《略论教育研究国际传播中的后殖民主义倾向问题》等文章都体现了相应的思考与总结。

在经济全球化的进程中，经济学深深渗透进了比较教育学研究的每一个角落。一方面，比较教育学重视中国社会主义市场经济体制的发展需要，以经济学的理论做支撑，倡导教育与经济互动的服务型发展模式，在教育服务社会、促进生产发展的基础之上引介国际教育经验。另一方面，比较教育学者在面对国外的教育财政问题时，经常运用经济学模型解释和分析其财政投入与支出、教育投资的正反效果及作用机制等问题。

除哲学、经济学之外，比较教育学还与心理学、管理学、社会学等众多学科交叉融合，从中借鉴吸取了有利于自身发展的理论与方法。比较教育学者将教育置于宏观的社会背景下考察教育现象和社会现象之间的关系，在跨学科领域中以多种视角透视教育。从改革开放后中国比较教育学的研究实践和发展趋势来看，可以说比较教育学应该并且正在成为教育研究的高级形态。①

---

① 田小红：《试论比较教育学与教育学知识之间的关系》，载《教育学报》，2009(5)。

(五)中外教育交流互动加强

改革开放深入阶段，中国比较教育学发展的重要特征和使命之一仍是积极推动中国教育走向世界。一系列的精品丛书，如"战后国际教育研究丛书""比较教育丛书""亚洲'四小龙'教育研究丛书""20世纪教育的回顾与前瞻丛书""比较教育论丛""比较教育译丛"等有力地促进了中国了解世界、认识世界。各大高校国际与比较教育研究所积极组织各类区域性、国际性教育会议，与相关国外院校建立起包括派遣访学队伍、邀请国外专家讲学等在内的学术联系，还在专业发展和课题研究等方面展开了一系列广泛深入的合作。

此阶段比较教育还致力于推进中国教育的国际化，不仅学习借鉴美国、英国、日本、德国等发达国家的教育模式，还高度重视印度、古巴、菲律宾以及肯尼亚等非洲各发展中国家的教育发展经验，对于联合国教科文组织、世界贸易组织等国际组织在教育领域中的作用也开始有所关注。中国比较教育不断丰富其国际性和包容性，其焦点逐步从原先的以"一点"为中心向"多元"领域扩散，呈现出多样化的趋势。

二、学科发展原因分析

中国比较教育学科发展成就的取得，离不开稳定的政治局面，持续向上的经济态势，逐步开放的文化心态。随着建立社会主义市场经济体制的经济体制改革目标的确立，中国改革开放深入发展，在全面建设小康社会、全面提高教育质量与维护教育公平的进程中，中国比较教育迎来了发展的又一个黄金期。

(一)改革开放推动教育体制改革

1992年1月18日至2月21日，邓小平同志在武汉、深圳、珠海、上海等地发表了一系列有关改革开放的重要讲话，高屋建瓴地提出了"大胆吸收和借鉴人类社会创造的一切文明成果"理论，指出

"社会主义要赢得与资本主义相比较的优势，就必须大胆吸收和借鉴人类社会创造的一切文明成果，吸收和借鉴当今世界各国包括资本主义发达国家的一切反映现代社会化生产规律的先进经营方式、管理办法"。10 月 12 日，中国共产党第十四次全国代表大会召开，江泽民同志代表第十三届中央委员会作了题为《加快改革开放和现代化建设步伐，夺取有中国特色社会主义事业的更大胜利》的报告，确立了建立社会主义市场经济体制的改革目标。

改革开放深层次推进也推动了教育体制改革。1993 年，中共中央、国务院发布《中国教育改革和发展纲要》，提出教育要"面向现代化，面向世界，面向未来"，加快教育改革和发展的步伐，建设有中国特色社会主义教育体系，并明确将坚持教育的改革开放、大胆吸收和借鉴人类社会的一切文明成果作为建设有中国特色社会主义教育体系的主要原则之一，将"大胆吸收和借鉴世界各国发展和管理教育的成功经验"作为进一步扩大教育对外开放的指导思想。

2010 年通过的《国家中长期教育改革和发展规划纲要（2010—2020 年）》，进一步确立了教育改革的战略主题是以人为本、全面实施素质教育，重点是面向全体学生、促进学生全面发展，着力提高学生服务国家、服务人民的社会责任感，勇于探索的创新精神和善于解决问题的实践能力，推进思路是坚持德育为先、能力为重、全面发展。纲要与改革开放的精神一脉相传，以改革创新为主线，着力建设中国特色社会主义现代教育体系，尊重基层和群众创造精神，借鉴国外先进理念，努力冲破传统观念和体制机制的束缚。

教育要对外开放，要吸收和借鉴世界各国的教育经验，这是从新中国成立数十年的摸索与建设经验中提炼总结出的成果，同时也是改革开放思想的结晶。在改革开放政策的指导下，比较教育学服务教育对外开放的责任与使命得以彰显。中国比较教育学者积极勇敢地承担起自己的义务，站在时代的制高点上，吸取世界先进办学治学的经验，引进有借鉴意义的教育理论和教育思想，提出符合中国实际的教育政策制度、改革实践建议，为中国的教育建设事业添砖加瓦。

(二)经济体制持续市场化发展

1992 年党的十四大明确指出中国经济体制改革的目标是建立社会主义市场经济体制，要把社会主义基本制度和市场经济结合起来，建设具有中国特色的社会主义市场经济体制。1993 年，中共十四届三中全会通过了《中共中央关于建立社会主义市场经济体制若干问题的决定》，勾画出市场主体、市场体系、宏观调控体系、收入分配制度和社会保障制度"五大支柱"构成的社会主义市场经济体制基本框架；2002 年，党的十六大宣告中国社会主义市场经济体制初步建立；2003 年，中共十六届三中全会通过了《中共中央关于完善社会主义市场经济体系若干问题的决定》，标志着中国经济体制改革从初步建立社会主义市场经济体制进入完善社会主义市场经济体制的新时期。

市场经济体制改革的稳步推进在为教育事业提供了充足的经费支持的同时，也反映了社会经济发展的人才需求与劳动力市场需求。市场需求的动态性对劳动力和人才需求产生影响，从而对教育层次结构、科类结构、专业结构等提出新的要求。人力资本观、人才资源观下，人才成为科技进步和经济社会发展的重要资源；教育产业观下，教育增添了创造知识、培养人才的生产性属性；效益观和质量观下，学校办学不得不考虑人力、物力、研究等投入与产出间的关系。除此之外，市场经济体制在各个方面深刻影响教育发展，自由择业、人才流动等伴生现象使教育系统变得更加复杂。计划经济条件下国家包揽办学的局面发生改变，形成以政府办学为主、社会各界共同参与的新体制；教育行政管理部门简政放权、转变职能，学校内部管理体制发生重大变化。

无论是在传统的市场经济国家还是在新生的市场经济国家，市场经济与教育的关系都是世界性的新课题。面对市场经济影响下教育出现的各种新问题和新需求，中国比较教育学者们提出建设"面向21 世纪的比较教育"的议题，将目光投向国外，介绍引进了国外先进的教育管理制度、学校行政制度、人才培养方式乃至课堂教学模式、课程设置、教材选择等一系列微观层面的经验，并对中国教育发展的办学体制、运行机制、招生制度、收费制度和私立学校等热点问题进行了集中讨论，以期通过检视国外走过的路，为中国市场经济体制下的教育改革提供参考和意见。

（三）文化体制改革促进本土化思考

改革开放之后，中国在敞开国门面向世界的同时，也开始了大力发展社会主义文化、建设社会主义精神文明、推进文化体制改革的进程。1996 年中共十四届六中全会通过的《中共中央关于加强社会主义精神文明建设若干重要问题的决议》提出了文化体制改革的任务和一系列方针，认为"改革文化体制是文化事业繁荣和发展的根本出路"。2000 年，中共十五届五中全会通过了《中共中央关于制定国民经济和社会发展第十个五年计划的建议》，第一次正式提出"文化产业"的概念，标志着中国对于文化产业的承认和对其地位的认可。2002 年，党的十六大第一次将文化分成文化事业和文化产业，强调要积极发展文化事业和文化产业。2003 年，中共十六届三中全会通过《中共中央关于完善社会主义市场经济体制若干问题的决定》，进一步深化和明确文化体制改革的目标，提出以人为本，全面、协调、可持续的科学发展观。2004 年，中共十六届四中全会通过《中共中央关于加强党的执政能力建设的决定》，提出"深化文化体制改革，解放和发展文化生产力"这一重要命题，并进一步指出"根据社会主义精神文明建设的特点和规律，适应社会主义市场经济的要求，进一步革除制约文化发展的体制性障碍"。

改革开放的精神赋予了中国对外开放、中国教育对外开放生机与活力；持续深入的文化体制改革亦使得文化自信渗透进经济、政治、社会、教育等各个领域。文化自信、教育自信，就是既要以开放的心态借鉴外国经验，兼收并蓄，以他山之石攻我教育之玉；又要坚信中国优秀传统文化，走出一条中国自己的教育之路。有鉴于此，中国比较教育学者们在对世界先进的教育经验进行广泛吸收，将比较教育建设成为中国取长补短、交流借鉴的平台和窗口的基础上，坚定文化自信与教育自信，积极开展自我反思与创新，根据中国的实际情况改造和发展国外的教育经验，并进一步结合中国优秀传统文化，提出一系列具有中国本土化特色的比较教育思想和理论，在为中国教育改革服务的同时也为解决世界教育问题贡献出东方智慧。

(四)和谐社会呼唤教育公平民主

2004 年 9 月，中共十六届四中全会首次提出了构建社会主义和谐社会的历史任务，提出要适应中国社会的深刻变化，把和谐社会建设摆在重要位置。2006 年 10 月，中共十六届六中全会通过《中共中央关于构建社会主义和谐社会若干重大问题的决定》，明确了社会主义和谐社会的性质及其定位，构建社会主义和谐社会的指导思想、奋斗目标和主要任务以及必须遵循的正确原则。构建社会主义和谐社会战略任务的提出，使中国特色社会主义事业形成经济建设、政治建设、文化建设、社会建设"四位一体"的总体布局，体现了中国坚持民主与法治的统一、公平与效率的统一、活力与秩序的统一、科学与人文的统一、人与自然的统一。

教育是统筹城乡发展、统筹区域发展、统筹经济社会发展、统筹人与自然和谐发展、统筹国内发展和对外开放，构建社会主义和谐社会的重要支柱。教育的公平、民主、效能等既是和谐社会的重要内容，又是和谐社会的重要基础，更是和谐社会的实现途径，是和谐社会不可或缺的基本因素。比较教育学顺应和谐社会的要求，积极关注民主法治、公平正义等教育话题，围绕教育现代化的时代背景稳步前进。在此背景下，中国比较教育学者深入研究了世界各国提升教育质量与维护教育公平的政策和实践经验，国外农村教育发展与改革、城乡和区域教育均衡发展、薄弱学校改进等成为这一时期比较教育学者们关注的热点话题，为寻求中国教育问题的本土解决方案提供国际化的参考与借鉴。

（五）加入世界贸易组织加深中国对外联系

1995 年 7 月 11 日，世界贸易组织总理事会会议决定接纳中国为该组织的观察员。2001 年 12 月 11 日，中国正式加入世界贸易组织，成为其第 143 个成员。加入世界贸易组织不仅加深了中国与世界的联系，同时也为中国带来了经济、政治、文化、社会、教育等全方位的巨大影响。就对教育的影响而言，一是拓展了中国的教育市场。世界贸易组织规定的贸易开放包括货物贸易、服务贸易和知识产权贸易三个方面，教育服务作为服务贸易的一种，受到《服务贸易总协定》若干条款的约束。二是增加了社会对教育的人才需求。一方面，经济发展刺激人才需求的增加，在就业机会增加的同时，不同行业间的转岗流动也变得更加频繁，由此也增加了再就业培训与创业培训的需求；另一方面，受教育机会转向全体人群，熟悉国际贸易流程、掌握国际语言成为一种需求和优势。三是改变了人才培养的模式。全球性的人才流动与国际化的人才标准使教育在人才培养的方法、观念和制度等方面也发生相应变化。培养具有国际视野、创新精神与能力的复合型人才成为教育的首要目标。

加入世界贸易组织在为中国教育带来机遇的同时也带来了挑战。比较教育作为连接中外教育的桥梁，义不容辞地承担起属于自己的责任和义务，积极提供新的国际教育视野，引进新的教育经验，参与和推进国际教育交流与合作，在中国经济全球化进程中持续发挥重要作用。首先，中国比较教育更加深入地融入国际比较教育大家庭，通过举办国际性学术论坛、参加国际学术活动、联合开展科研与人才培养等举措，提高自身的国际化水平。其次，受加入世界贸易组织的影响，中国比较教育研究领域得以拓展，国际人员流动、合作办学、教育对外援助等主题受到学者们的广泛关注。最后，成为世界贸易组织的一员，使得包括比较教育学者在内的中国教育学者们更加关注国际组织的运作与职能，中国比较教育学者开始对联合国教科文组织等国际组织给予极大热情，从而提出了顺应经济全球化趋势构建教育全球治理体系这一时代命题。

第四章

比较教育学的不断迈进阶段(2013 年至今)

党的十八大以来,以习近平同志为核心的党中央面对世界经济复苏艰难、国内经济下行压力加大、自然灾害频发、多重矛盾交织的复杂形势,团结带领全国各族人民,从容应对挑战,奋力攻坚克难,圆满实现经济社会发展主要预期目标,改革开放和社会主义现代化建设取得令人瞩目的重大成就。比较教育学得益于良好的国内发展环境,专业人才培养数量稳步增长、对外交流合作不断增加,虽然也面临着学科质疑与挑战,但是随着国家综合实力的增强,大数据等新兴技术的逐步普及,比较教育学学科也迎来新的机遇,产出了大量的成果,体现出研究队伍专业化、研究方法多元化、研究地域广泛化等特征。

第一节 比较教育学学科制度化建设

2013 年以来比较教育学学科专业点逐渐稳固,人才培养数量逐渐增加。得益于比较教育学科的发展,学科领域内专业期刊的影响力也逐渐上升,其他教育类期刊都开设了"比较与借鉴"专题。随着"一带一路"倡议的深入实施,比较教育学者对"一带一路"的研究也逐步增加,一些高校成立了专门的"一带一路"研究中心,扩大了比较教育学的研究范围。

一、专业建设与人才培养

学科专业布局与人才培养是比较教育学科持续发展的根基，只有一代代比较教育后备人才不断涌现，才能推动学科持续发展。

(一)课程设置与教材出版

除针对比较教育学专业研究生开设有关比较教育学的课程外，教育学专业本科生和其他专业研究生也会进行这方面课程的学习，如中外文献研读、当代西方教育思潮、教育国际前沿等课程。各高校除了常规的比较教育学、比较教育学史这类课程，还开设了基础教育比较、高等教育比较、职业教育比较、学前教育比较、课程与教学论比较、区域研究等课程。新时代以来，教育国际化、教育信息化成为研究的重点，因此部分高校比较教育学专业还开设了关于数据分析的课程，便于学生利用各大数据库更好地进行国际比较与分析。

同时，这一时期一些比较教育学教材也陆续出版。2018年，孔锴出版《比较教育学》一书，以比较教育学学科发展的基本理论为基础，选取德国、英国、法国、美国、日本、俄罗斯、印度等世界主要国家的教育作为研究对象，在介绍各国教育演进的基础上，积极借鉴各国教育改革的有效措施与改革进程，吸纳反映比较教育科学研究的新成果，概括各国教育制度的现状。[①] 杨汉清教授的《比较教育学》在2015年出版第三版。冯增俊、陈时见、项贤明主编的《当代比较教育学》作为"十二五"普通高等教育本科国家级规划教材，同样在2015年出版第二版。这一时期还出版了许多关于比较教育学专业的著作，涉及学前教育、基础教育、中等教育、高等教育等各领域。

[①]　孔锴：《比较教育学》，3页，北京，清华大学出版社，2018。

（二）比较教育学专业研究生培养

整体而言，2013 年后比较教育学位点不断增加，培养的人才数量也大幅增加。2016 年全国共有 44 个比较教育专业硕士学位授予点、15 个博士学位授予点。相比 2002 年分别增加了 14 个和 9 个，培养的人才数量也在增加。以西南大学比较教育学为例，2007 年西南大学比较教育学仅有 20 位硕士和 4 位博士毕业，到 2010 年毕业硕士、博士人数分别增长到 28 人和 6 人，2013 年分别为 29 人和 9 人。

北京师范大学比较教育学培养研究方向集中在教育政策与管理比较、高等教育比较、基础教育比较、国际教育与发展教育研究、教育理论与思潮；华东师范大学培养研究方向集中在日本教育理论与政策研究、公民教育比较研究、德国教育学、西方教育哲学；东北师范大学培养研究方向集中在教师教育比较、公民道德与教育、高等教育比较；西南大学培养研究方向集中在比较教育理论、国别教育研究、教育政策比较、教师教育比较、高等教育比较。

二、学术机构与学术刊物

学术机构与学术刊物是比较教育学科发展的重要平台。随着"一带一路"倡议的提出，各传统高校加强了对沿线国家的教育研究，一些非师范类大学也纷纷设立"一带一路"研究机构，并将教育问题纳入研究范畴。比较教育学术期刊也顺应这一潮流，适时刊发了众多相关成果。

（一）比较教育学术机构的拓展

一是各高校设立"一带一路"研究机构。党的十八大以来，我国对外交流与合作不断增强，随着"一带一路"倡议和构建人类命运共同体理念的提出，众多高校开设了"一带一路"研究中心或研究院，成立了"'一带一路'高校战略联盟"。[①] 这也间接促进了比较教育学的发展，增加了大批从事"一带一路"沿线国家教育研究的学者。2015 年国内加入"一带一路"高校战略联盟的学校有 39 所，2016 年增至 79 所。这些高校都成立了"'一带一路'研究院"或"'一带一路'研究中心"等机构(见表 4.1)。

表 4.1　"一带一路"倡议提出后部分高校开设的对外研究中心

高校	机构
中国人民大学	重阳金融研究院
中国政法大学	"一带一路"法律研究中心
中国科学院大学	"一带一路"学院
中国社会科学院大学	"一带一路"研究院
北京交通大学	丝路研究中心
北京大学	"一带一路"研究中心、"一带一路"书院
北京外国语大学	丝绸之路研究院
北京第二外国语大学	中国"一带一路"战略研究院
北京语言大学	"一带一路"研究院
北京师范大学	"一带一路"学院
北京科技大学	中国"一带一路"发展研究院
清华大学	"一带一路"战略研究院
对外经济贸易大学	"一带一路"PPP 发展研究中心
复旦大学	"一带一路"及全球治理研究院
上海外国语大学	中东研究所
上海对外经贸大学	"一带一路"国家经贸关系与合作高等研究院
上海大学	高等研究院

---

① "一带一路"高校战略联盟成立于 2015 年 10 月 17 日，由复旦大学、北京师范大学、兰州大学和俄罗斯乌拉尔国立经济大学、韩国釜庆大学等 46 所中外高校在甘肃敦煌共同成立，以探索跨国培养与跨境流动的人才培养新机制，培养具有国际视野的高素质人才。

续表

高校	机构
上海政法学院	"一带一路"安全问题协同创新中心
上海中医药大学	中医药国际化发展研究中心
华东师范大学	"一带一路"与全球发展研究院
陕西师范大学	"一带一路"建设与中亚研究协同创新中心
西安交通大学	丝绸之路经济带研究协同创新中心
西安音乐学院	"一带一路"音乐文化高等研究院
西北师范大学	中亚研究院
西北工业大学	"一带一路"跨文化研究所
西北大学	丝绸之路研究院
天津外国语大学	"一带一路"天津战略研究院
青岛大学	"一带一路"研究院
大连理工大学	"一带一路"高等教育研究中心
渤海大学	渤海大学东北亚走廊与丝绸之路研究中心
厦门大学	"一带一路"法律研究中心
华侨大学	海上丝绸之路研究院
江苏师范大学	"一带一路"研究院
浙江师范大学	非洲研究院
浙江大学	"一带一路"合作与发展协同创新中心
洛阳师范学院	"一带一路"语言服务研究中心
华中师范大学	中国周边安全与合作研究中心
兰州大学	"一带一路"研究中心
宁夏大学	"一带一路"研究中心
北方民族大学	"一带一路"研究院
新疆大学	中亚研究院
贵州师范大学	"一带一路"翻译研究中心
四川大学	"一带一路"研究院

续表

高校	机构
云南大学	"一带一路"研究院
云南师范大学	"一带一路"沿线文明比较研究中心
同济大学	"一带一路"安全问题协同创新中心

　　二是国别和区域研究基地。2015年1月教育部印发《国别和区域研究基地培育和建设暂行办法》的通知，要求各地要深刻认识国别和区域研究的重要意义，积极发挥所在区域和有关高校的优势，扎实推进研究基地的培育和建设工作，努力为国家改革发展提供智力支持和人才保障。2017年2月教育部办公厅再次印发《关于做好2017年度国别和区域研究有关工作的通知》，明确提到了国别和区域研究中心，是指高校整合资源对某一国家或者区域的政治、经济、文化、社会等开展全方位综合研究的实体性平台。国别和区域研究中心要以咨政服务为首要宗旨，注重加强国别和区域研究学科建设，培育新兴交叉学科，扎实做好人才培养工作，造就大批满足国家重大政策研究需求的"国别通""领域通""区域通"人才，建立具有专业优势和重要影响的研究团队，推动形成高校科研工作新的增长点，不断提高研究质量，着力推进成果利用，努力建成具有专业优势和重要影响的研究中心。

　　三是部分传统师范类院校拓展了比较教育研究范围。其中浙江师范大学着重加强与非洲国家的合作，成立了浙江师范大学非洲研究院。该院是在教育部、外交部支持下于2007年成立的中国高校首个综合性、实体性非洲研究院，经过10多年发展已成为有广泛影响力的中国非洲研究机构与国家对非事务智库。非洲研究院围绕国家发展大局与中非合作大势，以"当代非洲发展问题"与"新时期中非合作关系"为重点研究领域，深入开展基础理论与应用对策研究，迄今已累计出版各类学术著作、译著和专题报告75部(卷)；在国内外刊物上发表论文 300 多篇；主办了"中非智库论坛""中非媒体智库研讨会"等一系列具有广泛国际影响力的重要学术会议；向国家各部委提交各类咨询报告 40 余篇，多篇报告获国家领导人批示或被《教育部高校智库专刊》录用；编撰出版的教育部哲学社会科学年度报告《非洲地区发展报告》及研究院专业期刊《非洲研究》已成为中国非洲研究重要品牌，填补了我国比较教育领域非洲教育研究空缺。浙江大学与国际劳工组织（ILO）国际培训中心进行合作，每年输送学生参与联合国大学生暑期实践学习项目。基于国家战略新设的这些学院，丰富了比较教育学的研究地域与研究人员，形成了潜在的比较教育学研究机构。

另一个近年来产生重大影响的是上海师范大学成立的联合国教科文组织教师教育中心。2015 年联合国教科文组织发布的《教育2030 行动框架》提到，"到 2030 年，包括通过国际合作，为发展中国家特别是最不发达国家和发展中的小岛国，实质性地增加合格教师供应"。2017 年 11 月在联合国教科文组织第 39 届全体大会上，100多个国家和地区会员代表以"无辩论"通过的方式，决定在中国上海设立联合国教科文组织教师教育中心，联合国教科文组织教师教育中心落户上海师范大学。目前该中心已初步涉及东南亚、中亚、中东、非洲等地约 10 个研发与培训项目，有利于中国更深入地参与全球教育治理，也为我国比较教育研究提供了新的研究基地。

（二）比较教育学术期刊

2013 年至 2018 年，关于比较教育研究的学术文章越来越多，除《比较教育研究》《外国教育研究》《全球教育展望》等期刊外，其他高质量的期刊也开设了国际与比较研究专栏，例如《高等教育研究》持续开设"国际与比较高等教育"专栏。2015 年 11 月，由顾明远先生任丛书主编的"中国比较教育研究 50 年"丛书出版。2015 年 11 月 7 日，《比较教育研究》创刊 50 周年学术研讨会暨"中国比较教育研究 50

年"丛书首发式在北京师范大学召开。全国教育科学规划办、北京师范大学等单位的领导，以及来自全国各地的比较教育研究者、教育学术期刊同行代表 100 余人出席了会议。

《比较教育研究》创刊 50 年来，共发表了近 5000 篇文章，它"立足中国，放眼世界"，引介国外重要的教育理论与思想，追踪世界各国的教育政策与实践，持续关注我国比较教育学科的发展，促进比较教育学领域学者的成长，助力我国教育改革。在《比较教育研究》创刊 50 周年之际，北京师范大学国际与比较教育研究院的同仁在顾明远、王英杰、曲恒昌等先生的带领下，根据刊物多年关注的重点，以及当前我国教育改革的热点，历时一年选编了"中国比较教育研究50 年"丛书。徐辉教授认为，《比较教育研究》在我国教育事业的改革与发展进程中发挥了不可替代的重要作用，是青年学者学习的榜样，是我国教育界了解世界教育发展的窗口，是我国国际教育交流与合作的平台，是繁荣我国教育科学的园地，是服务我国教育决策的智库。[①]

《外国教育研究》和《全球教育展望》杂志也在这一时期刊发了大量高质量文章。《外国教育研究》在 2013 年至 2018 年一共开设了 95个栏目与专题，涉及高等教育、教师教育与教师专业发展、教育理论研究、课程与教学研究、教育评价研究、教育改革与发展、公民与道德教育、东亚教育研究、职业技术教育研究、教育政策研究、教育治理研究、创业教育研究等。《全球教育展望》同时期开设了 68个栏目与专题，涉及课程与教学、教师教育、国际与比较教育、教育基本理论、儿童研究、专家访谈、教育理论、核心素养研究、教育政策与管理、教育政策、高考研究、教育实证研究、会议综述、高等教育、杜威研究、质化研究、学科教学等。

---

① 　徐辉：《我眼中的〈比较教育研究〉》，载《比较教育研究》，2015(11)。

表 4.2   2013—2018 年比较教育学专业期刊影响力指标

年份	《比较教育研究》			《全球教育展望》			《外国教育研究》		
	载文篇数	被引次数	影响因子	载文篇数	被引次数	影响因子	载文篇数	被引次数	影响因子
2013	273	1878	0.52	165	1961	0.81	187	1932	0.60
2014	275	1938	0.61	165	2542	0.98	168	2038	0.62
2015	217	2365	0.81	151	2763	1.27	137	2138	0.65
2016	200	1932	0.86	146	1852	1.17	123	1223	0.55
2017	188	—	1.10	156	—	1.26	125	—	0.82
2018	176	—	1.30	141	—	1.56	131	—	1.02

三、学术会议与学术活动

新时代比较教育学学术会议与学术活动在国内稳定展开，以中国教育学会比较教育分会年会为主，比较教育区域会议和国际交流也不断增多。

（一）中国教育学会比较教育分会

改革开放以来，我国比较教育学界在促进教育开放方面发挥了重要的历史作用，比较教育年会是进行思想交流、分享比较教育成果的重要平台。2014 年 12 月 20 日至 21 日，由中国教育学会比较教育分会主办，华南师范大学教育科学学院、中山大学教育学院承办的中国教育学会比较教育分会第十七届年会在广州召开。会议以"全球视野下的教育治理"为主题，来自全国各地高校、媒体等各方的300 多位代表围绕"比较教育学科建设""教育理论与思想""教育国际化研究""高等教育治理研究""教育改革与发展研究""美国高等教育治理研究"等 16 个议题进行深入讨论。

在进一步扩大教育对外开放的新形势下，比较教育必须继续服务于国家的重大关切，为扩大教育对外开放做出新的贡献。2016 年12 月 2 日至 4 日中国教育学会比较教育分会第十八届年会在海南师范大学召开，大会主题是"扩大教育对外开放与比较教育的时代使命"，同时开设了"留学教育与扩大教育对外开放""涉外办学与扩大教育对外开放""教育创新与扩大教育对外开放""人文交流与扩大教育对外开放""教育合作与扩大教育对外开放""'一带一路'倡议与扩大教育对外开放""教育体制改革与扩大教育对外开放""比较教育方法论与学科建设"等分论坛。来自全国 20 余个省、市、自治区的 400 余名专家学者参会交流。会务组共收到论文近 300 篇，其中硕博研究生论文超过了半数，这从一个侧面反映了近年来我国比较教育学人才后备队伍的不断壮大。

党的十九大提出了构建人类命运共同体这一重大命题，为比较教育赋予了新的时代使命。在此背景下，中国教育学会比较教育分会于 2018 年 10 月 26 日至 28 日在陕西师范大学召开以"人类命运共同体构建与比较教育新使命"为主题的第十九届学术年会。来自全国 98 所高等院校、科研机构、学术期刊等单位的 600 多位代表参加了本次会议，对改革开放 40 年比较教育学科建设的回顾与前瞻、"一带一路"倡议与教育对外开放、全球教育治理与中国作为、国际教育援助与全球共同利益、跨境教育与人员流动、世界各国教育改革政策与实践等主题进行了探讨。

(二)其他专题性比较教育学术活动

2013 年 10 月 31 日至 11 月 1 日，"高等学校招生政策国际研讨会"在北京师范大学召开。此次会议由国际教育学院联盟主办，联盟轮值主席单位北京师范大学教育学部委托北京师范大学国际与比较教育研究院承办。澳大利亚墨尔本大学教育研究院、巴西圣保罗大学教育学院、加拿大多伦多大学安大略教育研究院等国外九大顶尖教育学院的学者代表，以及来自墨西哥、日本、瑞典、葡萄牙、芬兰等国家和地区的著名专家、学者、教师、学生等百余人参加了此次盛会。会议围绕"高等学校招生政策"主题，就高校招生政策的理论研究，高校招生政策与教育公平、教育质量、学生资助的关系等政策展开讨论。[①]

2014 年 10 月 16 日，"华东师范大学国际与比较教育研究所 50 周年庆典暨全球教育改革趋势高峰论坛"在华东师范大学召开。来自北京师范大学、东北师范大学、南京师范大学、华南师范大学、西南大学、浙江大学、辽宁师范大学以及华东师范大学的专家学者齐聚一堂，在庆贺华东师范大学国际与比较教育研究所成立 50 周年的同时，共同探讨了我国当前比较教育发展的状况、经济全球化背景下世界各国的教育理论与改革实践以及我国教育事业从中可以汲取的经验和未来的发展道路。

2017 年 11 月 25 日至 26 日，第四届海峡两岸暨港澳地区比较教育论坛在杭州顺利召开。本届论坛由浙江大学主办，浙江大学教育学院、浙江大学国际教育研究中心承办，来自海峡两岸、香港、澳门的 200 余位专家学者出席了会议。会议收到论文 120 余篇，本次论坛的主题是"共享时代的比较教育"。恰逢比较教育诞生 200 周年，与会专家学者从比较教育的起源和发展谈起，探索比较教育学科建设之路，共商中国特色比较教育的未来。论坛围绕比较教育学科建设、海峡两岸暨港澳地区教育发展、高等教育国际化、世界教育改革动向与趋势四个方面展开，体现了海峡两岸暨港澳地区比较教育研究的新方法和新进展。

2017 年 12 月 19 日，北京师范大学中国教育与社会发展研究院和国际与比较教育研究院联合举行共创人类命运共同体——"一带一路"国家教育交流与合作高端研讨会。世界银行驻华代表、俄罗斯文化中心教育项目官员以及各高校科研院所的 80 余位专家学者参加会议，围绕"一带一路"建设的全球教育治理、跨境教育、教育援助、

---

① 宋佳：《"高等学校招生政策国际研讨会"会议综述》，载《比较教育研究》，2014（4）。

国际化人才培养和国际教育交流合作五方面展开深入研讨。

四、国际教育交流与合作

这一时期的国际教育主要是国际访学、短期游学和留学生教育，北京师范大学、华东师范大学、浙江大学、西南大学等高校均与国外著名高校签订了互访协议或邀请国外著名高校的学者来校为师生作讲座分享本国教育经验、国际教育前沿等。北京师范大学国际与比较教育研究院从 2013 年至 2018 年共进行了 87 场国际教育大讲堂，涵盖主题广泛，涉及国家众多。华东师范大学国际与比较教育研究所先后与联合国教科文组织、经济合作与发展组织等机构以及美国、英国、加拿大、日本、法国、德国、西班牙、澳大利亚等国建立了合作交流关系，互换访问学者、交流学术资料等。

（一）积极参加国际学术活动

随着对外教育交流日益方便，比较教育学者也有了更多的机会参与国际会议。2013 年 3 月 10 日至 15 日，北美比较与国际教育学会第 57 届年会在美国路易斯安那州新奥尔良市召开，会议的主题是"教育质量：全球紧迫性议题与竞争性前景"。北美比较与国际教育学会是世界比较教育联合会的重要组成单位，在比较教育学界享有很高的威望和声誉。中国教育学会比较教育分会会长王英杰先生，教育部人文社会科学重点研究基地主任、北京师范大学国际与比较教育研究院院长刘宝存教授等中国比较教育学者出席了此次会议。据会议方发布的数据，来自中国的参会者有 144 位，仅次于主办国美国(217 位)。①

2014 年 3 月 10 日至 15 日，北美比较与国际教育学会第 58 届年会在加拿大多伦多召开。2015 年 3 月 8 日至 13 日，北美比较与国际

---

① 宋佳：《教育质量：全球紧迫性议题与竞争性前景——北美比较与国际教育学会第 57 届年会综述》，载《比较教育研究》，2014(1)。

教育学会第 59 届年会在美国华盛顿举行。2016 年 3 月 6 日至 10 日，北美比较与国际教育学会第 60 届年会在加拿大温哥华举行。本次年会恰逢北美比较与国际教育学会成立 60 周年，因而年会主题确定为"比较与国际教育 60 年——回顾与展望"。2017 年 3 月 5 日至 9 日，北美比较与国际教育学会第 61 届年会在美国亚特兰大举行。2018 年 3 月 25 日至 29 日，北美比较与国际教育学会第 62 届年会在墨西哥举行，本次会议以"重绘全球教育"为主题，包括南南合作、理论与实践，对南北划分的再思考，知识生产与交流方面的全球不平等等相关主题，其目的是将传统的研究起点更大程度地向发展中国家转移。中国学者出现在历次会议上，与各方学者进行了广泛的交流。

这一时期的中国比较教育学者还积极参加了亚洲比较教育学会的学术活动。2016 年 1 月 27 日至 30 日，第十届亚洲比较教育学会年会在菲律宾举行。本次会议上，北京师范大学国际与比较教育研究院刘宝存教授当选亚洲比较教育学会会长。这是自亚洲比较教育学会 1995 年成立以来，第一次由中国比较教育学者担任此职务。2018 年 5 月 10 日至 12 日，第十一届亚洲比较教育学会年会在柬埔寨暹粒召开，会议主题为"教育与社会进步：比较视角的洞悉"，亚洲比较教育学会会长刘宝存教授、柬埔寨高等教育国务秘书何玉梧、联合国教科文组织专家马克·贝磊等专家以及来自 25 个国家的 300 多名代表参会。本次会议理事会上，刘宝存教授再次被推选为亚洲比较教育学会的新一任会长。

（二）积极承办国际学术会议

2014 年 5 月 16 日至 18 日，由杭州师范大学主办、杭州师范大学教育学院承办的亚洲比较教育学会第九届年会在杭州召开。开幕式由亚洲比较教育学会秘书长、日本九州大学爱德华·威克斯教授主持。中国教育学会名誉会长、中国教育学会比较教育分会荣誉会长、北京师范大学国际与比较教育研究院顾明远先生，亚洲比较教

育学会会长、泰国朱拉隆功大学查妮塔教授等专家应邀作大会主题
报告，来自英国、美国、比利时、中国、日本、印度、韩国、菲律
宾、马来西亚、巴基斯坦等16个国家和地区的250多位比较教育学
专家、学者以及博士研究生和硕士研究生出席了本次年会。与会代
表通过主会场和12个分会场讨论的方式，对该主题进行了全方位的
探讨，涉及高等教育、教师职业化、新技术和新手段、课程发展、
性别、国际化、终身教育、学前教育等众多议题。①

　　2014年9月27日至28日，第五届世界比较教育论坛在北京师
范大学召开。此次会议由北京师范大学主办，北京师范大学国际与
比较教育研究院、中国教育学会比较教育分会承办，来自美国、英
国、德国、法国、加拿大、日本、俄罗斯、瑞典、澳大利亚、南非、
芬兰、中国等20多个国家和地区的著名专家、学者、教师、学生等
260余人参加会议。会议围绕"全球教育改革：国际化·区域化·本
土化"这一主题，就"国际教育测试与基础教育质量监测""国际学校、
国际课程与国际人才培养""跨境教育与学生流动""中外合作办学与
学位联授、互授""国际组织与全球教育治理""ICT与教育国际化"
"教育国际化与教师发展""比较教育与教育国际化"等开展研讨。②

　　2014年10月17日至20日，第二届全球教师教育峰会在北京师
范大学召开，本届峰会的主题是"教师教育质量与学习：实践、创新
与政策"。来自世界各地的教育及教师教育领域的专家、学者围绕该
主题，在各自相关研究的基础上达成共识：提升教师教育质量与学
习应从关注教师、理解教师并研究教师入手。教师教育应该如何理
解教师，如何研究教师，如何衡量教师以及教师教育质量与学习，

　　①　叶林、赵杭飞：《教育、公平和社会和谐：比较视野下的亚洲经验——亚洲比较
教育学会第九届学术年会综述》，载《比较教育研究》，2015(1)。
　　②　苏洋、吕云震：《全球教育改革：国际化·区域化·本土化——"第五届世界比较
教育论坛"会议综述》，载《比较教育研究》，2014(12)。

成为与会专家热烈交流的话题。与会代表一致认为，教师教育研究首先要关注并理解教师作为"人"的存在，主要体现在教师作为主体性存在与教师作为社会建构存在两个方面。这一思想彰显出当前教师教育研究领域的人文主义取向。

2017 年 9 月 23 日至 24 日，第六届世界比较教育论坛在北京师范大学召开，来自中国、美国、英国、加拿大、俄罗斯、芬兰、瑞典、澳大利亚、日本、印度、哈萨克斯坦、吉尔吉斯斯坦、荷兰、伊朗、肯尼亚、柬埔寨、新加坡、韩国、巴基斯坦、泰国、坦桑尼亚等 40 多个国家和地区的著名专家、学者、教师、学生等 430 余人参加了这次盛会。本届论坛围绕"比较教育二百年"的热点问题为中外学术同行搭建了一个交流思想、解决问题、分享经验的平台。论坛下设以下分主题：比较教育在各国的发展历史与未来趋势，比较教育的理论与方法，比较教育与人才培养，比较教育与国家发展，教育援助与发展，国际组织与全球教育治理，海外办学项目开发、办学模式与质量保障，国际人才流动与留学教育。

（三）对外传播中国教育改革经验

2017 年 4 月 23 日，高等教育出版社与北京师范大学联合举办了"讲中国故事：学校在变革中发展暨《中国学校研究》中英文图书研讨会"，《中国学校研究》中文版由高等教育出版社出版，英文版由高等教育出版社与德国施普林格出版社联合出版。该书是第十六届世界比较教育大会唯一的主题图书，是顾明远先生带领团队在学校研究领域取得的重大突破性成果。

中国比较教育学者还在各种国际性学术会议上积极介绍中国教育改革与发展经验。2015 年哥伦比亚驻上海领事馆邀请黄志成教授赴哥伦比亚介绍上海教育的特色。2016 年 7 月黄志成教授再赴墨西哥恩塞纳达市参加了"21 世纪比较教育国际研讨会"，并用西班牙语做了题为《上海基础教育发展特色》的大会报告和题为《上海的教师教育》分会报告。另外，浙江大学阚阅教授、北京师范大学姜英敏教授等人也在各种场合介绍中国教育经验。其中，姜英敏教授从2011年开始，连续在《韩国教育报》国际教育专栏上发表近50篇文章，向韩国同行介绍中国教育改革的动态及教育热点，包括"中国教师职称制度改革""中国大学双一流建设"等主题。

第二节　比较教育学研究成果与观点

新时代以来，比较教育学者们不再单纯地探讨比较教育学是否是一门学科的问题，而是深入探讨比较教育学在新时代如何更好地发展，学科本身应该如何建设等议题。虽然对于比较教育学是否是一门独立的学科仍存在质疑，但比较教育学者仍坚持各自研究领域的立场与信念，创建各自有特色的学派，用更广阔的视野来审视这些问题。比较教育学是一门不可替代的学科，已成为学术界普遍共识。

一、学科建设与基础理论研究

自1817年朱利安提出"比较教育学"名称以来，比较教育学已经走过了200年的发展历程。参照库恩的范式理论，比较教育的发展经历了未形成研究范式的"前科学"阶段、形成相对稳定研究范式的"常规科学"阶段，现在正经历着研究范式动摇的"科学革命"阶段，同时孕育着走向新的研究范式的"新常规科学"。[①] 中国比较教育学者围绕学科属性、研究方法、挑战与机遇等话题，持续开展比较教育学科建设与基础理论研究。

(一)比较教育学科属性研究

比较教育学诞生于欧洲民族国家初步形成时期，在其奠基者朱

---

① 　胡瑞、刘宝存：《世界比较教育二百年回眸与前瞻》，载《比较教育研究》，2018(7)。

利安的著作中孕育了比较教育学的三个基本矛盾：比较教育研究的出发点是国际主义的还是民族主义的；比较教育研究的目标是寻找教育的普遍规律还是学习借用其他国家的教育经验；比较教育研究的对象是测量众多民族国家的教育成就，还是讲好他国的教育故事。王英杰先生认为，比较教育学伴随着民族国家的发展而发展，直至20世纪末，比较教育研究的基本特点是"借"，借用他国教育经验，借用其他社会科学的研究范式。在经济全球化的时代，比较教育研究的基本特点是多元，研究目的多元，研究单位多元，研究选题多元，研究范式多元。比较教育学科进入了"革命科学阶段"。

李荣安教授等人认为，在比较教育学 200 年的发展历程中，从朱利安、诺亚等人主张的实证主义方法，到乌申斯基、萨德勒等学者主张的相对主义方法，再到狄尔泰、康德尔等学者的历史功能主义方法和今天卡扎米亚斯、斯塔奈哈姆泽、施瑞尔等人对"语境和文化"的强调，比较教育已成为一个具有文化敏感性的学科，具有辩证的本质和独特的学科发展模式。在经济全球化的今天，比较教育的重要性日益凸显，但比较教育研究必须以多种方式考虑语境的重要性。中国比较教育学科的建设也要扎根于本土文化，才能更好地发展，从而在世界多样性中形成新的身份认同，获得学科自信。[①] 项贤明教授认为，比较教育研究要成功应对时代的变化和经济全球化的挑战，就必须回归科学的"比较"并逐步实现自身的科学化，进而建立其学科同一性，即从"比较教育"走向"比较教育学"。[②]

陈时见教授认为在经济全球化背景下，比较教育学的概念研究对比较教育学科发展也具有重要的现实意义。他从比较教育学的本体论、方法论和目的论等关键性问题出发来探讨比较教育学的概念，

----

① 李荣安、苏洋、刘宝存：《制度化与语境化：比较教育研究的辩证法》，载《比较教育研究》，2017(9)。

② 项贤明：《从比较教育走向比较教育学》，载《全球教育展望》，2013(9)。

认为比较教育学概念对比较教育学的学术规范、话语体系、研究范式和知识内容具有非常重要的导向性作用。[①] 同时提出比较教育学在跨学科特征下去选择与吸收其他学科理论与方法，有助于更好地解决民族国家的复杂教育问题，突破比较教育研究的理论盲点。[②] 在《比较教育基本理论》一书中，陈时见教授从比较教育存在本体入手，从本体论、认识论、知识论、价值论、范式论以及方法论六个方面进行了全面探讨。[③] 在陈时见教授带领下，团队成员对上述问题展开了深入研究，推出了一系列重要成果，包括杨素萍的《比较教育范式论》(科学出版社，2016)、王涛的《比较教育认识论》(科学出版社，2016)、袁利平的《比较教育本体引论》(陕西师范大学出版总社，2018)、褚远辉的《比较教育价值论》(中国社会科学出版社，2019)。

黄志成教授坚持比较教育学科的必要性，认为比较教育专业学者之间的争论和质疑是为了促进本学科的发展，但对于非本专业的具有一定行政职务者对本学科的质疑或指责，则不必与之计较。教育学的发展同样存在争议，需要教育学研究人员具有更宽广的视野来审视这些问题，也需要不同教育学科(当然也包括比较教育)的研究人员的参与。专业教育学者应坚持各自研究领域的立场与信念，创建各自有特色的学派。[④] 褚远辉等人认为，尽管教育理论的"本土化"是教育科学各门具体学科研究的一个重要职责和任务，但比较教育学凭借其"借鉴""比较""跨文化性""跨国性""异域性"和"多元性"等学科性质和特点，在教育理论"本土化"的过程中发挥着尤为重要

---

① 陈时见：《比较教育学的概念建构及其现实意义》，载《比较教育研究》，2013(4)。
② 杨茂庆、陈时见：《比较教育学理论选择：意义及可能》，载《外国教育研究》，2015(4)。
③ 陈时见：《比较教育基本理论》，4页，北京，高等教育出版社，2014。
④ 黄志成、陈进：《从比较教育学到教育学研究的若干思考》，载《外国教育研究》，2016(5)。

和独特的作用。①

（二）比较教育学研究方法与路径

比较教育学的方法论问题一直是探究的热点话题，新时代下人们关于比较教育学的研究路径有了更深的见解。陈时见教授等人认为，社会学中的功能主义从其产生之日起便成为其他学科借鉴和运用的方法论思想，安德森等人将功能主义引入比较教育研究，经贝雷迪、诺亚和埃克斯坦以及施瑞尔等比较教育学家的不断借鉴、运用和发展，在比较教育社会科学化的道路上始终成为重要的方法论基础。② 程晋宽教授等人则认为比较教育学自其生成的那刻起就带有批判的精神，尤其是比较教育研究的批判方法。比较教育研究的批判方法派别主要包含以"批判二元论"思想构建的问题分析框架和问题解决法，批判与民族志相结合的批判民族志法，批判与诠释学相结合的批判诠释学方法。③ 同时提出将生活体验研究应用于比较教育研究中，不仅充实比较教育研究的方法论基础，而且能够使比较教育研究的价值取向更为关注教育现实生活，更加具有现实意义。④

杨明全教授指出近年来我国比较教育研究获得了长足的发展，但也面临一些挑战，比较教育学科要获得新的突破，有必要从深层次上把握这个学科的本源，将"异文化情境中的教育问题"确立为比

---

① 褚远辉、辉进宇：《比较教育的学科特性与教育理论的"本土化"》，载《教育研究》，2013(1)。

② 冉源懋、陈时见：《比较教育研究中功能主义方法论的引入及其影响》，载《外国教育研究》，2013(1)。

③ 李莎、程晋宽：《比较教育研究的批判法：一种回归批判精神的探究》，载《外国教育研究》，2016(4)。

④ 李莎、程晋宽：《生活体验研究——一种对比较教育研究方法论的思考》，载《外国教育研究》，2015(4)。

较教育研究的逻辑起点。① 赵蒙成教授等人借助具身认知理论框架，从知识生产的角度对当下比较教育研究存在的离身表现及其危害进行分析和探讨，认为具身认知理论下的比较教育研究应由宏大叙事回归真实教育生活、从器物研究转向重视研究者与研究对象身体意义、从文本研究转向深入教育生活现场的田野研究等。② 基于对研究方法的反思，有学者认为，混合方法研究是继量化研究和质性研究后的"第三次方法论运动"。混合方法研究克服了二元对立的研究范式，更关注质性和量化方法的结合。③

　　比较教育学者特别关注了大数据时代的到来及其对比较教育研究的转型意义。有学者认为，大数据影响着世界各国的人才培养、课堂教学、学生评价与教学方式，为比较教育研究转型提供了新的机遇，大数据时代的比较教育研究，在方法上更加重视海量数据的收集与分析，在研究对象上更加关注区域性和全球性教育问题，在研究目的上更加指向教育决策与实践改进。大数据给比较教育学带来了生机与活力，同时对比较教育研究者的研究能力提出了更高要求。④ 刘宝存教授等人也谈到在大数据时代，传统的比较教育研究范式面临着前所未有的挑战，比较教育研究范式的转型不仅要深入挖掘现有的教育数据资源，运用多种研究方法收集数据资料，确立清晰的理论基础和分析框架，而且要重视理论创新和对知识的原创性贡献。⑤

―――――――

　　① 杨明全：《比较教育研究的逻辑起点：回归问题意识与文化精神》，载《比较教育研究》，2017(3)。

　　② 赵蒙成、徐承萍：《论比较教育研究范式的身体转向》，载《比较教育研究》，2017(12)。

　　③ 唐涌：《混合方法研究——美国教育研究方法论的新取向》，载《外国教育研究》，2015(2)。

　　④ 唐晓玲、徐辉：《大数据时代的跨国比较研究与比较教育学科转型》，载《比较教育研究》，2015(9)。

　　⑤ 刘宝存、杨尊伟：《大数据时代比较教育研究范式的转型》，载《比较教育研究》，2015(10)。

吴雪萍教授等人对美国纵向教育数据系统进行了研究，认为纵向教育数据系统在消解数据孤岛、完整记录学生成长历程、促进学生个性化发展方面具有明显优势。① 赵中建教授等人通过与《大数据时代》作者舍恩伯格教授和库克耶先生访谈，探讨了大数据与学校教育系统的重塑、大数据关照下的数字鸿沟问题、大数据时代背景下的教师与学校管理者、大数据与求变且渐变的学校教育模式、大数据的潜在威胁与可能的应对策略以及大数据的背后其实是人的问题等。② 中国比较教育学在走向世界的过程中，在与国际学术界接轨的进程中，需要彰显教育数据的价值，走基于数据的科学化发展道路。

（三）比较教育学科面临的挑战

当今时代是一个大变革的时代，国际社会和中国社会的大变革正在推动着教育的大变革，从而为比较教育研究带来了新的挑战与发展机遇。在大变革时代，中国比较教育研究承担着阐释教育规律、总结教育经验、引领教育改革、培养国际化人才、推动国际交流等重大的历史使命。为此，中国比较教育研究必须拓展研究领域，服务国家发展，打造学科特色，创新研究方法，加强国际交流与合作，努力创建中国特色的比较教育学派。③ 冯增俊教授等人谈到中国和平崛起面临着内外各种新的危机和挑战，中国比较教育需要实现三个策略定位：一是从服务本国出发，提供最佳层次、最适合水平的现代教育发展模式的政策建议；二是从中国实际出发，提供推进中国发展模式创新的决策思路；三是从整体上、宏观上、战略上把握

---

① 吴雪萍、任佳萍：《美国纵向教育数据系统探究》，载《比较教育研究》，2018(1)。

② 赵中建、张燕南：《与大数据同行的学习与教育——〈大数据时代〉作者舍恩伯格教授和库克耶先生访谈》，载《全球教育展望》，2014(12)。

③ 刘宝存：《大变革时代中国比较教育研究的使命与发展道路选择》，载《比较教育研究》，2014(2)。

中国崛起的未来教育发展基本趋势。[1]

王英杰先生认为比较教育学挑战不仅来自外部，更源自内部。他指出在当今经济全球化的大环境中，在中国比较教育学进入"常规科学"阶段之后，中国比较教育学者意识到比较教育学所面对的挑战。首要的挑战就是比较教育学如何满足国家发展的新需求；其次来自教育学科内部，甚至比较教育学科内部，一部分学者认为比较教育研究的领域过于宽泛，边界过于模糊，缺乏自己独特的理论、概念和方法，进而失去了学科自信心。[2]

(四)比较教育学科转型机遇

经济全球化时代，比较教育的发展将迎来怎样的机遇，比较教育面临何种挑战？在经济全球化背景下，比较教育学科的价值何在？比较教育的研究范式又将如何转变？比较教育的研究主题又将如何扩展？这些是亟待当前中国比较教育学者回答的关键问题。顾明远先生、王英杰先生、张民选教授在2014年的比较教育年会上回顾了比较教育学产生与发展的历史，阐释了当前中国比较教育学科发展面临的机遇，展望了"全球治理"下中国比较教育学的发展图景。学者们一致认为，当今中国比较教育学所面对的问题已远远不是单向的教育借鉴和国别教育的相似与差异分析，其研究的问题应放眼全球，这意味着新的发展动力、新的发展视野和新的发展方向。

冯增俊教授等人提出，目前中国比较教育面临第三次学科转型，其意义就是要重新定位学科发展的自觉性，创建服务中国发展的新教育体系，为中国走向大国创建新型的特色大国教育体系探路[3]；

---

① 冯增俊、许慧妍、丁肖潇：《中国和平崛起进程下的比较教育研究策略——中国发展模式转型中的比较教育研究》，载《外国教育研究》，2014(2)。

② 王英杰：《试论比较教育在中国的学科地位——纪念〈比较教育研究〉发刊50周年》，载《比较教育研究》，2015(9)。

③ 冯增俊、陈岚：《中国比较教育学的第三次学科转型探析》，载《比较教育研究》，2015(9)。

从比较教育学视角，提出要在把握全球语言教育政策总体走向下，制定新时代能面对国际挑战且不断开放多元、面向未来的语言教育政策，以策应"一带一路"倡议的未来走向，培养有创新性、国际意识的新型人才①。傅松涛教授等人认为当代比较教育学的时代主题、发展机遇、创新节点和科学使命是科学认识、把握和建构当代世界社会与教育全球体系化存在与发展的全质生态化形态内涵、性能与运行，这也是比较教育学视主平实通达、视意高远超越、视物体系有机、视线齐备精细、视力对应周延的生态化范式科学真实、全质转型、自我超越与学科先行的时代要求和价值所在。②

　　"一带一路"倡议的提出为中国比较教育学科发展提供了重要契机。2015 年 4 月，《比较教育研究》编辑部与北京师范大学国际与比较教育研究院联合举办座谈会，探讨"一带一路"背景下比较教育学科责任，同年《比较教育研究》第 6 期发表了一组专题文章。顾明远先生认为，比较教育应该尽快组织力量研究"一带一路"沿线国家的教育，配合"一带一路"的建设。③ 周满生教授认为，要拓展与沿线这些国家高等教育的合作，借此机会促进国内西部地区教育的腾飞，促进现有国际教育组织进一步发挥作用。④ 陈时见教授认为，"一带一路"倡议框架下的比较教育研究，要着力开展沿线国家教育政策的国别研究和跨境教育研究，通过教育交流论坛和教育博览会等，促进"一带一路"国家间的教育合作。⑤ 柯森教授指出，"一带一路"倡导的是开放性和联动性的经济交流合作与共同发展。随着"一带一

---

　　① 冯增俊、姚侃：《比较教育视角下新时代中国语言教育政策的战略走向》，载《比较教育研究》，2018(2)。
　　② 傅松涛、陆伟：《生态化：全球教育的真实形态与比较教育学的时代范式》，载《比较教育研究》，2015(10)。
　　③ 顾明远：《"一带一路"与比较教育的使命》，载《比较教育研究》，2015(6)。
　　④ 周满生：《"一带一路"与扩大教育对外开放》，载《比较教育研究》，2015(6)。
　　⑤ 陈时见：《"一带一路"战略框架下比较教育研究的视野与路径》，载《比较教育研究》，2015(6)。

路"倡议的推进，我国的教育对外交流与合作将迈进一个"升级换代"的新阶段。①

(五)比较教育学科发展元研究

面对比较教育学科研究趋势，刘宝存教授等人认为学术论文能够反映学科的热点问题与发展趋势。他对美国《比较教育评论》在 1957 年至 2015 年刊载的 1340 篇学术论文按照区域研究、方法论研究和专题研究等维度进行内容分析，结果显示：比较教育研究在区域研究中从"中心"走向"边缘"，发展中国家与地区成为研究重点；在方法论研究上走向多元化，实证主义与人文主义方法得到综合运用；专题研究呈现变革与稳定共存的特征，高等教育始终是重点研究类型，女性教育成为新兴研究热点。②

还有学者通过选取 2000 年以来《比较教育》和《比较教育评论》的期刊论文，将作者、研究机构、关键词、被引文献等作为关键变量，绘制了 21 世纪以来比较教育研究的知识图谱。研究发现，比较教育领域的研究者主要分布在英国和美国的大学，分别形成了以布里斯托尔大学等 3 所大学为核心的凝聚子群，研究热点主要集中于全球教育治理、发展教育、教育改革和教育公平四个方面；研究前沿主要包括教育质量、东亚国家、国际理解教育、欧洲文化、非政府、公民教育等方面。③

二、教育政策与制度比较研究

2013 年以来，关于教育政策与制度比较研究主要集中在国际组织与国际援助、教育国际化、校本管理与领导力、现代大学治理、

---

① 柯森：《"一带一路"背景下教育对外交流合作研究浅识》，载《比较教育研究》，2015(6)。

② 张伟、刘宝存：《六十年来世界比较教育研究的回顾与省思——基于美国〈比较教育评论〉的文献分析》，载《教育研究》，2017(1)。

③ 蔡娟：《21 世纪以来世界比较教育研究进展与趋势——基于〈比较教育〉和〈比较教育评论〉的可视化分析》，载《比较教育研究》，2017(1)。

世界一流大学、教育公平与质量以及非洲教育等方面。

（一）国际组织与国际援助研究

一是关于国际组织开展的学业成绩测评领域研究。2000 年经济合作与发展组织启动"国际学生评估项目"（PISA）后，中国学者对以 PISA、TIMSS（国际数学和科学趋势研究项目）为代表的国际性学业成绩测评给予了较大关注。张民选教授主编了《经合组织与国际学生评估》一书，全面介绍了国际学生评估项目（PISA）、关注教师专业发展和学校教学的国际教学调查项目（TALIS）、调查高等教育学生学习情况的高等教育学习成果测评项目（AHELO）和国际成人能力测评项目（PIAAC）。[①] 王蕾的《大规模考试和学业质量评价》分析了美国、英国、日本、荷兰等国学业质量监测评价体系，系统介绍了 PISA 项目的测试理念与框架。[②] 陈时见教授等人梳理和研究了 PISA 的产生与发展、内容与实施。[③] 刘宝存教授等人基于 PISA2012 数据对教育卓越、教育公平以及教育包容进行操作性定义，对参加国和地区的学生成绩进行比较分析，认为教育成功国家和地区的基本经验主要体现在建设高质量的师资队伍、保证教育体系的公平性、创设满足不同学生需求的学习环境三方面。[④] 张民选教授等人关注 PISA2012 问题解决测试话题，总结了在 PISA2012 问题解决测试中上海学生和教育存在的一些弱点和问题。[⑤]

二是不同国际组织的职能与运行研究。张民选教授领衔的团队近年来对国际组织展开了较为系统的研究。在承担全国教育科学"十

[①]　张民选：《经合组织与国际学生评估》，上海，上海教育出版社，2012。

[②]　王蕾：《大规模考试和学业质量评价》，北京，高等教育出版社，2013。

[③]　陈时见、谭菲：《国际学生评价项目（PISA）的发展现状及未来走向》，载《比较教育研究》，2015(7)。

[④]　刘宝存、屈廖健：《PISA 2012 教育成功国家和地区的基本经验》，载《比较教育研究》，2015(6)。

[⑤]　王洁、张民选：《PISA2012 基于计算机的问题解决测试：框架、上海学生表现及启示》，载《比较教育研究》，2015(6)。

一五"规划 2010 年国家一般课题"国际组织与世界教育发展"研究过程中，主编出版了"国际组织与教育发展"丛书、"经济合作及发展组织教育研究报告译丛"，继而承担了 2014 年度国家社会科学基金教育学重点课题"国际组织人才培养与选送"。其中，"国际组织与教育发展"丛书共五本，包括《国际组织与教育发展》《教育规划基础》《知识促进发展：指标评测与全球战略》《经合组织与国际学生评估》和《欧盟：重塑教育辉煌》。该研究拓展了比较和国际教育研究的领域，引起了联合国教科文组织等相关组织、我国教育部和国内外学者的重视。张民选教授及其团队成员还对联合国教科文组织在全球高等教育治理中扮演的角色进行了系统研究。[①]

滕珺的《国际组织需要什么样的人——联合国系统人才标准及中国教育对策研究》一书建构了联合国系统的人才标准，提出了加强培养国际性人才的对策建议。[②] 杜越的《联合国教科文组织与全球教育治理——理念与实践探究》梳理了联合国教科文组织的全球治理框架、治理工具，以全民教育议程为例，概括了其全球治理实践。[③] 王晓辉选择了近年来由一些主要国际组织如世界银行、联合国教科文组织、经济合作与发展组织、欧盟等颁布的重要教育改革文献进行了汇编出版。[④] 此外，陈时见教授等人的《欧盟教育政策的历史变迁与发展趋势》一书系统全面地梳理了欧盟不同发展阶段的主要教育政策[⑤]，徐小洲等人总结了经济合作与发展组织、欧盟、联合国教

---

① 孔令帅、张民选、陈铭霞：《联合国教科文组织全球高等教育治理的演变、角色与保障》，载《教育研究》，2016(9)。

② 滕珺：《国际组织需要什么样的人——联合国系统人才标准及中国教育对策研究》，上海，上海教育出版社，2018。

③ 杜越：《联合国教科文组织与全球教育治理——理念与实践探究》，北京，教育科学出版社，2016。

④ 王晓辉：《全球教育治理——国际教育改革文献汇编》，北京，教育科学出版社，2008。

⑤ 陈时见、冉源懋：《欧盟教育政策的历史变迁与发展趋势》，北京，高等教育出版社，2016。

科文组织、国际学习型城市协会等国际组织在构建学习型城市上的主张①，滕珺等人分析了联合国教科文组织的职业技术教育政策②。

三是关于国际组织的教育援助研究。刘宝存等人提出联合国教科文组织在推动发展中国家高等教育发展中所起的作用越来越重要，参与跨国层面、区域层面的治理工作日渐频繁。拉丁美洲一直是联合国教科文组织重点关注的区域，联合国教科文组织在推动拉丁美洲高等教育一体化建设取得一定成效的同时，存在资金不足、政策实施不力、对不同地区支持不均衡等问题。③ 当官方发展援助成为我国国际与比较教育领域中的新概念时，张民选教授等人从历史角度研究了官方发展援助的起源和发展；从资金投入、管理机构、援助领域和援助渠道四个方面探究了官方发展援助事业的实质，并从机构组织、资源保障和策略调整等方面提出了中国参与官方发展援助事业的建议。④ 熊淳分析了日本对非洲基础教育援助的战略认识，探讨了日本对非洲基础教育援助的思想基础及主要举措，客观评估了教育援助效果。⑤ 此外，熊淳总结了近年来国际教育援助在援助目标、援助政策与援助方式上的转变⑥，谷贤林教授分析了美国基金会教育援助的动机及其策略⑦，牛长松博士比较了中日在非援建

① 徐小洲、孟莹、张敏：《学习型城市建设：国际组织的理念与行动反思》，载《教育研究》，2014(11)。

② 滕珺、李敏谊：《联合国教科文组织职业技术教育政策的话语演变——基于N-Vivo的文本分析》，载《教育研究》，2013(1)。

③ 胡昳昀、刘宝存：《拉美高等教育一体化建设：目标、路径及困境——联合国教科文组织参与区域治理的视角》，载《比较教育研究》，2018(4)。

④ 夏人青、张民选：《官方发展援助：全球教育发展不可或缺的资金来源》，载《比较教育研究》，2017(4)。

⑤ 熊淳：《人文贫困与基础教育援助——日本的非洲策略研究》，上海，上海三联书店，2013。

⑥ 熊淳：《国际教育援助的趋向转变》，载《教育研究》，2013(4)。

⑦ 谷贤林：《利己抑或利他：美国基金会教育援助动机及其策略分析》，载《清华大学教育研究》，2018(3)。

学校项目及其影响①。

(二)教育国际化与国际教育交流研究

一是关于各国教育国际化政策与效果的比较研究。马健生教授等人研究了教育国际化的基本理论,从国别角度分析了代表性国家教育国际化政策及其实施效果,比较研究了代表性国际组织教育国际化政策及其实施效果,并就中国教育国际化问题提出了发展建议。② 周满生教授分析了教育国际化背景下我国低龄留学生逐年增多的原因,对低龄留学的利弊进行了分析。③ 彭正梅教授等人提出21世纪以来国际基础教育人才培养模式发生了深刻变革,对我国基础教育未来人才培养,特别是创新人才的培养,提出了若干政策建议。④ 中国教育科学研究院国际比较教育研究中心从人力资源投入、数量、结构、质量、贡献、发展环境六个维度构建了人力资源强国发展指数,对世界44个主要国家的人力资源竞争力进行了评价,并从历史和国际比较的角度分析了中国人力资源竞争力。⑤

二是代表性国家的教育国际化战略研究。吴雪萍教授等人对澳大利亚国际教育战略进行了分析。澳大利亚于2016年制定了首个国家层面的国际教育战略,确立了今后十年国际教育发展的三大核心目标:创建世界一流的教育体系,建立广泛而深入的伙伴关系,提供全球最佳的留学体验。利益主体的多元合作性、部门之间的统筹

---

① 牛长松:《教育援助与国际社会责任——中日在非援建学校项目的案例比较》,载《比较教育研究》,2014(5)。

② 马健生等:《教育国际化政策及其实施效果的国际比较研究》,北京,北京师范大学出版社,2018。

③ 周满生:《教育国际化背景下我国低龄留学原因及利弊探析》,载《比较教育研究》,2013(10)。

④ 彭正梅、郑太年、邓志伟:《培养具有全球竞争力的中国人:基础教育人才培养模式的国际比较》,载《全球教育展望》,2016(8)。

⑤ 中国教育科学研究院国际比较教育研究中心:《国际比较视野下的中国人力资源竞争力研究》,载《教育研究》,2013(11)。

协调性以及战略规划的质量导向性是该战略的突出特点。① 刘建丰提出当前美国高等教育改革发展的重要目标之一就是致力于提高国际竞争力，目前正通过增加学生学业完成率、加快高等教育国际化步伐、推进在线高等教育等方式发展国际教育。② 张民选教授等人分析了美国发布的《全球性的成功：国际教育及参与（2012—2016）》战略发展报告，发现国际教育已逐渐成为美国提高其国际竞争力、扩大话语权的重要战略手段之一。③

在教育国际化背景下，浙江大学和浙江师范大学比较教育学科青年学者组成的团队历时五载出版了"大国教育战略研究"丛书。丛书不仅构建了各大国教育战略的历史演进脉络，系统描述其历史发展过程，还把研究重点置于 21 世纪以来各大国的教育战略。在研究对象上，既包括英、美、德、法、意、日等发达国家，又包括金砖五国等发展中国家，遍布亚、欧、非、美四大洲。研究层次涵盖了学前教育、中小学教育、高等教育、职业教育、成人教育等各个学段、多种类型的教育战略，同时也考察该国政治架构、经济发展、历史文化传统等影响教育战略的背景，亦对该国教育战略发展的未来趋势进行合乎逻辑的预测。④

（三）教育管理与学校领导力研究

一是学校管理与学校领导力研究。程晋宽教授认为在知识经济时代的背景下，学校管理理论越来越强调从"学校经营"向"学校领导"的方向转型，树立了战略领导与转型领导、教育领导与道德领

---

① 吴雪萍、梁帅：《澳大利亚国际教育战略分析》，载《高等教育研究》，2017(11)。

② 刘建丰：《致力于更具国际竞争力——美国高等教育改革发展的动向与启示》，载《教育研究》，2014(5)。

③ 徐瑾劼、张民选：《美国国际教育发展战略(2012—2016)评述》，载《外国教育研究》，2014(2)。

④ 赵蒙成：《〈大国教育战略研究〉丛书：深度构建世界大国教育战略的完整图景》，载《中国教育报》，2015-09-07。

导、结构领导与人力资源领导、文化领导与象征领导、政治领导与
科技领导、知识管理与知识领导的领导新理念。① 陈时见教授等人
对分布式学校领导力展开研究，提出分布式学校领导是通过各种途
径将实际的领导要素在学校中进行最大化的分布，以促进教学的质
量提升与学校的转型发展。② 关松林教授总结了发达国家在中小学
校长培训方面的成功经验，发现发达国家中小学校长培训的经验与
做法主要有遴选培养对象、优化培训师资、精选培训内容、创新培
训模式等方面，对提升我国中小学校长培训质量具有借鉴意义。③
其他代表性成果还包括王喜娟的《教育的制度困境：美国综合高中发
展危机研究》(广西师范大学出版社，2013)、周琴的《美国基础教育
阶段的择校政策：公平、效率、自由选择》(人民出版社，2014)、杨
梅的《美国特许学校运动研究》(人民出版社，2014)、李朝阳的《美国
城市学校制度的建构》(浙江教育出版社，2015)、甘永涛等人的《美
国少数族裔教育的一次变革——"学校一体化"运动研究》(武汉大学
出版社，2015)等。

　　二是学校转型与创新型学校研究。洪明教授对美国"要素学校联
盟"进行了研究，认为要素学校联盟在教育改革问题上的 23 项建议，
涉及目标与评价、课程与教材、教学与管理、学生与教师、教育资
源利用五大领域，充分体现了其既坚守又变通的灵活姿态。④ 周琴
博士关注美国学校择校政策，认为公平、效率、自由选择是美国择

　　① 程晋宽：《论知识经济时代从学校经营到学校领导的角色转变》，载《外国教育研究》，2014(1)。
　　② 刘雨田、陈时见：《分布式学校领导的内涵特征与实践路径》，载《全球教育展望》，2017(1)。
　　③ 关松林：《发达国家中小学校长培训的经验及其借鉴》，载《教育研究》，2017(12)。
　　④ 洪明：《美国当代进步主义取向教育改革的坚守与变通——"要素学校联盟"研究》，载《教育研究》，2014(8)。

校政策价值选择的三大核心。^① 陈斌博士对美国《每个学生都成功法》新法案进行研究认为，新法案实现了多项突破，主要有改革教育问责制，实现教育权限下放，废止统一学业考试为升学和就业做准备，鼓励学校开展创新活动提升教师领导力，设立多项资助政策推动学前教育发展。^② 陈珍国博士对美国纽约市教育局学校支持组织改善教育公共服务进行研究，基于纽约市教育局的经验，提出我国教育公共服务完善建议。^③ 黄海涛博士介绍了美国学校"学生学习成果评估"的特点，提出我国应该推进教育教学理念和评估理念的转向；改进学生学习成果评估的运行机制；建立专门的组织机构、配备专业的评估人员；形成学生学习成果评估的动力机制。^④ 张亮博士对美国学校效能增值模型进行研究，提出增值模型是学校绩效评价管理演进的必然选择。^⑤

三是关于大学校长与领导力研究。王英杰先生对美国大学院长的领导职责以及院长所应具备的核心知识和能力做了较全面的介绍和分析，指出院长在大学的发展中起着至关重要的作用，应该得到校领导的支持和教师的理解。^⑥ 王英杰先生认为，当前社会迫切需要大学提供伦理道德指引，大学校长应承担起伦理领袖和道德楷模的责任。^⑦ 洪成文教授等人研究了耶鲁大学莱文校长的管理思想，

---

① 周琴：《美国基础教育阶段的择校政策：公平、效率、自由选择》，40 页，北京，人民出版社，2014。

② 陈斌：《让每个学生都成功——ESSA 与奥巴马政府的教育政策倾向》，载《教育研究》，2016(7)。

③ 陈珍国：《以学校支持组织改善教育公共服务——基于纽约市教育局的经验》，载《教育研究》，2013(5)。

④ 黄海涛：《美国高校"学生学习成果评估"的特点与启示》，载《教育研究》，2013(4)。

⑤ 张亮：《美国学校效能增值模型研究的进展与趋势》，载《教育研究》，2015(11)。

⑥ 王英杰：《美国大学中的院长：制度、文化和责任》，载《比较教育研究》，2015(2)。

⑦ 王英杰：《大学校长：伦理的领袖，道德的楷模》，载《比较教育研究》，2013(1)。

认为莱文校长在坚守耶鲁大学核心价值观的前提下，对学校进行了全方位改革、改善大学内部环境、谋求大学可持续发展、承担社会责任、借全球性大学建设之机将国际化实践推向高端等举措和卓越领导能力，能为我国建设高水平大学和提高大学校长领导能力提供良好的借鉴。[1] 卓泽林博士等人以美国私立大学为对象讨论了美国公立大学私营化的外包现象，在肯定外包给美国公立大学带来节省成本、提高管理效率等潜在优势的同时，提出必须坚守社会公益机构的角色。[2]

(四)现代大学治理与制度建设

一是大学内部结构与组织要素研究。自中世纪以来，大学的社会功能不断变化。今天的大学已经不是单纯的学术组织，而是受社会环境和自身变化的双重影响。大学在履行学术功能的同时，更多地担负起艰巨的政治功能、社会功能、经济功能和文化功能。[3] 韩梦洁博士等人从经济学的角度，分析了供应者和需求者在高等教育市场上的作用，认为美国高等教育结构变迁的内在逻辑在很大程度上受市场机制的影响。[4] 此外，魏署光博士研究了美国院校研究的职能变化[5]，韩萌博士等人总结了世界一流大学联盟化发展的新路径[6]，同时提出"后危机时代"世界一流公立大学的一个重要走向就

---

[1]　洪成文、伍宸：《耶鲁大学的当代辉煌与理查德・莱文校长办学思想研究》，载《教育研究》，2014(7)。

[2]　卓泽林、赵中建：《外包：美国公立大学私营化不可避免的抉择》，载《外国教育研究》，2015(6)。

[3]　徐辉、李薇：《大学功能的世纪演变》，载《高等教育研究》，2013(3)。

[4]　韩梦洁、张德祥：《美国高等教育结构变迁的市场机制》，载《教育研究》，2014(1)。

[5]　魏署光：《美国院校研究的决策支持行为及其影响因素》，载《教育研究》，2015(3)。

[6]　韩萌、张国伟：《战略联盟：世界一流大学群体发展的共生机制研究》，载《教育研究》，2017(6)。

是对其财政结构进行调整①。陈鹏教授等人分析了中世纪原型大学的合法性基础，以及知识权力在现代大学制度构建过程中的作用。②

二是高等教育改革与趋势比较研究。王英杰先生主持出版了"京师比较高等教育研究丛书"，丛书运用比较教育学的研究方法分别研究了俄罗斯、美国、英国、德国高等教育的发展状况，探讨了高等教育发展的基本理论问题，建构了比较高等教育的理论框架，分析了高等教育发展的诸多现实问题。阚阅教授的《多样与统一——欧洲高等教育一体化研究》一书梳理了欧洲高等教育一体化改革的历程与现状。③ 此外，徐辉教授总结了 21 世纪以来世界高等教育改革的共同趋势④，张君辉教授比较分析了英、法、日三国高校与政府关系调整⑤，胡成功比较研究了"后大众阶段"美日两国高等教育就学形态及演进态势的不同特点⑥。

三是大学内部治理体系与逻辑研究。阎光才教授认为大学自治与学术自由并不存在逻辑、历史与经验上的必然关联，在特定的境遇中相互间甚至存在着悖论。在如今市场主导的环境中，机构层面被赋予越来越多的自主权，这强化了高校内部的行政力量，反而以牺牲个体意义上的学术自主或自由为代价。因此，在多元主体共同治理已经成为共识的今天，对这种共识及其政策效应持守一种反思

---

① 韩萌：《"后危机时代"世界一流公立大学财政结构转型及启示——以加州大学伯克利分校为例》，载《教育研究》，2016(5)。

② 陈鹏、李威：《中世纪原型大学的合法性：知识权力》，载《教育研究》，2016(12)。

③ 阚阅：《多样与统一——欧洲高等教育一体化研究》，杭州，浙江大学出版社，2016。

④ 徐辉：《21 世纪世界高等教育改革的若干趋向及启示》，载《比较教育研究》，2015(1)。

⑤ 张君辉：《政府与高校治理关系调适的国际经验——基于近年英、法、日三国高等教育改革分析》，载《教育研究》，2015(9)。

⑥ 胡成功：《"后大众阶段"就学形态的国际比较》，载《教育研究》，2013(2)。

立场尤为必要。① 程晋宽教授等人分析了高等教育的混合治理模式，认为学术治理、商业治理、公司治理三种模式的混合，拓展了共同治理的概念。② 此外，张君辉教授等人研究了伦敦政治经济学院的学术治理特点③，石连海博士分析了行政外推和组织内生两种国外大学章程执行模式④，王海莹博士等人分析了西方大学为适应社会发展而优化组织结构、创新章程、实现自身健康发展的转型过程⑤。

　　四是大学治理体系建设的国别研究。饶从满教授等人对日本中等教育与高等教育衔接问题进行了研究，认为针对高中生和大学生开展的内容丰富、形式多样的"高大协同"活动对于促进"高大衔接"具有重要的意义，但是在协同合作共识的建立和协同合作体制机制的构建等方面还存在若干问题需要解决。⑥ 高益民教授等人认为1992年废除双元制后，英格兰高等教育市场化趋势越来越明显，尽管院校自主多元发展起来，但是没有实现明显的功能分化，分化还是分层是英格兰高等教育分类管理中的新矛盾。⑦ 余承海教授等人分析了20世纪末期以来美国大学共同治理面临的困境⑧，认为美国公立大学治理的政治化在教育公平与民主、大学自治与学术自由等

　　① 阎光才：《西方大学自治与学术自由的悖论及其当下境况》，载《教育研究》，2016(6)。

　　② 余承海、程晋宽：《大学治理的学术—商业—公司模式》，载《比较教育研究》，2017(10)。

　　③ 张君辉、严蔚刚、赵设：《伦敦政治经济学院的学术治理体系》，载《教育研究》，2014(7)。

　　④ 石连海：《国外大学章程执行力的模式、运行机制与启示》，载《教育研究》，2014(1)。

　　⑤ 王海莹、王大磊：《西方大学转型与章程创新》，载《教育研究》，2016(11)。

　　⑥ 饶从满、徐程成：《日本"高大衔接"中的"高大协同"：背景、现状与问题》，载《外国教育研究》，2014(12)。

　　⑦ 朱春芳、高益民：《分化还是分层——英格兰高等教育分类管理中的新矛盾》，载《比较教育研究》，2015(8)。

　　⑧ 余承海、程晋宽：《当代美国大学共同治理的困境、变革及其启示》，载《高等教育研究》，2014(5)。

方面产生了负面的影响①。此外，安双宏教授等人分析了印度私立高等教育的发展现状与问题②，柳友荣教授总结探讨了澳大利亚高等学校内部治理特点③，石连海博士选取若干案例研究了美国一流大学内部管理④，金荣学等人比较研究了中美高等教育捐赠税收制度⑤，周继良博士研究了法国大学内部治理结构的演变⑥。

　　五是高等教育问责制与保障体系研究。高等教育问责制是对高等教育质量的监督与反馈，也是院校研究在美国产生与发展的重要推动力。徐辉教授等人提出，美国公立高等院校内部问责制是公立高校进行自我管理的重要手段，内部问责制对美国高等教育的发展产生了积极的影响，不仅增强了美国公立高等院校的主体责任意识，提升了教育质量与自治程度，而且形成了质量文化。⑦ 吴雪萍教授等人研究了美国社区学院构建的"自愿问责框架"⑧，蔡国春教授肯定了问责制在应对美国高校外部质量责任、促进院校质量改进中的作用⑨，阚阅教授等人总结了高等教育质量问责的国际经验⑩，杨治

---

　　① 余承海、程晋宽：《美国公立大学治理的政治化及其启示》，载《高等教育研究》，2013(8)。

　　② 安双宏、王占军：《印度高等教育私营化：进退两难的战略抉择》，载《比较教育研究》，2014(2)。

　　③ 柳友荣：《澳大利亚大学内部治理特点》，载《教育研究》，2016(4)。

　　④ 石连海：《美国一流大学内部管理特色与启示》，载《教育研究》，2017(7)。

　　⑤ 金荣学、张迪、张小萍：《中美高等教育捐赠税收制度比较》，载《教育研究》，2013(7)。

　　⑥ 周继良：《法国大学内部治理结构：历史嬗变与价值追求——基于中世纪至 2013 年的分析》，载《教育研究》，2015(3)。

　　⑦ 徐辉、袁潇：《试论专业主义视野下的美国公立院校内部问责制》，载《比较教育研究》，2013(3)。

　　⑧ 吴雪萍、任佳萍：《"自愿问责框架"：美国社区学院问责制的关键》，载《比较教育研究》，2017(7)。

　　⑨ 蔡国春：《美国院校研究的质量旨趣——基于高等教育问责制背景的历史考察》，载《教育研究》，2013(12)。

　　⑩ 阚阅、许迈进：《重塑学术圣洁与公共信任：高等教育问责的国际经验与策略选择》，载《教育研究》，2014(8)。

平博士等人分析了欧洲各国加强高等教育质量保障机构建设的举措[①]，刘晖教授等人从政策、研究与实践三个层面回顾了欧洲高等教育质量保证行动及其效果[②]。

六是高等教育质量保障与评估研究。马健生教授等人的《高等教育质量保证体系的国际比较研究》一书比较全面地分析了美国、英国、法国、德国、日本、荷兰、澳大利亚等世界发达国家高等教育质量保证的经验，并从组织机构、教师教育标准、专业评估制度等方面横向比较了各国的异同，提出了构建中国高等教育质量保障体系的框架。[③] 吴岩主编的《国际高等教育质量保障体系新视野》(教育科学出版社，2014)，在比较研究中探寻各国高等教育质量保证的有效经验，进而为中国高等教育质量保障体系的构建提供借鉴。高迎爽的《法国高等教育质量保障体系研究——基于政府层面的分析》(中国社会科学出版社，2014)、袁潇的《美国公立高等院校内部问责制研究》(天津大学出版社，2015)、叶信治等的《美国公立研究型大学教育质量保证研究》(厦门大学出版社，2015)等，都比较系统地研究了代表性国家的高等教育质量保障与评价体系以及实践举措。

(五)世界一流大学与人才培养研究

一是世界范围内提升大学创新能力与一流大学建设研究。王英杰先生主持了2007年教育部哲学社会科学研究重大攻关项目"大学创新力评价研究"，系统回答了什么是大学创新力，如何评价大学的创新力，什么样的制度环境有利于大学创新，怎样才能提高我国大学的创新力等问题。王英杰先生认为，"构建人类命运共同体"已经

---

① 杨治平、黄志成：《欧洲高等教育质量保障机构的发展与定位——博洛尼亚进程新趋势》，载《比较教育研究》，2013(1)。

② 刘晖、孟卫青、汤晓蒙：《欧洲高等教育质量保证25年(1990—2015)：政策、研究与实践》，载《教育研究》，2016(7)。

③ 马健生等：《高等教育质量保证体系的国际比较研究》，北京，北京师范大学出版社，2014。

成为中国积极参与国际事务、维护世界和平与发展的指导思想，但是我国的一流大学尚未为实现这一战略思想做好准备，尚不能培养出具有广阔国际视野，有能力、有胆魄、有担当、有责任的领导人才。① 赵中建教授的《创新引领世界——美国创新和竞争力战略》一书论述了科学技术及国家竞争力计划对美国社会发展的影响，以及教育对强化国家竞争力的作用。② 此外，赵中建教授还分析了"学术科学成为经济引擎"观念的形成和发展，探讨了近期不断被提及且日益为美国高等院校所接受的"技术商业化"和"研究商业化"概念，更全面、更充分地认识今日美国高等教育面临的挑战以及政府和高等院校所能发挥的作用。③

二是围绕一流大学建设开展的教育教学改革研究。许明教授主编的《当代国外大学本科教学模式的改革与创新》一书对当代国外大学本科的几种教学模式进行了介绍，包括问题式学习、项目本位学习、小组本位学习、探究式学习、研究性学习、混合式学习、服务学习、移动学习等教学模式，并对这些本科教学模式做了分析和展望。④ 马早明教授著有《周边国家科技大学通识教育模式研究》和《港澳台科技大学通识教育模式研究》等著作，比较详尽地分析了通识教育的缘起、类型与特征，剖析了代表性科技大学的通识教育理念与目标、课程领域与内容、修学方式与制度安排。⑤ 马早明教授等人认为，大学通识教育的价值取向主要有理性主义价值取向、进步实

① 王英杰：《广义国际化与世界一流大学建设》，载《比较教育研究》，2018(7)。
② 赵中建：《创新引领世界——美国创新和竞争力战略》，上海，华东师范大学出版社，2007。
③ 赵中建：《将学术科学转变为经济引擎——美国创新创业型大学的兴起》，载《全球教育展望》，2016(5)。
④ 许明：《当代国外大学本科教学模式的改革与创新》，福州，福建教育出版社，2013。
⑤ 马早明：《周边国家科技大学通识教育模式研究》，广州，中山大学出版社，2015；马早明：《港澳台科技大学通识教育模式研究》，广州，中山大学出版社，2017。

用主义价值取向和折衷中心价值取向，当前大学通识教育应强调逻
辑思维和跨学科整合能力、多维科学时间观和批判能力的培养。①
此外，刘海燕博士研究了发达国家高等教育"以学生为中心的学
习"②，丁笑炯博士研究了欧洲联合培养项目在项目开发、课程教学
和学生管理上的合作模式③。王建梁的《世界著名大学校训》(长春出
版社，2013)、何杨勇的《英国高等教育中的工作本位学习研究》(浙
江大学出版社，2015)、汪霞等人的《世界一流大学通识教育课程研
究——以美国大学为例》(南京大学出版社，2017)、吴坚的《中美大
学通识教育模式研究》(科学出版社，2019)等著作也集中讨论了通识
教育等人才培养议题。

　三是国外高校创新创业教育研究。徐小洲等人以美国社会创业
课程为研究对象，提出我国高校应提高对社会创业教育重要性的认
识，探索社会创业教育的发展路径，推动社会创业教育与有关学科
专业融合，优化社会创业教育组织与外部支撑体系，通过培养社会
创业人才推动我国和谐社会建设。④ 王志强博士总结了欧盟创业教
育的重点举措，包括构建创业教育的发展战略与政策机制、形成各
成员国创业教育多元化的发展路径、增强欧洲大学对创业教育的重
视等。⑤ 施晓光教授总结了印度高校创业教育在理论与实践上的经
验和教训⑥，卓泽林以美国六所高校为样本分析了美国高校创业教

---

① 马早明、高皇伟：《大学通识教育价值取向的演进与转向》，载《教育研究》，2016
(4)。
② 刘海燕：《"以学生为中心的学习"：欧洲高等教育教学改革的核心命题》，载《教
育研究》，2017(12)。
③ 丁笑炯：《欧洲联合培养项目的发展与挑战》，载《教育研究》，2015(5)。
④ 徐小洲、倪好：《社会创业教育：哈佛大学的经验与启示》，载《教育研究》，2016
(1)。
⑤ 王志强：《一体与多元：欧盟创业教育的发展趋势及其启示》，载《教育研究》，
2014(4)。
⑥ 施晓光：《印度高校创业教育：发展中国家的个案》，载《比较教育研究》，2014
(2)。

育的支持系统①，杜岩岩介绍了俄罗斯工程教育全球战略的目标及实施路径②。

四是创新型与一流人才培养。马健生教授等人的《21 世纪世界高水平大学研究生教育：新特点与新趋势》一书以世界高水平大学为研究对象，运用文献法和案例法对各大学研究生教育在招生制度、培养制度、资助制度和质量保障制度等方面进行系统且全面的研究。③ 史秋衡教授等人分析了英、美、法、德四国的一流高教体系的特征，总结了发达国家顶尖人才培养体系的特征。④ 贺国庆教授回顾了美国研究型大学本科教育的百年变迁，提出要正确认识本科教育在研究型大学中的基础性地位，科学平衡本科教育与科学研究和研究生教育的关系。⑤ 此外，王春春教授基于美国文理学院的案例分析总结了高等教育普及化时代的精英本科教育特征⑥，任飏等人基于国外案例总结了创新型人才具有的内在个性特征⑦。代表性著作还包括王志强的《研究型大学与美国国家创新系统的演进》(中国社会科学出版社，2014)、杨思帆的《当代高校与高技术产业的联结研究——印度案例》(科学出版社，2014)、徐辉教授与武学超合著的《世界教育领域应对国际金融危机的经验与策略研究》(人民教育出版社，2016)。

---

① 卓泽林：《全校性创业教育：以美国六所高校为样本》，载《教育研究》，2018(12)。

② 杜岩岩：《俄罗斯工程教育全球战略的目标及实施路径》，载《教育研究》，2016(4)。

③ 马健生、陈玥：《21 世纪世界高水平大学研究生教育：新特点与新趋势》，北京，高等教育出版社，2016。

④ 史秋衡、陈志伟：《发达国家顶尖人才培养体系特征研究》，载《教育研究》，2016(6)。

⑤ 贺国庆：《美国研究型大学本科教育的百年变迁与省思》，载《教育研究》，2016(9)。

⑥ 王春春：《高等教育普及化时代的精英本科教育——基于美国文理学院的案例分析》，载《教育研究》，2017(11)。

⑦ 任飏、陈安：《论创新型人才及其行为特征》，载《教育研究》，2017(1)。

　　五是博士教育与培养。21世纪，世界各国开始重新全面审视博士教育，全球博士教育改革呈现出明显的共同趋势，博士教育在培养理念、规模结构、招生选拔、培养机构、导师队伍、课程结构国际化水平及质量保障等方面都发生了重大变革，更具适应性和活力。① 刘宝存教授等人以加州大学博士后工会为例对美国研究型大学中博士后工会进行研究，认为美国博士后工会的出现有效改善了博士后人员的薪酬结构、福利待遇、与导师之间的关系等问题，为他们开展科学研究提供了更好的学术环境。② 高益民教授等人探讨了美国教育博士(Ed. D)培养的"学术化"问题，认为教育博士与教育学哲学博士(Ph. D)在培养模式上趋同的问题比较突出。③ 此外，王建梁教授等人研究了英国专业博士学位的特征与问题④，胡钦晓教授研究了英国的实践型博士和新制博士学位⑤，赵世奎教授等人比较研究了20世纪60年代以来中美博士教育规模扩张历程⑥，李福华教授等人比较分析了北京大学和哈佛大学在博士后培养方面的差异⑦。

（六）教育均衡发展与维护教育公平

　　王璐教授通过梳理美国、德国、俄罗斯等国家义务教育发展近

　　① 王传毅、赵世奎：《21世纪全球博士教育改革的八大趋势》，载《教育研究》，2017(2)。
　　② 刘宝存、孙琪：《美国研究型大学中博士后工会研究——以加州大学博士后工会为例》，载《外国教育研究》，2014(6)。
　　③ 张秀峰、高益民：《美国教育博士培养"学术化"问题的改革和探索——以范德堡大学教育学院为例》，载《比较教育研究》，2014(3)。
　　④ 王建梁、董鸣燕：《英国专业博士教育20年发展的状况、问题及趋势》，载《比较教育研究》，2014(3)。
　　⑤ 胡钦晓：《英国实践博士：形成、特征及启示》，载《教育研究》，2016(4)；胡钦晓：《英国新制博士学位的特色与启示》，载《教育研究》，2013(8)。
　　⑥ 赵世奎、沈文钦：《中美博士教育规模扩张的比较分析——基于20世纪60年代以来博士教育发展的数据分析》，载《教育研究》，2014(1)。
　　⑦ 李福华、姚云、吴敏：《中美博士后教育发展的比较与启示——基于北京大学和哈佛大学的调查》，载《教育研究》，2014(12)。

况，对照各国义务教育办学特色、课程设置以及教学评价标准等进行研究，提出我国义务教育存在的问题和可能解决的方法与设想。[1] 乔鹤博士从教育均衡发展的主体——政府、学校、教师等维度出发，审视了世界各国教育均衡发展实践。[2] 申素平教授等人发现美国高校在追求多元化学生群体目标时过度关注少数族裔身份，政策效应累加使少数族裔优势群体学生更具入学竞争优势，产生了"奶油层"。[3] 曹淑江教授研究了发展中国家的经济发展战略与教育发展优先次序相关性，发现发展中国家的教育投资结构和教育发展优先次序是由经济发展战略决定的。[4] 赵海利教授采用受益归宿分析法（BIA）对57个国家的公共教育资源分配公平性进行了实证研究。[5]

石连海博士提出，教育公平不能被简单作为封闭的资源配置性技术体系来看待。综合借鉴政治、经济、法律途径，尤其是目前缺位严重的文化手段来研究教育公平，有助于全面认识教育公平的形成路径。[6] 安双宏教授等人研究了印度"女性平等教育计划"，介绍了印度实施该计划取得的成绩和存在的不足。[7]

（七）非洲与"一带一路"沿线国家教育研究

浙江师范大学近年来持续开展了非洲教育研究，出版了"非洲高等教育研究丛书"和"非洲教育译丛"。其中，"非洲高等教育研究丛书"由中国社会科学出版社出版，包括南非、埃及、喀麦隆、埃塞俄

---

[1] 王璐：《国际视野下的义务教育均衡发展》，太原，山西教育出版社，2014。

[2] 乔鹤：《不让一个学生掉队——国际视野下的教育均衡实践》，重庆，西南师范大学出版社，2015。

[3] 申素平、王俊：《美国公立高校积极差别待遇录取政策反思》，载《教育研究》，2017(9)。

[4] 曹淑江：《发展中国家的经济发展战略与教育发展优先次序》，载《教育研究》，2016(9)。

[5] 赵海利：《中外公共教育资源分配公平性比较研究》，载《教育研究》，2013(8)。

[6] 石连海：《文化学视阈下的教育公平研究》，载《教育研究》，2015(12)。

[7] 安双宏、王丹：《论印度"女性平等教育计划"的实施效果》，载《外国教育研究》，2013(10)。

比亚、尼日利亚、肯尼亚、坦桑尼亚等国别的高等教育研究项目，译丛包括《非洲高等教育国际化》《撒哈拉非洲国家的教育、贫困和发展》《非洲的大学：稳定与复兴的策略》《撒哈拉以南的非洲教育政策——调整、复兴和扩充》《中国对非洲的援助与软实力：以教育和培训为例》等。在具体的学术观点上，楼世洲教授等人提出，切实推动我国非洲教育研究的学术发展，必须实现从"局外人"向"参与者"、从经验的"输入者"向"分享者"两个转型。[①] 万秀兰教授以《非洲教育"二·十"行动计划》《非洲高等教育一体化战略》等为分析对象，研究了非洲教育区域化发展战略，表现出能力建设主题突出、内部驱动组织多样、外部参与组织强大、阻碍因素特殊等特点。[②] 此外，万秀兰教授等人还分析了喀麦隆在教育管理上的分权制改革[③]，以及撒哈拉以南非洲学校供餐问题[④]。

顾明远先生指出，全球治理时代的世界需要中国参加国际教育治理，但是我国参与国际教育治理的能力有待提高，比较教育学应该研究国际组织参与国际教育治理的策略和规则，关注如联合国教科文组织、世界银行、经济合作与发展组织等国际组织的动向，研究它们的观点及其背景，使我们能够更好地把握世界教育改革和发展的走向。习近平总书记站在人类社会发展的高度提出"人类命运共同体"的主张，并提出"一带一路"建设的倡议，比较教育学应该尽快组织力量研究"一带一路"沿线国家的教育，配合"一带一路"的建设，比较教育研究者不仅要掌握该国通用的语言，而且还应该了解当地

---

① 楼世洲、徐倩、万秀兰：《对我国非洲教育研究的思考》，载《教育研究》，2016(10)。

② 万秀兰：《非洲教育区域化发展战略及其对中非教育合作的政策意义》，载《比较教育研究》，2013(6)。

③ 万秀兰、王婧：《喀麦隆基础教育管理体制：问题与改革路径》，载《比较教育研究》，2014(5)。

④ 万秀兰、徐倩：《国家主事与本土采购：撒哈拉以南非洲学校供餐项目发展趋势研究——以博茨瓦纳和加纳为例》，载《比较教育研究》，2013(11)。

的民风习俗，这样才能对该国的教育改革有较深入的了解。①

2017 年北京师范大学出版社出版《"一带一路"国家教育发展研究》一书。该书以联合国教科文组织的《达喀尔行动纲领》和《教育 2030 行动框架》为参照框架，力求呈现"一带一路"国家教育风貌，并结合不同国家的教育政策及代表性案例对数据进行深入分析。② 周谷平教授等人认为，"一带一路"倡议既涉及基础设施建设、贸易投资、产业合作等硬实力，也涉及政策、文化、人才等软实力。人才是"一带一路"建设的支点和关键。面对需求与挑战，教育尤其是高等教育部门应根据"一带一路"建设的要求，以"内生"和"外延"为路径，切实担负起人才培养的重要使命。③ 此外，马早明教授分析了中国与东盟高等教育合作的策略选择④，刘志民教授等人分析了"一带一路"沿线 73 个国家的高等教育大众化进程⑤，陈丽等人回顾了"一带一路"沿线国家来华留学生教育⑥。

三、教育理论与思潮比较研究

中国比较教育学者在这一时期探讨了民主主义教育、教育研究范式等教育学理论与思潮，同时对公民道德教育、核心素养、终身教育、跨境教育与种族教育也进行了研究。

---

① 顾明远：《新时代比较教育的新使命——纪念改革开放 40 周年》，载《比较教育研究》，2018(8)。

② 北京师范大学中国教育与社会发展研究院"一带一路"国家教育发展研究课题组：《"一带一路"国家教育发展研究》，北京，北京师范大学出版社，2017。

③ 周谷平、阚阅：《"一带一路"战略的人才支撑与教育路径》，载《教育研究》，2015(10)。

④ 马早明：《"一带一路"背景下中国与东盟高等教育合作的策略选择》，载《华南师范大学学报(社会科学版)》，2017(1)。

⑤ 刘志民、刘路、胡顺顺：《"一带一路"沿线 73 国高等教育大众化进程分析》，载《比较教育研究》，2016(4)。

⑥ 陈丽、伊莉曼·艾孜买提：《"一带一路"沿线国家来华留学教育近 10 年发展变化与策略研究》，载《比较教育研究》，2016(10)。

（一）教育学一般理论与思潮

一是引领教育发展的指导性理论与思想。顾明远先生比较了中西大学价值观的异同，总结了大学发展的两种模式：一种是西方学习自由、大学自治的模式，另一种是中国科举制度影响下的为国家服务的模式。这实际上涉及中西大学的价值观。顾明远先生认为，大学的价值是由大学的起因和功能来确定的，它随着时代的变迁不断变化，同时受民族文化传统的影响。[①] 黄志成教授对拉丁美洲民众主义教育思想进行了探析，提出民众主义教育是在拉丁美洲地区广为流行、产生很大影响的一种教育思潮，尽管不同时期的拉美民众主义教育具有不同的实施方式，但在促进广大民众教育普及与质量提高方面产生了巨大的影响。目前，拉美民众主义教育正朝向更具国际化的全民教育的方向发展。[②] 郝德永教授认为改革已成为世界范围内教育发展的主旋律，但众多的改革运动在理念与方法上明显缺乏科学性与可行性品质，使教育发展形式上变化较多实质性改变很少。[③]

二是教育学者的思想与理论研究。彭正梅教授认为赫尔巴特教育学尽管具有理性主义和形式化的倾向，但也具有丰富的辩证法思想。从赫尔巴特的理性主义的辩证思考与杜威的实验主义的辩证思考的比较中，可以看到以培养自由人为目的的现代教育学的使命和宿命：辩证思考与形式思考的永恒互动。[④] 李春影博士等人总结了布迪厄的社会学思想，认为在教育研究领域，布迪厄社会学思想的影响大致可以划分为三个阶段：初步介绍阶段(1979—2001年)、广

① 顾明远：《浅谈中西大学价值观之异同》，载《高等教育研究》，2017(3)。
② 黄志成：《拉丁美洲民众主义教育初探》，载《外国教育研究》，2014(8)。
③ 郝德永：《方法改革与当代教育改革的困局破解》，载《教育研究》，2016(11)。
④ 彭正梅：《大道泛兮：赫尔巴特教育学思考的辩证特性及其与杜威的比较》，载《全球教育展望》，2013(7)。

泛探讨阶段(2002—2009 年)以及深入探讨阶段(2010—2017 年)。这些阶段的形成与中国改革开放的社会背景密不可分。整体来看，布迪厄社会学思想已经成为近 40 年来影响中国教育研究的重要西方社会思潮之一，尤其对中国教育公平问题的研究影响巨大。但中国教育研究领域在接受布迪厄社会学思想影响时还主要停留在介绍和选择性利用的阶段，整体理解和把握不够，立足于中国立场进行的质疑批判更不够。①

　　陈红燕博士等人以德国教育人类学为研究对象，认为与英美国家相比，德国教育人类学具有开放性与"大陆性"特征，并以人类自我形象为核心议题。在经济全球化背景下，教育人类学面临新的问题，通过反思德国先后经历的哲学、现象学以及整合取向的三种教育人类学的传统范式，历史文化取向的出现为教育人类学研究提供了更为广阔的视角。展望未来，德国教育人类学的发展将呈现出方法的多样性，注重交叉学科与跨学科、交叉文化与跨文化，以及把人文艺术教育作为研究重点等特点。② 李政涛教授等人通过对德国教育学家本纳教授的访谈，深入探讨了学校教育变革与教育学理论的关系等问题，深化了对教育学自身逻辑的认识。③ 彭正梅教授等人对德国另一教育学家迈尔进行访谈，考察了德国普通教学论传统及其主要流派、危机和新方向，区分了普通教学论与特定领域的教学论以及经验研究的关系，并提出普通教学论的存在必要性及其转向课程论传统的倾向。④

---

　　① 李春影、石中英：《布迪厄社会学思想对中国教育研究的影响：回顾与评论》，载《比较教育研究》，2018(8)。

　　② [德]克里斯托弗·乌尔夫、陈红燕：《德国教育人类学的研究传统与发展》，载《教育研究》，2016(4)。

　　③ 李政涛、巫锐：《德国教育学传统与教育学的自身逻辑——访谈德国教育学家本纳教授》，载《教育研究》，2013(10)。

　　④ 彭正梅、张玉娴：《德国普通教学论传统、危机与新方向——对德国教学论专家迈尔的访谈》，载《全球教育展望》，2014(12)。

　　三是世界范围内教育研究转型。程晋宽教授等人认为教育数据挖掘是分析教育数据背后所蕴藏的教育规律的一种新途径，对美国高校教育数据挖掘的应用领域与推动因素进行了探析。① 阎光才教授对英美等国家基于证据的教育研究取向进行了评析，认为基于证据的教育研究的盛行折射出传统实证主义取向的科学理论研究和人文主义取向的质性研究，但是基于证据的教育研究不应也不能超越甚至替代传统研究，它的单一性效果关注很可能为教育实践带来更大的隐患。② 丁邦平教授等人研究了现象图析学，发现现象图析学旨在描述个体对于周遭世界的体验，涉及的主要内容包括一阶观点和二阶观点、差异、质的差异的(理解)方式、描述的分类等。近年来，教育研究领域使用现象图析学完成的经验性研究数量与日俱增，但尚未引起我国学者的高度重视。③ 他们认为鉴于国际上比较教育学呈现的"质性"发展趋势，以及我国留学、访学、境外交流项目的增多，我国比较教育学研究领域亟待一种以群体作为研究对象，基于他者视野对研究对象的观念进行主观描述，同时研究结果具有一定外在效度的质性研究方法。④

　　(二)公民与道德教育

　　一是道德教育理论与实践。唐爱民教授认为，社会学是构成并影响 20 世纪西方道德教育理论进程的一个重要学科范式，其方法论、价值论意义使西方道德教育理论的科学化、专业化及对道德教育实践的指向性显著增强。在构建道德教育研究的社会学范式方面，

　　①　丁国勇、程晋宽：《美国高校教育数据挖掘的应用领域与推动因素》，载《比较教育研究》，2017(5)。

　　②　阎光才：《对英美等国家基于证据的教育研究取向之评析》，载《教育研究》，2014(2)。

　　③　张霄、丁邦平：《现象图析学：一种中观层面的教育学研究方法论》，载《比较教育研究》，2017(3)。

　　④　张霄、丁邦平、赵芳祺：《现象图析学在比较教育学研究领域应用的初探——以对 45 名境外访学人员的实证研究为例》，载《外国教育研究》，2017(10)。

西方的探索为我们提供了可资借鉴的启示。① 侯晶晶教授梳理总结了美国公立基础学校强调平等地尊重陌生人的异质性、重视关心陌生人的多域实践、创设多种条件促使青少年与学校内外的陌生人交往融合等为特征的陌生人伦理教育，认为其对于我国丰富学校德育、构建良序陌生人社会具有借鉴价值。② 杨韶刚教授等人采用中国和加拿大学者合作编制的问卷，以 288 名中国与加拿大儿童青少年（7～14 岁）为被试，考察他们对父母在家庭教育中使用的纪律教育方式所做的判断和推理，结果发现两国儿童青少年对家庭纪律教育方式的道德判断与推理共性大于差异。③

　　二是公民与世界公民教育。宋强博士的《世界公民教育思潮研究》一书从"是什么""为什么""怎么样"三个维度对"世界公民"教育思潮进行了全面系统的分析，创新性地论述了"人类命运共同体"与世界公民教育的关系。④ 孔锴博士的《美国公民教育模式研究》一书将美国公民教育总结为公民性传承模式、社会科学模式、反省思维模式、社会行动模式，对每一种模式进行了背景、理念、内容、途径、不足等全景式的研究。⑤ 陈文娟博士研究了西方古典共和传统中的公民教育，从教育目标上讲这是一种旨在培养良善公民的德行教育。从实施途径来讲，包括公共教育和家庭教育两种模式。当今社会，古典共和传统的公民教育对于反思西方现代所谓"民主教育"之弊端有一定的启示。⑥ 王小飞博士对六国公民身份教育培养体系进行了比较研究，包括英国的主动公民、美国的多元价值、德国的政治教

　　① 唐爱民：《20 世纪西方道德教育研究的社会学建构》，载《教育研究》，2017(6)。
　　② 侯晶晶：《美国公立基础学校生活化的陌生人伦理教育》，载《教育研究》，2014(12)。
　　③ 杨韶刚、刘春琼、张倩：《中加儿童青少年对家庭纪律教育方式的道德判断——基于跨文化研究的道德反思》，载《教育研究》，2014(6)。
　　④ 宋强：《世界公民教育思潮研究》，北京，中国社会科学出版社，2018。
　　⑤ 孔锴：《美国公民教育模式研究》，北京，中国社会科学出版社，2013。
　　⑥ 陈文娟：《古典共和传统中的公民教育及其启示》，载《教育研究》，2016(8)。

养、法国的共和人权、韩国的国民伦理、日本的"好公民"培养体系。① 在《比较公民教育：范型与变革》一书中，作者从教学和学习的角度阐述了当今主要的公民教育实践模式和类型，为进一步探讨公民教育模式的变革和发展奠定了基础。②

三是多元文化与国际理解教育。金香花博士和孙启林教授分析了韩国多元文化教育政策，认为随着国际婚姻移民者、外籍劳工以及留学生等外籍人员越来越多地涌入，韩国正在形成多人种、多民族的社会。但目前在政府主导下实施的韩国多元文化教育政策存在很多缺陷。尊重其他民族文化，与其他不同文化和谐、和平共存是经济全球化时代韩国多元文化社会面临的课题，也是赋予教育的使命。③ 姜英敏教授认为，在经济全球化趋势愈益明显的今天，培养年青一代在全球社会的生存能力是各国教育政策与理论必须关注的问题，国际理解教育在这方面的特殊使命使其受到世界各国的重视。在《东亚国际理解教育的政策与理论》一书中，作者分析了国际理解教育的理论源头，界定了相关的概念和内容，研究了国际意识与民族意识、全球公民与本土公民的关系，阐明了国际理解教育的意义和价值，并对中日韩三国在实施国际理解教育方面的政策和实践做了详细的介绍和分析。④ 王正青教授以近年来兴起于学术界的和平学为理论基础，分析了和平、暴力、冲突等核心概念，剖析了和平教育的内外边界、学理基础、人性论立场，梳理了世界范围内和平教育的发展演变，构建了当前学校和平教育的目标体系，总结了世

---

① 王小飞：《试论公民身份教育的实践模式——基于六国培养体系的比较研究》，载《教育研究》，2015(10)。
② 王小飞：《比较公民教育：范型与变革》，广州，广东教育出版社，2015。
③ 金香花、孙启林：《韩国多元文化教育政策及其发展趋势》，载《比较教育研究》，2016(10)。
④ 姜英敏：《东亚国际理解教育的政策与理论》，北京，高等教育出版社，2017。

界范围内和平教育实践策略。①

（三）学生核心素养研究

一是核心素养的国际趋势与改革动向。褚宏启教授认为，核心素养是 21 世纪人人都需要具备的关键少数高级行为能力，是知识、技能、态度的统整与融合。世界范围内的核心素养热潮实质上是教育质量的升级运动，是国际教育竞争的集中反映。②张传燧教授等人认为，国际社会对学生核心素养的关注，是当今时代科技信息化、经济全球化、文化多元化、职业流动化、竞争白热化的必然要求，各国对学生核心素养的界定有共性也有差异性。③辛涛教授等人通过分析国际组织和世界主要国家（地区）学生核心素养模型的内容和结构，提出建构核心素养指标体系的目的是要将核心素养落实与推行到具体的教育、社会活动中去。核心素养模型逐渐渗透进各国教育改革的诸多领域，主要体现在两个方面：一是基于学生核心素养推进课程改革；二是基于学生核心素养推进教育质量评估。④胡乐乐博士认为，核心素养是事关学生发展、生存和社会、国家良好运行的关键素养及其综合体，作者比较分析了 11 个外国政府和非政府组织的核心素养，提出了中国核心素养课程标准。⑤

二是基于核心素养的区域或国别教育改革研究。刘新阳博士等人关注了欧盟核心素养框架，认为欧盟核心素养框架对欧洲各国的基础教育课程改革产生了深刻的影响，因此对欧盟整体层面针对核

---

① 王正青：《社会冲突中的和平教育：学校层面的目标与策略》，北京，人民出版社，2014。

② 褚宏启：《核心素养的国际视野与中国立场——21 世纪中国的国民素质提升与教育目标转型》，载《教育研究》，2016(11)。

③ 张传燧、邹群霞：《学生核心素养及其培养的国际比较研究》，载《课程·教材·教法》，2017(3)。

④ 辛涛、姜宇：《全球视域下学生核心素养模型的构建》，载《人民教育》，2015(9)。

⑤ 胡乐乐：《国外核心素养体系构建研究》，载《新疆师范大学学报（哲学社会科学版）》，2017(6)。

心素养的相关教育政策和计划项目、核心素养课程实施的现状进行了梳理，对跨学科素养的实施、核心素养与传统基本能力的关系以及核心素养的评价等当前欧盟实践中的热点问题进行了分析。[①] 张紫屏博士总结了英国基于核心素养的教学变革，认为存在着教师自我效能感低、课堂控制倾向严重、学生自主探究不彻底等问题。[②] 王俊民博士关注了新西兰核心素养的课程建构与实施，指出新西兰课程变革本身的复杂性、教师对新课程理解不够、教师适应变革所需的时间和对课程实施的信心不足以及缺少更为精细、持续的指导等因素，使课程实施面临极大挑战。[③] 姜英敏教授对韩国"核心素养"体系的价值选择进行了研究，认为这一举措将深刻影响韩国的基础教育模式，如打破学习的时空界限、彻底改变学习途径和方法、重构学习评价方式等。[④]

三是基于核心素养的课程与教学改革。左璜博士认为，国际核心素养体系可分为成功生活取向的思维核心型、终身学习取向的知识核心型、个人发展取向的价值核心型和综合性取向的教育系统型。各国或地区开展了以核心素养为本的基础教育课程改革，涉及课程目标、内容、实施、评价与形式多方面。[⑤] 周文叶博士总结了美国促进核心素养课程转化的策略，将策略总结为纵向连贯和横向统整两大原则。[⑥] 李金云博士等人分析了核心素养体系下美国阅读教学的新趋势，主要有培养积极阅读者、聚焦真阅读、关注阅读全过程

---

① 刘新阳、裴新宁：《教育变革期的政策机遇与挑战——欧盟"核心素养"的实施与评价》，载《全球教育展望》，2014(4)。

② 张紫屏：《基于核心素养的教学变革——源自英国的经验与启示》，载《全球教育展望》，2016(7)。

③ 王俊民：《新西兰基于核心素养的课程构建与实施》，载《比较教育研究》，2016(12)。

④ 姜英敏：《韩国"核心素养"体系的价值选择》，载《比较教育研究》，2016(12)。

⑤ 左璜：《基础教育课程改革的国际趋势：走向核心素养为本》，载《课程·教材·教法》，2016(2)。

⑥ 周文叶：《核心素养的课程转化：以美国为例》，载《教育发展研究》，2017(12)。

等方面。① 李凯博士分析了英国以核心素养为本的课程改革动向，主要体现在将关键技能融入国家课程体系。②

(四)终身教育与学习型社会建设

保罗·朗格朗认为，教育特别是成人教育是帮助人们开创美好生活世界的重要途径，发展终身教育要优先考虑成人教育的地位，成人教育是终身教育发展的"火车头"，现代教育向着终身教育的变革日益紧迫。保罗·朗格朗等人的经验视野，可以帮助我们预判我国教育改革发展可能遇到的问题以采取预防措施，为我国面向 2030 年推进教育现代化和建立学习型社会提供借鉴。③ 张创伟教授等人研究了 2015 年 9 月联合国教科文组织在墨西哥城召开第二届学习型城市国际大会通过的《可持续学习型城市墨西哥城声明》，发现新定义的学习型城市观应该是用更为广阔、多维的社会视角来定义可持续发展的内涵，使个人发展、社会融合和文化繁荣的重要性并行于经济发展的可持续性，"全球""全民"和"全面"的核心理念得以张扬。④ 林钧博士的《国外学习化社会理论与实践研究》一书分析了学习化社会理论的产生背景，梳理了国际组织的学习化社会思想和国外有代表性的学习化社会理论，结合世界各国构建学习化社会的实践探索，总结了我国学习化社会建设路径。⑤

吴雪萍教授等人对欧洲国家资格框架的特点和实施进行了总结，认为该框架的实施对教育机构改革、非正规教育发展、劳动力技能

---

① 李金云、李胜利：《指向核心素养的美国阅读教学新趋向》，载《课程·教材·教法》，2017(6)。

② 李凯：《走向核心素养为本的英国基础教育课程改革——一种课程结构视角的评述》，载《外国教育研究》，2018(9)。

③ 李国强：《保罗·朗格朗与终身教育理论——兼论西方终身教育理论对我国教育现代化的启示》，载《教育研究》，2017(6)。

④ 张创伟、高志敏：《全球、全民与全面：〈可持续学习型城市墨西哥城声明〉述评》，载《教育研究》，2017(4)。

⑤ 林钧：《国外学习化社会理论与实践研究》，北京，中国经济出版社，2013。

匹配都产生了积极影响。我国在建立国家资格框架、发展终身学习时应从颁布法律条例、成立专门机构、制定衔接标准以及重视教育投入和学习结果等方面借鉴欧洲国家的成功经验。① 李兴洲教授对日本终身学习机制进行研究，总结了日本在推进终身学习方面创建和完善的法制机制、咨询审议机制、行政保障机制、实施机制和协作机制。② 年智英博士等人研究发现，世界各国在学习型城市建设理念上提出"包容""繁荣"和"可持续发展"，在标准上提出了绿色城市指数、综合学习指数等测评体系，在策略上既有国际层面的多维度发展策略，也有国家层面的个体发展策略。③ 徐静博士等人对经济合作与发展组织的成人技能调查这项综合性国际测评项目进行了研究。④

（五）多元文化与民族教育研究

顾明远先生等人指出，经济全球化时代世界各国民族成分虽有所不同，民族教育实践的发展历程与水平也不同，但民族教育政策大都呈现出相似的特点和共同的发展趋势：在民族教育政策制定中，都奉行民族平等原则，采取差异补偿措施；重视少数民族学生基本能力和核心素养的培养；既尊重民族文化多样性，又坚持开展共同价值观教育；加大民族教育的资金投入和人员支持；通过完善法律法规，为民族教育提供制度保障。⑤ 顾明远先生提出，多民族国家的民族发展和团结关系到国家长治久安，而教育是民族发展的基础，也是各民族交往、融合的桥梁。当前，民族教育政策的研究应主要

---

① 吴雪萍、郝人缘：《欧洲国家资格框架：演变、特点与启示》，载《教育研究》，2016(9)。

② 李兴洲：《日本终身学习推进机制及启示》，载《教育研究》，2015(12)。

③ 年智英、陈丽、谢浩：《世界学习型城市发展趋势：理念、标准与策略》，载《比较教育研究》，2014(11)。

④ 徐静、刘宝存：《"成人的PISA"：OECD成人技能调查研究》，载《比较教育研究》，2014(11)。

⑤ 顾明远、马健生、田京：《世界主要国家民族教育政策的基本趋势》，载《外国教育研究》，2015(8)。

包括以下三个方面的内容：少数民族教育发展政策、双语教育政策和民族理解政策。在开展民族教育政策的国际比较研究时，必须研究该国的主流文化及各少数民族的文化，可采用田野研究、文献研究等方法，深入理解他国民族教育政策出台的历史文化背景以及政策出台的意义，并详细了解该项政策执行的情况和效果，切勿就事论事、妄下结论。①

美国是由移民组成的社会大熔炉，在数百年发展中形成了以教育为主导的移民社会融合实践模式。冯增俊教授等人对美国移民教育进行了探讨，认为美国移民教育实现了对多元文化群体的新型社会管理，建构起独特的教育社会管理实践体系，这对走向现代化的中国具有重要的借鉴意义。② 刘宝存教授等人对美国少数民族双语教育进行了研究，从政策变迁过程来看，政治力量介入使得美国双语教育政策的变迁过程充满了曲折和反复；从政策价值取向来看，由于政策决策者对少数民族语言的态度转变，导致美国双语政策价值取向由"语言是权利"和"语言是资源"走向"语言是问题"；从政策执行过程来看，联邦政府非常重视推进学区的自身能力建设。③ 祝贺博士的《美国公共学校种族隔离的终结》一书勾勒了美国黑人争取教育平等权利的历史脉络，为了解和认识美国黑人教育的发展历程并进而认识美国黑人教育的现状提供了极为重要的视角。④ 孙立新的《美国移民教育与社会阶层结构——基于冲突论视角》一书分析了移民在美国社会中的工作与生活情况。⑤

---

① 顾明远：《民族教育政策国际比较研究中的几个问题》，载《比较教育研究》，2014(9)。
② 张运红、冯增俊：《美国移民社会融合的教育实践模式探讨》，载《比较教育研究》，2014(3)。
③ 何倩、刘宝存：《美国少数民族双语教育政策及其特点》，载《比较教育研究》，2014(9)。
④ 祝贺：《美国公共学校种族隔离的终结》，杭州，浙江教育出版社，2014。
⑤ 孙立新：《美国移民教育与社会阶层结构——基于冲突论视角》，杭州，浙江大学出版社，2016。

王璐教授等人研究发现，随着进入21世纪以来英国多地发生骚乱事件，英国少数民族教育政策正从多元文化主义到国家认同和共同价值观转向。[①] 安双宏教授认为，印度的民族和语言众多，各种专门委员会和《国家教育政策》对教学语言都有相应的建议和规定，但是《国家教育政策》在各地的落实情况也有很大的差异。由于绝大多数的印度少数民族(表列部族)语言没有文字，所以少数民族学生很难受到用本民族语言进行的学校教育，印度政府在这方面还有大量艰苦的工作要做。[②] 陈立鹏等人发现，随着20世纪七八十年代多元文化政策的兴起，澳大利亚政府开始逐渐关注土著民族教育机会均等问题，制定了一系列促进土著民族教育机会均等的法律政策，保障和维护了土著民族的教育公平。[③]

四、教育改革与实践比较研究

基于教师是教育发展第一资源的认识，这一时期中国比较教育学者对各国教师教育改革进行了大量研究。由于社会经济转型，众多学者探讨了人才培养模式改革，同时也对人才培养载体的课程教材进行了探讨，如何进行教育质量评估与评价也是学者们关注的重点。

(一)教师培养与专业发展研究

教师是人才培养的基础，如何提升中小学教师质量已经成为一个世界性的课题。根据我国当前教育发展的需求及世界主要国家教师教育发展的政策经验，需要立法明确中小学教师的公务员身份、提升中小学教师的学历标准、完善国家教师资格考试和注册制度、

---

　　① 王璐、王向旭：《从多元文化主义到国家认同和共同价值观——英国少数民族教育政策的转向》，载《比较教育研究》，2014(9)。
　　② 安双宏：《印度基础教育阶段少数民族的教学语言政策研究》，载《比较教育研究》，2015(4)。
　　③ 陈立鹏、张靖慧：《澳大利亚土著民族教育机会均等政策研究》，载《比较教育研究》，2012(10)。

改进职前教师的选拔和培养方案与丰富在职培训类型和内容。①

　　一是职前教师培养领域改革。陈时见教授等人对加拿大教师职前教育实习进行了研究，提出当前加拿大的教育实习更加强调教育理论和学校实践的深度融合，特别注重大学与中小学及社区之间的合作伙伴关系，教育实习的内容和形式也不断拓展，呈现出互惠合作的新趋势。② 饶从满教授等人认为芬兰教师教育在目标上聚焦于培养基于研究的教学思维；在内容上以研究性学习为教师教育课程的重要因素；在方式上以研究本位的教学思维作为促进理论与实践融合的黏合剂。由于在目标、内容和方式等几个主要维度上均体现了"研究本位"的特征，从而该模式被称为研究本位教师教育模式。③此外，张晓光总结了芬兰中小学教师职前教育的研究取向特点④，刘永凤等人总结了美国中小学教师入职教育的典型特征⑤，付淑琼关注了美国中小学与高校联合制定和实施的"卓越教师培养项目"⑥，严金波等人研究了英国新教师的入职指导制度⑦，于喆等人以德国莱比锡大学为个案介绍了德国职前教师教育质量保障⑧，郑丹丹研

　　① 顾明远：《关于提升我国中小学教师质量的思考——基于世界各国的政策经验》，载《比较教育研究》，2014(1)。

　　② 黄菊、陈时见：《加拿大教师职前培养中的教育实习及其借鉴》，载《比较教育研究》，2014(11)。

　　③ 饶从满、李广平：《芬兰研究本位教师教育模式：历史考察与特征解析》，载《外国教育研究》，2016(12)。

　　④ 张晓光：《研究取向的中小学教师职前教育探析——以芬兰为例》，载《教育研究》，2016(10)。

　　⑤ 刘永凤、谭菲：《美国中小学教师的入职教育》，载《教育研究》，2015(4)。

　　⑥ 付淑琼：《多方协同：美国"卓越教师培养项目"的质量评价机制》，载《教育研究》，2016(4)。

　　⑦ 严金波、林正范：《英国新教师入职教育及其启示——基于〈新教师入职教育指南〉的释义》，载《教育研究》，2016(6)。

　　⑧ 于喆、曲铁华：《德国职前教师教育质量保障体系改革新举措——基于莱比锡大学的分析》，载《教育研究》，2015(7)。

究了美国和荷兰两国的教师教育者专业标准①。

二是各国教师教育政策与制度变革。陈时见教授等人认为，欧盟在教师教育政策领域的活动起步较晚，当前欧盟教师教育政策的重点领域是深化教师教育政策对话机制，实现教师教育一体化，构建教师教育指标体系以及制定教师教育者能力标准等。② 饶从满教授对20世纪80年代以来日本展开的以提高教师专业性为根本目标、以新自由主义为基本理念的教师教育改革进行研究，认为在双重压力背景下展开的日本教师教育改革要取得更大成效，需在充分尊重并发挥中小学教师和教师教育机构(包括教师教育者)的主体性上下足功夫。③ 马早明教授回顾了粤港澳三地在教师教育方面的合作，将三方合作历史分为试验探索、全面发展和深化拓展三个发展阶段，在合作体制与制度、合作方式与途径及人才培养规格与教学计划等方面都进行了创新。④ 杜岩岩教授认为，当前俄罗斯师范教育现代化进程受阻，为此，俄罗斯教育与科学部实施了旨在提高教师培养质量的师范教育现代化工程，并通过引入全纳教育理念，更新教育内容和实践环节，创新体制机制等措施推进师范教育现代化的进程。⑤ 王萍博士从宏观的角度分析了美国中小学教师教育发展，从殖民地时期、师范学校时期、师范学院时期、教师教育大学化时期和20世纪80年代以来五个不同时期，总结了美国中小学教师教育

---

① 郑丹丹：《教师教育者及其专业标准的国际比较研究》，杭州，浙江大学出版社，2015。

② 覃丽君、陈时见：《欧盟教师教育政策及其发展走向》，载《比较教育研究》，2013(12)。

③ 饶从满：《变动时代的日本教师教育改革：背景、目标与理念》，载《比较教育研究》，2014(8)。

④ 马早明：《协同创新30年：粤港澳教师教育合作的回顾与前瞻》，载《华南师范大学学报(社会科学版)》，2014(6)。

⑤ 杜岩岩：《俄罗斯师范教育现代化再出发：方向与措施》，载《教育研究》，2015(9)。

的改革历程。①

三是教师在职培训与专业发展。饶从满教授研究了 20 世纪 80 年代中期以来日本的教师在职教育，提出日本教师在职教育进入了以建设教师终身学习体系为目标的深度改革与快速发展时期，但在尊重和促进教师发展的自主性、主体性，谋求"深度意义上的整合"方面还有待改进。② 龙宝新教授的《当代国际教师教育研究》一书提出，教师教育系统的根基是教师专业发展，它是统摄职前教师教育与教师在职培训两大教师教育形态的关节点。国外职前教师教育在目标、机构与模式、类型、课程上具有区域性特点，迈向国际化、本土化与个体化是其基本发展态势；走向统一，推进多模式综合，全面提高职前教师教育质量，正成为世界各国职前教师教育改革的主题。③ 关松林教授总结了美国、英国、日本开展中小学教师在职培训的特征。④

四是教师聘任与管理制度。刘宝存教授等人分析了美国大学教师终身教职制度的合法性⑤，并对墨西哥新颁布的《教师职业一般服务法》考核聘用制度进行了研究。⑥ 饶从满教授等人认为美国教师培养仍面临内部质量提升和外部质量问责的双重压力，伴随数据系统和分析方法的发展，教师培养项目增值评价虽然在一定程度上响应了公众对于强化教师教育绩效责任的呼声，但依然存在着信效度和

---

① 王萍：《美国中小学教师教育发展研究》，武汉，武汉大学出版社，2014。

② 饶从满：《信息社会背景下的教师终身学习体系建设——20 世纪 80 年代中期以来日本教师在职教育改革与发展》，载《外国教育研究》，2014(3)。

③ 龙宝新：《当代国际教师教育研究》，北京，科学出版社，2016。

④ 关松林：《发达国家中小学教师培训的经验与启示——以美国、英国、日本为例》，载《教育研究》，2015(12)。

⑤ 张伟、刘宝存：《臆断与启示：美国大学教师经济地位探析——AAUP 年度教师经济状况报告透视》，载《高等教育研究》，2016(1)。

⑥ 胡昳昀、刘宝存：《墨西哥义务教育阶段教师聘用制改革研究》，载《比较教育研究》，2016(10)。

适用范围等问题。① 程晋宽教授等人认为优质教师的培养与选聘是实现优质教育的一项重要任务，继而总结了各国优质教师的培养与选聘策略②，分析了当前美国教师职业的供求关系③。蒋凯教授基于美国八所高校案例研究了教师终身教职制，提出对我国高校在人事制度改革过程中有益的经验与负面的警示。④ 杨鸿博士对美国、日本、澳大利亚等国教师养老金制度进行考察，认为这些国家教师养老金制度定位清晰，政府起到主要责任，倾向于待遇确定型或混合型计划。⑤

(二)教学模式与方法改革

一是国外人才模式培养借鉴。周满生教授认为要想规范普通高中国际化教育，就应规范对高中国际部的管理，完善对出国留学中介机构的监管体制，开辟中国特色的基础教育国际化发展道路，处理好国际化与本土化的关系。⑥ 李莎博士与程晋宽教授研究了美国奥巴马政府实施的"重新设计高中"改革计划，该改革计划包括持续开展大学通道与加速学习项目，实施促进初中生越级升入大学项目，开展学校转型发展拨款项目、"希望邻里项目"和"投资创新项目"，重新授权珀金斯生涯和技术教育项目等。⑦ 闫守轩教授等人以新墨西哥大学和印第安纳大学为例，对美国教学设计师的培养及其特征

① 冯慧、饶从满：《美国教师培养项目增值评价探析——以路易斯安那州为例》，载《比较教育研究》，2018(6)。

② 李莎、程晋宽：《优质教师培养与选聘策略——国际经验及启示》，载《比较教育研究》，2015(4)。

③ 程晋宽：《劳动力市场中美国教师职业的供求关系与社会地位分析》，载《比较教育研究》，2014(4)。

④ 蒋凯：《终身教职的价值与影响因素——基于美国八所高校的经验研究》，载《教育研究》，2016(3)。

⑤ 杨鸿：《国外教师养老金制度及其借鉴意义》，载《教育研究》，2014(4)。

⑥ 周满生：《基础教育国际化的若干思考》，载《教育研究》，2013(1)。

⑦ 李莎、程晋宽：《美国"重新设计高中"改革计划评析》，载《比较教育研究》，2016(10)。

进行了研究。① 蒲蕊教授等人对美国领导式教学进行了研究，认为当前我国的教育教学改革、教育质量提升和教育公平应着力于提高教师素质，使教师成为领导者；激发学生自主学习的意识和能力；在学校中创建学习共同体；设定合理学习目标，科学评价与反馈。②

二是信息技术支持下的教学创新。信息技术在教育中的应用，使得基础教育发生了巨大的变革。王正青教授提出信息化建设对解决教育公平有着建设性作用，分析了美国信息化时代混合学习、在线学习、大数据分析、数字化教育等新型教育样式。③ 鹿星南博士等人对国外智慧学校建设的基本特点、实施条件与路径进行了研究，提出要建构以转变教与学方式为中心的智慧学习环境。④ 张建桥博士对翻转课堂下的技术支持提出了新的思考，认为要理性把握课堂改革的技术界限，提出科学技术可以给教学对话提供新的途径，但不能改变教学对话的性质；科学技术可以丰富课堂的教学资源，但不能替代课堂教学。⑤ 董辉博士等人对"一师一课"政策实施过程进行考察与思索，进而进行了技术与教学的深度融合为什么困难的相关思考。⑥

(三)课程改革与教材开发

一是相关课程理论与改革研究。有学者运用文献计量可视化软

① 闫守轩、柳士彬：《美国教学设计师的培养及其特征——以新墨西哥大学和印第安纳大学为例》，载《教育研究》，2013(1)。

② 蒲蕊、鲁子问：《美国领导式教学：内涵、理念及其启示》，载《教育研究》，2014(11)。

③ 王正青：《信息化、"互联网＋"与大数据：当前美国基础教育变革理念与实践》，北京，人民出版社，2018。

④ 鹿星南、和学新：《国外智慧学校建设的基本特点、实施条件与路径》，载《比较教育研究》，2017(12)。

⑤ 张建桥：《课堂真的能翻转吗？——兼谈课堂改革的技术界限》，载《比较教育研究》，2017(10)。

⑥ 董辉、钱晓雯、杨伟悦：《技术与教学的深度融合为什么困难——对"一师一课"政策实施过程的考察与思索》，载《全球教育展望》，2019(3)。

件 CiteSpace 分析得出 21 世纪以来国际学生学习研究的热点主要集中在学习方法、学习理论（建构主义）、学习风格和学习评价四个领域。[①] 孙立恒教授研究了当代美国演讲教育，总结当代美国演讲教育的趋势为：演讲学生种族与血统出现多元化趋势，信息传媒技术开始广泛运用，远程教育模式进入演讲课堂。[②] 王牧华教授等人对当代西方课程理论的主要特点及其发展趋向进行了探讨，指出以心物二元、主客二分为基础，追求知识的确定性、客观性、绝对性，是西方现代主义课程理论的重要认识论特征。[③] 关松林教授研究了发达国家中小学科学教育，提出我国中小学科学教育改进要重视科学教育的地位和作用，建立科学教育专门研究和管理机构，加强师资队伍建设，实现科学教育设施的专业性与全面性，改善科学教育的评估体系，开展 STEM 教育，充分发挥校外教育资源的作用。[④] 其他代表性著作包括史宁中和孔凡哲主编的《十二个国家普通高中数学课程标准国际比较研究》（湖南教育出版社，2013）、陈时见和杨茂庆主编的《高中课程改革的国际比较——侧重 2000 年以来的经验、问题与趋势》（西南师范大学出版社，2010）、罗贵明的《美国中小学课程评价：理论、实践与借鉴》（武汉大学出版社，2016）等。

　　二是学科课程的研究。丁邦平教授等人回顾了自《1988 年教育改革法》颁布以来英国中小学通用技术教育的改革和演进，阐述了技术教育学科的课程目标与内容，并分析和探讨了英国中小学通用技术

---

① 潘黎、邱淞：《21 世纪以来国际学界学生学习研究的热点、趋势和走向——基于 WOS 检索平台 2000—2014 年"学生学习"主题词文献共被引网络图谱的分析》，载《教育研究》，2015(7)。

② 孙立恒：《美国演讲教育的历史、现状与趋势》，载《教育研究》，2013(12)。

③ 王牧华、靳玉乐：《当代西方课程理论的主要特点及其发展趋向》，载《教育研究》，2013(11)。

④ 关松林：《发达国家中小学科学教育的经验与启示》，载《教育研究》，2016(12)。

教育学科转型的成因与基本经验。① 陈时见教授等人研究了加拿大安大略省政府的中小学社会课程教育，介绍了修订后的社会课程标准在课程理念、课程目标、内容组成和评价方式等方面的特色。② 高益民教授对战后日本历史教育中的逆流及其牵制因素进行了研究，提出充分认识和利用这些因素，有利于扩大和增强反对战争与爱好和平的力量。③ 高益民教授等人还介绍了加拿大社会科课程社会启蒙、社会改革、个体发展和智识发展四大范式的发展历史及具体内容。④ 张建珍博士等人研究了英国课程改革的"知识转向"，提出我们应当重新相信知识在学校教育中的作用，重新思考知识作为课程设计的逻辑起点，重新认识知识在维护社会公平中的角色。⑤

　　三是集中对 STEM 课程的研究。赵中建的《美国中小学 STEM 教育研究》以专题形式对美国中小学 STEM 教育的诸多方面进行了研究。⑥ 彭正梅教授等人基于 21 世纪美国四大教育强国战略的考察对美国全球竞争力教育进行了研究，提出美国加强 STEM 教育以及培养 4C 技能，且把 STEM 技能和 4C 技能视为 21 世纪最核心的国家竞争力。⑦ 张燕军博士等人对 21 世纪美国高等教育科学、技术、工程和数学教育的问题及其应对进行了研究，归纳出美国对高等教育科学、技术、工程和数学问题的应对呈现出思想上高度重视、资

---

① 苏洵、丁邦平、柏毅：《英国中小学通用技术教育改革及其学科转型》，载《比较教育研究》，2014(9)。

② 谢欧、陈时见：《加拿大安大略省小学社会课程标准(2013修订版)述评》，载《比较教育研究》，2015(5)。

③ 高益民：《战后日本历史教育中的逆流及其牵制因素》，载《比较教育研究》，2013(7)。

④ 高益民、郑璐：《加拿大社会科课程四大范式及其规范化》，载《比较教育研究》，2017(5)。

⑤ 张建珍、郭婧：《英国课程改革的"知识转向"》，载《教育研究》，2017(8)。

⑥ 赵中建：《美国中小学 STEM 教育研究》，上海，上海科技教育出版社，2017。

⑦ 彭正梅、邓莉：《培养具有全球竞争力的美国人——基于21世纪美国四大教育强国战略的考察》，载《比较教育研究》，2018(7)。

金上大力投入，以及多部门协同行动等特点。① 李函颖博士对《美国竞争力与创新力》报告进行了述评，探析了美国 STEM 教育的困境与走向。② 王小栋博士等人发现英国的 STEM 教育正加快转向 STEAM 教育，对其具体实施进行了详细分析。③ 范文翔博士等人对美国 STEAM 教育的发展脉络、特点与主要经验进行了研究，归纳了美国 STEAM 教育的特点。④

四是对教材开发建设的研究。蒲淑萍教授等人通过对美、英、法等 10 个发达国家与我国教材的比较研究，从教材编写理念、教材编写形式、教材难易度和教材广度等方面探讨了 21 世纪国际小学数学教材的发展状况，提出：我国课程与教材的逐步发展与完善，需要处理好生活化与数学化的关系；破解平衡化与选择性兼容并包的教学难题；积极应对教材信息化建设的挑战；以课程"循环—发展"理论为指导，促进课程与教材建设。⑤ 胡军博士研究了加拿大在教材开发主体和类型、审批规程和标准、选用权限等关键环节的政策制定和实施上的特点和成熟经验，提出我国应以文化、教育发展实际和发展理念，从构建教材管理新模式、改进和完善教材管理办法与评审标准、保护教材著作权、试行教材租用等方面完善我国教材建设，以保障教材建设可持续、高质量、健康发展，满足创新人才培养的需要。⑥

---

① 张燕军、李震峰：《21 世纪美国高等教育科学、技术、工程和数学教育的问题及其应对》，载《比较教育研究》，2013(3)。

② 李函颖：《美国 STEM 教育的困境与走向：〈美国竞争力与创新力〉报告述评》，载《比较教育研究》，2014(5)。

③ 王小栋、王璐、孙河川：《从 STEM 到 STEAM：英国教育创新之路》，载《比较教育研究》，2017(10)。

④ 范文翔、赵瑞斌、张一春：《美国 STEAM 教育的发展脉络、特点与主要经验》，载《比较教育研究》，2018(6)。

⑤ 蒲淑萍、宋乃庆、邝孔秀：《21 世纪小学数学教材的国际发展趋势研究——基于对 10 个国家 12 套小学教材的分析》，载《教育研究》，2017(5)。

⑥ 胡军：《加拿大教材管理的经验和借鉴》，载《教育研究》，2017(10)。

（四）校园安全与预防欺凌

校园安全的研究主要集中在校园欺凌的预防应对措施，对美、英、澳大利亚、芬兰等国的经验介绍。向铭铭等人的《日本学校安全教育与管理》系统地介绍了日本学校安全教育与管理的政策措施、法律法规及教学大纲，由国家、地方、学校构建的安全教育体系。① 张娟娟的《校园暴力欺凌法治研究》对代表性国家的反校园暴力与欺凌立法进行了介绍，分析了各国的反校园欺凌体系。② 覃红霞博士等人提出为了维护校园安全，美国联邦、州与社区、非政府组织、企业等密切合作，加强顶层协同安全治理环境建设，从立法、财政拨款、信息管理和政策指导等多方面形成共同治理网络。高校也积极建立校园安全管理与共治体系，并取得了良好的成效。③ 李朝阳博士介绍了美国从社区、学校、课堂、网络等维度，开展的一系列反校园欺凌项目。④ 冯恺博士以学校防校园欺凌作为探讨对象，讨论了美国反欺凌法中学校的义务承担及平衡政策，在鼓励学校发挥反欺凌作用的同时，又力图避免令学校承担责任过重而影响到公共教育目标的实现。⑤ 董新良等人基于学校的视角对英美两国欺凌防治进行了比较研究，总结出两国在国家和政府层面、学校层面、社会治理层面等方面的反欺凌协同经验。⑥ 王祈然博士等人以第三方

---

① 向铭铭、顾林生：《日本学校安全教育与管理》，上海，同济大学出版社，2014。
② 张娟娟：《校园暴力欺凌法治研究》，北京，九州出版社，2018。
③ 覃红霞、林冰冰：《高校校园安全共同治理：美国的经验与启示》，载《教育研究》，2017(7)。
④ 李朝阳：《美国校园反欺凌项目的层级、内容与实施》，载《比较教育研究》，2018(3)。
⑤ 冯恺：《论美国反欺凌法中学校的义务承担及平衡政策》，载《比较教育研究》，2018(10)。
⑥ 董新良、姚真、王瑞朋：《英美两国欺凌防治比较研究——基于学校的视角》，载《外国教育研究》，2018(8)。

组织"欧米茄人"为例讨论了美国第三方组织反校园欺凌实践项目。①

马早明教授团队辨析了校园欺凌的内涵，认为应区分校园欺凌、校园暴力和学生欺凌等概念，并从外延与内涵维度对校园欺凌概念做出界定。② 在此基础上，从学校治理视角介绍了澳大利亚校园反欺凌的政策与实践举措③，分析了菲律宾预防校园欺凌的相关政策④。陈琪博士等人研究了澳大利亚中小学校园欺凌治理经验，包括完善政策制定，确保欺凌治理的规范性和实效性；采取多种措施，形成多方参与的有效治理格局；加强反校园欺凌教育，提升反校园欺凌的能力等。⑤ 还有学者探讨了法国中小学反校园欺凌政策⑥，介绍了芬兰校园反欺凌 KiVa 项目⑦，总结了国外校园欺凌防治政策的共同特征⑧。

（五）职业技术教育研究

一是职业教育制度与政策研究。李继延的《中外职业教育体系建设与制度改革比较研究》(复旦大学出版社，2014)、彭慧敏与冉玉合著的《战后意大利职业教育研究》(中国水利水电出版社，2014)、赵昕的《迈向终身学习社会——21 世纪初欧盟职业教育与培训政策研

---

① 王祈然、蔡娟：《美国第三方组织反校园欺凌实践研究——以"欧米茄人"组织为例》，载《比较教育研究》，2018(10)。

② 俞凌云、马早明：《"校园欺凌"：内涵辨识、应用限度与重新界定》，载《教育发展研究》，2018(12)。

③ 马早明、俞凌云：《澳大利亚校园反欺凌：学校治理的视角》，载《华南师范大学学报(社会科学版)》，2018(3)。

④ 张素雅、马早明：《菲律宾预防校园欺凌政策内容分析——基于〈教育部儿童保护政策〉的解读》，载《比较教育研究》，2016(11)。

⑤ 陈琪、李延平：《澳大利亚中小学校园欺凌治理研究》，载《外国教育研究》，2018(8)。

⑥ 冯帮：《法国中小学反校园欺凌政策探析》，载《比较教育研究》，2017(10)。

⑦ 周菲菲、郭志英：《芬兰校园反欺凌 KiVa 项目的发展、组织与实施》，载《比较教育研究》，2017(10)。

⑧ 曹燕：《国外校园欺凌防治政策的共同特征及其启示》，载《外国教育研究》，2018(8)。

究》(辽宁人民出版社，2015)是近年来职业教育政策领域的代表性著作。论文方面，李兴洲教授等人研究了加拿大职业教育管理体制，发现加拿大通过联邦人力资源与培训部和加拿大教育部长理事会对职业教育进行有限的宏观管理；各省教育部和专门的职业教育管理部门掌握职业教育的自主管理权；各学区教育局通过设立针对性的管理部门支持本学区职业教育的发展；各职业院校根据自身特点，由学院董事会或理事会管理学校具体事务。① 张振博士关注了斯里兰卡职业教育扶贫，认为斯里兰卡产业结构欠合理，导致产业吸纳就业人口的能力十分有限，现存就业人口亦处于弱势就业状态，因此职业教育扶贫的实施成效并不乐观。② 郑建萍博士基于劳动市场分析了智能数字化技术对德国职业和职业教育的影响③，王直节博士等人比较研究了中德职业教育公共财政支持机制。④

二是职业教育与普通教育衔接研究。进入 21 世纪以来，美国的青少年培养危机日益凸显，"升学与职业双重准备"逐渐成为美国高中教育人才培养新理念。王辉博士等人对奥巴马政府的职业教育转型升级和普通教育与职业相沟通并行共进的美国高中教育改革工程进行了研究，认为这推进了美国高中教育"技能革命"进程。⑤ 吴雪萍教授等人对美国南卡罗来纳州为加强学校教育与未来工作联系采取的核心改革举措进行了研究，总结美国加强学校教育与未来工作联系的改革呈现出三大特点：重视学校教育的整合与衔接，强化信

---

① 李兴洲、肖珊、朱明：《加拿大职业教育管理体制的特色探析》，载《教育研究》，2014(9)。

② 张振：《斯里兰卡职业教育扶贫的顶层设计与实施框架》，载《比较教育研究》，2019(4)。

③ 郑建萍：《智能数字化技术对德国职业和职业教育的影响——基于劳动市场的分析》，载《比较教育研究》，2018(10)。

④ 王直节、许正中：《中德职业教育公共财政支持机制的比较研究》，载《教育研究》，2013(6)。

⑤ 王辉、王运敏：《奥巴马政府"升级版"中等职业教育构想及其推进举措》，载《教育研究》，2016(1)。

息技术的创新性应用，构建富有特色的职业指导模式。[1] 王琳璞博士等人研究了祖玛时期南非职业与技能教育管理、结构及规模方面的改革[2]，张红颖博士等人分析了巴西普职一体的双体系职业技术教育模式。[3]

三是现代学徒制研究。关晶的《职业教育现代学徒制的比较与借鉴》(湖南师范大学出版社，2016)是从比较视角研究现代学徒制的代表性成果。对于现代学徒制的价值，冉云芳博士与石伟平教授认为，企业是否参与学徒制培训在很大程度上取决于培训带来的成本收益比率。他们对德国联邦职业教育研究所对企业参与学徒制培训成本收益的调查数据进行了分析，提出在我国经济新常态背景下，政府可通过给予企业专项补贴、健全劳动力市场机制、制定灵活的企业实训制度等方式提高企业参与职业教育的净收益。[4] 王建梁教授等人对英国现代学徒制的发展历程、成效与挑战进行了梳理，提出英国现代学徒制在发展过程中存在着强调数量忽视质量、利益分配不均衡、相关信息不对称、政府资助不平衡等问题。[5]

四是职业教育质量及评价研究。陈莹的《论德国职业教育本质特征及其发展动力》(上海三联书店，2015)分析了德国职业教育发展的内外动力与成效。吴雪萍教授等人分析了俄罗斯联邦教育和科学部

---

[1]　吴雪萍、任佳萍：《美国加强学校教育与未来工作联系的改革探析——以南卡罗来纳州为例》，载《外国教育研究》，2017(11)。

[2]　王琳璞、徐辉：《祖玛时期南非职业与技能教育改革——管理、结构及规模》，载《外国教育研究》，2013(6)。

[3]　张红颖、李润华：《普职一体的双体系职业技术教育模式——巴西的经验》，载《比较教育研究》，2013(9)。

[4]　冉云芳、石伟平：《德国企业参与学徒制培训的成本收益分析与启示》，载《教育研究》，2016(5)。

[5]　王建梁、赵鹤：《英国现代学徒制的发展历程、成效与挑战》，载《比较教育研究》，2016(8)。

制定的中等职业教育标准①，总结了俄罗斯中等职业教育质量外部评估具有强制性、规范性、先进性、多元性、客观性、公开性等特点②。闫广芬教授等人基于澳大利亚职业教育研究中心的投资回报评估框架，研究了澳大利亚职业教育收益，指出这个文件为国际社会对职业教育发展的监测和比较提供了依据，对各国职业教育改革发展和政策完善提供了目标和方向。③ 金晶教授等人关注了英国职业教育评价，总结了英国职业教育质量评价的六大特点：评价理念的先进性、评价标准的统一性、评价的独立性和权威性、评价过程的透明性和公开性、评价证据的原始性和真实性、外部评价和自我评价的互补性。④ 孙翠香研究了以色列职业教育与培训治理体系，总结了以色列"多层级"与"共治"的培训治理体系。⑤

（六）学前与特殊教育研究

孙振奇的《国内外幼儿园教育设施设备比较研究》（中国经济出版社，2014）、周小虎的《为了儿童的利益：美英学前教育政策比较研究》（山东教育出版社，2015）、张莅颖的《蒙台梭利学前教育思想及其对当代欧美教育的影响》（河北教育出版社，2016）是这一时期比较学前教育领域的代表性著作。陈蔚的《美国残障儿童受教育权利的立法保障研究》（中国商务出版社，2017）关注了特殊教育立法及政策保障等议题。同时，这一时期研究者逐渐使用软件量化分析各国学前与特殊教育研究热点。例如，兰国帅博士等人运用知识图谱可视化

① 吴雪萍、刘金花：《俄罗斯现行中等职业教育标准探析》，载《外国教育研究》，2014(2)。
② 吴雪萍、刘金花：《俄罗斯中等职业教育质量外部评估探究》，载《比较教育研究》，2013(12)。
③ 闫广芬、咸桂彩：《发现职业教育更广泛的投资价值——基于澳大利亚职业教育研究中心的投资回报评估框架》，载《比较教育研究》，2019(1)。
④ 吴雪萍、金晶：《英国职业教育质量评价探究》，载《比较教育研究》，2013(2)。
⑤ 孙翠香：《"多层级"与"共治"：以色列职业教育与培训治理体系研究》，载《比较教育研究》，2018(6)。

分析方法，对学前教育领域最具影响力的前四种 SCI 和 SSCI 期刊 2000—2016 年的数据进行研究，总结了学前教育 2007 年以后的研究关键词以及学术共同体派系。[①] 杜丽姣博士等人则基于美国《早期儿童研究季刊》发表的论文，分析了美国早期儿童与教育研究的方法及选题。[②]

学者重点关注了学前教育投入与评价指标。赵海利教授研究了美国政府学前教育投入，总结了其特点、趋势，提出推进我国学前教育发展，应补足政府学前教育投入的短板，将学前一年纳入义务教育范畴，将贫困家庭儿童、残疾儿童等弱势儿童的学前三年(甚至更早)的教育，纳入财政重点补贴范畴。同时，制定学前教育质量标准和投入标准，以质量标准、投入标准及转移支付制度，明确各级政府在学前教育中的责任分工。[③] 余璐博士等人基于国际视野，以《国际儿童教育协会全球指导性评估量表》为基础，提出我国的幼儿园(班)教育评价改革可以从中获得许多重要启示，包括：努力彰显多元利益主体、树立整体价值观念，确立质量提升准则、促进自主评价发展，加强学前教育评价研究、开发整体评估工具，优化学前教育评价实施、创用多样化评估策略，建构第三方评价机制、创新学前教育评价体系等。[④]

比较学前教育领域的另一关注点是教育支撑体系研究。万秀兰教授等人关注了撒哈拉以南非洲儿童早期发展虚拟大学项目，分析了该项目对毕业生、参与国、非洲地区和国际社会的影响，认为项

①　兰国帅、程晋宽、虞永平：《21世纪以来国际学前教育研究：发展与趋势——学前教育领域四种 SCI 和 SSCI 期刊的知识图谱分析》，载《教育研究》，2017(4)。

②　杜丽姣、边霞：《美国早期儿童与教育研究的方法及选题分析——基于美国〈早期儿童研究季刊〉发表论文的文献研究》，载《教育研究》，2014(11)。

③　赵海利：《美国政府学前教育投入的特点、趋势与启示》，载《教育研究》，2016(5)。

④　余璐、黄甫全：《让每个幼儿都享有优质教育——〈国际儿童教育协会全球指导性评估量表〉述论》，载《教育研究》，2013(9)。

目在能力建设的理念、国际资源的利用、国际项目的本土化、远程
教育方式的运用等方面较具代表性。① 吴丽萍博士等人基于技术支
持的美国幼儿教师专业发展策略进行了研究，认为技术协助策略的
实施不仅促进了幼儿教师与协助者的发展，而且大大提升了幼儿教
育的质量。②

　　特殊教育方面，陈时见教授等人对英国特殊教育服务体系改革
进行了介绍，总结了其主要经验：改革经费投入体制，整合地方支
持体系，提升主流学校服务质量，赋予家长和儿童权利。③ 杨柳博
士的《美国残疾人教育研究》一书总结了美国残疾人教育的发展历程
及其理论基础，详细比较了美国历年《残疾人教育法》的颁行与修订，
及其对残疾儿童教育所产生的实际影响。同时，该书还从原则、机
构、课程体系、个别化教育方式等方面全面探讨了美国残疾人教育
的实施过程。④ 杨思帆所著的《处境不利儿童教育补偿政策与实
践——美国、印度、中国三国的比较研究》从政策理念、政策设计、
政策实施、政策保障、政策效果等维度比较了美国、印度和中国处
境不利儿童的教育补偿政策。⑤ 高宏和蒋丰祥主编的《国外特殊教育
对中国特殊教育学校建设的启示》通过分析国外特殊教育的历史发展
过程，探讨了国外特殊教育对中国特殊教育的影响。⑥

---

　　① 万秀兰、曹梦婷：《撒哈拉以南非洲儿童早期发展虚拟大学项目研究——学前教
育能力建设的视角》，载《外国教育研究》，2013(6)。

　　② 吴丽萍、陈时见：《美国幼儿教师专业发展策略——技术协助(TA)及其实施》，
载《外国教育研究》，2013(10)。

　　③ 陈时见、施祖毅、杜琳：《英国特殊教育服务体系改革及其主要经验》，载《外国
教育研究》，2014(4)。

　　④ 杨柳：《美国残疾人教育研究》，北京，人民出版社，2014。

　　⑤ 杨思帆：《处境不利儿童教育补偿政策与实践——美国、印度、中国三国的比较
研究》，南昌，江西人民出版社，2016。

　　⑥ 高宏、蒋丰祥：《国外特殊教育对中国特殊教育学校建设的启示》，北京，中国轻
工业出版社，2017。

第三节　比较教育学学科发展特点与原因

改革开放40年来，我国经济社会发生了巨大的变化，国际地位日益提高。从1978年7月在北京师范大学召开全国外国教育学术研讨会起，40年来，中国比较教育学科建设取得了较大的发展，许多师范大学都建立了比较教育研究机构，研究队伍逐渐壮大；研究成果丰硕，国际交往频繁，比较教育学已经成为教育学体系中一支不可忽视的力量。特别是党的十八大以来，我国政治经济文化步入新时代，为构建开放自信的中国比较教育学奠定了坚实基础。

一、学科发展特点

历经70年的发展，中国比较教育学科已基本成熟，形成了稳定且各具特色的研究机构，拥有了一支核心学者队伍。[①] 根据中国知网检索到的期刊论文和硕博论文统计结果，整体来看，新时代以来我国比较教育研究主题、研究地域、研究方法都更加多元化，并且研究的问题也更加深入，走出了早期的描述性借鉴阶段而致力于探索深层次的教育问题。

（一）学科关注主题多元化，紧跟国家重大战略

研究主题是论文所反映的主要内容，是研究者在文章中关注的核心话题，折射着研究人员的兴趣所在。[②] 新时代以来，伴随着人工智能、大数据以及经济全球化进程的加快，比较教育学也在不断扩展自己的研究主题，深入跟进国家战略需要的研究主题。

利用CiteSpace5.3.R4版本对《比较教育研究》《外国教育研究》

[①] 袁利平、荀伟高：《我国比较教育学科学术群体知识图谱建构与分析——以2000—2016比较教育学类四大期刊发文总量为例》，载《全球教育展望》，2018(9)。

[②] 徐辉、王正青：《美国比较教育研究的新发展：主题、方法与地域分析》，载《教育研究》，2008(8)。

《外国中小学教育》三本期刊 2013 年至 2018 年的研究主题进行可视化分析，合并同类关键词后发现，排名靠前的研究主题关键词有高等教育、教师教育、教师专业发展、基础教育、比较教育、教育政策、教育公平、PISA、学前教育、教育改革、课程改革、公民教育、职业教育、教育质量、教育援助等。对比《比较教育研究》《外国教育研究》《教育研究》《全球教育展望》等期刊近年来对我国比较教育学研究主题的归纳和分析，可发现新时代中国比较教育学既延续之前的宏观制度的深入化研究，例如仍然关注教育治理、教育评价等宏观主题；又不断加深对国外微观教育领域的具体化分析，基于国外的个案研究、质性研究不断增多；同时紧跟时代，关注"一带一路"、教育扶贫、一流大学一流学科、国际组织人才输送、跨境教育研究、高等教育内涵式发展、核心素养、创业教育、校园欺凌、STEM 教育、大数据等主题，以紧跟国家战略需要。

(二)学科研究地域广泛化，不发达地区受到重视

2013 年 9 月和 10 月，习近平总书记先后提出建设"新丝绸之路经济带"和"21 世纪海上丝绸之路"的合作倡议，即"一带一路"倡议。2015 年 9 月，习近平总书记和联合国秘书长潘基文在纽约联合国总部共同主持召开南南合作圆桌会。2016 年 3 月，澜沧江—湄公河合作(澜湄合作)首次领导人会议在海南三亚召开。2017 年 1 月，中国正式接任金砖国家主席国，习近平总书记在金砖国家领导人第九次会晤中提出四点期待：深化务实合作，促进共同发展，加强全球治理，共同应对挑战。这一系列外交活动显示，中国越来越重视同广大发展中国家加强合作，共同推进人类命运共同体建设。

中国对外政策的变化也反映在了学术研究中。比较教育学是对当代世界不同国家、民族或地区的教育理论与实践进行跨文化的比较分析，这些国际交流合作给比较教育研究带来地域便利性。新时代以来比较教育研究兼顾全球，在保持对发达国家关注的同时，对世界各国各地区的关注也日益广泛，在中非合作论坛和"一带一路"

倡议背景下，中国比较教育学关注的地域逐渐走向多元。

利用 CiteSpace5.3.R4 版本对《比较教育研究》《外国教育研究》《外国中小学教育》三本期刊 2013 年至 2018 年间研究对象地域进行分析发现，尽管美国、英国、日本、德国、澳大利亚、俄罗斯、加拿大、韩国、新加坡、印度、芬兰、法国、新西兰、瑞典、瑞士等发达国家依然是当前比较教育研究重点，但是随着"一带一路"、南南合作、澜湄合作等官方交流的日益频繁，亚非拉国家也开始成为研究的热点对象国，研究地域不断扩大，"一带一路"沿线国家受到特别关注。表 4.3 以《比较教育研究》为例，呈现了 2013 年至 2018 年有关非洲教育、拉美教育、东南亚教育、中亚与西亚教育等非传统发达地区的研究论文，可以发现对不发达国家的教育日趋重视。尽管其间有关非洲地区教育研究成果数量有所波动，但是东南亚、中亚与西亚的成果总体逐渐增多。

表 4.3   2013—2018 年《比较教育研究》非传统地区研究成果

年份	非洲教育研究	拉美教育研究	东南亚教育研究	中亚与西亚教育研究
2013	16(撒哈拉以南教育发展、南非基础教育战略、中日在非教育援助、喀麦隆全民教育、南非教师教育、摩洛哥大学等)	4(智利教育信息化、智利高等教育改革、巴西职业教育、巴西高等教育)	4(印尼高等教育、马来西亚道德教育、泰国校车安全、新加坡英才教育)	
2014	9(中非大学合作、对非教育援助、喀麦隆基础教育管理、乌干达教育分权、摩洛哥教育改革、埃塞俄比亚教育援助等)	5(拉美高等教育国际化、拉美大学自治、智利高等教育等)	5(东南亚国家大学通识教育、越南大学职能演变、泰国学生流动、新加坡网络教育等)	1(独联体统一教育空间的建构)

续表

年份	非洲教育研究	拉美教育研究	东南亚教育研究	中亚与西亚教育研究
2015	1(博茨瓦纳教育合作)	1(巴西学前教育)	6(东盟国家来华留学、东盟高等教育共同空间、越南跨境高等教育、新加坡教师教育、新加坡比较教育、马来西亚道德教育)	4(吉尔吉斯助学贷款、中东国家跨境教育、阿联酋高等教育、以色列流动儿童)
2016	12(赞比亚基础教育、肯尼亚农村大学、非洲高等教育一体化、对非教育援助、南非高等教育、对非职业教育援助、非洲大学科研、非盟高等教育空间等)	3(墨西哥教师聘用制改革、巴西教师教育、智利高等教育认证)	6(越南助学贷款、柬埔寨高等教育治理、马来西亚国际学生流动、东南亚汉语人才、新加坡教育治理、新加坡品格与公民教育)	3(吉尔吉斯高等教育、土耳其高等教育国际化、哈萨克斯坦高等教育)
2017	2(南非孔子学院、坦桑尼亚大学创业教育)	1(拉美高等教育自由化)	4(东盟学分转化系统、新加坡教师发展、新加坡高等教育、柬埔寨高校)	2(沙特一流大学建设、巴基斯坦高校设置)
2018	4("一带一路"沿线国家教育受援、"一带一路"沿线国家留学生来华、"一带一路"倡议与教育外交、肯尼亚职业教育)	2(拉美高等教育一体化、墨西哥教师队伍建设)	3(菲律宾孔子学院、马来西亚基础教育、新加坡教育治理)	4(阿联酋高等教育、哈萨克斯坦高等教育、不丹教育现代化、以色列环境教育)

(三)学科研究方法多样化,量化研究逐步增多

新时代比较教育研究已不再依赖基于文献的资料研究,随着社

会科学研究方法在比较教育研究中得到广泛运用，比较教育研究的多样化特征日趋明显。尤其是新兴技术的兴起，以大数据平台和人工智能为代表的多种新兴信息技术快速融入人类社会的工作、学习、生活等各个领域，特别是教育领域，从而对比较教育研究产生了重大而深刻的影响。比较教育学者也在传统的文献法和历史研究的基础上，开始尝试使用定量研究，将国际组织提供的数据或各国政府数据作为样本，如利用联合国教科文组织的《全球教育监测报告》、世界银行的《世界发展报告》，以及 PISA、TIMSS、TALIS 等大规模国际学业成绩测评数据进行实证研究。

以《比较教育研究》为例，近年来该刊相继刊发了一系列基于权威数据分析的实证研究，预示着比较教育学科的发展方向。比如《全球大学教师流动在加速吗——基于两次全球学术职业调查数据的分析》(刘进等，2015 年第 8 期)、《中日高水平大学比较研究——基于〈泰晤士高等教育〉2015 年亚洲大学排行榜的再分析》(徐国兴等，2016 年第 5 期)、《教育结构对社会分层与教育互动关系的影响——对中国、德国和美国的比较分析》(李俊等，2017 年第 3 期)、《国际视域下的教师专业发展及其影响因素——基于 TALIS 数据的实证研究》(陈纯槿，2017 年第 6 期)、《大学管理者的质量观及其进行教育质量保障的方法——基于对"IQA 项目"遴选的 8 所案例大学中高层管理者的实证研究》(秦琴，2018 年第 3 期)、《中国教育学学科离世界一流还有多远——基于 1998—2016 年 SSCI 教育学学科被引数的比较研究》(涂阳军等，2018 年第 1 期)。

学者们也利用 CiteSpace、SPSS 等软件进行可视化分析，得出该领域的研究主题、研究趋势等，例如《我国比较教育学科学术群体知识图谱建构与分析——以 2000—2016 比较教育学类四大期刊发文总量为例》《21 世纪以来国际学界教育政策研究的热点、趋势与走向——基于 2000—2017 年 SSCI 数据库"教育政策"主题词知识图谱

的可视化分析》等文章。随着我国综合实力的不断提升，我国高校与
海外高校建立的合作项目越来越多，在这个平台上，我国高校的教
师和学生对外交流的机会也越来越多，个案研究、访谈调查、田野
调查将成为我国比较教育学者能够方便使用的研究方法，弥补学科
最初建立时期研究方法单一的缺陷。

（四）学术研究群体专业化，专业研究团队基本形成

学术群体是一门学科在发展过程中日臻成熟的集中表现，核心
作者是该学科研究的集大成者，代表了学科发展的基本情况。袁利
平教授等人利用可视化分析软件，对我国比较教育学者进行了分析，
通过相关的计算最后确定 100 位学者，将其视为比较教育学科学术
群体的核心学者候选人，并通过多元分析方式，根据这些学者的被
引作品最后划分了 6 个比较教育学学术群体。①

群体 1：钟启泉、张华、马云鹏、汪霞、杨明全、徐斌艳、霍力
岩、胡庆芳、姜勇、卢乃桂、袁维新、王艳玲、黄志成，这些学者
主要以课程与教学论、教师教育为研究方向；群体 2：顾明远、孙启
林、陈时见、饶从满、周加仙、谌启标、许明、洪明、赵中建、洪
成文、祝怀新、丁邦平、张德伟、朱旭东，这些学者更关注比较教
育学学科建设和影响力研究；群体 3：刘宝存、王英杰，两位学者主
要关注比较教育学的学科建设，尤其关注比较高等教育和美国教育；
群体 4：马健生、徐辉、肖甦、王晓辉，这个群体学者主要关注基础
教育和教育国际化；群体 5：这个群体代表是浙江大学的吴雪萍教
授，主要研究方向为比较职业教育；群体 6：这个群体代表是南京师
范大学的程晋宽教授，主要关注西方教育管理研究。虽然划分了几
个群体，但是群体与群体之间的联系也是比较密切的，这些也呈现

---

① 袁利平、荀伟高：《我国比较教育学科学术群体知识图谱建构与分析——以
2000—2016 比较教育学类四大期刊发文总量为例》，载《全球教育展望》，2018(9)。

出我国比较教育学学者开始形成学术共同体的特征，研究群体逐渐专业化。

(五)课题资助力度加大，学科发展基础得到夯实

2013—2018 年中国比较教育学者获得课题资助的力度也在加大。以全国教育科学规划课题中的国家重大项目和国家一般项目为例(见表 4.4)，2013—2018 年间共立项 29 项。从课题主题分布看，教育制度、思想、实践类课题都有涉及。宏观制度层面的课题居多，如 2013 年立项课题"教育国际化政策及其实施效果的国际比较研究"；微观实践层面的课题同样受到重视，如 2017 年立项课题"中美残疾幼儿融合教育社会支持比较研究"；思想与理论层面的课题占比较小，如 2015 年立项课题"美国公民教育及对我国民族教育的启示"等。从课题承担单位看，师范类高校占据绝对主体，尤其是北京师范大学，彰显了比较教育研究传统实力。从课题主持人看，既有顾明远先生等资深学者担纲课题主持人，更多是由中青年比较教育学者主持，展示了中国比较教育学科群体的发展后劲。

表 4.4　2013—2018 年全国教育科学规划中比较教育学类立项课题

年份	课题名称
2013	教育国际化政策及其实施效果的国际比较研究(国家重点课题)
	美国研究型大学青年教师发展研究
	现代大学治理模式的国际比较研究
2014	国际组织人才培养和选送研究(国家重点课题)
	从边缘到中心：美国精英大学群体的崛起(1875—1945)
	英国、印度、瑞士、芬兰四国技术技能型人才培养的政策与实践研究
	美国 AP 课程研究
	国际视域下的中国 MOOCs 战略研究
	非洲教育一体化发展战略研究

续表

年份	课题名称
2015	"一带一路"倡议中扩大教育开放研究（国家重大课题）
	美国公民教育及对我国民族教育的启示
	美国智库影响政府教育决策研究——兼论中国特色新型教育智库的建设路径
2016	中国与OECD教育发展主要指标及发展趋势比较研究（国家重大课题）
	人才培养模式的国际经验及改革研究（国家重点课题）
	美国一流大学智库研究
	美、英、加、澳四国高等学校财务报告信息公开研究
2017	主要国家基础教育国际化的政策取向与实践路径比较研究
	中美残疾幼儿融合教育社会支持比较研究
	推进中非教育合作的战略与机制创新研究
	学区制的比较研究
2018	习近平新时代中国特色社会主义教育思想研究（国家重大课题）
	建设教育强国的国际经验与中国路径研究（国家重大课题）
	家校合作的国际经验与本土化实践研究（国家重点课题）
	教师教育认证标准的国际比较
	面向人类命运共同体的学生全球流动能力发展研究
	中美高校创客空间培育路径的比较研究
	建设教育强国的日本经验与中国路径研究
	国际组织高级专业人才培养研究
	"一带一路"倡议下中俄跨境高等教育合作路径选择研究

二、学科发展原因分析

新时代我国比较教育人才培养、社会服务、国际贡献等都取得了前所未有的巨大成就，主要得益于我国教育对外开放的主动性和经济实力的不断提高、构建人类命运共同体理念的提出、"一带一路"倡议的推动、"双一流"建设等宏观政策的影响。

（一）教育对外开放引领了比较教育学发展方向

教育对外开放在国家开放战略中充分发挥着基础性、先导性和全局性的作用。21世纪，随着经济全球化的不断发展，各国政府认识到人力资源的重要性，纷纷把教育放在优先发展的战略定位，将教育国际化上升为国家整体战略。加入世界贸易组织后，中国政府陆续制定和修订了多项与教育对外开放相关的政策法规文件，大力推进双边多边教育交流与合作机制建设，不断改善教育对外开放的制度环境。国务院2004年印发的《2003—2007年教育振兴行动计划》和2010年的《国家中长期教育改革和发展规划纲要（2010—2020年）》均提出要构建教育对外开放格局。党的十八大以来，习近平总书记全面把握国际、国内两个形势，站在实现中华民族伟大复兴和"两个一百年"奋斗目标的战略高度，发表了关于教育对外开放的系列重要论述，构建了符合我国发展阶段、民族特征和时代特点的教育对外开放新格局，形成了教育对外开放的新战略和新政策。2016年4月，中共中央办公厅、国务院办公厅印发了《关于做好新时期教育对外开放工作的若干意见》，对做好新时期教育对外开放工作进行了重点部署。2017年9月，中共中央办公厅和国务院办公厅发布了《关于深化教育体制机制改革的意见》，再次提出"融通中外""吸收世界先进办学治学经验"方针，这为比较教育学科发展提供了进一步的政策支持。

（二）"一带一路"倡议拓宽了比较教育学研究领域

2012年11月，党的十八大报告首次明确提出要倡导人类命运共同体意识，在追求本国利益时兼顾他国合理关切，在谋求本国发展中促进各国共同发展。2013年9月和10月，习近平总书记先后提出建设"丝绸之路经济带"和"21世纪海上丝绸之路"（即"一带一路"）两大倡议。2015年3月，国家发展改革委联合多部委发布《推动共建丝绸之路经济带和21世纪海上丝绸之路的愿景与行动》，"一带一路"由理念和构想逐渐发展为更加明晰的行动指南和路线图。2016 年9 月，教育部发布《推进共建"一带一路"教育行动》，作为国家《推动共建丝绸之路经济带和 21 世纪海上丝绸之路的愿景与行动》在教育领域的落实方案，设计了"教育行动五通"和"四个推进计划"。

构建"一带一路"沿线国家教育共同体，推动"一带一路"沿线国家在教育、科技、文化等领域的合作，需要深入分析沿线国家教育发展现状与水平，总结各国教育发展的典型战略与举措，进而为推动沿线国家教育国际合作提供重要支撑。在经济全球化的潮流中，从世界教育体系重建的高度，中国比较教育学者对发展中国家的教育更加关注，以构建人类命运共同体的国际教育一体化发展为立足点，愈益重视"一带一路"沿线国家，关注我国留学生教育和对外合作办学，从而扩大了比较教育学者的研究对象与领域。

(三)经济发展为比较教育学学科提供了外部动力

21 世纪是互联网、物联网、知识经济的智能时代，我国经济建设生产总值不断提高，教育经费投入也不断提高。根据教育部的统计数据，2013 年全国教育经费总投入为 30364.72 亿元，比上年的27695.97 亿元增长 9.64%；2014 年全国教育经费总投入为32806.46 亿元，比上年的 30364.72 亿元增长 8.04%；2015 年全国教育经费总投入为 36129.19 亿元，比上年的 32806.46 亿元增长10.13%；2016 年全国教育经费总投入为 38888.39 亿元，比上年的36129.19 亿元增长 7.64%；2017 年全国教育经费总投入为42562.01 亿元，比上年的 38888.39 亿元增长 9.45%。

经济持续稳步发展，加上"一带一路"倡议和中国高校"双一流"建设的推进，国际教育交流更趋频繁。据教育部统计，2016 年共有来自 205 个国家和地区的 442773 名各类外国留学人员在中国高等学校、科研院所和其他教学机构中学习，比 2015 年增加 45138 人，增长比例为 11.35%。在出国留学方面，2016 年我国出国留学总人数为54.45万人，较2013年增长了14.49万人，增幅达36.26%，其中攻读本科以上学历近七成(本科学历占30.56%、研究生学历占35.53%)。2012年至2016年，我国公派出国留学总人数达10.7万人，从流向国别分布看，近90%流向了美国、英国、加拿大等教育发达国家。来华留学规模与质量稳步提升，生源层次显著提升，"留学中国"品牌逐渐形成。[①] 中国经济的持续稳定发展，既为各学科发展提供了经济保障，又由此生成新的研究课题，推动研究主题与范围的进一步扩大。

(四)大数据时代到来要求革新比较教育学科研究方法

人类社会正从信息及技术时代进入数据技术时代，大数据作为新时代的核心科技力量，对各行各业产生了颠覆式的影响。大数据改变了人们的生活、工作和思维方式，也引发了科学研究范式的转变。长期以来，比较教育学的研究方法单一使比较教育学科建设时常被质疑，包括过分倚重文献研究、缺乏数据分析，以描述和思辨性研究为主，但又缺少明显的理论基础和分析框架等问题。

借由教育对外开放契机，"一带一路"倡议、留学生教育等对外开放政策与活动，中国的比较教育学者更容易走出去，通过访问、游学等形式获取一手资料，或利用互联网技术获取大量数据，以及通过网络进行在线调查、语音访谈等，再利用相应的分析软件进行数据分析，使得研究更具科学性。[②] 在互联网时代数据更易获得，对大多数比较教育研究者而言，充分利用现有的大型数据库，深度挖掘公共数据资源是最为可行的办法。

例如联合国教科文组织关于教育的性别方面的数据、全民教育

①　李金林、刘剑青、张乃心：《"一带一路"建设背景下中国教育对外开放的新发展》，载《中国高教研究》，2017(8)。

②　刘宝存、杨尊伟：《大数据时代比较教育研究范式的转型》，载《比较教育研究》，2015(10)。

方面的数据、高等教育入学的数据，经济合作与发展组织针对基础教育阶段学生学习成绩的国际学生评估项目（PISA）、针对大学生学习质量的国际高等教育学习成果测试项目（AHELO）、针对 16～65 岁成人开展的国际成人学习者能力测试项目（PIAAC）等数据库都可以成为比较教育学者的原始数据来源。越来越多的比较教育学者利用教育数据开展国际比较研究，深入挖掘数据背后的复杂关系，探寻教育的规律性，建构新的意义，从而发现解决教育问题的新方法，成为近年来中国比较教育学的新生长点和创新点。与此同时，比较教育学者自觉掌握新的研究方法和分析工具，在教育现代化、经济全球化趋势下顺应时代发展，从而推动中国比较教育学再上新台阶。

第五章
比较教育学的发展成就与展望

自 1817 年朱利安发表《比较教育的研究计划和初步意见》，迄今世界比较教育学科历经了 200 年的发展历程。在这 200 年里，1899 年美国哥伦比亚大学师范学院将"比较教育"列为正式课程，1933 年康德尔出版了《比较教育》一书，完整论述了比较教育的研究对象和方法论等问题，从而真正确立了比较教育学的学科地位。在中国，庄泽宣先生 1929 年出版了《各国教育比较论》，标志着我国比较教育学科发展的正式开始。新中国成立以来，承续老一辈比较教育学者打下的基础，中国比较教育学历经新中国成立初及"文化大革命"期间起步中探索，拨乱反正与改革开放早期重建中发展，改革开放深入阶段拓展中成熟，以及新时代以来在教育对外开放中迈进等阶段，在学术研究、学科建设、国际交流等方面取得了突出成就，为新中国教育科学研究与教育事业发展做出了不可替代的贡献。

第一节　比较教育学学科制度化建设成就

华勒斯坦等人在《开放社会科学》中提出，一个学科是否成立有四个衡量标准，即：成为大学的一个学术领域并占领大学的讲台；有本学科正规或半正规的学术刊物；接受该学科的训练可以获得学位，尤其是博士学位；建立了全国性的或国际性的专业组织与协会。换言之，一个学科或一个专业通常要包含一群志同道合的学者，拥有共同的知识体系、专业机构、学术刊物、学术会议，以及以该学术领域命名的学位课程。新中国成立 70 年来，中国比较教育学围绕着专业机构、专业学会、学术会议、学位布局、学术期刊等领域，持续推进比较教育学科的制度化建设。

一、各具特色的比较教育专业机构

专业化研究机构不仅是学科成熟的重要表现，也是团结研究队伍开展持续性学术研究的重要载体，更是提升比较教育研究整体水平的坚实保障。新中国成立 70 年来，中国比较教育研究机构从无到有，从弱到强，形成了各具特色、颇具影响的机构体系。

（一）新中国成立初期以收集整理信息为主要任务的机构

新中国成立初期中国没有专门的比较教育研究机构，作为国家教育研究机构的中央教育科学研究所在成立之初，其研究任务也不涉及比较教育，后期才被赋予了解、研究和批判各国资产阶级与修正主义教育思想和教育理论的任务。1964 年 2 月，根据国务院外事办公室和高教部的报告，经毛泽东同志批准，教育部发出通知决定在北京大学设立外国高等教育情报资料室，清华大学设立外国技术教育情报资料室，北京师范大学适当充实外国教育研究力量，主要任务是搜集、整理、编译外国高等教育、中等专业教育的历史、现状和动向的情报资料，供领导研究参考。同年 5 月，又有 4 所全国重点高校被批准设立外国教育问题研究室——华东师范大学设西欧北美教育研究室；北京师范大学设外国教育研究室，以研究苏联、东欧和美国为主；河北大学设日本教育研究室，以研究日本的经济和教育现状为主；吉林师范大学设日本教育研究室，以研究战后日本教育思想、教育理论和教育现状为主，设朝鲜教育研究室，以研究朝鲜教育经验。① 至此，中国比较教育的研究机构初具雏形，但由于随后发生的"文化大革命"，这一时期的比较教育研究没有取得重大的研究成果。

1972 年 11 月，国务院科教组邀请北京师范大学、华东师范大学、吉林师范大学、河北大学的有关人员就开展外国教育研究问题进行座谈。会议确定，各校外国教育研究室根据现有基础和力量，分工开展外国教育的研究工作：北京师范大学着重研究美国、东欧和苏联的教育；华东师范大学着重研究北美、西欧的教育；吉林师范大学着重研究日本、朝鲜的教育；河北大学着重研究日本的教育。亚非拉地区发展中国家的教育研究由各校适当兼顾。②

（二）改革开放以来以比较教育学术研究为主要任务的机构

中共十一届三中全会以来，中国比较教育研究机构有了显著的发展，开始转向以国际与比较教育学术研究为主要任务，从而成为稳定的专业研究组织。1979 年，北京师范大学以系所调整为契机，以原外国问题研究所、外国教育研究室为基础成立了外国教育研究所，分设外国高等教育研究室、外国普通教育研究室、外国教育理论研究室和外国教育资料翻译室。1995 年，为适应学科发展趋势和中国社会发展需要，北京师范大学将外国教育研究所更名为国际与比较教育研究所，这是中国建立最早、规模和影响最大的比较教育研究机构。2000 年，国际与比较教育研究所入选教育部首批普通高等学校人文与社会科学重点研究基地。2009 年，国际与比较教育研究所更名为国际与比较教育研究院。在 2015 年度教育部人文社会科学重点研究基地测评中，北京师范大学国际与比较教育研究院获评"优秀"，在全部参与测评的 151 个教育部人文社会科学重点研究基

① 生兆欣：《建国后十七年中国比较教育状况分析》，载《比较教育研究》，2007(3)。
② 金铁宽：《中华人民共和国教育大事记》第 2 卷，922 页，济南，山东教育出版社，1995。

地中排名第三，成为当前中国开展国际与比较教育研究、培养高层次国际化比较教育学人才的重要基地。

华东师范大学于 1980 年在西欧北美教育研究室的基础上，成立比较教育研究所，设有美英教育研究室、西欧教育研究室、苏日教育研究室。1980 年获得国务院学位委员会批准设立首批比较教育学硕士点，1987 年被授予比较教育学博士点。1996 年，更名为国际与比较教育研究所。2000 年，以国际与比较教育研究所为基础发展而来的华东师范大学课程与教学研究所入选首批普通高等学校人文与社会科学重点研究基地。华东师范大学比较教育研究机构在课程与教学比较研究、美国教育研究、拉丁美洲教育研究、德国教育研究等方面形成了自己的鲜明特色。2008 年，在国际与比较教育研究所内部成立了全纳教育研究中心，是中国第一个全纳教育研究机构，致力于研究全纳教育理论、推广全纳教育思想、促进全纳教育实践、加强全纳教育国内外交流与合作。

东北师范大学也在原有日本教育研究室和朝鲜教育研究室的基础上成立外国教育研究所，其中除原有日本、朝鲜教育两个研究室外，还增设了苏联教育研究室、教育理论研究室和教育资料室。[1] 1987 年，东北师范大学将日本教育研究室、朝鲜教育研究室、苏联教育研究室、《外国教育研究》编辑部等组成比较教育研究所，1990 年改称为国际与比较教育研究所。2012 年，东北师范大学国际与比较教育研究所还设立了朝鲜与韩国研究中心，开展有关朝鲜半岛的地缘政治、经济、国际关系的研究。近年来，东北师范大学国际与比较教育研究所作为教育部教育援外基地承担了教育部"中非高校 20 ＋20 合作计划"项目，并与加拿大多伦多大学等校合作开展重大国际教育研究。

---

① 梁忠义：《比较教育四十年》，《高等师范教育研究》，1989(5)。

华南师范大学于 1983 年由朱勃先生创办了外国教育研究所，下设比较教育理论研究室、国别教育研究室、高等教育情报资料翻译研究中心和《世界教育文摘》编辑室等科室。这是华南地区第一个比较教育研究机构，使得中国比较教育研究北强南弱的格局有所改变，比较教育学科的全国布局更加合理。在朱勃先生的带领下，借助改革开放的前沿优势，华南师范大学注重与周边地区研究力量的整合，在坚持比较教育学科研究的基础上，凝练了以东南亚和中国港澳台地区研究为重点的研究方向。2000 年，华南师范大学正式设立教育科学学院，对教育学科的系所进行调整和重新设置，设立了国际与比较教育研究所。

除上述较早成立的国际与比较教育研究所外，全国各高等院校相继建立了一批比较教育研究机构：①浙江大学比较教育研究中心。该中心在比较教育学界泰斗王承绪先生的带领与影响下，以杭州大学外国教育研究室为基础，现成为以英国教育、国外高等教育为特色的研究重镇。②西南大学国际与比较教育研究所。该所成立于 2008 年 12 月，形成了比较教育基本理论、跨文化教育比较、教师教育制度比较、各国教育制度、教育信息化比较等稳定的研究方向。③首都师范大学国际与比较教育研究中心。该中心成立于 1999 年 6 月，在王长纯、丁邦平教授领衔下，主要从事教育政策比较研究、中等教育比较研究、高等教育比较研究、成人继续教育比较研究、中外人才与健康比较研究，在中国传统哲学与比较教育理论建设研究方面具有鲜明特色。④上海师范大学国际与比较教育研究院。该院前身是 2007 年成立的国际与比较教育研究中心，下辖“教育部国际教育研究与咨询中心——教育政策比较研究室”，并于 2012 年被确定为教育部国际教育研究培育基地。2014 年 6 月，更名为上海师范大学国际与比较教育研究院。⑤河北大学国际与比较教育研究所。该所成立于 2008 年 12 月，在日本教育研究室、欧美教育研究室和国际教育研究室的基础上发展而来。⑥浙江师范大学国际与比较教育研究院。该院于 2011 年获批准成立，主要包括非洲教育研究、教育战略与政策比较研究和国际教育研究三大领域。

（三）新时代以来以专题型比较教育研究为主要任务的机构

进入新时代以来，中国各高校成立了一批以专题型比较教育研究为主要任务的研究机构。一是教育部批准成立的区域和国别研究培育基地。该基地旨在加强中国的区域和国别研究，为国家制定发展战略、政策措施提供智力支持、决策咨询、理论探讨和实践分析。2017 年共有 37 个基地获得教育部批准立项建设，教育研究属于这些区域和国别研究基地的重要任务。二是以某项专题为研究对象的机构。如北京师范大学 2010 年 10 月成立的"国际理解教育研究中心"，2016 年 12 月成立的"亚太经合组织高等教育研究中心"；华东师范大学 2012 年 4 月成立的"跨文化教育与交流研究中心"（与德国柏林洪堡大学合作）；北京外国语大学 2018 年 5 月成立的国际教育学院；云南师范大学 2018 年 7 月成立的"中芬高等教育与区域发展联合研究中心"；青岛大学 2018 年 9 月成立的"中芬学前教育研究中心"；陕西师范大学 2018 年 10 月成立的"'一带一路'教育高等研究院"。这些机构的成立为深入开展相关领域研究奠定了基础。

二、卓有成效的比较教育学会活动

比较教育学会活动是团结和组织全国比较教育研究学者和爱好者，开展相关学术研究活动以促进比较教育发展的重要途径，对形成和维护全国比较教育学术共同体具有不可替代的作用。中国比较教育学术界的学会活动，主要有由中国教育学会比较教育分会组织的年会、区域性比较教育学会活动、专题性比较教育研讨会三类。

（一）全国性比较教育学年会

1978 年 7 月，北京师范大学、华东师范大学、东北师范大学、河北大学、华南师范大学五所高校的外国教育研究室(组)在北京师范大学联合举行了第一次外国教育学术研讨会，后被称作比较教育研究会的第一届年会。这次会议成为打倒"四人帮"之后恢复和加强外国教育研究的总动员。1979年10月，在上海召开的第二次全国外国教育学术研讨会上，正式成立外国教育研究会，中国比较教育学由此有了自己的专业学术组织。研究会由刘佛年先生担任理事长，共有理事33人，会员196人。第三届年会于1981年5月在保定举行，会议主题包括教育与经济的关系、教育结构的改革等。第四届年会于1983年在长春举行，在这次学术年会上，外国教育研究会更名为"比较教育研究会"。2002年12月，比较教育研究会正式更名为中国教育学会比较教育分会。① 截至2018年，共举办了19届学术年会。各届年会基本情况见表5.1。

表5.1　中国教育学会比较教育分会学会活动

届别	年份	承办单位	年会主题或议题
第一届	1978	北京师范大学	文理分科、天才教育、能力分组教学
第二届	1979	华东师范大学	外国教育研究会近期工作任务
第三届	1981	河北大学	教育与经济的关系、教育结构的改革等
第四届	1983	东北师范大学	比较教育如何为我国教育新局面服务
第五届	1986	华中师范大学	借鉴国际经验，探讨教育体制的改革问题
第六届	1990	天津市教科院	中外教育改革与反思
第七届	1993	北京师范大学	面向二十一世纪的比较教育
第八届	1995	济南大学	亚太地区教育和经济文化发展
第九届	1997	安徽黄山	民族文化传统与教育现代化
第十届	1999	西南师范大学	跨世纪创新人才培养的国际比较

---

① 李文英、王薇:《中国教育学会比较教育分会的发展、组织及作用》，载《比较教育研究》，2014(2)。

续表

届别	年份	承办单位	年会主题或议题
第十一届	2001	广西师范大学	终身学习在中国
第十二届	2004	北师大珠海分校	全球视野下的中国教育改革
第十三届	2006	上海师范大学	课程改革、教师教育、国际合作
第十四届	2008	温州大学	中国教育改革与比较教育研究
第十五届	2010	浙江大学	国际视野下的教育均衡发展
第十六届	2012	东北师范大学	教育改革创新与比较教育的时代使命
第十七届	2014	华南师范大学	全球视野下的教育治理
第十八届	2016	海南师范大学	扩大教育对外开放与比较教育的时代使命
第十九届	2018	陕西师范大学	人类命运共同体构建与比较教育新使命

40年来举办的19届比较教育学会年会，具有如下特点：①年会主题化趋势明显，主题设置反映了国内外教育发展的最新动向。从第五届年会确立了大会总主题后，之后的每届年会都有一个核心主题，且主题密切反映教育领域的最新动向。如第五届年会契合《中共中央关于教育体制改革的决定》要求，以"借鉴国际经验，探讨教育体制的改革问题"为主题；世纪之交的第十届年会以"跨世纪创新人才培养的国际比较"为主题，契合了经济全球化背景下教育发展的需求问题；第十五届年会以教育均衡发展为主题，契合了《国家中长期教育改革和发展规划纲要（2010—2020年）》的要求；第十八、第十九届年会以教育对外开放和人类命运共同体构建为主题，则是新时代中国教育发展的最强音。②参会人数日益增多。从最初几届的几十人参会，到1995年第八届年会120余人参会，2010年第十五届年会参会人数达600人，之后的年会维持在300人左右。2018年举行的第十九届年会，参会人数达到近700人。③会议层次日益提高，逐渐向国际性会议转型，从1986年第五届年会开始，每届年会都有境

外人士参会。

中国教育学会比较教育分会设理事长一名，副理事长、常务理事、理事若干名，秘书长一名，并设名誉会长、荣誉理事等荣誉职位。全体常务理事组成常务理事会，常务理事会在理事会闭会期间负责指导和监督秘书处的日常工作，制定重要规章，确定理事推荐资格，认可新增常务理事与理事，认可会员，审议和决定学会重大事宜。常务理事会原则上每年召开一次，也可根据情况随时召开。根据实际情况，某些事项可以通信审议。理事由具有资格的单位会员推荐产生。根据实际情况需要增加其他理事时，须由常务理事会或理事会认可。

（二）区域性比较教育学会活动

一是海峡两岸暨港澳地区比较教育论坛。论坛从 2014 年发起已成功举办六届，首届在华南师范大学召开。2016 年 4 月，第三届海峡两岸暨港澳地区比较教育论坛在香港教育学院举行，会议的主题是"教育政策改革"。2017 年 11 月，第四届海峡两岸暨港澳地区比较教育论坛在杭州召开。2018 年 4 月，第五届海峡两岸暨港澳地区比较教育论坛在暨南国际大学召开，会议主题为"全球社会下的比较教育"。第六届海峡两岸暨港澳地区比较教育论坛于 2019 年在澳门城市大学举行。海峡两岸暨港澳地区比较教育论坛的召开，对繁荣海峡两岸暨港澳地区比较教育研究，推动比较教育学科建设和发展发挥了重要作用。

二是各省开展的地方性比较教育年会，广东省比较教育学会最具代表性。1986 年 6 月，经广东省委宣传部批准，广东省高等学校比较教育研究会在华南师范大学成立，秘书处设在华南师范大学外国教育研究所。学会成立之初便提出要把全省高校比较教育、外国教育和中国港澳台地区教育的研究力量组织起来，有计划地开展比较教育的基本理论和东南亚、澳大利亚以及中国港澳台地区教育的研究。学会成立以来，根据时代发展要求召开不同主题的年会活动，已成功举行十二届学术年会，最近一次年会于 2016 年以"扩大教育对外开放与广东比较教育的时代使命"为主题在华南师范大学召开，对结合国际教育现代化经验探索广东教育发展发挥了积极作用。

（三）专题性比较教育研讨会

各比较教育研究机构结合实际需要，开展了一系列专题性比较教育研讨会，代表性的研讨会有：1984 年的巴班斯基教育思想研讨会，1988 年的纪念马卡连柯 100 周年诞辰学术讨论会，1994 年 12 月华南师范大学与佛山市教委联合主办的"珠江三角洲教育实践与中国教育现代化"国际学术研讨会，1998 年华南师范大学召开的"走向 21 世纪的粤港澳台教育"研讨会，2006 年 6 月华南师范大学承办的全国比较教育学学科建设与教材开发研讨会，2007 年 8 月河北大学主办的比较教育学科建设研讨会，2009 年 11 月华东师范大学举办的"社会转型中的比较教育学科建设"高层学术研讨会，2011 年 1 月东北师范大学举办的东北亚区域教育改革发展国际研讨会，2014 年 10 月华东师范大学组织的全球教育改革趋势高峰论坛，2016 年 4 月华南师范大学组织召开的中外合作教育国际论坛，2016 年 5 月浙江师范大学组织召开的"高校教育创新发展与世界一流大学建设"高峰论坛，2016 年 10 月北京第二外国语学院举办的"中国丹麦教育比较研究"研讨会，2018 年 12 月西南大学主办的"新时代与比较教育研究新使命"研讨会。这些专题性研讨会契合不同时期比较教育热点话题，对促进学术交流、凝聚学术力量、探讨学科发展发挥了积极作用。

三、趋于合理的比较教育学位布局

学位点是学科制度化建设的重要标志，是培养比较教育学后备人才的基础。改革开放以来获得比较教育学硕士、博士学位授权点的高校逐渐增多，象征着比较教育学科制度化建设水平不断提高。而比较教育学高层次人才的培养又反过来夯实了学科发展的后劲，解决了比较教育学术继承者问题。

（一）比较教育学专业学位点逐渐增多

改革开放前的中国比较教育学，没有获得独立的学位授予资格，只是在教育学类人才中开设有外国教育动态相关的课程，帮助学生了解世界各国教育发展动向。如 1961 年 4 月颁布的《教育系学校教育专业教学方案（修订草案）》，明确规定 5 年制高等院校本科专业的必修课中必须有大约 70 学时的外国教育论著选读、现代西方教育思想流派研究、外国教育现状研究等内容，以便及时了解各国教育基本发展现状。[1] 1978 年 8 月，教育部颁布了《高等师范院校教育系学校教育专业学时制教学方案（修订草案）》。这一方案明确规定了"学校教育专业"的教育类选修课程名单，其中比较教育相关课程包括比较教育、外国教育论著选读、外国教育现状与思想流派。[2]

1980 年《中华人民共和国学位条例》颁布后，比较教育被列为教育学科中的二级学科。1981 年 11 月，国务院批准的"高等师范院校首批硕士学位授予单位及其学科、专业名单"中，北京师范大学、华东师范大学的比较教育专业榜上有名，比较教育在中国正式成为教育学的二级学科。1984 年 1 月，在国务院批准的"高等师范院校第二批博士学位授予单位及其学科、专业和指导教师名单"以及"高等师范院校第二批硕士学位授予单位及其学科、专业名单"中，专业名称"比较教育"改成了"比较教育学"，北京师范大学比较教育学专业和原杭州大学比较教育学专业通过了比较教育学专业的博士点审批，顾明远先生、王承绪先生成为中国比较教育专业首批博士研究生导师。1987 年，华东师范大学获得比较教育学专业博士学位授予点。

---

① 《当代中国》丛书教育卷编辑室：《当代中国高等师范教育资料选（上册）》，转引自生兆欣：《二十世纪中国比较教育学史》，32 页，北京，高等教育出版社，2011。

② 刘宝存、张伟：《中国比较教育的制度化：历程、挑战与变革》，载《中国教育科学》，2016(3)。

1988年北京师范大学外国教育研究所比较教育学被评为全国重点学科，并成为全国重点资助的12个研究所之一。2000年，东北师范大学、南京师范大学相继获得比较教育学博士学位授予权。此时全国已经拥有比较教育学博士点5个，比较教育硕士点11个(北京师范大学、华东师范大学、东北师范大学、浙江大学、华南师范大学、西南大学、河北大学、首都师范大学、福建师范大学、华中师范大学、四川师范大学)，比较教育学专业学位布局进一步完善。①

21世纪后，中国比较教育学专业学位授权点范围进一步扩大。随着华中师范大学、西南大学、华南师范大学等高校在2003年左右相继获批教育学一级学科博士学位授予权，各高校陆续开始了比较教育学专业博士研究生招生。根据对中国研究生招生信息网研究生招生信息及各学校招生简章的统计，截至2018年全国共有45所高校招收比较教育专业硕士研究生，15所高校招收比较教育专业博士研究生。比较教育博士学位授予点分布于全国11个省(区、市)的高校中，其中北京有3所(北京大学、北京师范大学、首都师范大学)，上海(华东师范大学、上海师范大学)和浙江(浙江大学、浙江师范大学)各有2所；湖北(华中师范大学)、广东(华南师范大学)、重庆(西南大学)、河北(河北大学)、四川(四川师范大学)、甘肃(西北师范大学)、陕西(陕西师范大学)、吉林(东北师范大学)各1所。②2018年年初，国务院学位委员会下达了2017年审核增列的博士、硕士学位授权点名单，批准6所高校增设教育学博士学位一级学科，8所高校增设教育学硕士学位一级学科，比较教育学科规模进一步扩大。

① 高益民、王春华：《"九五"期间中国比较教育研究的进展》，载《清华大学教育研究》，2003(5)。

② 陈时见、王远：《比较教育学科发展的历史演进及未来走向》，载《教育研究》，2019(1)。

（二）比较教育专业人才队伍逐渐壮大

学科的繁荣发展离不开接班人的培养，在改革开放时期中国比较教育重建工作中，比较教育专业人才培养制度完成了从无到有的蜕变，初步建成了一支比较教育研究的生力军。1979 年，北京师范大学外国教育研究所成立并开始招收第一届比较教育学专业硕士研究生。1985 年，中国第一位比较教育学专业博士生入学，即后来成长为美国高等教育研究领域专家的王英杰教授。根据生兆欣博士的统计，比较教育专业研究生招生在 1979 年至 1983 年保持在 6 人左右，1984 年比较教育专业硕士招生人数增加至 16 人，1985 年至 1992 年硕士研究生招生人数稳定在 20 人左右。[①] 这之后，比较教育学专业研究生招生数大幅增加。据统计，中国比较教育专业在 1993 年以前共招收研究生 200 余名，到 2012 年时，比较教育学专业招收人数累计达 1900 余名，规模扩大近 10 倍。[②] 表 5.2 为代表性高校自 2000 年以来比较教育学专业研究生培养情况。

表 5.2　部分高校比较教育学专业研究生培养情况

年份	北京师范大学		华东师范大学		东北师范大学		浙江师范大学		西南大学（原西南师范大学）		华南师范大学		南京师范大学	
	博	硕	博	硕	博	硕	博	硕	博	硕	博	硕	博	硕
2000	6	9	4	—	—	—	—	1	—	—	—	5	—	9
2001	5	7	—	—	—	—	3	5	—	—	—	3	—	—
2002	7	10	4	7	—	4	1	5	—	—	—	9	—	—
2003	10	15	7	16	—	5	2	—	—	2	—	7	—	—
2004	8	15	14	28	2	10	3	—	—	2	—	6	—	—
2005	10	26	11	16	—	16	3	10	—	3	—	10	—	3

[①]　生兆欣：《二十世纪中国比较教育学史》，51 页，北京，高等教育出版社，2011。
[②]　陈时见、王远：《比较教育学科发展的历史演进及未来走向》，载《教育研究》，2019(1)。

续表

年份	北京师范大学		华东师范大学		东北师范大学		浙江师范大学		西南师范大学		华南师范大学		南京师范大学	
	博	硕	博	硕	博	硕	博	硕	博	硕	博	硕	博	硕
2006	14	31	15	19	4	32	—	10	—	21	—	12	2	7
2007	8	28	11	23	4	22	—	8	3	18	4	10	1	8
2008	10	41	17	19	7	50	—	6	4	19	3	17	—	4
2009	20	37	10	28	6	26	—	6	8	25	3	17	—	—
2010	14	36	9	18	8	21	5	6	6	24	1	17	—	—
2011	14	24	9	15	6	33	—	7	5	25	1	17	1	3
2012	11	27	9	17	4	27	—	4	7	26	2	4	1	5
2013	7	18	6	10	6	9	3	15	9	29	1	13	—	6
2014	9	20	8	11	5	10	2	13	5	22	2	12	1	9
2015	9	18	5	16	5	13	6	22	2	17	1	12	—	9
2016	7	18	8	13	7	14	2	3	5	17	2	14	1	3
2017	7	17	9	14	5	14	3	16	3	16	1	11	—	6
2018	3	16	5	14	5	14	3	19	2	17	3	7	1	5
合计	179	413	161	284	74	319	39	155	59	283	24	203	8	77

　　以北京师范大学和西南大学为例，截至 2018 年，北京师范大学共培养比较教育学专业硕士研究生 531 人（其中外国留学生 100 余人，主要为近年来实施的"教育领导与政策"国际硕士项目招生），博士研究生 179 人（不含外国留学生）。[1] 根据 2018 年 12 月西南大学国际与比较教育研究所建所十周年发展总结会的相关资料，该校自 1999 年、2003 年开始招收比较教育学专业硕士、博士研究生，截至 2018 年共培养比较教育学专业硕士生 283 人，博士生 59 人，指导出站博士后 10 人。各高校基于自身定位和研究特色设立了培养方向，

———————

[1]　根据北京师范大学国际与比较教育研究院官方网站整理得出。

全国高校共设有 109 个比较教育学硕士研究生培养方向，40 个博士培养方向。平均每个硕士学位授予点有 3.4 个培养方向，博士学位授予点有 2.7 个培养方向，比较教育理论与方法、教育政策与管理比较、比较基础教育、比较高等教育、比较职业教育、课程与教学论比较、教师教育比较、国际与发展教育是相对稳定的培养方向。[①]

　　各培养高校基于自身的历史渊源、地理位置和学科传统等，对比较教育专业研究生进行各具特色的培养。北京师范大学国际与比较教育研究院通过与国外大学建立的师生交换计划，派出研究生交换生和引入国外长期任课教师等措施，强化了比较教育学研究生国际视野与交流能力的培养。西南大学国际与比较教育研究所自 2008 年持续举办比较教育学术论坛，比较教育学专业师生共同参与，截至 2018 年已举办 9 届，为增进师生情谊、分享学术智慧、展示研究成果提供了有效平台。华南师范大学国际与比较教育研究所则通过参与专业学会的学术研讨会和专向学术交流活动，培养研究生的学术与科研能力。浙江师范大学自 2013 年以来通过举办"非洲教育国际学术周"活动，有效促进了该校非洲教育研究及国际学术交流，凝练了该校非洲教育研究特色。高素质比较教育学后备人才的培养，为中国比较教育学科发展奠定了坚实的基础。

四、声誉良好的比较教育学术期刊

　　学术期刊是彰显学科特性、反映学术进展的重要载体，在学术知识的生产与传播中具有举足轻重的作用。在中国比较教育学科制度化进程中，北京师范大学主办的《比较教育研究》、华东师范大学主办的《全球教育展望》、东北师范大学主办的《外国教育研究》、上海师范大学主办的《外国中小学教育》、教育部教育管理信息中心主

---

① 王建梁、姚林：《比较教育学科建设的检视与反思》，载《重庆高教研究》，2017 (1)。

办的《世界教育信息》发挥了重要作用。此外，人民教育出版社 1956年创办的《教育译报》、中央教育科学研究所 1979 年创办的《外国教育》、华南师范大学 1981 年创办的《世界教育文摘》等杂志，虽因各种原因停刊，也在不同时期推动了比较教育学科的发展。我们以《比较教育研究》《全球教育展望》《外国教育研究》为代表，梳理三大期刊发展历程与影响。

(一)三大专业期刊的发展与演变历程

1964 年北京师范大学外国教育研究室成立后，随即开始筹备《外国教育动态》杂志。1965 年，《外国教育动态》作为内部刊物正式出版，在出版了 2 期试刊和 5 期正刊后，因"文化大革命"的爆发而中止。1973 年，外国问题研究所恢复局部工作后，《外国教育动态》作为内部资料又开始编印，至 1979 年共出刊 22 期。[①]"文化大革命"结束后的 1979 年，在顾明远先生的奔走呼吁和国务院主管科教的方毅副总理的支持下，《外国教育动态》成为正式刊物向国内外发行，顾明远先生担任主编。1991 年，《外国教育动态》被确定为中国教育学会比较教育研究会会刊，更名为《比较教育研究》。2001 年开始，该刊由双月刊改为单月刊。2014 年 12 月，该刊成为国家新闻出版广电总局第一批认定学术期刊。2012 年，国家哲学社会科学规划办公室公布了国家社科基金首批资助学术期刊，《比较教育研究》榜上有名。2015 年 11 月，国家哲学社会科学规划办公室公布了国家社科基金资助学术期刊考核结果，《比较教育研究》考核结果为"优良"，并将继续获得资助。

随着美国总统尼克松访华后国门初开，部分高校科研机构开始恢复工作，华东师范大学西欧北美教育研究室于 1972 年创办了《外国教育资料》，以批判性地介绍资本主义国家的教育理论、流派及代

---

① 顾明远：《我和比较教育》，载《比较教育研究》，2005(1)。

表人物。①除了刊载欧美国家教育制度与政策等文章外，还翻译出版了不少教育著作，如美国教育家布鲁纳的《教育过程》、巴恩的《九国高等教育》等。1982年，经教育部批准，《外国教育资料》开始向全国公开发行，首任主编为苏俄教育专家杜殿坤先生。2000年，经国家新闻出版总署批准，《外国教育资料》更名为《全球教育展望》，并由原来的双月刊改为月刊。2014年12月，该刊成为国家新闻出版广电总局第一批认定学术期刊。

东北师范大学主办的《外国教育研究》源于1974年日本教育研究室创办的《日本教育情况》，以及朝鲜教育研究室于1977年开始编印的《朝鲜教育研究》。1981年，这两份内刊合并更名为《外国教育情况》，1983年再度更名为《外国教育研究》。1985年，《外国教育研究》公开发行，首任主编为日本教育研究专家梁忠义先生。《外国教育研究》创办至今未更改刊名，与《比较教育研究》《全球教育展望》一起入选了历次中文社会科学引文索引（CSSCI）和北京大学《中文核心期刊要目总览》。

（二）三大专业期刊的办刊特色与学术贡献

据2019年3月26日中国知网显示，《比较教育研究》共刊发文献7202篇、总下载3607129次、总被引90932次，篇均下载501次、引用13次，（2018版）复合影响因子为1.294、（2018版）综合影响因子为0.937。《全球教育展望》共刊发文献5588篇、总下载2898715次、总被引82069次，篇均下载519次、引用15次，（2018版）复合影响因子为2.316、（2018版）综合影响因子为1.559。《外国教育研究》共刊发文献4825篇、总下载2391490次、总被引66425次，篇均下载496次、引用14次，（2018版）复合影响因子为

---

①　胡力佳：《立足学科前沿　繁荣教育理论——〈外国教育资料〉创刊20周年》，载《外国教育资料》，1992(1)。

1.027、(2018 版)综合影响因子为 0.640。图 5.1 为三大专业期刊
2000—2018 年发文情况。

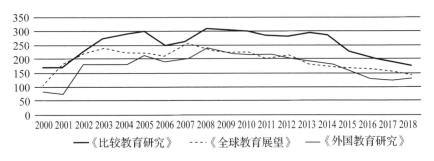

图 5.1   2000—2018 年三大专业期刊发文情况

2008—2018 年,《比较教育研究》文章所属栏目排名前十的依次
为国际教育快讯 143 篇、高等教育 113 篇、教育思想与理论 84 篇、
教师教育 67 篇、高等教育研究 60 篇、教师教育研究 52 篇、比较教
育学科建设 48 篇、教育国际化 41 篇、非洲教育研究 34 篇、教育管
理 29 篇;排名前十的关键词依次为美国 353 次、高等教育 119 次、
英国 93 次、日本 89 次、教师教育 70 次、比较教育 67 次、教育政
策 57 次、俄罗斯 46 次、德国 39 次、澳大利亚 39 次。

《全球教育展望》文章所属栏目排名前十的依次为课程与教学 186
篇、教师教育 95 篇、学科教育 93 篇、国际与比较教育 80 篇、教育
政策与管理 61 篇、儿童研究 49 篇、专家访谈 29 篇、教育基本理论
29 篇、新书推介 20 篇、教育理论 20 篇;排名前十的关键词依次为
美国 40 次、教师教育 38 次、教师 36 次、教师专业发展 36 次、核
心素养 35 次、科学教育 33 次、课程改革 29 次、教育 26 次、教育
改革 21 次、启示 17 次。

《外国教育研究》文章所属栏目排名前十的依次为教师教育 91
篇、基础教育 73 篇、高等教育 70 篇、课程与教学论 55 篇、学前教
育 35 篇、教育理论 34 篇、教师专业发展 32 篇、公民与道德教育 28

篇、教育管理 28 篇、高等教育研究 19 篇；排名前十的关键词依次为美国 426 次、英国 109 次、日本 81 次、高等教育 72 次、教师教育 67 次、澳大利亚 46 次、德国 39 次、公民教育 34 次、韩国 34 次、俄罗斯 34 次。

从以上统计可以发现，三大期刊在 2002 年由双月刊改为单月刊后，论文发表数量有了较大增长。近年来，三大期刊都愈加重视文章质量，转向刊发论证更深入的文章，使得三大刊物的发文篇数呈现明显下降趋势。从近十年所发表论文的栏目和关键词统计可以发现，三大刊物对高等教育、教师教育、教育政策与管理、教育理论等主题都较为关注，其中《比较教育研究》和《外国教育研究》在国别上对美国、英国、日本、澳大利亚、德国教育关注颇多，《全球教育展望》除了对美国关注较多外，对其他国家的关注度不明显。在具体的办刊特色上，《比较教育研究》近年来刊发了众多非洲教育研究、教育国际化、比较教育学科建设类文章，《全球教育展望》更加关注微观层面的课程与教学、学科教学、核心素养、儿童研究等领域，《外国教育研究》则对公民与道德教育、学前教育类文章比较支持。三大期刊紧跟世界教育理论前沿，针对中国教育改革与发展热点问题开展比较研究，在学术界享有较高声誉。①

五、形成了系列比较教育精品著作与教材

新中国成立 70 年来，比较教育学界持续探索、深度耕耘，出版了一系列比较教育学精品著作，突出体现在概览性丛书和工具性图书、专题型研究性丛书、比较教育学教材、比较教育学科建设类著作四个方面。

（一）比较教育学概览性丛书和工具性图书

第一，1979 年至 1982 年人民教育出版社出版的"外国教育丛

---

① 姜峰、李风娇：《21 世纪初比较教育研究的主题分析》，载《教学研究》，2013（2）。

书"，该丛书共 12 册，涉及 30 余个国家的教育状况，涵盖基础教育、高等教育、职业教育、师范教育以及业余教育等各级各类教育。第二，江西教育出版社在 20 世纪 90 年代历时五年出版的"战后国际教育研究丛书"，包括战后苏联、美国、英国、印度、日本、法国、韩国、拉丁美洲、德国、非洲、东盟等 11 个专题，由王承绪、顾明远、梁忠义、马骥雄、孙启林等学者领衔，保障了该丛书的高学术水准。第三，河南教育出版社在同期出版的"当今世界教育概览丛书"，介绍了埃及、芬兰、墨西哥、新加坡、瑞典等 12 个国家教育的历史发展及其现状，包括教育理论、教育思想、教育改革、教育制度、教育结构和可资我国借鉴的经验与教训等。第四，2000 年吉林教育出版社出版的《世界教育大系》，分国别教育和专题教育两部分，国别部分选取了美国、英国、法国、德国、苏俄、日本、印度、埃及、巴西和中国 10 个国家，专题部分选择了幼儿教育、初等教育、中等教育、高等教育、职业教育、教师教育、特殊教育、社会教育、妇女教育和教育财政 10 个类别。第五，江苏教育出版社出版的《世界教育大事典》，该书共收集教育条目近 4000 条，时间跨度从人类社会最初有记载的教育活动开始，一直到 1999 年为止。全书以教育事件为点、时间为线，以各洲各国为单元，全面展示了世界教育发展的线索和轨迹，为国际教育的比较研究提供了全面、系统的具有史书与工具书双重功能的参考资料。第六，2009 年广东教育出版社出版的《中外教育思想概览》，按专题且依时间顺序分门别类编排，汇集了古今中外近千位思想家有关教育的论述共八千余条。第七，由张瑞璠、王承绪主编的《中外教育比较史纲》三卷本（山东教育出版社，1997）也是一套熔比较教育、中外教育史及文化科技交流史于一炉的具有创新意义的丛书。上述著作兼具史书与工具书功能，对澄清世界教育发展中的若干争论发挥了重要作用。

（二）比较教育学专题型研究性丛书

第一，人民教育出版社出版的多卷本"比较教育丛书"，是"十五"期间国家重点图书项目，包括顾明远与薛理银的《比较教育导论——教育与国家发展》、王承绪的《比较教育学史》、吴文侃的《比较教学论》、王英杰等人的《亚洲发展中国家的义务教育》、张民选的《理想与抉择：大学生资助政策的国际比较》、陈永明的《国际师范教育改革比较研究》、韩家勋等人的《中等教育考试制度比较研究》、郝维谦等人的《各国教育法制比较研究》、陈列的《市场经济与高等教育——一个世界性的课题》、徐辉与祝怀新的《国际环境教育的理论与实践》10 本著作。第二，同为人民教育出版社出版的多卷本"比较教育论丛"，包括吴文侃的《中小学公民素质教育国际比较》、周满生的《世界教育发展的基本特点和规律》、黄志成的《被压迫者的教育学——弗莱雷解放教育理论与实践》、冯增俊的《走向新纪元的粤港澳台教育》、万秀兰的《美国社区学院的改革与发展》、王长纯的《和而不同：比较教育的跨文化对话》、邢克超的《共性与个性：国际高等教育改革比较研究》、张德伟等人的《国际后期中等教育比较研究》、强海燕的《中、美、加、英四国基础教育研究》9 本著作以及《比较教育概论》《世界教育危机》《教育的新时代》等国外比较教育名著。第三，2015 年山东教育出版社出版的"中国比较教育研究 50 年"丛书，该丛书由近年来比较教育学界中青年学者发表的期刊文章汇编而成。这几套丛书，集中展示了中国比较教育研究不同时期的动态和成果。

（三）比较教育学教材

　　教材是比较教育研究成果的理论性总结，又是比较教育研究者和爱好者的学习材料，更是比较教育研究成果的集中体现。在业已出版的数十本比较教育学教材中，影响最大的无疑是王承绪、朱勃和顾明远三位先生主编的《比较教育》，该书作为新中国成立之后第一部比较教育学科教材，基本确立了比较教育学的学科定位、研究方法、基本理论以及整体框架。该教材自 1982 年出版后，到 2015

年时历经 5 次修订。截至 2016 年 6 月，该书累计重印 29 次，印数达 20 余万册。① 其次是吴文侃、杨汉清主编的《比较教育学》，该书在 1989 年出版后在 1999 年修订，全书包括比较教育基本理论、八国教育、专题教育、总结与展望四部分。再次是冯增俊教授联合全国十四所高校比较教育研究力量，合作编写的《当代比较教育学》。这一新世纪比较教育新教材力作，不仅反映了世界最新研究成果和趋势，还糅合了中国比较教育的理论成果。

除上述教材外，国内学者编著的比较教育学教材还有《比较教育教程》(成有信，1987)、《比较教育学》(成有信，1987)、《中小学比较教育学》(商继宗，1989)、《比较教育基础》(张维平、张诗亚，1991)、《比较教育学》(高如峰、张保庆，1992)、《比较教育学》(冯增俊，1996)、《比较教育学》(安双宏、白彦茹，1997)、《比较教育学》(卢晓中，2005)、《比较教育导论》(陈时见，2007)、《比较教育学》(陈时见，2012)、《比较教育学》(孔锴，2018)。上述教材的出版，奠定了比较教育学学科建设和人才培养的基础。

(四)比较教育学科建设类著作

该类著作中，王承绪先生所著的《比较教育学史》、顾明远先生和薛理银合著的《比较教育导论——教育与国家发展》最具代表性。前者以全球视界，紧扣比较教育学科发展各时期的重要人物和主要学术流派，廓清了比较教育诸家学说的发展历史。② 后者深入研究了比较教育的理论、发展趋势、研究方法以及前沿观点，创造性地涉及了发展教育、国际教育以及教育国际化等内容。

除上述代表性著作外，其他比较教育学科建设类著作有《教育三

---

① 刘宝存、张伟：《中国比较教育的制度化：历程、挑战与变革》，载《中国教育科学》，2016(3)。

② 顾明远：《王承绪先生是新中国比较教育学科的创始人和奠基人》，载《世界教育信息》，2011(3)。

面向与今日比较教育》（朱勃，1985）、《比较教育史略》（朱勃，
1988）、《比较教育——名著与评论》（朱勃、王孟宪，1988）、《当代
比较教育方法论研究——作为国际交流论坛的比较教育》（薛理银，
1993）、《国际教育纵横——中国比较教育文选》（顾明远，1994）、
《民族文化传统与教育现代化》（顾明远，1998）、《比较教育的文化逻
辑》（项贤明，2000）、《比较教育的新进展——国际教育初探》（徐辉，
2001）、《比较教育专题》（梁忠义，2002）、《中国教育的文化基础》
（顾明远，2004）、《比较教育发展身份危机之研究》（李现平，2005）、
《和而不同：比较教育的跨文化对话》（王长纯，2007）、《霍姆斯比较
教育思想研究》（祝怀新，2007）、《民族国家和比较教育研究》（朱旭
东，2008）、《二十世纪中国比较教育学史》（生兆欣，2011）、《知识
的境遇：中国比较教育学的学术生态》（田小红，2011）、《西方比较
教育方法论研究》（王黎云，2011）、《比较教育学家思想研究》（李文
英等，2012）、《比较教育基本理论》（陈时见，2014）、《中国比较教
育学科研究史》（王长纯、王建平，2016）、《比较教育认识论》（王涛，
2016）、《比较教育范式论》（杨素萍，2016）、《比较教育本体引论》
（袁利平，2018）、《比较教育价值论》（褚远辉，2019）。这些著作的
出版，为丰富比较教育学科理论体系做出了重要贡献。

第二节　比较教育学学术研究史梳理

比较教育是对当代世界不同国家或不同地区的教育进行比较分
析，找出教育发展的一般规律和特殊规律，为本国或本地区的教育
改革提供借鉴的一门学科。[①] 新中国成立 70 年来，比较教育学者立
足中国、放眼世界，密切关注各国教育前沿改革，跟踪世界教育发

---

① 王承绪、顾明远：《比较教育》（第四版），20 页，北京，人民教育出版社，2012。

展趋势，总结各国教育改革经验，为中国教育改革与发展提供本土路径与建议。

一、宏观层面的教育制度与政策改革研究

宏观层面的教育制度改革与政策调整，是引领教育发展的重要保障。新中国成立 70 年以来，特别是改革开放以来，中国比较教育学扮演了我国教育政策制定服务站、政策咨询者等角色，通过学术研究和政策建议，为构建中国现代教育体系发挥了重要的学术引领作用。

（一）各国教育体制与体系构成

新中国成立初期，中国比较教育学者从宏观层面大力考察外国教育制度与政策建设，研究苏联及其他社会主义国家学校教育制度，探析各级学校教育计划与教学大纲，从而为恢复建立中国教育体系提供有益借鉴与参考。改革开放后中国各行各业迫切需要向世界发达国家学习发展的经验，教育领域也不例外。这一时期，中国比较教育学者引介了不少发达国家的教育制度和行政管理制度，如普及义务教育制度、教科书审查制度、学位制度、弹性学习制度、德国双元制培训模式等。这些学术工作对建立和健全中国的教育制度发挥了重要作用。据统计，为筹备改革开放后的第一次全国教育工作会议，制定《中共中央关于教育体制改革的决定》，北京师范大学外国教育研究所提供了有关世界主要国家教育体制、管理、财政、立法及改革动向等信息资料、研究报告，共计 300 余万字。① 1993 年《中国教育改革和发展纲要》的颁布将中国教育体制改革推向新的阶段，中国比较教育学者围绕义务教育制度、教育与经济社会发展、高等教育大众化、构建现代教育体系等议题，展开了专题研究。

---

① 王英杰：《试论比较教育在中国的学科地位：纪念〈比较教育研究〉发刊 50 周年》，载《比较教育研究》，2015(9)。

（二）各国教育改革浪潮与战略

比较教育学立足于现实教育问题的解决与革新，始终站在社会和时代发展的最前沿。新中国成立初期，在规范教学活动、恢复教学秩序的需求下，微观层面的课程与教学改革受到普遍关注。改革开放初期，在实现教育现代化的迫切需求下，比较教育研究在教育决策层面获得重视，比较教育学者基于全球视野对世界主要国家和区域的教育进行系统的梳理。随着经济全球化和国际教育交流的深入，中国比较教育学科发展更加广泛，涉及教育现代化、公共教育事业、高等教育比较、国际科技教育比较、教育与国家竞争力关系、综合国力与教育发展关系等内容。中国比较教育研究跟踪和评析了国外历次重大教育改革，尤其对教育改革中的法制化、市场化、公平化、优质化趋势展开了深入探讨。

（三）教育管理与组织领导

一是借助多学科知识，研究国内外教育管理制度、思想、模式及问题，探索其发展规律，总结成败得失的经验，在借鉴与学习中发展教育理论，为有关部门提供政策咨询和实践引导。二是比较研究各国教育财政体制与经费投入，比如梁忠义先生在"九五"期间申报了"市场经济下的公共教育比较研究"与"世界主要国家的教育财政比较研究"项目，出版了《教育财政》①，这是国内第一部系统全面深入地研究各国教育财政方面的专著。三是学校层面的教育管理与领导力建设，涉及政府与学校关系、现代学校建设、校本化学校管理等内容。四是校园安全等议题。2008年汶川大地震后，《比较教育研究》编辑部于同年的第7期和第10期推出了"国际社会学校建筑抗震政策措施比较研究""国际社会学校系统防灾减灾教育研究"两个专题，并在2016第11期设立"青少年欺凌防治教育研究"，之后每年

---

① 梁忠义、李颖：《教育财政》，长春，吉林教育出版社，2000。

都刊发相关文章，引发了学术界的关注。

（四）教育国际化与全球教育治理

新中国成立初期，中国对外教育交流主要围绕苏联及社会主义国家开展，涉及人才培养、人文交流、对外教育援助等领域，但大规模的国际教育交流与合作却是在改革开放之后。从 1985 年出台的《中共中央关于教育体制改革的决定》，到 1993 年发布的《中国教育改革和发展纲要》，以及之后的《面向 21 世纪教育振兴行动计划》和《国家中长期教育改革和发展规划纲要（2010—2020 年）》，都把"大胆吸收和借鉴人类社会的一切文明成果"作为建设有中国特色社会主义教育体系的主要原则之一。2016 年 4 月，中共中央出台《关于做好新时期教育对外开放工作的若干意见》，提出以"构建人类命运共同体"思想为指导，确立了"和而不同、兼收并蓄，交流互鉴、取长补短"的理念。中国比较教育学者在改革开放后积极探索国际教育交流与合作，深入探讨了国际教育组织及其在全球教育治理中的作用，加大了对非洲国家教育以及"一带一路"沿线国家教育研究。

二、微观层面的课程教学与教师教育研究

基础教育是整个教育系统的重中之重，也是构建现代国民教育体系大厦的坚实根基，直接关系到国家兴衰和民族进步。基础教育领域研究主要是比较研究当代世界各国和地区基础教育改革与发展，探讨其微观层面的课程设置及教育教学模式等趋势及经验，推动中国基础教育的改革发展。

（一）世界范围内课程改革与经验

新中国成立初期，在政治、经济、文化等领域"一边倒"式地学习苏联的背景下，课程领域也以苏联为模板进行了改革，实现了课程结构从"综合课程"到"学科课程"的嬗变，课程管理从"地方分权"到"中央集权"的转换，教材制度从"审定制"到"国定制"的革新。在中苏关系破裂后，又进行了以抛弃苏联式课程体系为目的的改革，主要标志是压缩学科课程的课时量，强调围绕"生活"和"经验"进行课程整合，强调赋予地方以充分的自主权。"文化大革命"结束之后，为尽快恢复正常的课堂教学秩序，重建惨遭破坏的学校教育制度，重新确立了学科课程在课程结构中的主导地位，回收下放给地方的课程权力。直到 2001 年 6 月，教育部印发了《基础教育课程改革纲要（试行）》，拉开了新中国成立以来第八次课程改革的帷幕，综合课程、分权管理、教材领域"一纲多本"再次成为课程改革主导思想。中国比较教育学者持续关注世界范围内课程领域理论发展与实践改革，持续开展了国际性课程改革趋势与经验、国别性课程改革、学科课程改革等领域研究。

（二）世界范围内教学改革与方式创新

新中国成立初期，苏联教育对中国影响空前，凯洛夫主编的《教育学》在城市中小学教师中几乎人手一册。改革开放以后，赞科夫的新教学论、巴班斯基的教学最优化教学论、瓦根舍因等人的范例教学论、布鲁纳的学科结构课程理论、布卢姆的教育目标分类理论、奥苏伯尔的有意义言语学习理论等被广泛引入中国。在实践领域，1993 年 2 月出台的《中国教育改革和发展纲要》，直接促使中小学教育由"应试教育"向素质教育转轨。21 世纪初《基础教育课程改革纲要（试行）》颁布后，合作学习、自主学习、探究学习成为教学改革主流。新时代以来，以"立德树人"为引领推动核心素养教育，促进学科教学与信息技术深度融合，成为中国基础教育领域教学改革的主旋律。中国比较教育学者持续关注世界范围内教学改革动向与经验，积极推动中小学课堂教学模式创新，研究总结了国外教学改革总体趋势与经验，开展了教学改革国别研究与学科研究。

（三）世界范围内招生考试与学业评价改革

新中国成立初期，我国高校招生考试延续旧制，采取的是分散招生考试制度。1966 年 7 月，中共中央、国务院发出《关于改革高等学校招生工作的通知》，提出高等学校招生取消考试，采取推荐与选拔相结合的方法。1977 年 8 月，邓小平主持召开科学和教育工作座谈会，决定恢复中断了 11 年的统一高考制度。1999 年 2 月，教育部印发《关于进一步深化普通高等学校招生考试制度改革的意见》，提出了"3＋X"科目设置方案。2002 年 12 月，教育部发出《关于积极推进中小学评价与考试制度改革的通知》，对初中毕业生学业考试、综合素质评价、高中招生录取等工作进行布置。2003 年 2 月，教育部办公厅发出《关于做好高等学校自主招生选拔录取改革试点工作的通知》，启动了高校自主招生工作。2014 年 9 月，国务院正式印发《关于深化考试招生制度改革的实施意见》，对新一轮招生考试制度进行了总体规划。2015 年，国务院教育督导委员会办公室印发了《国家义务教育质量监测方案》，在全国范围内开展义务教育质量监测工作，这标志着我国在选拔性招生考试之外，正式建立监测性教育评价制度。中国比较教育学者持续关注了国外教育评价与招生考试制度改革，并对国际学生评估项目（PISA）等国际性学业成绩测评项目给予了较大关注，对推动招生考试评价制度改革、完善中国教育质量监测体系提供了有价值的参考经验。

（四）教师教育改革与教师专业发展研究

教育改革和发展的关键在教师，没有优良的教师队伍，就不能推进有效的教育改革，也就不可能有优良的教育。统计显示，中国比较教育研究者重视教师教育领域研究，以《比较教育研究》《全球教育展望》和《外国教育研究》三大期刊为例，20 世纪 80 年代，相关文章占期刊论文总数的 4.1％、90 年代占 3.1％，而 2001—2010 年占

总篇数的 24.7%。① 关于教师教育的国际比较研究，主要包括各国
教师教育政策、职前教师培养、教师专业发展、教师评价与管理等
方面。20 世纪 90 年代，《中华人民共和国教师法》和《中华人民共和
国教师资格条例》先后颁布，教师队伍建设成为国内学术界研究热
点。特别是 1996 年《关于师范教育改革和发展的若干意见》，1999 年
《中小学教师继续教育规定》相继出台后，国内学者对国外教师教育
机构改革、教师在职培训和专业发展进行了大量研究。2008 年 12 月
国务院批准《关于义务教育学校实施绩效工资的指导意见》，2014 年
教育部等三部委出台《关于推进县（区）域内义务教育学校校长教师交
流轮岗的意见》后，有关教师绩效工资改革及交流任职成为中国比较
教育学者关注的热点。

　　值得一提的是，中国比较教育研究者积极发挥教育咨询职能，
为中央和地方政府部门提供决策咨询与研究报告。1990 年和 1992
年，华东师范大学王斌华等人接受国家教委师范教育司委托，撰写
了《国外师范教育中的教育学科》《教育学指导纲要》的调查研究报告。
顾明远先生带领团队成员基于世界主要国家教师队伍建设研究，在
2013 年提了《关于提升中小学教师质量的几点政策建议》咨询报告，
相关建议获得国家有关部门采纳。张民选教授提交的《教师专业发展
指数的研究报告》，刘宝存教授等人合作完成的咨询报告《世界各国
教师标准概览》，马早明教授提交的《港澳地区教师教育问题与对策
研究报告》也被国家有关部门采纳，展示出中国比较教育研究越来越
重视资政服务与实践指导功能。

三、教育系统中的"职成幼特"与高等教育研究

　　中国比较教育在重视宏观层面的教育政策与改革研究，以及微

---

　　① 高峰、李凤娇：《21 世纪初比较教育研究的主题分析》，载《教学研究》，2013
(2)。

观层面的课程与教学领域研究的同时，对学前教育、职业教育、特殊教育等领域研究也给予关注，通过总结别国的教育实践经验与教育实践案例，丰富我国教育理论成果，为未来教育改革和教育实践提供依据与参考。而高等教育领域研究，则一直是改革开放后国内比较教育学术界的热点议题。

（一）学前教育领域研究

新中国成立 70 年来，特别是改革开放 40 年以来，中国学前教育事业取得了显著成绩，不同时期出台的系列政策规范引导了学前教育发展方向。1952 年颁布的《幼儿园暂行规程（草案）》明确了学前教育的根本任务和性质。1981 年 10 月，教育部颁布了《幼儿园教育纲要（试行草案）》。1986 年 6 月，国家教育委员会颁布了《关于进一步办好幼儿学前班的意见》。1988 年 8 月，国务院办公厅转发《关于加强幼儿教育工作的意见》，明确提出幼儿教育是一项社会公共福利事业，各级政府都应重视幼儿教育的改革与发展。1989 年 8 月，《幼儿园管理条例》经国务院批准颁布，这是新中国成立以来第一个经国务院批准颁发的学前教育行政法规。1995 年 9 月，教育部等七部委联合颁发了《关于企业办幼儿园的若干意见》，明确指出"推进幼儿教育逐步走向社会化"。2001 年，教育部印发《幼儿园教育指导纲要（试行）》。2003 年 3 月，国务院办公厅转发了十部委的《关于幼儿教育改革与发展的指导意见》，描绘了 21 世纪初中国幼儿教育改革与发展的目标。2010 年 11 月，国务院出台的《关于当前发展学前教育的若干意见》，就学前教育体制、经费投入与管理、幼儿园管理与安全监管、统筹规划等做出了部署，成为新时期发展学前教育的总纲领。与新中国 70 年来学前教育发展同步，中国比较教育研究者也对国外学前教育事业发展与改革进行了系统研究。

（二）职业教育领域研究

新中国成立 70 年来，中国已建成世界上规模最大的职业教育体系，职业教育各项体制机制趋于完善，具有中国特色的职业教育体系已初具规模。新中国成立初期，频繁的政治运动使得中国职业教育发展缓慢。1985年，《中共中央关于教育体制改革的决定》提出，积极发展高等职业技术院校，逐步建立起一个从初级到高级、行业配套、结构合理又能与普通教育相互沟通的职业教育体系。1996年，《中华人民共和国职业教育法》颁布，标志着职业学校教育以法律的形式固定下来，也预示着中国职业教育将步入依法办学的轨道。2002年，国务院出台《关于大力推进职业教育改革与发展的决定》，指出推进职业教育管理体制改革，逐步建立在国务院领导下，分级管理、地方为主、政府统筹、社会参与的新的职业教育管理体制。2004年，教育部等七部门印发了《关于进一步加强职业教育工作的若干意见》。2014年，国务院发布《关于加快发展现代职业教育的决定》，教育部等六部门印发《现代职业教育体系建设规划（2014—2020年）》，引领了未来中国职业教育发展方向。中国比较教育学者服务于国家职业教育发展战略，研究总结了国外职业教育事业发展经验与教训，深入开展了职业教育政策、职业教育课程、现代学徒制、专业建设、校企合作等国别或专题性比较职业教育领域研究。

（三）成人教育领域研究

新中国成立之初，党和国家为了恢复和发展经济并使劳动人民在政治、经济、文化上彻底翻身，明确地把发展成人教育作为新中国成立初期的重要国策。1959年，中共中央、国务院发布《关于在农村中继续扫除文盲和巩固发展业余教育的通知》，肯定了半工半读、半农半读等方向。改革开放后，中国成人教育进入了新的历史发展阶段。1978年11月，国务院印发了《关于扫除文盲的指示》。1987年，国务院批准的《国家教育委员会关于改革和发展成人教育的决定》，明确了成人教育的发展目标和发展任务，规定中国成人教育的经费来源于国家财政预算。1993年，国务院办公厅转发《国家教委关

于进一步改革和发展成人高等教育的意见》。《国家中长期教育改革
和发展规划纲要（2010—2020 年）》提出要大力发展非学历继续教育，
广泛开展城乡社区教育，以及面向农村的职业教育等，进一步指明
了中国成人教育发展方向与重点。中国比较教育研究者积极总结了
国外成人与继续教育事业发展经验与教训，为建立现代成人教育体
系以及终身教育体系与学习型社会提供参考。

（四）特殊教育领域研究

特殊教育是国家教育体系的重要组成部分。新中国成立 70 年
来，中国特殊教育性质、体系、法律法规、行政管理、师资培养、
发展道路、观念等方面均发生了巨大变化。1951 年《政务院关于改革
学制的决定》中明确规定"各级人民政府并应设立聋哑、盲目等特种
学校，对生理上有缺陷的儿童、青年和成人，施以教育"。1982 年修
订的《中华人民共和国宪法》规定，"国家和社会帮助安排盲、聋、哑
和其他有残疾的公民的劳动、生活和教育"，从而在国家的根本法中
写入残疾人教育问题。1989 年，国家教育委员会等八部门颁布的《关
于发展特殊教育的若干意见》，将中国特殊教育体系的构建正式提上
日程。1990 年《中华人民共和国残疾人保障法》发布，这是我国第一
部专门有关残疾人的法律，其中特殊教育被单列为一章。步入 21 世
纪，教育部在 2007 年印发盲校、聋校和培智校义务教育课程设置实
验方案，并于 2016 年进行了修订，从而规范了特殊教育课程设置。
2009 年发布《关于进一步加快特殊教育事业发展意见》，提出了全面
适应残疾学生免费义务教育的目标，教育部等七部门开始适应《特殊
教育提升计划（2014—2016 年）》，建立健全特殊教育服务与发展保障
机制。中国比较教育学者对国外特殊教育发展也给予了一定关注，
在特殊教育立法、融合教育等方面形成了大量成果。

（五）高等教育改革与现代大学建设研究

新中国成立初期中国比较教育研究对高等教育领域关注较少，

但改革开放后高等教育领域一直是比较教育研究的重要领域。以《比较教育研究》为例，2000—2014 年，该杂志刊载的比较高等教育论文多达 792 篇，占总论文数的 21.8%，远远超过其他教育层级。[①] 一是高等教育体系构成与高等教育改革方面的研究。改革开放后，为适应社会主义现代化建设对大量高素质人才的巨大需求，中国学者着力研究了国外高等教育改革与发展经验。二是大学治理与现代大学制度建设。随着《中华人民共和国学位条例》《中华人民共和国高等教育法》等法律法规的颁布，扩大高校办学自主权、完善大学治理体系、建立现代大学制度等成为中国比较教育学科热点议题。2015 年10 月，国务院印发《统筹推进世界一流大学和一流学科建设总体方案》，"双一流"建设成为国内学者关注的热点。三是人才培养质量与课程教学领域改革。人才培养质量是高等教育发展的核心主题，国外高校以课程教学改革为核心的人才培养改革措施一直是中国比较教育学术界的重要议题。四是高等教育质量评价与保障体系研究。随着 20 世纪末中国高等教育规模迅速扩张，各国高等教育质量评价与保障体系因而成为比较高等教育领域热点议题。

四、国外教育思潮和理论的引进与创新

引进西方教育思想的最重要途径之一是阅读其教育著作，国外教育著作的翻译工作便应运而生。与此同时，一些最新的国外教育理论与思潮的研究方兴未艾，出现了许多具有影响力的新教育理论，如建构主义教育思想、多元智力教育理论、被压迫者教育学、教育依附理论、妇女教育研究理论、全纳教育思想等。把国外教育理论介绍到我国，并结合中国教育的实际情况运用到教育改革和教育实践之中，成为中国比较教育学者义不容辞的责任和义务。

---

① 黄蓝紫：《近十五年来我国比较教育研究述评——基于〈比较教育研究〉期刊的分析》，载《内蒙古师范大学学报(教育科学版)》，2016(11)。

（一）国外经典教育著作的翻译与引进

教育著作在人类教育发展史上占据了举足轻重的地位。教育著作凝聚了教育学者的教育思想与理念，是人们了解教育活动、洞悉教育事业可靠有效的途径之一。新中国成立以来，中国比较教育学者通过译介和学术交流等多种途径，组织翻译了大批国外经典教育著作，推动了中国教育研究与国际接轨进程。一是翻译出版国外经典教育著作，包括新中国成立初期对苏联教育学著作和教材的翻译，改革开放后对西方教育著作与理论的翻译工作。二是翻译引介国外比较教育学经典著作，包括比较教育学教材、理论性著作以及学术论文。

在对国外文献的翻译引进过程中，中国比较教育学者还系统介绍了国外教育最新思潮，教育思想与理论研究也成为仅次于比较高等教育研究的热门领域。[①] 一是整体介绍国外教育理论与思潮，以帮助国人迅速打开通往世界教育学术界的大门，为中国教育工作者打开理论视野，一些学者还对全民教育、全纳教育、女性主义教育、国际理解教育等教育思潮进行了深度研究。二是指导教育实践的国外教育理论与思潮，包括改革开放初期对合作教育学、天才教育、劳动教育、终身教育等教育思潮的研究，以及 21 世纪以来对多元文化教育思想、公民与道德教育、环境教育等思潮的研究。三是学者个人的教育理论或学术观点，包括古代、近代教育家以及杜威、苏霍姆林斯基等当代教育家的学术思想。

（二）扎根中国教育大地创新本土教育理论

中国比较教育学引入国外教育理论经历了从借鉴到改良再到创新等阶段。从新中国成立前至改革开放初期都属于借鉴引入阶段，

---

① 黄蓝紫：《近十五年来我国比较教育研究述评——基于〈比较教育研究〉期刊的分析》，载《内蒙古师范大学学报(教育科学版)》，2016(11)。

比较教育研究的根本任务就在于大量引进和介绍国外教育，以使国人认识世界，建立起对现代教育发展的客观认识。20世纪90年代，开始从单纯的借鉴外国教育到结合自身实践、开展多种课题研究的改良性转变。新时代以来，中国比较教育学以前所未有的学科自觉与自立意识，致力于发展与创新多种教育理论，从而推动中国比较教育学的本土化理论创新。

一是文化传统与教育现代化理论。中国比较教育学者从比较教育借鉴别国经验的视角探讨了现代生产与现代教育的关系，发表了关于国家经济发展与教育发展间的关系、现代生产与现代教育的关系、经济社会结构与教育结构的关系等文章，出版了《民族文化传统与教育现代化》等著作。[①] 教育现代化作为一种理论，关注的主要对象是非西方国家，尤其是发展中国家如何发展的问题，在欧美学术界并没有形成一套系统的教育现代化理论，且主要着眼于"传统教育与现代教育"的两极对立，将教育现代化过程看成是由传统社会教育向现代社会教育转变的过程。文化传统与教育现代化理论跳出了两者间的二元对立模式，强调基于各国文化传统与历史探索的多样化的现代化道路，是对西方现代化理论的丰富和补充。

二是比较教育的文化研究模式。以顾明远先生为代表的中国比较教育学者，始终强调文化研究作为比较教育研究方法的重要性。2004年，顾明远先生出版了《中国教育的文化基础》一书，主要是从比较教育的视野来探讨中国的教育问题，进一步阐述了教育与文化的关系，对素质教育、学历崇拜、职业技术教育、教育改革和教育本土化等中国教育问题做了深度分析。[②] 顾明远先生认为，只有从文化研究中才能认识一个国家、一个民族的教育的本质；要想认识

① 顾明远：《民族文化传统与教育现代化》，北京，北京师范大学出版社，1998。
② 顾明远：《中国教育的文化基础》，太原，山西教育出版社，2004。

和理解一个国家或民族的教育，非了解和认识该国民族的文化不可。① 比较教育研究的文化模式，承认世界上存在着不同的文明和文化，强调研究者应当体认和尊重各种不同民族文化，促进国际教育理解和世界和平。

三是"和而不同"的比较教育方法论。以王长纯教授为代表的中国比较教育学者，一直致力于扎根中国丰厚的文化和哲学土壤创新比较教育方法论，著有《和而不同：比较教育的哲学沉思》《和而不同：比较教育的跨文化对话》等著作，将中国的"和而不同"思想作为指导比较教育学科研究的哲学基础和方法论。② 比较教育遵循的"和而不同"方法论思想认为，"和而不同"是比较教育研究的基本立场与态度，跨文化对话是实现比较教育"和而不同"发展的基本途径，文化自觉、理论自觉、实践自觉是比较教育遵循"和而不同"方向进行跨文化对话的基本条件。③ 项贤明教授也认为，"和"的模式对于中国比较教育的实践研究（即理解各国教育实践之关系）以及建设中国比较教育理论，具有双重的方法论指导意义。④ "和而不同"比较教育方法论思想的提出，体现了中国比较教育学者建立中国特色比较教育学科与理论的自觉努力。

（三）引入国外教育理念以推动教育实践创新

比较教育研究把国外先进的教育理念和模式引入教育教学过程，引领教育实践的改革。新中国成立以来，中国比较教育研究工作者先后把赞可夫、苏霍姆林斯基、巴班斯基、布鲁纳、布卢姆、瓦根舍因、蒙台梭利、加德纳等世界著名教育家的教育思想和国际上先

---

① 顾明远：《关于比较教育学科建设的几个问题》，载《比较教育研究》，2005(3)。
② 王长纯：《"和而不同"：比较教育研究的哲学与方法（论纲）》，载《比较教育研究》，2009(4)。
③ 王长纯：《和而不同：比较教育的跨文化对话》，北京，人民教育出版社，2007。
④ 项贤明：《比较教育学的文化逻辑》，哈尔滨，黑龙江教育出版社，2000。

进的教育理论、教育模式介绍到国内，开展相关的实验研究，推广他们的先进教育理念和教育经验，并取得了丰硕成果，发挥了教育改革的示范效应。在建立与社会主义市场经济体制相适应的教育体制、义务教育立法、教师教育综合化改革、基础教育课程改革、世界一流大学建设、教育对外开放等一系列重大教育决策中，中国比较教育学者开展基础性比较研究，结合国际教育发展趋势积极建言献策。

除了为教育决策服务的"顶天"工程，中国比较教育学者还通过指导教育教学改革实施"立地"工程。如北京师范大学的肖甦教授等把苏霍姆林斯基教育思想中国化，开展了相关的实验研究；北京师范大学的姜英敏教授基于其对国际理解教育的研究为北京市等开发出一系列中小学国际理解教育的教材和教学模式；华东师范大学的黄志成教授长年从事全纳教育研究，指导中国中小学的全纳教育改革实践；西南大学的陈时见教授基于教师教育一体化理论，开展了教师教育创新实验区建设；华南师范大学的强海燕教授把国外的浸入式教学模式引入中国中小学外语教学，在全国各地开展浸入式外语教学的改革实验；首都师范大学国际与比较教育研究所在教师专业发展学校(PDS)、学习型组织、科技教育等领域对中国教育实践产生影响；中山大学的冯增俊教授在实验学校积极推进学校现代化实验以及综合英语教学实验等。展望未来，中国比较教育研究应该继续发扬理论与实践相结合的优良传统，做好"顶天立地"工作，为政府决策服务，为教育改革实践服务，做中国教育改革的引领者和实验室。

第三节 比较教育学科学术思想与理论争鸣

任何一门学科的发展都离不开学科自身的理论探索与建设。中国比较教育学者深入比较教育学科内部，挖掘学科历史、研究领域、研究方法等深层次的理论问题，为比较教育自身理论和独特分析框架的构建奠定基础，推动和提升中国比较教育学理论体系的本土化进程与科学化水平。

一、探索比较教育学科性质与价值

学科性质是对一门学科内在属性的最基本界定，是明确学科内涵与外延的先决条件，对一门学科的研究方法、研究内容、研究对象及其运动形式具有根本性影响。学科价值则是一门学科存在的必要性依据，主要体现在理论性与应用性两方面。

（一）比较教育学的学科性质与定义

新中国成立初期，国内学者基本没有涉及比较教育学科性质与范畴讨论，相关探索主要集中在改革开放以后。1979 年，王承绪先生在其发表的一篇文章中将比较教育界定为：比较教育乃是一门以马列主义、毛泽东思想为指导，分析研究各国教育制度，吸取其优良经验，以供我国"四化"建设借鉴的学科；它具有跨学科的性质，同时又具有自身的独特性，它是一门起着综合作用的学科。[1] 1982 年出版的新中国第一本《比较教育》教材，也称比较教育学科是教育科学体系中的一个新分支。[2] 朱勃先生认为，比较教育学是教育科学的有机组成部分，它研究世界各国的教育发展规律，讨论各国教育的优点和缺点，为各国提供互相借鉴的经验。[3] 商继宗先生认为，比较教育学是以比较为方法，研究世界各国教育的一门新型教育学科。[4] 高如峰教授等人认为，比较教育学不仅是一门独立的学科，

---

[1] 王承绪：《从国外比较教育学科发展的现状看我国比较教育教学中的若干问题》，载《杭州大学学报（哲学社会科学版）》，1979(4)。

[2] 王承绪、朱勃、顾明远：《比较教育》，1 页，北京，人民教育出版社，1982。

[3] 朱勃：《国外教育科学的一个新领域——比较教育学的发展》，载《教育文摘》，1981(1)；朱勃：《当前比较教育研究中的几个重要问题》，《世界教育文摘》，1985(2)。

[4] 商继宗：《中小学比较教育学》，8 页，北京，人民教育出版社，1989。

而且还是一门兼应用学科和理论学科于一身的特殊学科，在 20 世纪中叶比较教育学就已确定了本身独立的学科地位。[①]

顾明远先生和薛理银在《比较教育导论——教育与国家发展》中对比较教育学科性质进行了新的界定，认为比较教育大于一门学科，是国际(跨文化、民族间)教育交流的论坛，是一切愿意贡献教育见解的社会群体的公共领域，它的对象是教育的整个领域，而且任何方法只要有用，都可以成为它的研究方法。[②] 徐辉教授对此持相似观点，认为国际教育是比较教育学的一般逻辑起点，因为国际教育是比较教育的最基本研究对象，国际教育的发展史与比较教育的实践史和思想史是相吻合的。[③] 基于比较教育的学科性质和功能、目的和研究方法，冯增俊教授认为，比较教育学是一门对不同国家或地区的教育进行跨文化比较研究，探讨教育发展规律及特定表现形式，借鉴有益经验，推动本国本地区以及世界的教育改革和教育研究的科学[④]，赋予了比较教育学新的内涵。

近年来，比较教育学科的中青年学者也对比较教育学科性质展开了探索。刘宝存教授等人认为，比较教育学是国际教育研究的开拓者，是发展教育研究的孕育者，是教育科学国际交流的平台。[⑤] 陈时见教授认为，比较教育学是以关注国际教育发展，借鉴他国教育经验为核心的知识域，建立起了它在教育学科中的独特学科地位。比较教育作为一门学科采用的是一种哲学层面的比较视野，是研究主体基于跨文化视野考察研究对象，形成比较的广度和深度，从而

---

① 高如峰、张保庆：《比较教育学》，39 页，上海，上海外语教育出版社，1992。

② 顾明远、薛理银：《比较教育导论——教育与国家发展》，15 页，北京，人民教育出版社，1996。

③ 徐辉：《作为比较教育学一般逻辑起点的国际教育》，载《比较教育研究》，1998 (5)。

④ 冯增俊：《比较教育学》，125 页，南京，江苏教育出版社，1996。

⑤ 刘宝存、张永军：《比较教育研究与教育科学的发展》，《外国教育研究》，2010 (2)。

获得整体性认识。这与其他学科仅仅是将比较作为研究工具有本质的不同。① 马健生教授等人认为，比较教育是基于文化理解，为现实教育问题改革与发展提供政策指南和实践依据的高深学问。②

（二）比较教育的学科与领域之争

从代表性的比较教育学科定义看，将比较教育学视为一门独立学科无疑是主流观点。1983 年，在东北师范大学举行的中国教育学会比较教育研究会第四届年会上，张天恩先生在做会议总结发言时提到，"比较教育，它算不算一门独立的学科？有人认为算，它是教育学科的一个分支。有人认为它不算，它只是教育学研究的一个领域、一种方法。这个问题，我们可以继续讨论"③，由此开启了比较教育的"学科"与"领域"之争。20 世纪 80 年代末，马骥雄教授明确提出应将比较教育视为一个研究"领域"。他认为，比较教育自身没有什么特殊方法、特定概念，它只是一个研究领域，还未成为严格意义上的学科；要把它建立成一个学科，还有待于比较教育研究者从理论和方法上进一步探索和努力。④ 吴定初教授认为，比较教育不是一门学科，而是一个研究领域，是比较研究这种研究模式在教育领域中的运用；并且它还是一个年轻的研究领域，一方面它的研究领域正不断拓宽，另一方面又正逐步成为或正努力成为全球范围内的一门真正学科，即发展成严格意义上的比较教育学。⑤

另外一些学者则为比较教育的"学科"定位展开辩护。成有信先生认为，比较教育学是教育学的分支之一，它虽然与教育学其他学

① 陈时见：《比较教育学的现实境遇与发展前景》，载《外国教育研究》，2010(2)；陈时见：《比较教育学的概念建构及其现实意义》，载《比较教育研究》，2013(4)。

② 马健生、陈玥：《论中国比较教育的重生——基于学科制度结构的视角》，载《比较教育研究》，2015(9)。

③ 张天恩：《第四次全国比较教育学术年会纪要：闭幕词》，载《外国教育》，1983(3)。

④ 马骥雄：《比较教育学科的重建》，载《高等师范教育研究》，1989(5)。

⑤ 吴定初：《关于教育研究中"比较"的若干概念辨析》，载《教育评论》，1999(1)。

科拥有共同的研究对象，但区别于其他分支学科的地方在于其目的、角度、方法的独特性。① 滕大春先生所说的"比较教育之成为学科仅一个世纪，比较教育的实践却不绝于书"，也从另一侧面表明了比较教育之为学科的立场。② 谷贤林教授认为，比较教育是教育科学的一个分支，是一门学科，不是一个研究领域。③ 褚远辉教授等人认为，比较教育学具有"借鉴""比较""跨文化性""跨国性""异域性"和"多元性"等学科性质和特点，使其在教育理论"本土化"的过程中发挥着其他教育学科无法替代的作用，因而是一门独立的学科。④ 王英杰先生认为，比较教育既是一个研究领域，也是教育科学理论体系的一个重要分支。它有自身独特的研究对象、研究目的和研究方法。⑤

　　还有一批学者则持折中的观点，以此超越非此即彼的二元认识。卢晓中教授认为比较教育学既非学科亦非研究领域，它实质上是一种研究教育问题的方法或关于教育研究的方法论，它的方法色彩远远甚于其学科的或研究领域的特征。⑥ 冯增俊教授在考察了国内外学者关于比较教育性质的主要论争之后认为，比较教育既是人类教育活动中的一个研究领域，也是一种独特的研究方法，同时也是一门或必将成为一门有独特学术地位的学科，学科、领域、方法三者是三位一体的。⑦ 朱旭东教授则认为，比较教育研究的历史是社会科学化的历史，比较教育具有明显的跨学科属性。这种跨学科性是科学研究所具有的一种普适性，而比较教育研究的跨学科性突出表

---

① 成有信：《比较教育教程》，9 页，北京，人民教育出版社，1987。
② 滕大春：《迎接二十一世纪的比较教育》，载《比较教育研究》，1996(2)。
③ 谷贤林：《关于比较教育若干问题的探讨》，载《比较教育研究》，2003(7)。
④ 褚远辉、辉进宇：《比较教育的学科特性与教育理论的"本土化"》，载《教育研究》，2013(1)。
⑤ 王英杰：《比较教育》，22 页，沈阳，辽宁大学出版社，2007。
⑥ 卢晓中：《比较教育学》，8 页，北京，人民教育出版社，2005。
⑦ 冯增俊：《比较教育学》，118 页，南京，江苏教育出版社，1996。

现在比较教育亚学科群的建构上。① 陈时见教授认为，比较教育学科性质认识的分歧归因于比较教育学概念界定的多维性。出现认识分歧的原因在于不同的学者是从不同的维度来认识比较教育的，不同的认识都有其合理性，也反映了对比较教育学科性质认识的深入。②

（三）比较教育的学科价值与研究目的

关于比较教育的学科价值与研究目的，有"借鉴论"与"交流论"两种主要观点。③ 王承绪、朱勃、顾明远三位先生所著的《比较教育》，明确提出比较教育的目的在于找出教育发展的共同规律和发展趋势，以作为本国教育的借鉴。④ 张天恩先生指出，我们进行比较教育研究的目的和任务是"探索、掌握教育运动发展的普遍规律"⑤。滕大春先生认为，进行比较教育研究不是为了研究比较而研究比较，而是为了掌握教育规律和发展我国的教育事业，具体来说就是"洋为中用"。⑥ 梁忠义先生也认为，比较教育学是教育科学的一个分支，但却有着它特殊的位置，这就是本着"洋为中用"的原则，借鉴外国的教育理论与实践，推进我国教育事业的发展。⑦ 王长纯教授提出的孔子思想中的"一以贯之"、老子思想中的"知常"，也是对比较教

---

① 朱旭东：《试论西方比较教育研究的社会科学化历史》，载《全球教育展望》，2004(1)；朱旭东：《论比较教育研究的跨学科性——比较教育亚学科群建构》，载《教育学报》，2011(4)。

② 陈时见：《比较教育学的概念建构及其现实意义》，载《比较教育研究》，2013(4)。

③ 生兆欣：《比较教育，为何研究？——20世纪中国学者的观点》，载《比较教育研究》，2009(12)。

④ 王承绪、朱勃、顾明远：《比较教育》，17页，北京，人民教育出版社，1982。

⑤ 张天恩：《第四次全国比较教育学术年会纪要：闭幕词》，载《外国教育》，1983(3)。

⑥ 滕大春：《试论比较教育和"洋为中用"》，载《外国教育》，1984(1)。

⑦ 梁忠义：《比较教育四十年》，载《高等师范教育研究》，1989(5)。

育研究旨在探寻规律的强调。① 李守福教授认为，比较教育的终极目标和基本使命就是为本国的教育改革和发展服务。② 总而言之，借鉴论是整个 20 世纪中国比较教育界颇为流行的观点，但是早期的"借鉴"研究多停留在介绍、并置各国教育的状况，后期的"借鉴"更强调对教育"普遍规律"的探求，将形成规律性认识视为更科学地借鉴的必要条件。

另有一些学者则更看重比较教育研究在增进民族理解、加强国际交流方面的作用，将比较教育研究的目的定位在"交流"层面。20 世纪 80 年代，金世柏先生提出，比较教育研究的目的和任务应该"借鉴"与"宣传"并重，既要了解别人，又要让别人了解自己。③ 顾明远先生与薛理银明确提出且系统阐述了"比较教育是国际教育交流论坛"的观点，认为比较教育研究以跨文化教育交流为根本目的。④ 吴忠魁教授提出，阐释或理解一种教育是比较教育的重要价值取向，比较教育的目的在于帮助认识本国或他国的教育。⑤ 项贤明教授则从文化的视角阐释了比较教育研究达成文化、教育理解的实质。⑥ 总体而言，交流论强调以国际教育交流为目的，理解异文化则是实现这一目的的必要前提和手段。

还有一批学者认为比较教育的目的是多样化的，从而综合了前述观点。吴钢教授认为，强调比较教育的借鉴目的是持"民族主义"的研究立场，主张比较教育研究应从民族主义向全球主义转变，关注包括发展中国家教育在内的全球教育，深入研究国际社会中各国

---

① 王长纯：《孔子的哲学思想与中国比较教育——兼论与国际比较教育对话的立场》，载《外国教育研究》，1995(6)。

② 李守福：《比较教育的价值及其实现》，载《比较教育研究》，1996(2)。

③ 金世柏：《比较教育学在中国的发展》，载《外国教育》，1986(4)。

④ 顾明远、薛理银：《比较教育导论——教育与国家发展》，31～87 页，北京，人民教育出版社，1996。

⑤ 吴忠魁：《论比较教育的价值取向》，载《比较教育研究》，1995(10)。

⑥ 项贤明：《比较教育学的立足点和方法论》，载《比较教育研究》，2001(9)。

教育的互动关系。① 郑富兴教授指出，在比较教育学科的价值和作用问题上，一直存在着政策导向和学术导向的矛盾。他认为促使国家和教育改革与发展是比较教育研究的价值和作用的体现，也是比较教育研究发展的动力，而促进学科本身的发展则是使价值和作用体现有保证的源泉，实际上他也是主张综合考虑两方面的目的。②在大变革时代，中国比较教育研究承担着阐释教育规律、总结教育经验、引领教育改革、培养国际化人才、推动国际交流等重大的历史使命。为此，中国比较教育研究必须拓展研究领域，服务国家发展，打造学科特色，创新研究方法，加强国际交流与合作，努力创建具有中国特色的比较教育学派。③

二、澄清比较教育研究对象与方法

提升中国比较教育研究的科学化水平，增强中国比较教育服务本土教育实践的能力，需要明确比较教育的研究对象与框架，树立科学的方法论指导，广泛借鉴并吸收社会科学方法。为此，中国比较教育学者们从建设比较教育学方法论入手，着力突破比较教育的学科发展瓶颈。

(一)从时空维度界定比较教育学的研究对象

学者们主要从时空维度界定比较教育学的研究对象。④ 从时间上看，比较教育自产生起就是以当代教育为对象的，只是如主张因素分析法的研究者看来，还应该从历史上对教育进行溯源，了解成因。高如峰教授等人认为，应用"不同空间或时间之间教育理论与实践"这一表述替代其他概念中"当代外国教育理论和实践"或是"当代

① 吴钢：《迈向 21 世纪的比较教育研究》，载《外国教育资料》，1996(1)。
② 郑富兴：《比较教育研究的民族主义悖论刍议》，载《比较教育研究》，1999(6)。
③ 刘宝存：《大变革时代中国比较教育研究的使命与发展道路选择》，载《比较教育研究》，2014(2)。
④ 生兆欣：《比较教育，研究什么——20 世纪中国学者的观点》，载《比较教育研究》，2008(2)。

不同国家或地区"的表述，将比较教育研究聚焦当代的研究视野拓展为历史的、发展的全局视野。① 傅松涛教授认为，明晰而独特的研究对象，不外乎体现在两个基本层面，即直观具体的现实感性形态和抽象综合的实质性形态。他认为比较教育学的研究对象可界定为"比较性教育"，即指多态性、多样化和多元性教育，主张比较教育要以整个教育为研究对象。②

从空间上看，学者们越来越倾向于从单一发达国家转向全球教育。马骧雄先生认为，比较教育的研究国应把中国纳入其中，其次要对一些小国特别是"一些与我们相近的发展中国家"进行研究。③ 冯增俊教授等人考察 21 世纪的教育发展趋势后提出，比较教育研究将从四个方面拓宽其研究范围：一是从单一国家为中心的研究模式转向以世界和国家为对象的两个基本范围；二是从注重发达国家转向发达和发展中国家两个基本维度；三是一国之内的不同区域比较研究；四是对发达国家和发展中国家进行比较研究，从不同发展水平探讨教育发展的重要规律。④

还有学者从研究内容维度界定比较教育的研究对象。吴元训先生认为，比较教育研究应该以"三个面向"为指导思想，在具体的研究内容上，可分为资料性内容、比较性研究内容和预测性研究内容三个层次。⑤ 顾明远先生认为，比较教育研究有其他学科不能包含的独特领域，例如各国教育制度的比较、教育与国家发展问题、国际环境教育问题、人口问题与教育、国际组织与教育等，都不能包

①　高如峰、张保庆：《比较教育学》，32 页，上海，上海外语教育出版社，1992。

②　傅松涛：《比较性教育是比较教育学的研究对象》，载《比较教育研究》，1999(2)。

③　马骧雄：《比较教育学科的重建》，载《高等师范教育研究》，1989(5)。

④　王学风、冯增俊：《试析当代世界比较教育学的发展趋向》，载《比较教育研究》，1997(4)。

⑤　吴元训：《关于比较教育研究中的几个问题的设想》，载《外国教育动态》，1991(1)。

含到教育的其他分支学科中。① 吴钢教授根据比较教育面临的问题将比较研究分为四个方面：微观层面的比较课程与教学论；中观层面的教育规划和教育管理比较研究；宏观层面的国际教育；边缘上的教育与社会发展比较研究。② 陈时见教授提出"三圈层、多交叉结构"的学科内容体系，"三圈层"分别是比较教育发展研究、国际教育发展研究和教育比较研究，其对应的研究对象分别为比较教育基本理论、国际教育、具体教育事实。③

(二)从学科存在基石角度探讨比较教育的方法论基础

早在 1979 年中国比较教育学科的初步重建时期，王承绪先生就指出，我国的比较教育研究以马列主义、毛泽东思想为指导。1982年版的中国第一本《比较教育》教材更是明确指出了：比较教育要成为一门科学，就必须以辩证唯物主义和历史唯物主义作为方法论基础。吴文侃和杨汉清先生的《建设具有中国特色的比较教育教材刍议》(《教育研究》，1985 年第 9 期)、金世柏先生的《比较教育在中国的发展》(《外国教育研究》，1986 年第 4 期)、成有信先生的《比较教育教程》(第 15、16 页)、高如峰和张保庆的《比较教育学》(第 90页)、梁忠义先生的《中国比较教育研究的走向》(《外国教育研究》，1996 年第 1 期)等，都陈述了上述看法，认为辩证唯物主义和历史唯物主义是比较教育或者说中国比较教育研究的指导思想和方法论基础。

顾明远先生、王长纯教授等人更多关注了文化因素对比较教育学的方法论意义。顾明远先生认为，文化范式是比较教育学科发展的历史选择，也是当代比较教育学术探究的重要主题。文化范式是

---

① 顾明远、阚阅、乔鹤：《改革开放 30 年中国比较教育的重建和发展》，载《比较教育研究》，2008(12)。

② 吴钢：《迈向 21 世纪的比较教育研究》，载《外国教育资料》，1996(1)。

③ 陈时见：《论比较教育的学科属性与学科体系》，载《比较教育研究》，2008(6)。

比较教育研究应该遵循的理论取向和实践范型。在文化范式下，比较教育研究注重阐述各国文化传统对教育的影响并致力于本国教育的发展，其功能在于促进对异文化和他国教育的解释性理解，文化和历史传统成为解释国家之间教育差异的根本原因，而民族性则成为一个国家教育发展的内在精神力量。[①] 王长纯教授对"和而不同"理论及其对中国比较教育理论研究的方法论指导意义进行了深入探索，指出跨文化对话是实现比较教育"和而不同"发展的基本途径，论证了文化自觉、理论自觉、实践自觉是比较教育遵循"和而不同"方向、进行跨文化对话的基本条件。[②] 项贤明教授在 2000 年也曾提出，"和"的模式对于中国比较教育的实践研究(即理解各国教育实践之关系)以及建设中国比较教育理论，具有双重的方法论指导意义。[③]

另一些学者则探讨了比较教育的研究立场与价值取向等话题。郑富兴教授认为比较教育研究存在着民族主义悖论，因为比较教育先天被赋予的是国际视野，在研究的过程中需要克服民族主义的影响。但同时比较教育又必须着手于个体的、具体的民族主义实体的教育，为其教育改革和发展服务，所以研究又具有明显的民族主义倾向。[④] 邓志伟教授考察了经济全球化趋势下教育发展的转向，认为在经济全球化时代的比较教育研究方法论应从描述性研究转向规范性研究，从评价性研究转向解释性研究，从分析性研究转向批判性研究，以此建构更广阔的比较教育学体系。陈时见教授认为，"一

---

①　顾明远：《文化研究与比较教育》，载《比较教育研究》，2000(4)。

②　王长纯：《和而不同：比较教育的跨文化对话》，北京，人民教育出版社，2007；王长纯：《孔子的哲学思想与中国比较教育——兼论与国际比较教育对话的立场》，载《外国教育研究》，1995(6)；王长纯：《老子的哲学思想与比较教育的方法论——兼谈中国传统哲学对中国比较教育的建设性意义》，载《外国教育研究》，1997(5)；王长纯：《文化自觉、理论自觉和实践自觉(论纲)——比较教育和而不同发展的途径》，载《比较教育研究》，2005(3)。

③　项贤明：《比较教育学的文化逻辑》，245～255 页，哈尔滨，黑龙江教育出版社，2000。

④　郑富兴：《比较教育研究的民族主义悖论刍议》，载《比较教育研究》，1999(6)。

带一路"和教育对外开放背景下，比较教育研究应当克服"西方中心论"和单向借鉴论，遵循世界主义的研究视野。①

(三)从研究实践角度探讨比较教育研究框架与方法

顾明远先生认为，比较教育学的研究对象在一个分析单元中划分为三类，即观念要素、制度要素和实践要素。② 改革开放以来，国内学者对比较教育方法理论进行了大量引介，包括借鉴主义、历史主义、实证主义、文化相对主义、实用主义、系统功能主义等比较教育理论等纷纷被介绍到中国学术界。在探讨具体如何建设比较教育学科的过程中，薛理银主张全面关注比较教育的各要素，探讨比较教育的主体、客体、方法、媒介和目的。③ 朱旭东教授认为，比较教育研究一定是超越于比较方法，而教育的比较研究仅仅局限于比较方法。他提出要以民族国家为主要分析单元开展研究，这是比较教育在教育学科体系中存在的合法性基础。④

更多的学者将近年来一些新兴的社会科学研究方法引入比较教育学科。徐辉教授建议将教育人种志研究方法引入比较教育研究领域，可以弥补比较教育研究注重结果忽视过程的功利属性，为比较教育研究提供一种新的视角、研究方法与范式。⑤ 赵蒙成教授等人从知识生产的角度对当下比较教育研究存在的离身危象及其危害进行分析和探讨，认为具身认知理论下的比较教育研究应由宏大叙事

---

① 陈时见:《"一带一路"战略框架下比较教育研究的视野与路径》，载《比较教育研究》，2015(6)。

② 顾明远、薛理银:《比较教育导论——教育与国家发展》，26 页，北京，人民教育出版社，1996。

③ 薛理银:《比较教育的诸要素分析》，载《比较教育研究》，1993(3)。

④ 朱旭东:《试论"教育的比较研究"和"比较教育研究"》，载《比较教育研究》，2008(2);朱旭东:《论比较教育研究的分析单位和"智识"基础》，载《比较教育研究》，2010(7)。

⑤ 徐辉:《教育人种志与比较教育学研究方法的进展》，载《全球教育展望》，2005(6)。

回归真实教育生活、从器物研究转向重视研究者与研究对象身体意义、从文本研究转向深入教育生活现场的田野研究等。① 唐涌博士介绍了混合方法研究在美国比较教育研究中的运用，认为混合方法研究是继量化研究和质性研究后的"第三次方法论运动"。② 随着大数据时代的到来，刘宝存教授等人探讨了比较教育研究范式的转型，提出要深入挖掘现有的教育数据，运用多种研究方法收集数据资料，重视理论创新和对知识的原创性贡献。③

　　对比较教育学是否应该有专门的研究方法，比较法是否是比较教育的学科研究方法，不同学者提出了不同观点。刘卫东教授认为学科的研究方法不过是研究的工具，只要有助于认识所研究的对象，任何方法均可采用，对比较教育来说也如此。④ 相反的观点则认为比较教育作为一门独立的学科，应当有其独特的研究方法体系，主张既可以把其他学科的研究方法移植到比较教育学科，进行"比较教育学科化"的改造，也可以为研究比较教育中的某一具体对象或特殊问题创立方法。⑤ 根据文化理解的程度、研究方式及成果水平的不同，有学者将比较教育研究划分为"四重境界"，即文献综述式——"入门级"、模型或理论指导式——"专家级"、数据挖掘式——"高深级"和融会贯通式——"大师级"。⑥

三、审视学科发展现状与未来走向

　　中国比较教育学者善于总结不同时期学科发展进展与面临的问

　　① 赵蒙成、徐承萍：《论比较教育研究范式的身体转向》，载《比较教育研究》，2017(12)。

　　② 唐涌：《混合方法研究——美国教育研究方法论的新取向》，载《外国教育研究》，2015(2)。

　　③ 刘宝存、杨尊伟：《大数据时代比较教育研究范式的转型》，载《比较教育研究》，2015(10)。

　　④ 刘卫东：《中国比较教育危机之我见》，载《比较教育研究》，1995(3)。

　　⑤ 卢晓中：《对比较教育中几个问题的认识》，载《比较教育研究》，1995(3)。

　　⑥ 马健生、陈玥：《论比较教育研究的四重境界——兼谈比较教育的危机》，载《比较教育研究》，2013(7)。

题，通过对学科发展历程的梳理，发现学科发展面临的机遇与挑战，进而前瞻性地提出未来学科发展方向与行动路径。

(一)梳理比较教育学科发展的历与程

王承绪先生、朱勃先生等人对比较教育学科发展史进行了深度梳理。其中，王承绪先生的《比较教育学史》一书研究了比较教育学科发展的百年史，评析了该学科各主要流派的思想、研究方法和理论上的论争，介绍了国际教育组织和若干国家开展比较教育研究的情况，对比较教育学科发展进行了全景式的回顾。朱勃先生在《比较教育史略》中开宗明义地讲道："不了解比较教育学发展的历史，就不可能剖析教育发展的规律、特点和趋势。"[1]在这本书中，他将比较教育的学科发展史分为比较教育学科建设的准备时期、以教育借鉴为标志的比较教育学科建设时期、以因素分析为标志的比较教育学科建设时期、比较教育学科建设的新时代四个时期。根据比较教育思想家的活动及比较教育学科理论发展的逻辑体系，李文英将比较教育思想的发展大致分为史前溯源阶段、初步产生阶段、体系形成阶段、多元化发展阶段、整合建构阶段五个阶段。[2]

顾明远先生等人回顾了中国比较教育学科的发展历程，将 20 世纪 70 年代末期至 80 年代中期界定为描述和介绍阶段；20 世纪 80 年代中期至 90 年代中期是国别研究和专题研究阶段；20 世纪 90 年代中期至世纪末是深入和扩展研究的时期；21 世纪以来进入经济全球化时代的国际比较教育研究阶段。[3] 梁忠义先生在新中国成立 40 周年、比较教育学恢复 10 年之际，撰写了《比较教育四十年》一文，对

---

[1] 朱勃：《比较教育史略》，广州，广东高等教育出版社，1988。

[2] 李文英：《论比较教育思想的演进及特征》，载《比较教育研究》，2010(8)。

[3] 顾明远、阚阅、乔鹤：《改革开放 30 年中国比较教育的重建和发展》，载《比较教育研究》，2008(12)；顾明远：《中国比较教育研究 50 年——〈中国比较教育研究 50 年〉丛书序》，载《比较教育研究》，2015(11)。

新中国成立 40 年间，特别是党的十一届三中全会后的十余年间比较教育研究的发展成就做了全面的回顾和总结。① 王英杰先生依据库恩的范式理论，将新中国成立初期界定为中国比较教育的"前学科"时期，改革开放之后的 20 年是努力确立比较教育学科地位的时期即"常规科学时期"，21 世纪以来中国比较教育学正在进入库恩所说的"科学革命"阶段。②

（二）审视比较教育学科发展的危与机

20 世纪 90 年代及之后，中国比较教育学术界兴起了一轮对比较教育学"身份危机"的讨论。1993 年，王英杰先生认为，"由于当前比较教育学界尚未对比较教育的定义取得一致的意见，比较教育学科的发展受到了一定的阻碍，出现了所谓的身份危机"③。此后，有关比较教育"身份危机"的讨论大量出现，代表性作品有《比较教育的身份危机及出路》（顾明远，2003）、《站在十字路口的中国比较教育学》（项贤明，2005）、《比较教育身份危机之研究》（李现平，2005）、《再谈比较教育学的危机》（王英杰，2007）、《比较教育学的现实境遇与发展前景》（陈时见，2010）。王英杰先生还从三个方面揭示了比较教育学"身份危机"的表现：一是比较教育研究的领域过于宽泛，其边界过于模糊；二是比较教育缺乏自己特殊的理论、概念和方法；三是教育各分支学科现在都从事比较研究，从而挤压了比较教育生存的空间，甚至产生了对比较教育存在的必要性的质疑。④

近年来，中国比较教育学者们更多倾向于从学科之"危"中寻找发展之"机"。顾明远先生指出，比较教育学者不应纠缠于比较教育

---

① 梁忠义：《比较教育四十年》，载《高等师范教育研究》，1989(5)。
② 王英杰：《试论比较教育在中国的学科地位：纪念〈比较教育研究〉发刊 50 周年》，载《比较教育研究》，2015(9)。
③ 王英杰：《比较教育学定义问题浅议》，载《外国教育研究》，1993(3)。
④ 王英杰：《再谈比较教育学的危机》，载《比较教育研究》，2007(3)。

是什么的争论，而应在研究和解决当代世界教育问题的过程中找到
解决关于比较教育自身问题的答案。虽然不否认比较教育存在危机，
但是认为，"比较教育工作者有许多事情需要做，而不必自暴自弃，
自我制造身份的危机"①。王英杰先生也认为，中国比较教育研究为
教育学科发展和教育改革做出了巨大贡献，正在由西方中心的学科
开始本土化，并在我国扎根、发芽、茁壮成长。② 马健生教授等人
认为，解决比较教育身份危机的关键在于提高研究层次和成果水平。
比较教育要维护学科尊严、摆脱危机就必须提高学术研究水平。③
陈时见教授等人认为，随着社会的不断变革和教育的快速发展，比
较教育不断迎来新的机遇和挑战，诸如重建比较教育学科自信、学
科使命、方法论转换、学科转型以及价值取向等。比较教育正是在
面对、处理和解决各种挑战的过程中不断从"常规科学"转向"科学革
命"新范式的发展阶段。构筑比较教育的"学科自信"是消解比较教育
身份危机、范式危机的良方。④

(三)展望比较教育学科发展的路与径

早在 20 世纪 90 年代，顾明远先生就提出要加强中国比较教育
学科体系建设问题，认为改革开放以来中国比较教育研究对学科建
设的注意不够。⑤ 梁忠义先生于 1996 年发表《中国比较教育研究的走
向》一文，提出中国比较教育研究要有方向自觉、理论自觉、方法论

---

① 顾明远：《比较教育的身份危机及出路》，载《比较教育研究》，2003(7)。

② 王英杰：《简谈比较教育学在改革开放 30 年中的发展与功用》，载《外国教育研究》，2010(2)。

③ 马健生、陈玥：《论比较教育研究的四重境界——兼谈比较教育的危机》，载《比较教育研究》，2013(7)。

④ 陈时见、袁利平：《论比较教育学的知识形态与价值取向》，载《教育研究》，2010(2)；陈时见、刘方林：《比较教育的价值构建与主题选择——2015—2017 年中国比较教育研究的热点与动态分析》，载《教育研究》，2018(1)。

⑤ 顾明远：《比较教育的回顾与展望》，载《比较教育研究》，1991(1)。

自觉和道路自觉等主张。① 2005 年，顾明远先生在《关于比较教育学
科建设的几个问题》一文中提出，比较教育学科建设要主要解决三个
方面的问题：一是比较教育这门学科的研究对象；二是中国比较教
育研究的走向和几个值得特别关注的问题；三是比较教育研究的方
法论问题。② 之后，学术界围绕创建中国特色比较教育学科体系展
开了深入探讨。冯增俊教授认为，建设中国特色比较教育学需要关
注四个要点：建构系统的学科目的体系、形成辩证理性建构的学科
分析框架、建立科学的方法论体系、形成民族特色的学科观。③ 高
益民教授认为比较教育学科主要通过建立组织和制度规范来构建学
科的身份认同，建议通过反思学科原理（方法论）、提升研究质量、
培养后备力量等方式提升学科建设水平。④

　　学者们对比较教育学科发展的具体路径也提出了诸多观点。朱
旭东教授认为，学术制度化建设包括专业、课程、学位、协会、机
构、刊物等方面，未来比较教育学科应着力从这几方面推进制度化
建设。⑤ 傅松涛教授认为，比较教育学要发展，就必须超越以往重
用轻学的非学科化策略，走真正的学科化发展之路。⑥ 徐辉教授等
人借鉴当前美国比较教育研究现状，认为中国的比较教育研究应着
力提升比较教育研究方法的科学水平，拓展比较教育的研究地域，
创建立体化的研究对象，深化学科自身基础理论研究。⑦ 项贤明教

　　① 梁忠义：《中国比较教育研究的走向》，载《外国教育研究》，1996(1)。
　　② 顾明远：《关于比较教育学科建设的几个问题》，载《比较教育研究》，2005(3)。
　　③ 冯增俊：《建设有中国特色的比较教育学》，载《华东师范大学学报(教育科学
版)》，1998(2)。
　　④ 高益民：《改革开放与中国比较教育学三十年》，载《清华大学教育研究》，2008
(6)。
　　⑤ 朱旭东：《比较教育研究的学术制度化和规范化》，载《比较教育研究》，1999(6)。
　　⑥ 傅松涛：《学科化：从比较教育到比较教育学——比较教育学科学化探讨》，载
《教育研究》，2007(4)。
　　⑦ 徐辉、王正青：《美国比较教育研究的新发展：主题、方法与地域分析》，载《教
育研究》，2008(8)。

授指出了中国比较教育学科建设的三个维度：一是历史的维度，包括比较教育的学术史和学科史的研究；二是学术生态的维度，包括学科生态、知识生态、人员机构生态等研究；三是方法论的维度，包括中国学术传统、中外方法比较等研究。① 生兆欣博士认为，比较教育的学科化之路需要在继续保证外部制度性存在的前提下，加强内部逻辑性存在和对外功能性存在。②

第四节　比较教育学的国际化建设成就

比较教育学科搭建了教育国际交流的平台，开始了中外教育研究工作者的平等对话。尤其是在改革开放以后，比较教育学科率先开始了教育研究的国际交流，通过开展高层次的学术性交流，承办国际学术会议与合作项目，向国外传播中国教育发展经验等方式，提升了中国比较教育学的国际化水平和国际影响力。

一、开展了高层次学术性交流

开展高层次学术交流是收集资料、交流思想、强化合作的有效方式。1978 年实行对外开放政策以来，中国比较教育学界与联合国教科文组织等国际组织和美国、英国、加拿大、日本、法国、德国、澳大利亚等国研究机构建立了广泛的合作关系，以引进来、走出去的方式开展了卓有成效的国际学术交流。

（一）邀请国外知名专家讲学交流

新中国成立初期的学术交流活动主要在中国与苏联和东欧国家间展开。1950 年至 1952 年，教育部先后邀请了五位著名苏联教育专

---

① 项贤明：《从比较教育走向比较教育学》，载《全球教育展望》，2013(9)。
② 生兆欣：《"学科"，抑或"领域"？——中国学者对比较教育学科性质的探寻》，载《比较教育研究》，2011(2)。

家担任中国教育学发展顾问，包括苏联高等教育专家福民，教育专家卡尔波娃、阿尔辛节夫，学前儿童教育学专家戈林娜，苏联师范学院院长达拉巴金。[①] 这之后，各高校也积极邀请大量苏联专家来校讲学，如北京师范大学、华东师范大学、中国人民大学等都曾邀请苏联教育专家讲学，并出版讲学报告或讲义。这些学者的来访对于我国了解国外教育动态、学习国外教育经验、发展比较教育学科起到了至关重要的作用，也开启了中国比较教育学者与国际同行平等对话交流之路。

改革开放后邀请国外专家进行学术交流活动的规模和范围迅速扩大。1980 年，北京师范大学邀请美国哥伦比亚大学师范学院比较教育学胡昌度教授来校讲学，并组织了比较教育大学教师进修班，有 10 所学校的 12 名教师参加，历时一个学期。1983 年，王承绪先生邀请美国印第安纳大学阿诺夫教授为杭州大学学生开设比较教育课程。1984 年，英国伦敦大学教育学院国际知名比较教育学家埃德蒙·金教授应邀到北京师范大学讲学两周。1992 年，金再度应邀到北京师范大学讲学。1989 年，美国著名教育学家、联合国教科文组织巴黎教育规划研究所首任所长菲利普·库姆斯应邀来北京师范大学外国教育研究所讲学，与所领导和教师讨论研究所的建设与发展问题，并提交了"外国教育研究所发展的建议书"。以华东师范大学为例，该校国际与比较教育研究所在 20 世纪 80 年代末到 90 年代初期，就先后邀请了 27 名国外的专家学者来校讲学，其中胡森、布卢姆、克拉夫基、佐藤三郎、黎安琪被聘为华东师范大学名誉教授和顾问教授，他们都是国际知名的教育学者。[②]

---

① 毛礼锐、沈灌群：《中国教育通史》第 6 卷，86～88 页，济南，山东教育出版社，1989。

② 胡力佳：《甘抛年华赌明天——为华东师范大学比较教育研究所建所 30 周年而作》，载《外国教育资料》，1994(4)。

中国加入世界贸易组织以来，伴随着北京师范大学世界比较教育论坛的持续举办，以及其他高校的国际化进程，来中国开展学术交流的国外学者日益增多。日本的马越彻、铃木慎一、佐藤学，德国柏林洪堡大学的施瑞尔，加拿大多伦多大学的许美德、卡伦·芒迪，美国印第安纳大学的阿诺夫、波士顿学院的阿尔特巴赫、麻省理工学院的彼得·圣吉、斯坦福大学的教育经济学家亨利·列文，英国苏塞克斯大学的基思·勒温，法国安第列斯-圭亚那大学的多米尼克·格鲁，经济合作与发展组织教育与技能主管、秘书长特别顾问安德里亚斯·施莱克尔，新加坡南洋理工大学国立教育学院的李荣安等学者先后多次到中国访学或交流，极大地增进了中国比较教育学与国际学术界的联系。

（二）参加一系列国际学术会议

中国比较教育学者重视参与各种国际学术会议。1946 年至 1948 年，王承绪先生参加了联合国教科文组织的筹备成立及随后的工作。1974 年，顾明远先生以中国代表团顾问的身份赴法国巴黎参加联合国教科文组织第十八届大会。1980 年，应日本比较教育学会会长平塚益德教授的邀请，顾明远先生与中央教育科学研究所的金世柏先生等人赴日本参加了世界比较教育学会联合会第四届大会，并提出了中国比较教育学会加入世界比较教育学会联合会的申请。该申请在 1983 获得通过，中国教育学会比较教育研究会正式加入了世界比较教育学会联合会，并当选为执行委员会常务成员。1984 年，华东师范大学的马骥雄教授和河北大学的刘文修教授参加了在巴黎召开的第五届大会。1987 年，顾明远先生和金世柏、周南照、吴福生、孟宪德等人参加了在巴西里约热内卢召开的第六届大会，这次大会正式批准中国比较教育学会为该会的团体会员，并选举顾明远先生为该会的副主席。在之后的 1990 年，顾明远先生当选为世界比较教育学会联合会合作主席。这之后，历届世界比较教育大会上，都有中国学者出席。在 2013 年的第十五届世界比较教育大会上，中国教育学会比较教育分会会长王英杰先生当选世界比较教育学会联合会副会长，这是中国比较教育学者再次在世界比较教育学会联合会担任要职。

除了参加世界比较教育学会联合会外，中国学者还广泛参加了其他国际性学术年会。1995 年 6 月亚洲比较教育学会正式成立，随后的 1996 年 12 月，顾明远先生及中国比较教育学界多位成员参加了在日本早稻田大学召开的第一届比较教育年会。这之后的历届亚洲比较教育学会年会，都有为数众多的中国学者参加。2016 年在菲律宾举行的第十届亚洲比较教育学会年会上，北京师范大学国际与比较教育研究院院长刘宝存教授被推选为新一届会长，并在第十一届亚洲比较教育学会年会上连任会长。这是亚洲比较教育学会成立以来，第一次由中国比较教育学者担任此职务，展示了中国比较教育学的区域影响力。中国学者近年来连续参加了北美比较与国际教育学会（CIES）、欧洲比较教育学会（CESE）、美国教育研究协会（AERA）、英国国际与比较教育学会（BAICE）等举办的国际性学术会议，在国际学术界发出了中国比较教育学者的声音。

（三）赴国外相关机构开展学术活动

新中国成立初期的对外教育考察也主要围绕苏联和东欧国家进行。1953 年 11 月，我国高等教育部印发了《关于赴苏联、东欧各兄弟国家中国语文教员的规定》，由此，中国开始向罗马尼亚、波兰、捷克斯洛伐克、保加利亚、东德、蒙古、朝鲜等国派遣汉语教师，并向坦桑尼亚、越南等国设置了专门奖学金名额，给予教学器材方面的援助①，积极推进中国与社会主义国家的教育学术交往。1955 年 9 月，清华大学、北京大学、中国人民大学以及浙江大学等 18 所

---

① 卫道治：《中外教育交流史》，334 页，长沙，湖南教育出版社，1998。

高校共选派 33 名高校教师前往苏联进行一到两年的短期培训和教学进修。① 同年 10 月，教育部副部长陈曾固先生带领我国中小学教师代表团前往苏联进行教育考察，重点学习和研究苏联综合技术教育、师范教育、教学工作、教育行政领导四个方面的教育举措。

中国比较教育先驱者也充分利用各种机会广泛参与国际学术交流活动。1951 年 8 月到 1956 年 7 月，顾明远先生作为新中国成立后的第一批留学生，赴国立莫斯科列宁师范学院进行了系统的教育学学习。1957 年 8 月，朱勃先生被学校选派赴国立莫斯科列宁师范学院进修教育学，进修期间朱勃先生坚持完成了《直观教学理论与实践》的俄文论文，不仅搜集整理了应用的论文材料，而且掌握了进行科学研究的具体方法和步骤。② 随着"文化大革命"的爆发，对外交流活动急剧减少，如顾明远先生于 1974 年以中国代表团顾问的身份赴法国巴黎参加联合国教科文组织第十八届大会等。

改革开放后赴国外进行学术交流活动的规模和范围迅速扩大。1980 年至 1992 年，王承绪先生在担任联合国教科文组织亚太教育合作咨询委员会委员期间，多次出访亚太各国，研究各国教育。1980 年和 1981 年，朱勃先生先后赴印度和澳大利亚参加国际研讨会和讲学访问。1981 年 10 月至 12 月，梁忠义先生等人赴日本进行"日本经济的现代化和教育"考察。1983 年，朱勃先生与王承绪先生一起赴英、法两国考察比较教育，为改进中国比较教育教学和科研积累了很多可资借鉴的经验。1984 年，顾明远先生作为中国高等教育代表团成员访问苏联莫斯科、列宁格勒和基辅；1985 年应日本教育恳谈会邀请率师范教育代表团访问了日本东京、大阪、神户、京都、奈

---

① 叶澜：《二十世纪中国社会科学：教育学卷》，362 页，上海，上海人民出版社，2005。

② 施雨丹：《借鉴时代的比较教育：朱勃比较教育思想择粹——纪念朱勃先生诞辰 100 周年》，载《比较教育研究》，2019(3)。

良等城市。其他一些中青年比较教育学者也开展了广泛的学术交流。20 世纪 80 年代末到 90 年代初，王承绪先生积极争取英国文化委员会的资助项目，杭州大学比较教育学科先后有 7 位年轻教师赴英国进修。① 华东师范大学国际与比较教育研究所在 80 年代末到 20 世纪 90 年代初期，派送了约 30 人次出国留学、进修及合作研究，约 40 人次出席国际学术会议，在国际学术会议上宣读论文 20 余篇。②

21 世纪以来，中国比较教育学者赴国外参与学术交流活动迅速增多。据统计，北京师范大学国际与比较教育研究院自 2010 年以来，有教师 150 余人次赴境外开展学术交流，研究生 300 余人次参加联合培养或学术交流活动。西南大学国际与比较教育研究所近年来与加拿大多伦多大学、美国密歇根州立大学等国外机构建立了长期稳定的合作关系，通过举办学术研讨会、互派访问学者、互派研究生等方式展开深入的国际交流与合作，研究所成员在 2008 年至 2018 年共有 48 人次赴国外考察或出席学术会议，派出比较教育学专业硕士、博士研究生 42 人次到上述机构访问学习，接待了来自上述高校和研究机构的访问学者和研究生 39 人次。③

二、承办了众多国际学术活动

21 世纪以来，尤其是加入世界贸易组织之后，中国比较教育研究视野更加宏大，积极承办了一系列国际学术活动，打开了中国教育与世界教育交流合作的窗口，促进了比较教育学者的国际交往。

（一）承办区域性和国际性学术年会

举办亚洲比较教育学会年会。1998 年 10 月，第二届亚洲比较教

---

① 吴雪萍：《王承绪先生与比较教育学科人才培养——像恩师王先生那样治学育人》，载《外国教育研究》，2014(4)。

② 胡力佳：《甘抛年华赌明天——为华东师范大学比较教育研究所建所 30 周年而作》，载《外国教育资料》，1994(4)。

③ 摘自 2018 年 12 月西南大学国际与比较教育研究所十周年发展总结会会议材料。

育学会年会在北京师范大学召开，这是中国比较教育学会首次在中国举办国际性比较教育学会的学术会议，会议的主题是"文化传统与教育现代化"。参加会议的各国比较教育专家有 200 余人，其中外国代表共计 69 人（日本代表 22 人，美国代表 7 人，此外还有印度、韩国、马来西亚、斯里兰卡、泰国、越南、澳大利亚、加拿大、法国、英国、德国、墨西哥、乌克兰等国的代表），中国香港地区和中国台湾地区的代表 22 人。2014 年 5 月，第九届亚洲比较教育学会年会在杭州召开，这次会议由杭州师范大学主办、杭州师范大学教育学院承办，会议主题为"教育、公平和社会和谐"，来自英国、美国、比利时、中国、日本、印度、韩国、菲律宾、马来西亚、巴基斯坦等16 个国家和地区的 250 多位比较教育学专家、学者和博士、硕士研究生出席了本次年会。

2016 年在北京师范大学举行的世界比较教育学会联合会第十六届大会，更是充分展示了中国教育学会比较教育分会的影响力和号召力，宣告中国比较教育已成为世界比较教育界的重要力量。自1984 年加入世界比较教育学会联合会后，中国历经多次申请，终于成功举办。这次大会共有来自世界 70 多个国家和地区的 1000 余名专家学者参会，大会主题为"教育中的辩证法：比较的视角"，中国教育部部长陈宝生出席了开幕式。本届大会共采纳学术论文 1000 余篇，除主旨发言外，5 天会期中还安排了 4 个特别推荐报告专场，274 个平行分会场，4 个论文海报展场。来自世界各地的教育专家和学者共同分享了他们的最新研究成果，充分展示了中国教育发展的成就和改革走向，以及中国比较教育学者的研究成果和精神风貌。

（二）持续举办世界比较教育论坛

世界比较教育论坛旨在推进中国比较教育学者与国外同行的交流，推动中国比较教育学科的发展。由北京师范大学国际与比较教育研究院每三年举办一届的国际性学术论坛，迄今已经分别于 2002

年、2005 年、2008 年、2011 年、2014 年、2017 年举办了六届。每届论坛都有来自世界各国的比较教育知名学者和专家 200 多人参加会议，在国际比较教育界产生了很大的影响，已经成为国际比较教育界三年一次的盛会，是中外比较教育学者交流的重要平台，也是国际社会了解中国教育的重要窗口。

前五届论坛均以经济全球化为焦点，关注经济全球化背景下教育改革和发展的普遍趋势与差异变化，聚焦教育治理、教育公平与质量、全民教育与终身学习、国际化与本土化、比较教育与全球发展等内容。2017 年恰逢比较教育学科诞生 200 周年，本届论坛因此以"比较教育二百年"为主题，梳理与回顾比较教育在各国的发展历史与未来趋势，40 多个国家和地区的著名专家、学者、教师、学生等 430 余人参加了这次盛会。

（三）主办各类专题性国际学术活动

专题性国际学术论坛是围绕某个特定主题，邀请国际学术界人士参加的学术活动。近年来主要由国内高校比较教育学科承办的代表性活动有：2010 年 11 月北京师范大学举办的"国际理解教育研讨会"，2013 年 6 月浙江师范大学主办的"中喀教师教育交流与合作研讨会"，2014 年 10 月浙江师范大学国际与比较教育研究院和非洲研究院联合举办的"中非教育发展与能力建设研讨会"，2014 年 10 月中央民族大学承办的"国际教师教育协会第三届双年会暨'多元文化社会中的教师教育：机遇与挑战'国际学术研讨会"，2015 年 10 月教育部、北京师范大学共同主办的"'金砖国家大学校长论坛'国际学术研讨会"，2015 年 10 月北京师范大学主办的"中芬教师培训与交流项目质量保障体系研讨会"，2015 年 11 月东北师范大学举办的"第一届批判教育学国际研讨会"，2016 年 8 月北京师范大学主办的"新时期加强中国教育对非开放研讨会"，2016 年 10 月北京师范大学主办的"WE 教育国际论坛"，2016 年 10 月宁夏大学主办的"'一带一路'倡

议背景下的民族教育发展国际学术研讨会", 2016 年 10 月在石家庄
举行的"全球基础教育研究联盟"第二届年会, 2017 年 4 月北京大学
主办的"第五届亚洲高等教育研究者学会国际学术研讨会", 2017 年
5 月浙江师范大学主办的"'一带一路'倡议与教育可持续发展目标国
际研讨会", 2017 年 6 月山西师范大学主办的"'教育质量·公平与关
怀'国际研讨会", 2017 年 7 月上海师范大学主办的"中非教育交流研
讨会", 2017 年 11 月厦门大学主办的"面向 2030 年的高等教育发展:
理念与行动国际学术研讨会", 2017 年 11 月北京师范大学主办的"全
球教育治理与中国参与高层研讨会", 2017 年 12 月北京师范大学主
办的"共创人类命运共同体——'一带一路'国家教育交流与合作高端
研讨会", 2018 年 3 月中国人民大学主办的"世界大学智库联盟峰
会", 2018 年 5 月华南师范大学主办的"'高等教育国际化的设计、实
施与评价'国际研讨会", 2018 年 7 月外交部、教育部、贵州省人民
政府主办的"第十一届中国—东盟教育交流周", 2018 年 11 月浙江师
范大学主办的"'中非教育政策变迁与制度创新'国际研讨会", 2018
年 12 月北京师范大学主办的"国际教育青年领袖学术论坛"。据统
计, 2001 年以来, 仅北京师范大学国际与比较教育研究院就主办了
各类国际研究会达 41 次(见表 5.3)。

表 5.3   2001 年以来北京师范大学国际与比较教育研究院主办的国际会议

会议时间	会议名称
2001 年 7 月	中韩两国 21 世纪教育改革动向国际学术会议
2001 年 12 月	2001 中美民办学校发展与认证国际研讨会
2002 年 3 月	中日高教财政管理国际研讨会
2002 年 10 月	第一届世界比较教育论坛
2003 年 12 月	中法教育传统与现代化国际研讨会
2004 年 4 月	经济全球化与教育产业国际研讨会
2004 年 12 月	比较教育学者的国际学术对话

续表

会议时间	会议名称
2005 年 4 月	"经济全球化时代的国际理解教育"中日国际研讨会
2005 年 8 月	第二届世界比较教育论坛
2005 年 9 月	第一届东亚早期教育研讨会——中韩幼儿教育改革与发展
2006 年 12 月	苏霍姆林斯基教育思想与我国教育改革国际研讨会
2007 年 11 月	和谐教育·和谐社会学术研讨会
2008 年 10 月	顾明远先生从教六十周年庆典暨教育思想学术研讨会
2008 年 10 月	第三届世界比较教育论坛
2008 年 10 月	和平与教育：池田大作思想国际学术研讨会
2009 年 10 月	苏霍姆林斯基教育思想国际研讨会
2010 年 3 月	中日高等教育热点问题论坛——市场化与公共性的理论与现实
2010 年 11 月	国际理解教育研讨会
2011 年 10 月	第四届世界比较教育论坛
2012 年 7 月	中俄高等教育现代化进程 20 年学术研讨会
2012 年 9 月	世界教育改革热点问题国际研讨会
2012 年 12 月	拉美教育研讨会
2013 年 10 月	经济全球化背景下拉丁美洲教育发展研究国际研讨会
2013 年 10 月	高等学校招生政策国际研讨会
2013 年 10 月	欧盟伊拉斯谟硕士项目"高等教育研究与创新"（MARIHE）联盟工作会议
2014 年 9 月	和而不同：中俄青年国家形象与国家认同问题
2014 年 9 月	第五届世界比较教育论坛
2014 年 10 月	"面向未来：拉丁美洲教育的改革与创新"研讨会
2014 年 11 月	苏霍姆林斯基教育思想与中国学校实践国际交流论坛
2015 年 5 月	中日国际理解教育研讨会
2015 年 10 月	中芬教师培训与交流项目质量保障体系研讨会
2015 年 10 月	欧盟伊拉斯谟硕士项目"高等教育研究与创新"联盟工作会议

续表

会议时间	会议名称
2016 年 3 月	中芬教育质量保障体系研讨会
2016 年 8 月	世界比较教育学会联合会第十六届大会——教育中的辩证法：比较的视角
2016 年 8 月	新时期加强中国教育对非开放研讨会
2016 年 10 月	第二届 WE 教育国际论坛——更好的老师、更好的未来：塑造面向 21 世纪的新教师
2017 年 9 月	第六届世界比较教育论坛
2017 年 11 月	全球教育治理与中国参与高层研讨会
2017 年 12 月	共创人类命运共同体——"一带一路"国家教育交流与合作高端研讨会
2018 年 11 月	苏霍姆林斯基教育思想与现代教育国际研讨会
2018 年 12 月	国际教育青年领袖学术论坛

三、承担了多项国际合作项目

中国比较教育学者依托广泛的国际学术网络，深度参与国际合作科研与人才培养项目。近年来，部分高校以中非合作论坛和"一带一路"倡议为契机，承担了一系列对外教育培训等援助项目，还开拓性地实施比较教育学专业国际人才培养项目，进一步提升了中国比较教育学的国际化水平。

（一）承担国际性合作研究课题

由于语言优势和研究的广泛性，比较教育学者在承担国际合作研究课题方面有着更大优势。钟启泉先生在 20 世纪 80 年代同日本的东京工业大学、九州大学、大阪市立大学、横滨国立大学开展了"美日中三国大学生学习方式比较研究""大阪、上海市中小学生生活节律的比较研究""学科的分化与综合"等研究。1990 年前后，华东师范大学的石伟平、赵中建、王斌华等人受英国文化委员会的资助，先后赴伦敦大学从事"英中农村教育比较研究""师范教育制度比较研究"及"教育评价研究"等合作研究。黄志成教授在 2003 年至 2013 年，先后承担了英国、西班牙、日本的"中英全纳教育比较研究""欧盟国家教育政策研究""中国与日本教育与文化比较研究"等国际项目。

北京师范大学国际与比较教育研究院相关人员也承担了大量国际性合作项目。王英杰先生在 1996 年主持了联合国儿童基金会中英联合项目"中等教育投资效益的比较研究"，2001 年主持了美国哥伦比亚大学师范学院合作项目"民办高等教育发展的国际比较研究"；姜英敏教授在 2000 年受韩国教育课程评价院资助，承担了"教育课程·评价的国际比较研究"，2011 年承担了韩中科学技术合作中心委托课题"韩中日教育合作促进方案"；项贤明教授在 2003 年受联合国教科文组织资助，承担了"中国教育政策分析"项目；王璐教授在 2008 年受英国海外发展部(与英国苏塞克斯大学合作)委托承担了"中国基础教育中的入学、升学与公平问题"项目；高益民教授在 2010 与日本创价大学合作承担了"池田大作和平与教育思想研究"项目；刘敏博士在 2015 年受芬兰图尔库大学资助，承担了"中国教育质量保障和评价研究"项目等。

除上述两所高校外，西南大学的陈时见教授于 2001 年到 2002 年先后主持联合国教科文组织亚太中心项目"民族贫困地区女童职业教育培训研究""民族贫困地区妇女社区学习研究""民族贫困地区女童教育研究"等项目，徐辉教授在 2006 年承担了韩国教育开发院的国际合作项目"中国当代国际教育交流与合作的现状、问题与对策研究"。东北师范大学的饶从满教授在 2004 年承担了联合国儿童基金会资助项目"教师、家长、学生的儿童权利意识调查"，浙江大学的汪利兵教授、阚阅教授承担了联合国教科文组织的"大学科研能力建设及评估指标体系研究""中国教育体制改革与政策分析""通过校际区际教师流动促进教育公平"等项目，华南师范大学的施雨丹博士承担了世界银行青年学者支持计划"广东省流动人口子女接受义务教育的现状、问题及对策"项目。随着国际交流日益频繁，中国学者承担国际项目的规模更大，层次也越来越高，院校分布也更趋广泛。

（二）承担教师培训等国际性援助项目

近年来，上海师范大学国际与比较教育研究院、浙江师范大学国际与比较教育研究院等机构广泛承担了教师培训等国际性援助项目。受中国上海学生在 PISA 测试中取得良好成绩的影响，2014 年下半年，英国政府投入巨资启动"中英数学教师交流项目"。在 2014 年和 2016 年的前两轮项目中，中英双方共派中小学教师 548 人次参加交流。在中方教师赴英上课期间，1.2 万名英方教师前往英格兰地区观摩课程。在 2018 年 11 月启动的第三轮项目中，英国 86 位小学教师赴 62 所上海小学，进行为期 8 个工作日的浸入式教学交流。上海 86 名中小学数学教师则赴英国 43 所学校进行为期两周的交流，与当地学区的教师分享上海数学教学经验。该项目已成为中英教育合作的亮点，受到国内外教育界的广泛关注。

除广受关注的"中英数学教师交流项目"外，上海师范大学国际与比较教育研究院还承担了其他各类学习研讨班。2017 年 10 月承办了"PISA、TALIS 与基础教育改革——APEC 成员经济体研修班"，来自亚太经合组织（APEC）8 个成员的 23 位教育行政人员、中小学校长和教育研究者参加了本次研修班。2018 年 10 月承办了"一带一路"沿线国家教育行政人员高级研修项目，来自 14 个国家的 22 名政府官员和高级研究人员参加了为期三周的学习、考察和交流活动。2018 年 12 月承办了由世界银行出资的莱索托教育代表团交流学习班，为正在进行基础教育改革的莱索托政府提供可参考的教育体系建构与机制建设经验。

浙江师范大学近年来则承担了大量面向非洲的研修班项目。

2002 年浙江师范大学承办了"非洲基础教育管理研修班"，又承办了"非洲高等教育管理研修班"，共有 17 个国家的 18 位高级教育行政官员学者参加。研修班旨在通过授课、报告会、实地考察和交流研讨等形式，使学员了解最新的国际高等教育和高教管理理论与实践，了解中国高教管理运作模式及改革发展情况，了解中国改革开放以来经济社会发展成就。2005 年 8 月，承办了"非洲法语国家大学校长研修班"。2012 年 10 月，承办了"非洲法语国家高等教育管理研修班"。2012 年以来，受商务部委托，浙江师范大学连续承办了"非洲法语国家智库研修班"。据统计，截至 2017 年 2 月，浙江师范大学已承担国家各类教育援外培训项目 107 期，共培训 76 个亚非拉发展中国家的各级各类政府官员、大中小学校长、媒体智库代表、妇女青年领袖等 2371 人次。

（三）开办比较教育学国际留学生项目

为提高比较教育学专业人才培养的国际化水平，部分大学开设了比较教育学研究生课程。2010 年，华东师范大学 1 年制的全英文教学"发展中国家教育硕士项目"正式启动，首期 19 名学员分别来自 8 个发展中国家。2011 年，北京师范大学比较教育学专业"教育领导与政策"国际硕士项目招生，目前已毕业研究生 100 余人，来自 20 多个国家。同年，浙江大学也启动了学术型全英文教学国际硕士项目。2013 年，在成功开办国际硕士项目的基础上，北京师范大学"教育领导与政策"国际博士项目开始招生，首届招收博士研究生 8 人。与此同时，北京师范大学成功获得欧盟"高等教育研究与创新"（MARIHE）伊拉斯谟联合硕士项目，从 2012 年开始连续招生 5 届。从 2015 年开始，浙江师范大学承担了商务部长期援外学历学位教育比较教育学硕士项目，截至 2018 年已有 47 名学员顺利毕业。这些全英文教学的研究生项目，开启了中国比较教育学专业为世界各国和国际社会培养人才，特别是为发展中国家培养领袖的新时代。这些项目采用新的招生模式、教学模式和管理模式，对于提高比较教育学专业人才培养的国际化水平，推动研究生培养模式的改革，提高研究生教育质量，都发挥了积极的作用，为高层次国际化人才的培养注入了活力。

四、传播了中国教育发展经验

比较教育与生俱来的使命就是借鉴其他民族国家教育之长以补本国教育之短。作为教育后发国家，中国比较教育学界积极向国内引入国外教育改革趋势与先进理念，极大地推动了中国教育的现代化进程。随着中国国际地位的显著提升，特别是改革开放以来教育领域取得的巨大成就，比较教育学者有义务向国外传播中国教育发展经验，以让国际学术界更全面地了解中国教育现状。

（一）出版外文著作介绍中国教育经验

顾明远先生等比较教育学家十分重视向国外介绍中国教育发展经验。1984 年，顾明远先生就在英国比较教育学家埃德蒙·金主编的《比较教育》杂志上发表《中国高等教育的发展与改革》。1989 年，由王野平主编的《东北沦陷十四年教育史》出版，日本东海大学教育研究所著名教授海老原治善等相关教育研究人员表现出浓厚的兴趣，并于 1991 年至长春与中国教育学者进行交流。[①] 2001 年，顾明远先生的全英文著作《中外教育：一位老比较教育家的观点》(*Education in China and Abroad：Perspectives from a Lifetime in Comparative Education*)出版，介绍了中国教育体系的构成与发展现状。基于对中国文化传统和教育现代化长达 10 年的研究，顾明远先生以重振儒家文化传统以支持中国教育现代化为基本观点，在 2004 年出版了《中国教育的文化基础》一书。2009 年，该书日文版由日本东信堂社

---

① 海文：《日本著名教授海老原治善等来吉林省教育科学院访问》，载《吉林教育科学》，1991(3)。

出版，英文版于 2014 年由荷兰博睿（Brill）出版社出版。许美德教授认为，该书对教育与文化的关系做出了人类学视角的思考，提出的文化与教育间互动这一观点具有开创性的学术价值。[①]

为向国外介绍中国教育发展现状，顾明远先生带领团队成员，深入学校一线，从学生、家长、教师、校长和学校组织五个维度，运用访谈、问卷、观察等实证方法采集了大量数据，真实鲜活地呈现了中国学校的整体样态。2017 年，《中国学校研究》中英文图书由高等教育出版社同步出版，帮助外国学者更好地了解中国学校。由于上海在国际学生评估 PISA 项目和教师教与学调查 TALIS 项目中表现令人瞩目，世界银行与上海师范大学合作开展"对教育绩效的系统研究"（SABER），通过问卷调查与国际比较，由世界银行发布题为《上海如何能做到：来自世界最佳教育系统的经验》的全英文报告，面向全球印发。张民选教授的英文著作《上海如何培养教师》也于 2016 年由美国教育与经济研究中心（NCEE）出版，向世界介绍上海的教师发展经验。随着中国学者日益融入国际学术圈，加之近年来留学生增多，越来越多的学者开始在国外学术期刊上发表论文或者出版外文论著，向国外介绍中国教育发展经验。

（二）创办英文学术期刊并在全球发行

创办符合国际学术规范的英文期刊，利用国外著名出版集团的营销平台，向国际学术界展示中国学术研究成果，是对外介绍中国教育发展经验、确立中国教育学学术话语的有效方式。2006 年，《中国教育学前沿》（*Frontiers of Education in China*，季刊）由高等教育出版社正式创办和发行，顾明远先生担任主编，加拿大许美德教授担任编辑顾问，由通晓国际学术话语体系的华人学者担任编辑，以

---

① ［加］许美德：《顾明远与中国的比较教育》，丁瑞常译，载《比较教育研究》，2018（10）。

国际通行的思维方式和语言表达方式，刊发国内外学者研究中国教育的学术文章。期刊以"反映中国教育发展新动态，展示中国教育研究新成果，提供教育国际交流新平台"为宗旨，既包含中国本土学者的中国研究成果，也包括国际学者做的中国研究成果，既有中国教育问题，又有国际教育理论与实践的共性问题。从刊物已有的信息反馈来看，国外学者对中国教育改革、教育政策制定、教师培养与发展、民族和女童教育等问题十分关注，而这些也正是近年来中国教育改革与发展的主旋律。

部分高校也积极创办英文类教育学学术期刊。2010年，清华大学创办的《中国教育国际期刊》(*International Journal of Chinese Education*，半年刊)正式发行，该刊由清华大学教育研究院与荷兰博睿出版社共同出版。与《中国教育学前沿》类似，该刊也聘请了熟悉中国教育的白杰瑞教授担任国际顾问，以确保刊物的国际水准。2018年4月15日，《华东师大教育评论》(*ECNU Review of Education*)在美国纽约隆重举办新刊全球发布会。该杂志在国际舞台上的亮相吸引了来自美国哥伦比亚大学、斯坦福大学、联合国教育事务部门和微软教育等国际机构的一百多位学者、官员和有影响力的社会人士。同一时间，来自世界各国的教育研究学者正聚会于此参加美国教育研究协会(AERA)的学术年会，该杂志从创刊之时就吸引了全球学术界的目光。这些国际性学术期刊的创办，搭建起中国与世界教育界的学术桥梁，更为加强中国教育学话语体系建设迈出了关键步伐。

(三)在国际性教育活动中传播中国教育经验

学者们积极参与国际组织活动，传递中国的观点与主张。作为联合国教科文组织亚太国际教育和价值教育联合会会长，周南照先生深度参与了联合国教科文组织的多项活动，包括欧盟与中国高等教育合作框架、亚太全民教育计划、亚太地区全民教育评估大会等活动，积极搭建国内学术界与国际学术界之间的合作桥梁。2012年，浙江大学的汪利兵教授被录用为联合国教科文组织亚太地区教育局P5级高级官员，主管高等教育和教育创新计划，有助于在更广阔的平台上向外界介绍中国教育发展情况。作为联合国教科文组织高等教育资历认可全球公约起草委员会成员，浙江大学阚阅教授在2017年至2018年参与了该国际公约的起草工作。随着联合国教科文组织"教师教育中心"等国际性机构在国内的设立，国内学者可以在更广阔范围内向国际同行分享中国教育发展经验。

随着中国教育对外开放的范围日益扩大，中国广泛参与了对外办学。2019年4月召开的第二届"一带一路"国际合作高峰论坛显示，我国已在54个国家建立了154所孔子学院和149个孔子学堂。60所国内高校在23个沿线国家开展境外办学，如老挝苏州大学、厦门大学马来西亚分校、云南财经大学曼谷商学院、北京语言大学曼谷学院、大连海事大学斯里兰卡校区等。同时，16所高校与"一带一路"沿线国家高校建立了17个教育部国际合作联合实验室。国际教育交流范围的扩大，为比较教育学科发展提供了更高的平台和更大的便利，也在交流与合作过程中展示了中国的办学经验。

第五节　面向未来的中国比较教育学发展展望

新中国成立70年来的中国比较教育学经历了新中国成立初期和"文化大革命"期间的曲折探索，以及改革开放后不断成熟的历程，在比较教育学科制度化、研究成果、国际交流等方面取得了巨大成就。中国比较教育学的发展历程与中国社会的政治、经济、文化等领域的发展是大体同步的。随着中国特色社会主义进入了新时代，统筹推进"五位一体"总体布局、协调推进"四个全面"战略布局，开创了党和国家事业的新局面，特别是"构建人类命运共同体"理念的提出，以及"一带一路"倡议的推进、教育对外开放的深化，为中国比较教育学科发展带来了前所未有的机遇。社会变革和教育转型赋予比较教育研究更多的使命，我们要以创建开放自信的中国比较教育学为追求，持续加强学科制度化建设，深化学科基础理论研究，革新比较教育研究方法，拓展比较教育研究领域，在国际交流和对话中确立中国比较教育学的学术地位，为创造共建、共荣、共同发展的人类社会贡献比较教育学人的才智与力量。

一、加强学科制度化建设，构筑专业学术共同体

学科的制度化建设主要包括在观念层面、社会建制和社会运作层面上进行学科范式的建构和巩固。观念层面上的范式建构，目的在于形成一种知识传统或思想传统，以便同行之间相互认同，新人被培养训练成这项学术事业的继承者；社会建制和社会运作层面上的范式建构，目的在于形成一个学术共同体，包含学者的职业化、固定教席和培养计划的设置、学会组织和学术会议制度的建立、专业期刊的创办等。① 建设开放自信的中国比较教育学，需要切实增强学术组织专业凝聚力，优化比较教育学专业结构，培养学科高级人才，不断提升学术期刊品质，并在学术研究立场、方法、表达、规范等方面形成学术界共同意见。

（一）切实增强学科成员专业凝聚力

学术领域的生命力是由一群志同道合的学者组成的共同体延续的。学术共同体是凝练学科文化、形成和发展学科传统、建立学科话语、形成学术规范、推动学科持续健康发展的关键要素。增强中国比较教育学科学术凝聚力，提升比较教育学科成员的学科意识和价值认同，需要充分利用国内外专业学会的作用。一要切实加强中国教育学会比较教育分会的自身建设。除了借助年会、发行会刊、举办小型座谈会外，还可以通过签署会员声明与倡议、建立荣誉会

---

① 吴国盛：《学科制度的内在建设》，载《中国社会科学》，2002(3)。

员制度、举办实验学校等方式，维护全国比较教育学这一学术共同体。二要加强国内不同机构间的合作交流，鼓励地方性学术年会与活动，孕育具有地缘特色的学术团体与学派，探索建立国内比较教育研究机构的学术联盟。三要加强与世界比较教育学会联合会等国际学术组织的合作，积极融入国际比较教育学术共同体，扩大中国比较教育学界学术影响力。

（二）持续优化比较教育学学科结构

学科既是一种知识的分类，又具有制度和规训的含义。优化比较教育学学科结构，一是要建构起清晰的学科边界，确立学科的基本内涵和理论体系。当前中国各高校在设置比较教育研究方向时略显泛化，也给予了其他学科批评比较教育学杂乱无序的口实。二是建构跨学科的比较教育亚学科群。[①] 把比较教育学与其他社会科学联系起来，从而建立起有宽度的比较教育学科群，包括深入研究其他国家或地区教育与社会关系的比较教育社会学，探讨不同国家怎样管理教育事务从而促进公民培养的比较教育政治学，通过比较不同国家或同一国家不同时期的教育与经济关系的比较教育经济学，综合政治与经济要素分析的比较教育政治经济学，深入剖析不同国家或区域文化特征与教育关系的比较教育文化人类学等。三是按照教育横向结构和纵向层级，开展比较课程论、比较教学论、教师教育比较、教育管理比较、教育评价比较等专题性比较教育研究，设立学前教育比较、基础教育比较、职业教育比较、高等教育比较、成人教育比较等分支学科。

（三）着力培养比较教育学高级人才

学科的专业化和持续发展，有赖于一支稳定卓越的研究队伍，

---

① 朱旭东：《论比较教育研究的跨学科性——比较教育亚学科群建构》，载《教育学报》，2011（4）。

以及源源不断的后备人才。调查显示，目前从事比较教育研究的研究人员和研究生中，43.4％的人所学专业为比较教育学之外的其他教育学分支学科，28.4％的人表示没有系统地学习过比较教育相关理论，39.6％的人表示没有系统地学习过社会科学研究方法，51.7％的人没有出国留学或访学等国际学术交流经历。[1] 另一项针对《比较教育研究》杂志作者的分析显示，1998—2011 年在《比较教育研究》上发表论文的 1965 位作者中，有 1400 人只发表一篇论文，占全部作者总数的 71.2％；发表两篇论文的作者共 310 人，占15.8％。[2] 这表明大量的比较教育初学者浅尝辄止，没能深入持续地开展比较教育学术研究。由此可见，建立起一支以专业研究人员为主的恒稳的研究队伍，改善研究人员的知识和学源结构，着力培养比较教育学高级人才，已成为当前中国比较教育学科迫切需要解决的问题。与此同时，积极推进比较教育学专业人才的多元化、国际化培养，拓展国际教育项目范围与层次，为服务国家对外政策和推进国际比较教育学科发展贡献力量。

（四）不断提升比较教育学期刊品质

作为一种重要的学术资源，学术刊物的存在与发展必须面向整个学界，提供开放的学术交流平台。与教育学类其他期刊比较，比较教育专业期刊的影响因子还不高。[3] 提升比较教育学术期刊品质，一是要进一步凝练期刊主题与特色，既要及时反映国内外重大的教育战略与改革动态，为中国的教育政策制定和改革实践提供参考，同时也要刊发一些观点鲜明、有讨论性的研究成果，为创建富有中

---

① 孙进：《中国比较教育学科成员的知识结构与研究取向》，载《外国教育研究》，2016(10)。

② 任增元、孙悦：《〈比较教育研究〉的文献计量学研究——CSSCI 数据揭示的热点主题与知识基础》，载《比较教育研究》，2013(11)。

③ 程军、姜博：《2012－2014 年中国教育学期刊国际影响力现状及思考——基于〈中国学术期刊国际引证年报〉的统计分析》，载《中国高教研究》，2015(7)。

国特色的比较教育学科体系与学派贡献力量。二是要倡导研究范式和方法的转型，加强对基于数据的量化研究、扎根文化的质性研究、解决问题的循证研究等类型成果的支持，提高刊物的学术公信力。三是要完善栏目设置，鼓励对发展中国家和地区教育的研究，以及国际教育变革趋势与全球教育重大问题的研究。四是要提高国际化水平，可尝试创办具有国际影响力的外文期刊，或将反映中国教育改革经验的成果以外文方式出版，加强国际社会对中国教育的认识和理解。

二、深化学科基础理论研究，提高成果应用水平

创立中国化比较教育学科体系，构建开放自信的中国比较教育学派，是当前中国比较教育学的最大挑战。深化比较教育学理论研究，逐步建构起中国特色的比较教育学科意识、学科使命、学科责任、话语体系、研究范式、学科文化和传统，在成果应用中提升比较教育的学科地位，需要一代又一代比较教育学人的持续努力。

（一）深化比较教育学基础理论研究

任何一门学科的发展都离不开学科自身的理论探索，这也是中国比较教育学科走出"危机"、迈向"生机"的必由之路。一是要努力推动比较教育方法论的建设。既要注意发掘中国传统的哲学、文化资源，充分利用本民族文化与思维智慧，汲取本土滋养，同时亦要借鉴和吸收其他学科与国外的学术理论资源、方法成果，最终实现比较教育学理论体系的本土生长。二是要重点深入到比较教育学科内部，深入挖掘学科历史、研究领域、研究方法等深层次的理论问题，为比较教育自身理论和独特分析框架的构建奠定基础。三是要协调处理好影响学科发展的矛盾关系，如构建学科边界与探索新的研究领域的关系、宏观教育制度和政策研究与微观课程和教学研究

的关系、研究的创新性与基础性的关系等①，在深化比较教育学理论体系研究的同时也要着力推动教育改革与发展，以学科贡献提升中国比较教育学在国内学术体系和国际学术舞台上的话语权与影响力。

（二）构建中国特色比较教育学理论体系

构建出根植于中国民族文化土壤，具有中国特色、中国风格、中国气派的比较教育理论体系，既是中国比较教育学者在国际学术舞台上进行对话的底气，也使比较教育学科与其他成熟学科进行平等对话成为可能。一是要唤起比较教育学者的文化自觉。"一个比较教育学者假如失去了文化自我意识，或者确切地说，他的文化自我意识由于某种原因被压抑或处于麻痹状态，那么，他的教育比较研究也就丧失了基本的立足点。"②比较教育学者要深入挖掘中国教育传统文化的巨大宝藏，提高自身的传统文化功底。二是要扎根本土开展学术研究。基于中国教育改革发展的真实需求，探索如何实现域外教育经验的本土转化，为推动国家教育改革发展贡献学科智慧。三是要以中国优秀传统文化为基本依托，构建关于比较教育学科定位、学科特征、学科边界、学科规范、学科立场等方面特定的中国式理解，最终构建起科学的具有学科自信的中国比较教育学。

（三）建设比较教育学科专题数据库

基于证据的循证研究正日益成为社会科学研究的重要方向。大数据技术为大规模教育实证研究提供了便利，加强数据库建设成为各学科转型的基础性工程。一是建立纵向数据库开展长期性追踪研究。比如，建立教育投入与教育产出、教育经历与职业成就、教师

---

① 王英杰：《我国比较教育研究的成绩、挑战与对策》，载《比较教育研究》，2011(2)。

② 项贤明：《比较教育学的学科同一性危机及其超越》，载《比较教育研究》，2001(3)。

收入与工作业绩等跨年度纵向数据库，通过跟踪调查将更好地展现不同要素间的影响关系。二是利用数据库开展大规模横向比较研究。比如，建立各国教育基本状况、联合国教科文组织全民教育报告、PISA 等国际测试、家庭教育与子女成就、"一带一路"沿线国家教育等数据库，使得大规模横向比较研究成为可能。三是综合多项数据探索教育发展深层规律。依托对政治、经济、社会、文化等各方面数据和信息的统计分析，深层次揭示出教育与社会各要素间的复杂关系。各比较教育研究机构应基于自身学科基础与愿景，建立各项专题数据库，从而为学科转型发展与新一轮"范式革命"提供支撑。

（四）扩展比较教育学实践改进职能

改进实践是学术研究的根本归宿，中国比较教育只有扎根中国本土需求、强化本土服务，不断增强为中国教育改革与发展服务的力量，才能在未来发展中展现自己的学科价值。① 一是科学回应当前中国教育改革发展中的紧迫问题，比如教育公共服务一体化、现代教育治理体系、招生考试制度改革、职业教育与普通教育协同发展、创新性人才培养等问题，通过总结各国经验提供解决办法。二是预测国家转型进程中的教育新问题，比如大规模城镇化进程中教育资源布局问题、经济社会发展与教育发展协同问题、扩大对外开放中的民族文化自信问题等，基于对其他国家和地区走过的弯路分析提供前瞻性的对策建议。三是传播国际教育新思潮、新理论，引导本土教育改革和各级各类学校创新发展。四是适应国家对外政策调整与国际格局变革，积极开拓对新兴经济体国家、"一带一路"沿线国家、经济社会转型国家、国际教育组织等领域研究，为国家重大教育决策提供智力支持。

---

① 冯增俊、许慧妍、丁肖潇：《中国和平崛起进程下的比较教育研究策略——中国发展模式转型中的比较教育研究》，载《外国教育研究》，2014(2)。

三、革新比较教育研究方法，提升学科研究层次

科学的研究方法是高质量研究成果的基本保证，是回应外界对比较教育研究浅层化的最好方式，更是提升学科研究层次，建设中国比较教育学科的根本路向。新时代的中国比较教育研究，要在坚持传统研究特色的基础上，倡导方法多元的混合研究，量化研究与质化研究并重，问题导向与遵循规范同步。

（一）倡导方法多元的混合研究

比较教育学的跨学科属性需要借助多元方法的混合研究。针对比较教育研究者的调查显示，文献法仍是中国比较教育研究者使用最多的方法，有94.2%的受调查者在研究中主要使用的是这一方法。基于文本信息的内容分析法也有41.3%的受调查者使用，而使用问卷调查法、访谈法、观察法等实证研究方法的受调查者不足1/3。①随着研究条件的不断改善和大数据时代的到来，研究方法的多样化和转型不但成为客观要求，而且具备了可行性。从历史上看，比较教育研究者曾经提出许多研究方法，如因素分析法、比较四步法、科学量化法、问题研究法、教育洞察法等，但是任何方法都是工具，任何有助于教育问题解决的研究方法，比较教育都可以借鉴使用。近年来，一些比较教育研究者不断借鉴其他学科的研究方法，开展跨国、跨境实地调查研究、田野研究，充分利用现有的大型数据库进行定量分析和建模，利用留学访学机会开展访谈和行动研究等，在研究方法创新方面进行了有益尝试。

（二）推动问题导向的循证研究

当今社会科学研究日益强调基于证据的实证研究，通过对数据

---

① 孙进：《中国比较教育学科成员的知识结构与研究取向》，载《外国教育研究》，2016(10)。

的深入分析、阐释与说明，再将研究结论运用于解决实际教育问题。[①] 一是以问题为导向。当前一些比较教育研究者热衷于跟风，某某国家出台了某项政策与改革法案，且不论该项改革措施是否针对中国现实问题，就先梳理介绍一番，提出的启示或借鉴显然属于无病呻吟，隔靴搔痒。二是以数据为证据。比较教育研究者习惯于借助相关文献资料而获取信息，但文献研究并不能产生新的信息和数据，因而难以产生有创新性和信服力的成果。教育问题的解决不能单纯依赖于思辨和推理，还要依赖于调查、取证和解释。"基于证据的循证研究"，就是要为研究结论提供数据和其他证据支撑。不管是国家层面的宏观教育决策，还是教师层面的微观教学决策，都应基于海量数据和信息分析，从而做出相应的教育决策和行动。"循证"就是要以数据和事实信息为依据，通过比较分析找到答案，这正是中国当前比较教育研究急需的。

（三）鼓励数据密集的量化研究

大数据时代的到来使得科学研究范式发生了变革。美国学者吉姆·格雷认为，今天的科学研究正经历经验科学、理论科学、计算科学三个阶段，迈入第四范式，即数据密集型科学研究（Data-intensive Science Discovery）。[②] 伴随大数据在教育领域的运用，中国比较教育学者需要重新反思和定位本学科的相对优势以及发展方向。在大数据时代，科学研究不但把"数据"作为人文社会科学研究的基础，而且强调全样本性，通过统计分析海量数据中的相关性寻找事物发展中的规律。另一方面，公共教育数据资源的获取日益方便，包括各国的官方教育统计数据、联合国教科文组织的数据库、国际性的

---

① 杨明全：《比较教育研究的逻辑起点：回归问题意识与文化精神》，《比较教育研究》，2017(3)。

② Tony Hey, Stewart Tansley, Kristin Tolle, *The Fourth Paradigm*：*Data-Intensive Scientific Discovery*, xviii, Washington D. C., Microsoft Research Press, 2009.

学业成绩测评数据（PISA、TIMSS、TALIS、PIAAC 等），为比较教育研究者深入挖掘数据背后的复杂关系、探寻教育规律提供了新的可能。除了挖掘现有教育数据资源外，比较教育研究者还应拓展数据收集渠道，以国际学术界认可的模式开展原创性研究。①

（四）重视微观领域的质性研究

当前中国比较教育研究更多倾向于对宏观教育问题（如教育制度、教育政策、教育理论思想）的研究，而对微观的校内课堂教学、学生学习、儿童成长等问题涉及较少。在具体的研究范式上，微观领域的研究应重视教育事件的文化、政治与社会情境，重视田野调查、深度访谈等质性研究。以田野调查为例，研究者可以在田野调查中直接感知客观对象，从而获得直接的、具体的、生动的感性认识。研究者亲临调查对象的现场，直接观察处于自然状态下的社会现象，有利于直接了解被研究对象，在共同活动中与被研究对象中的相关人物建立感情和发展友谊，并在此基础上深入、细致地了解被研究对象表层以下的有关情况及具体表现，这也是任何间接调查方法所不能做到的。② 具体到操作层面，需要研究者在进入现场之前充分消化能够收集到的有关数据和信息，在进入现场以后避免先入为主的理论假设和见解，从而对研究对象及其全部动态背景因素进行整体化考察，对获得的研究素材展开合乎情境性的诠释。

（五）共守基于框架的规范研究

当代社会科学研究，不但要运用多种途径和方法挖掘数据，使研究建立在证据基础之上，而且要运用一定的理论基础和分析框架去分析所获得的数据，从而得出可靠结论。在社会科学研究中，人

---

① 刘宝存、杨尊伟：《大数据时代比较教育研究范式的转型》，载《比较教育研究》，2015(10)。

② 郑欣：《田野调查与现场进入——当代中国研究实证方法探讨》，载《南京大学学报(哲学·人文科学·社会科学)》，2003(3)。

们从不同的视角、运用不同的理论和分析框架去解释数据，使研究范式呈现出多样化的特征，如结构功能论、新马克思主义、新制度主义、教育人种志、解释学、批判理论、女性主义、依附理论、后结构主义、后现代主义、后殖民主义、现象地图学、谱系学等。这些研究范式为比较教育研究提供了深入分析问题的理论基础和分析框架。在具体的研究框架上，马克·贝磊教授提出的三维比较教育框架具有启发意义，分别是地理位置或区域维度、人口群体维度及教育和社会维度，为开展多层次的比较研究提供了方向。[①] 为实现与国内外学术界的对话与交流，在成果表述上需要遵循普遍的结构规范与阐述逻辑，把坚守学术规范作为建设学术共同体的第一要务。

四、对接服务国家战略，拓展比较教育研究领域

当今时代是一个大变革的时代，各国社会的大变革正在推动着教育的大变革，从而对比较教育研究提出了新的挑战，带来了新的发展机遇。[②] 中国比较教育学科要彰显其独特价值，必须对接服务国家战略，加强对国际教育变革、中国现实问题及落后国家教育等的研究。

(一)加强国际教育变革研究

当今世界正处在大发展、大变革、大调整时期。世界多极化、经济全球化深入发展，科技进步日新月异，人才竞争日趋激烈。一是国际竞争的加剧使得各国纷纷把教育作为提升国家竞争力的战略措施，作为提高民族素质、赢得国家竞争优势的重要选择。二是知识经济的兴起使得各国高度重视高素质创新型人才培养，自下而上

[①]　Bray，Mark & Thomas，R. Murray"Levels of Comparison in Educational Studies：Different Insights from Different Literature and the Value of Multilevel Analyses," *Harvard Educational Review*，1995(3).

[②]　刘宝存：《大变革时代中国比较教育研究的使命与发展道路选择》，载《比较教育研究》，2014(2).

地革新教育体系以培养具有创新意识、创新精神、创新思维、创新知识、创新能力并具有良好的创新人格的创新型人才。这成为世界各国教育改革与发展的主旋律。三是经济全球化进程的加速使得教育国际化浪潮席卷全球，人员、信息、资源的国际流动日趋频繁，大规模开放式在线课程、蓬勃兴起的国际教育市场、跨越国界的教育机构，正改变着传统教育主权观念与国际格局。四是信息技术的发展使得教育形态发生革命性变化，在线学习、大数据分析、教育人工智能、虚拟学校、智慧校园、适应性学习等技术正深刻改革传统教育样式。比较教育研究要以敏锐的前沿意识，及时研究与总结国际教育变革大趋势。

（二）加强紧迫现实问题研究

当前中国面对着明显增多的国际国内各种挑战和不确定性因素，既处于改革发展战略机遇期，也处于改革的攻坚期和深水区。在统筹推进"五位一体"总体布局、协调推进"四个全面"战略布局进程中，我们亟须对影响中国未来发展的紧迫现实教育问题展开研究。一是优化教育资源配置以促进教育公平问题，包括推进城乡教育一体化、发展全纳与特殊教育、建设普惠性幼儿园、振兴乡村教育、健全学生资助体系、教育脱贫等。二是拓展优质教育资源提高教育质量问题，包括建立现代教育治理体系、深化课程与教学领域改革、建设高素质教师队伍、加快发展现代职业教育、信息技术与教育教学深度融合、着力推进高校"双一流"建设、培养创新型与技能技术型人才等。三是教育对外开放与增强文化自信问题，包括对外开放中的跨境教育、对外教育援助与落后地区教育发展、国际教育交流与合作、培养全球公民、中国传统文化教育等。以宽广的国际视野展开深入研究，探寻对这些紧迫现实问题的本土解决之道，成为新时代中国比较教育研究的重要使命。

（三）加强后发国家教育研究

中国比较教育研究偏重以发达国家的教育作为研究对象，关注发展中国家教育的论文相对较少。据统计，"九五"期间国内比较教育学杂志刊发的国别性质的研究论文中，美国、日本、英国三个国家占总数的 53.4%，"十一五"期间占总数的 48.5%。[①] 尽管近年来国内学者对非洲、拉丁美洲以及新兴经济国家教育研究有所加强，但也主要是基于西方国家价值理念，来审视和揭示发展中国家的教育问题。随着中非合作论坛和"一带一路"倡议的实施，比较教育应着力研究后发国家教育。一是开展"一带一路"沿线国家教育研究，包括深入分析沿线国家教育发展现状与水平，总结各国教育发展的典型战略与举措，进而为推动沿线国家教育国际合作提供重要支撑。[②] 二是开展后发国家经济社会发展与教育关联研究，将研究对象国教育置于本地区和民族的社会环境中，结合该国特殊的政治经济国情和人文传统，深入考察其教育变革趋势与问题。三是拓展国际教育交流与合作研究领域，如中国与后发国家间合作办学、跨境教育、教育援助、人员流动等。

（四）加强全球教育治理研究

全球教育治理是经济全球化时代的必然选择，是构建人类命运共同体的有效途径。加强全球教育治理研究，不仅要关注全球教育治理的理念与政策，还需关注倡导和执行这些全球教育治理理念和政策的国际组织，以及这些组织自身的行动逻辑和行为效果。一是加强国际组织教育政策与运作研究，包括联合国教科文组织、世界银行和经济合作与发展组织所制定的教育政策，这些政策对各民族

---

① 高益民、王春华：《"九五"期间中国比较教育研究的进展》，载《清华大学教育研究》，2003(5)；李旭：《"十一五"期间我国比较教育研究方向的变化趋势分析》，载《比较教育研究》，2013(5)。

② 顾明远：《"一带一路"与比较教育的使命》，载《比较教育研究》，2015(6)。

国家正产生着越来越大的影响。二是延展全球性教育行动的影响研究，重点分析全球教育政策和国际性测评活动对本国教育的影响，以此考察"本土—国家—全球"间的联系。三是深化作为全球教育治理有效载体的国际教育援助研究，包括国际教育援助的本质、内涵、功能与思想渊源等理论体系，总结国际组织的多边援助、国家间双边援助与民间援助的策略与经验。四是开辟国际教育人才培养研究，特别是国际组织、国别和区域研究领域人才成长规律，助力全球教育一体化与治理能力建设。

（五）加强薄弱领域教育研究

调查显示，近半数（49.4%）的比较教育研究者主要从事外国教育研究，之后是国家间教育比较（33.7%）和区域教育研究（24.4%），发展教育研究被冷落（7.6%），关注比较教育学科建设领域的人也不多（15.1%）。[①] 加强薄弱领域教育研究，一是要加强对农村、少数民族、特殊人群及弱势群体的关注，这也是当前中国教育公平的必然要求。由于这些群体自身的特殊性及环境、语言、文化、心理各方面的影响，研究者需要投入更多精力与资源。二是要加强对非正规领域教育研究，包括民办教育、成人教育、终身教育、公民与道德教育、英才教育、健康教育、影子教育等非正规学校教育，使得中国比较教育研究更为深入全面。三是要加强对发展教育、学科建设等领域研究，鼓励研究者超越国别研究开展真正的跨国或跨文化比较研究。四是要适当加强对课堂教学、教师成长、儿童发展、学生学习、学业评价等微观领域研究，重视教育信息化动态与趋势研究，总结世界范围内以教育信息化带动教育现代化的政策与策略经验。

---

① 孙进：《中国比较教育学科成员的知识结构与研究取向》，载《外国教育研究》，2016（10）。

五、加强国际交流合作，推动教育对外开放工作

教育国际交流与合作是比较教育的内在功能与外显形式之一。作为教育国际交流的平台，比较教育学科有责任在全社会培育尊重多元的教育观，深度参与国际教育组织活动，大力培育国际教育交流人才，在与国际学者对话的过程中高质量传播中国教育经验。

（一）培育尊重多元的包容教育观

当今世界面临着生态失衡、环境污染、资源短缺、国际恐怖主义、跨国犯罪和信仰危机等一系列全球性问题，威胁着人类共同利益与福祉。面对这些全球性问题，各国人民需要同心协力，推动构建人类命运共同体。在教育领域，就是要着力培养"各种文化、意识形态和信仰之间的相互尊重和相互接纳的精神"，确立尊重多元的包容价值观。对比较教育学科而言，一是要凸显学科增进跨文化理解的功能。比较教育除了发挥其教育借鉴和交流功能外，需要培育参与国际事务时的平等包容理念，以更广泛的人文交流与教育合作促进不同民族与国家民众间民心相通。二是加强比较教育研究中的文化因素分析。世界文化是多样性的，西方文化中心主义和自我中心主义都不合时宜。对比较教育研究者而言，研究主体应该站在客体文化的立场上来理解客文化与研究客体（教育现象）的关系①，影响和带动尊重多元的包容价值观的形成。三是深入不同国家与地区开展实地调研、田野考察等活动，以实际行动增进不同文化间的理解。

（二）深度参与国际教育组织活动

中共中央办公厅、国务院办公厅《关于做好新时期教育对外开放工作的若干意见》提出，要"大幅提升参与教育领域国际规则制定能力，拓展有关国际组织的教育合作空间，积极参与全球教育治理"。

---

① 顾明远：《关于比较教育学科建设的几个问题》，载《比较教育研究》，2005(3)。

对比较教育学科而言，一是要深入研究联合国教科文组织、世界银行、经济合作与发展组织等国际组织参与国际教育治理的策略和规则，更好地把握世界教育改革和发展走向。二是要推动培养适应国际标准和规则的人才，研究国际组织中不同国籍员工分布和工作情况，探讨国际人才的标准和活动规则，为国际人才培养提供参考。三是要更深入地参与世界比较教育学会联合会的活动，加强国内比较教育研究机构与国际组织、研究机构和学者间的合作，以开放自信的心态开展国际学术对话。四是要积极争取在国内设立国际组织的分支机构，联合国教科文组织在上海设立"教师教育中心"、在深圳设立"国际高等教育创新中心"，就是深度参与国际教育组织的积极尝试。

（三）大力培养国际教育交流人才

人才培养是高等学校的固有职能，也是最核心的职能。作为高等学校的法定学科，比较教育学的一个重要使命就是为文化教育部门和相关部门培养高层次国际化人才。首先，比较教育学科自身的特性要求必须有一支国际化的比较教育队伍，通过国家化人才培养来逐步造就国际化的比较教育研究队伍。2016 年 12 月，北京师范大学国际与比较教育研究院和印第安纳大学教育学院联合设立"中美国际教育联合研究所"，双方将合作开发关于培养国际教育领袖的课堂授课和网络课程，支持师生开展短期访问教学、合作科研或联合申请研究基金等活动，这是推进比较教育人才国际化培养的积极尝试。其次，比较教育应深入研究国际化人才的成长规律与标准，推动培养大批具有国际视野、通晓国际规则、能够参与国际事务和国际竞争的国际化人才。[1] 最后，在比较教育框架内加强"国际教育"领域科

————————

① 滕珺、曲梅、朱晓玲等：《国际组织需要什么样的人？——联合国专门机构专业人才聘用标准研究》，载《比较教育研究》，2014(10)。

学研究与人才培养，包括国别和区域研究、国际问题研究、教育对外开放战略研究等，为新时期中国教育对外开放工作提供理论支撑。

（四）高质量广泛化传播中国经验

"讲好中国故事、传播好中国声音"是当前及未来一段时间里教育对外开放的重要内容。加强中国比较教育学界与世界比较教育学界的交流与合作，不应该是单向度的，而应该是双向的；既要把国际上先进的教育理念和教育实践经验引介到国内，也要把中国教育改革与发展的成就和经验、研究成果介绍到国外，扩大中国比较教育学界的国际影响力。一是在教育对外援助、涉外办学和国际留学生教育等活动中，传播中国教育改革与发展经验。二是在参加各类学术研讨会、成果分享会、教育展览会等国际交流活动中，积极介绍中国发展成就与动向。三是利用参加 PISA 等国际测试、"中英数学教师交流项目"等政府间双边项目的机会，用世界通用的语言、公认的标准和表达方式来阐述中国教育成就。四是积极介入国内外的公共教育学术话语，在解决教育问题之外的社会问题和各种学科对话中发出"中国比较教育的声音"并贡献智慧，改变在公共学术话语中的"失语"与"缺位"现象。

主要参考文献

［1］安双宏：《印度教育战略研究》，杭州，浙江教育出版社，2013。

［2］毕淑芝、司荫贞：《比较成人教育》，北京，北京师范大学出版社，1994。

［3］毕淑芝、王义高：《当今世界教育思潮》，北京，人民教育出版社，1999。

［4］陈列：《市场经济与高等教育——一个世界性的课题》，北京，人民教育出版社，2002。

［5］陈时见：《比较教育基本理论》，北京，高等教育出版社，2014。

［6］陈时见：《教师教育课程论：历史透视与国际比较》，北京，人民教育出版社，2010。

［7］陈学飞等：《西方怎样培养博士——法、英、德、美的模式与经验》，北京，教育科学出版社，2002。

［8］陈永明：《国际师范教育改革比较研究》，北京，人民教育出版社，2005。

［9］程晋宽：《西方教育管理理论新视野——一种批判的后现代视角》，北京，教育科学出版社，2012。

［10］成有信：《比较教育教程》，北京，北京师范大学出版社，1987。

［11］冯增俊：《当代西方学校道德教育》，广州，广东教育出版社，1993。

［12］冯增俊、卢晓中：《战后东盟教育研究》，南昌，江西教育出版社，1996。

［13］冯增俊、陈时见、项贤明：《当代比较教育学》，北京，人民教育出版社，2008。

［14］冯大鸣：《西方六国政府学校关系变革》，上海，上海教育出版社，2011。

[15] 符娟明：《比较高等教育》，北京，北京师范大学出版社，1987。

[16] 高如峰：《义务教育投资国际比较》，北京，人民教育出版社，2003。

[17] 高如峰、张保庆：《比较教育学》，上海，上海外语教育出版社，1992。

[18] 谷贤林：《美国研究型大学管理——国家、市场和学术权力的平衡与制约》，北京，教育科学出版社，2008。

[19] 顾明远：《战后苏联教育研究》，南昌，江苏教育出版社，1991。

[20] 顾明远、薛理银：《比较教育导论——教育与国家发展》，北京，人民教育出版社，1996。

[21] 顾明远、李敏谊：《顾明远教育口述史》，北京，北京师范大学出版社，2007。

[22] 顾建民：《自由与责任：西方大学终身教职制度研究》，杭州，浙江教育出版社，2007。

[23] 顾建新：《跨国教育发展理念与策略》，上海，学林出版社，2008。

[24] 韩家勋、孙玲：《中等教育考试制度比较研究》，北京，人民教育出版社，1998。

[25] 黄崴：《教师教育体制国际比较研究》，广州，广东高等教育出版社，2003。

[26] 黄志成：《被压迫者的教育学——弗莱雷解放教育理论与实践》，北京，人民教育出版社，2003。

[27] 黄志成：《国际教育新思想新理念》，上海，上海教育出版社，2009。

[28] 霍力岩：《学前比较教育学》，北京，北京师范大学出版社，2014。

[29] 靳希斌、安雪慧、闫国华等：《国际教育援助研究——理论概述与实践分析》，福州，福建教育出版社，2008。

[30] 柯森等：《当代美国中小学课程概观》，广州，中山大学出版社，2005。

[31] 雷正光：《德国双元制教学模式初探》，北京，科学普及出版社，1992。

[32] 李其龙、陈永明：《教师教育课程的国际比较》，北京，教育科学出版社，2002。

[33] 李其龙、张德伟：《普通高中教育发展国际比较研究》，北京，教育科学出版社，2008。

[34] 李文英等：《比较教育学家思想研究》，北京，人民教育出版社，2012。

[35] 李现平：《比较教育身份危机之研究》，北京，教育科学出版社，2005。

[36] 梁忠义：《战后日本教育与经济发展》，北京，人民教育出版社，1981。

[37] 梁忠义、李颖：《教育财政》，长春，吉林教育出版社，2000。

[38] 刘宝存：《大学理念的传统与变革》，北京，教育科学出版社，2004。

[39] 刘宝存：《为未来培养领袖：美国研究型大学本科生教育重建》，北京，高
     等教育出版社，2011。

[40] 卢晓中：《比较教育学》，北京，人民教育出版社，2005。

[41] 马骥雄：《战后美国教育研究》，南昌，江西教育出版社，1991。

[42] 马健生：《公平与效率的抉择：美国教育市场化改革研究》，北京，教育科
     学出版社，2008。

[43] 马健生等：《高等教育质量保证体系的国际比较研究》，北京，北京师范大
     学出版社，2014。

[44] 强海燕：《中、美、加、英四国基础教育研究》，北京，人民教育出版
     社，2005。

[45] 饶从满：《日本现代化进程中的道德教育》，济南，山东人民出版
     社，2010。

[46] 任学印：《教师入职教育理论与实践比较研究》，长春，东北师范大学出版
     社，2005。

[47] 单中惠、王晓宇、王凤玉等：《西方师范教育机构转型——以美国、英国、
     日本为例》，济南，山东教育出版社，2012。

[48] 商继宗：《中小学比较教育学》，北京，人民教育出版社，1989。

[49] 沈红：《美国研究型大学形成与发展》，武汉，华中科技大学出版
     社，1999。

[50] 生兆欣：《二十世纪中国比较教育学史》，北京，高等教育出版社，2011。

[51] 石伟平：《比较职业技术教育》，上海，华东师范大学出版社，2001。

[52] 孙启林：《战后韩国教育研究》，南昌，江西教育出版社，1995。

[53] 孙启林、孔锴：《世界主要发达国家义务教育均衡发展比较研究》，长春，
     东北师范大学出版社，2009。

[54] 滕珺：《国际组织需要什么样的人——联合国系统人才标准及中国教育对策研究》，上海，上海教育出版社，2018。

[55] 田正平：《中外教育交流史》，广州，广东教育出版社，2004。

[56] 田小红：《知识的境遇：中国比较教育学的学术生态》，北京，高等教育出版社，2011。

[57] 万秀兰：《美国社区学院的改革与发展》，北京，人民教育出版社，2003。

[58] 王承绪、朱勃、顾明远：《比较教育》，北京，人民教育出版社，1982。

[59] 王承绪、徐辉：《战后英国教育研究》，南昌，江西教育出版社，1992。

[60] 王承绪：《比较教育学史》，北京，人民教育出版社，1999。

[61] 王承绪：《发展中国家高等教育模式的国际移植比较研究》，杭州，浙江大学出版社，2009。

[62] 王长纯、王建平：《中国比较教育学科研究史》，北京，人民教育出版社，2016。

[63] 王长纯：《和而不同：比较教育的跨文化对话》，北京，人民教育出版社，2007。

[64] 王晓辉：《全球教育治理——国际教育改革文献汇编》，北京，教育科学出版社，2008。

[65] 王英杰、曲恒昌、李家永：《亚洲发展中国家的义务教育》，北京，人民教育出版社，1997。

[66] 王英杰：《美国高等教育的发展与改革》，北京，人民教育出版社，1993。

[67] 王英杰、刘宝存：《国际视野中的大学创新教育》，太原，山西教育出版社，2005。

[68] 吴坚：《当代高等教育国际化发展》，北京，人民出版社，2009。

[69] 吴文侃、杨汉清：《比较教育学》，北京，人民教育出版社，1989。

[70] 吴文侃：《比较教学论》，北京，人民教育出版社，1996。

[71] 吴文侃：《中小学公民素质教育国际比较》，北京，人民教育出版社，2002。

[72] 吴刚平、徐佳：《权力分享与责任分担——转型期西方教育校本化思潮及其启示》，济南，山东教育出版社，2011。

[73] 吴雪萍：《国际职业技术教育研究》，杭州，浙江大学出版社，2004。

[74] 吴雪萍：《终身学习的推进机制比较研究》，杭州，浙江大学出版社，2010。

[75] 吴忠魁：《私立学校比较研究——与国家关系角度的分析》，北京，北京师范大学出版社，1999。

[76] 项贤明：《比较教育学的文化逻辑》，哈尔滨，黑龙江教育出版社，2000。

[77] 谢安邦：《比较高等教育》，桂林，广西师范大学出版社，2002。

[78] 邢克超：《共性与个性：国际高等教育改革比较研究》，北京，人民教育出版社，2004。

[79] 徐辉、祝怀新：《国际环境教育的理论与实践》，北京，人民教育出版社，2002。

[80] 徐辉：《比较教育的新进展——国际教育初探》，成都，四川教育出版社，2001。

[81] 徐辉、辛治洋：《现代外国教育思潮研究》，北京，人民教育出版社，2008。

[82] 徐小洲：《国外中学创业教育》，杭州，浙江教育出版社，2010。

[83] 许明：《教师教育伙伴合作模式国际比较》，北京，人民教育出版社，2012。

[84] 薛理银：《当代比较教育方法论研究》，北京，人民教育出版社，2009。

[85] 杨汉清、韩骅：《比较高等教育概论》，北京，人民教育出版社，1997。

[86] 袁利平：《比较教育本体引论》，西安，陕西师范大学出版总社，2018。

[87] 谌启标：《比较教育与管理》，福州，福建教育出版社，2016。

[88] 张德伟、梁忠义：《国际后期中等教育比较研究》，北京，人民教育出版社，2006。

[89] 张德伟等：《东北亚区域教育比较研究》，长春，东北师范大学出版社，2016。

[90] 张民选：《比较初等教育》，北京，中央广播电视大学出版社，2004。

[91] 张民选：《理想与抉择：大学生资助政策的国际比较》，北京，人民教育出版社，1998。

[92] 张民选：《国际组织与教育发展》，上海，上海教育出版社，2010。

[93] 张瑞璠、王承绪：《中外教育比较史纲》，济南，山东教育出版社，1997。

[94] 赵曙明：《美国高等教育管理研究》，武汉，湖北教育出版社，1992。

[95] 赵中建：《战后印度教育研究》，南昌，江西教育出版社，1992。

[96] 赵中建、顾建民：《比较教育的理论与方法——国外比较教育文选》，北京，人民教育出版社，1994。

[97] 赵中建：《美国中小学 STEM 教育研究》，上海，上海科技教育出版社，2017。

[98] 钟启泉：《国外课程改革透视》，西安，陕西人民教育出版社，1993。

[99] 周满生：《世界教育发展的基本特点和规律》，北京，人民教育出版社，2003。

[100] 周满生：《教育宏观决策比较研究》，北京，人民教育出版社，2009。

[101] 周蕖：《中外职业技术教育比较》，北京，人民教育出版社，1991。

[102] 朱勃：《教育三面向与今日比较教育》，广州，广东高等教育出版社，1985。

[103] 朱勃：《比较教育史略》，广州，广东高等教育出版社，1988。

[104] 朱旭东：《欧美国民教育理论探源——教育制度意识形态论》，北京，北京师范大学出版社，1997。

[105] 朱旭东：《民族国家和比较教育研究》，合肥，安徽教育出版社，2008。

[106] 祝怀新：《霍姆斯比较教育思想研究》，广州，广东教育出版社，2007。

[107] 安双宏：《印度高等技术院校师资队伍质量问题及改进措施》，载《比较教育研究》，2012(9)。

[108] 陈时见：《比较教育学的概念建构及其现实意义》，载《比较教育研究》，2013(4)。

[109] 陈时见：《论比较教育的学科属性与学科体系》，载《比较教育研究》，2008(6)。

[110] 程晋宽：《美国教育司法制度论析》，载《外国教育研究》，2002(1)。

[111] 程晋宽：《论知识经济时代从学校经营到学校领导的角色转变》，载《外国教育研究》，2014(1)。

[112] 成有信：《比较教育学的对象及其发展的历史分期》，载《北京师范大学学报》，1985(4)。

［113］丁邦平：《国外比较教育研究述评》，载《外国教育动态》，1991(1)。

［114］杜殿坤：《苏联教改的新趋势浅析》，载《外国教育资料》，1987(6)。

［115］冯增俊：《东盟五国教育实践的基本经验与亚太教育现代化的主要特征》，载《比较教育研究》，1996(2)。

［116］冯增俊：《建设有中国特色的比较教育学》，载《华东师范大学学报(教育科学版)》，1998(2)。

［117］高如峰：《国外教育法制发展与我国教育法制建设》，载《教育研究》，1998(7)。

［118］高如峰：《农村义务教育财政体制比较：美国模式与日本模式》，载《教育研究》，2003(5)。

［119］高益民、张宏理：《2000 年以来欧盟终身学习政策述评》，载《比较教育研究》，2010(3)。

［120］高益民：《改革开放与中国比较教育学三十年》，载《清华大学教育研究》，2008(6)。

［121］高原：《借鉴与救赎：中国比较教育百年》，载《全球教育展望》，2017(10)。

［122］谷贤林：《关于比较教育若干问题的探讨》，载《比较教育研究》，2003(7)。

［123］顾明远：《我和比较教育》，载《比较教育研究》，2005(1)。

［124］顾明远：《比较教育的回顾与展望》，载《外国教育动态》，1991(1)。

［125］顾明远：《论苏联教育理论对中国教育的影响》，载《北京师范大学学报(社会科学版)》，2004(1)。

［126］顾明远、阚阅、乔鹤：《改革开放 30 年中国比较教育的重建和发展》，载《比较教育研究》，2008(12)。

［127］侯怀银、李旭：《20 世纪比较教育学学科建设的本土探索》，载《高等教育研究》，2010(2)。

［128］胡力佳：《甘抛年华赌明天——为华东师范大学比较教育研究所建所 30 周年而作》，载《外国教育资料》，1994(4)。

［129］黄志成：《八十年代来美国教育改革的两大浪潮》，载《外国教育资料》，1992(5)。

[130] 黄志成：《发展中国家教育改革与发展的特点、趋势和问题》，载《全球教育展望》，2002(11)。

[131] 金世柏：《中国的比较教育》，载《外国中小学教育》，1984(3)。

[132] 金世柏：《"三个面向"与比较教育研究》，载《外国教育研究》，1984(3)。

[133] 阚阅、李志永：《王承绪先生比较教育思想研究》，载《中国高教研究》，2010(10)。

[134] 李其龙：《我国比较教育科学的发展历程》，载《外国教育资料》，1983(1)。

[135] 李守福：《比较教育要为改革开放服务》，载《比较教育研究》，1993(1)。

[136] 李文英、王薇：《中国教育学会比较教育分会的发展、组织及作用》，载《比较教育研究》，2014(2)。

[137] 梁忠义：《比较教育四十年》，载《高等师范教育研究》，1989(5)。

[138] 梁忠义：《中国比较教育研究的走向》，载《比较教育研究》，1996(1)。

[139] 刘宝存、张永军：《比较教育研究与教育科学的发展》，载《外国教育研究》，2010(2)。

[140] 刘宝存：《大变革时代中国比较教育研究的使命与发展道路选择》，载《比较教育研究》，2014(2)。

[141] 刘宝存、张伟：《中国比较教育的制度化：历程、挑战与变革》，载《中国教育科学》，2016(3)。

[142] 刘卫东：《中国比较教育危机之我见》，载《比较教育研究》，1995(3)。

[143] 马骥雄：《比较教育学科的重建》，载《高等师范教育研究》，1989(5)。

[144] 任增元、孙悦：《〈比较教育研究〉的文献计量学研究——CSSCI 数据揭示的热点主题与知识基础》，载《比较教育研究》，2013(11)。

[145] 容中逵：《空间分布、地域特色与发展策略——当代中国比较教育研究的现实图景》，载《比较教育研究》，2012(6)。

[146] 商继宗：《比较教育在国外》，载《外国中小学教育》，1985(1)。

[147] 生兆欣：《比较教育，为何研究？——20 世纪中国学者的观点》，载《比较教育研究》，2009(12)。

[148] 施晓光：《国外教育法律的发展及其启示》，载《外国教育研究》，1994(1)。

[149] 苏真:《国外高校之间的横向联合》,载《外国教育动态》,1989(1)。

[150] 孙进:《中国比较教育学科成员的知识结构与研究取向》,载《外国教育研究》,2016(10)。

[151] 滕大春:《试论比较教育和"洋为中用"》,载《外国教育》,1984(1)。

[152] 滕大春:《迎接二十一世纪的比较教育》,载《比较教育研究》,1996(2)。

[153] 万秀兰:《非洲教育区域化发展战略及其对中非教育合作的政策意义》,载《比较教育研究》,2013(6)。

[154] 王英杰:《美国高等教育发展与改革百年回眸》,载《高等教育研究》,2000(1)。

[155] 王英杰:《再谈比较教育学的危机》,载《比较教育研究》,2007(3)。

[156] 王长纯:《"和"的哲学与比较教育:兼论西方中心主义在比较教育理论研究中的终结》,载《外国教育研究》,1998(6)。

[157] 王长纯:《"和而不同":比较教育研究的哲学与方法(论纲)》,载《比较教育研究》,2009(4)。

[158] 王承绪:《从国外比较教育学科发展的现状看我国比较教育教学中的若干问题》,载《杭州大学学报(哲学社会科学版)》,1979(4)。

[159] 吴坚:《高校管理中学术权力与行政权力的协调》,载《高等教育研究》,2005(8)。

[160] 吴文侃:《再论我国比较教育的学科建设》,载《外国教育动态》,1991(1)。

[161] 吴文侃:《比较教育学的对象和方法论基础》,载《外国教育动态》,1987(4)。

[162] 肖甦、周耀慈:《俄罗斯基础教育阶段课程管理政策变化评述》,载《全球教育展望》,2004(1)。

[163] 熊淳:《国际教育援助的趋向转变》,载《教育研究》,2013(4)。

[164] 徐辉、章光洁:《试析女性主义教育理论的分析模式》,载《外国教育研究》,2004(6)。

[165] 徐辉、王正青:《美国比较教育研究的新发展:主题、方法与地域分析》,载《教育研究》,2008(8)。

[166] 徐小洲、孟莹、张敏:《学习型城市建设:国际组织的理念与行动反思》,

载《教育研究》，2014(11)。

［167］许明、胡晓莺：《当前西方国家教育市场化改革述评》，载《教育研究》，
　　　　1998(3)。

［168］[加]许美德：《顾明远与中国的比较教育》，丁瑞常译，载《比较教育研
　　　　究》，2018(10)。

［169］延建林：《80、90 年代中国比较教育研究主题的演变》，载《比较教育研
　　　　究》，2002(4)。

［170］杨明全：《比较教育研究的逻辑起点：回归问题意识与文化精神》，载《比
　　　　较教育研究》，2017(3)。

［171］杨茂庆、黄如、严文宜：《民国时期留学生群体与中国比较教育学科的创
　　　　建》，载《广西师范大学学报(哲学社会科学版)》，2016(2)。

［172］袁利平、荀伟高：《我国比较教育学科学术群体知识图谱建构与分析——
　　　　以 2000—2016 比较教育学类四大期刊发文总量为例》，载《全球教育展
　　　　望》，2018(9)。

［173］张民选、丁笑炯、吕杰昕：《留学生利益保障的国际比较》，载《比较教育
　　　　研究》，2008(12)。

［174］张德伟、王喜娟、卫沈丽：《"区域研究"与中国比较教育学的新发展》，
　　　　载《比较教育研究》，2009(12)。

［175］赵中建、张燕南：《与大数据同行的学习与教育——〈大数据时代〉作者舍
　　　　恩伯格教授和库克耶先生访谈》，载《全球教育展望》，2014(12)。

［176］朱勃：《比较教育学的发展》，载《外国教育动态》，1981(4)。

［177］朱旭东：《比较教育研究的学术制度化和规范化》，载《比较教育研究》，
　　　　1999(6)。

［178］朱旭东：《试论"教育的比较研究"和"比较教育研究"》，载《比较教育研
　　　　究》，2008(2)。

［179］朱旭东：《论比较教育研究的跨学科性——比较教育亚学科群建构》，载
　　　　《教育学报》，2011(4)。

附 录 学科发展大事记

　　1949 年 10 月 11 日，华北高等教育委员会公布《各大学专科学校文法学院各系课程暂行规定》，明确指出要将我国教育系专业中的必修课程《比较教育》正式取消；10 月，苏联文化艺术科学工作代表团来华访问，法捷耶夫为团长。

　　1950 年，《人民教育》正式创刊；5 月 1 日，毛泽东为《人民教育》创刊号题词；9 月 6 日，新中国成立后第一批留学生到捷克斯洛伐克、保加利亚、罗马尼亚、匈牙利和波兰五国学习。

　　1952 年，教育部正式发出通告，明确要求各高等院校制订编译苏联教材的系统计划。

　　1953 年 11 月，高等教育部印发了《关于赴苏联、东欧各兄弟国家中国语文教员的规定》。

　　1955 年 9 月，清华大学、北京大学、中国人民大学以及浙江大学等 18 所高校共选派 33 名高校教师前往苏联进行一到两年的短期培训和教学进修；10 月，教育部副部长陈曾固先生带领我国中小学教师代表团前往苏联进行教育考察。

　　1956 年，美国成立北美比较与国际教育学会（CIES），1957 年创办《比较教育评论》。

　　1957 年 1 月，中央教育科学研究所邀请了苏联对外文化协会代表团团长、俄罗斯联邦共和国教育科学院院长凯洛夫来华讲学。

1961 年 4 月，我国颁布了《教育系学校教育专业教学方案（修订草案）》，明确规定 5 年制高等院校本科专业的必修课中必须有大约 70 学时的外国教育论著选读。

1964 年 2 月，教育部批准在北京大学设立外国高等教育情报资料室，以及在清华大学设立外国技术教育情报资料室；日本成立日本比较教育学会（JCES）；5 月，华东师范大学设西欧北美教育研究室，北京师范大学设外国教育研究室，河北大学设日本教育研究室，吉林师范大学（现东北师范大学）设日本教育研究室和朝鲜教育研究室。

1965 年 5 月，北京师范大学的外国教育研究室正式刊印《外国教育动态》；12 月，北京师范大学设立外国问题研究所。

1968 年，韩国成立韩国比较教育学会（KCES）；加拿大大不列颠哥伦比亚大学的约瑟夫·卡兹发起成立比较教育学会国际委员会。

1970 年，世界比较教育学会联合会成立；8 月，第一届世界比较教育大会在渥太华召开，主题是"教师培训和援助发展中国家"；比较教育学会国际委员会更名为世界比较教育学会联合会。

1972 年 11 月，国务院科教组邀请了北京师范大学、华东师范大学、吉林师范大学、河北大学等几所高校有关人员就外国教育研究问题进行座谈；12 月，华东师范大学的外国教育研究室出版《外国教育资料》。

1974 年，顾明远教授作为我国教育顾问跟随参会代表团赴法国巴黎参加了联合国教科文组织第十八届大会；吉林师范大学的日本教育研究室正式创办《日本教育情况》。

1977 年 8 月 18 日至 9 月 4 日，教育部高等教育司在北戴河召开了比较教育研究工作座谈会。

1978 年 7 月，第一届外国教育学术研讨会（比较教育研究会的第一届年会）在北京师范大学举行；8 月，《高等师范院校教育系学校教育专业学时制教学方案（修订草案）》恢复比较教育学专业的选修课程。

1979 年 1 月，北京师范大学进行校内机构调整，撤销外国问题研究所，以外国教育研究室为基础成立外国教育研究所；10 月，第二届外国教育学术研讨会在上海华东师范大学召开，同时成立外国教育研究会。

1980 年 3 月，美国哥伦比亚大学教育学院比较教育专家、美籍华人胡昌度教授受邀到北京师范大学讲学，同时组织了一个高等学校比较教育教师进修班。7 月，顾明远先生等人赴日本琦玉县参加了世界比较教育学会联合会第四届大会。

1981 年 5 月，第三届全国外国教育学术研讨会在保定河北大学召开；11 月 3 日，国务院批准的"高等师范院校首批硕士学位授予单位及其学科、专业名单"中，比较教育正式成为教育学的二级学科。

1982 年，新中国第一本由本国教育研究者编写的比较教育学教科书《比较教育》出版。

1983 年，王承绪先生邀请美国印第安纳大学著名比较教育学家阿诺夫教授，为杭州大学学生开设比较教育课程；7 月，全国比较教育研究会第四届学术年会在长春东北师范大学召开；外国教育研究会正式更名为"比较教育研究会"，顾明远被选为理事长。

1984 年 5 月，英国伦敦大学教育学院国际知名比较教育学家埃德蒙·金教授应邀到北京师范大学讲学；9 月，中国教育学会比较教育分会加入世界比较教育学会联合会。

1986 年 6 月，经广东省委宣传部批准，广东省高等学校比较教育研究会在华南师范大学成立；9 月，全国比较教育研究会第五届学术年会在武汉华中师范大学召开。

1987 年，东北师范大学整合日本教育研究室、朝鲜教育研究室、苏联教育研究室、《外国教育研究》编辑部成立比较教育研究所；10 月，第六届世界比较教育学会联合会在巴西召开，中国比较教育学会成为世界比较教育学会联合会执行委员会成员，顾明远先生为联合会副主席。

1990 年 11 月，全国比较教育研究会第六届学术年会在天津市教育科学院召开。

1991 年 10 月，《外国教育动态》被确定为中国教育学会比较教育研究会会刊，正式更名为《比较教育研究》。

1993 年 11 月，中国比较教育研究会第七届学术年会在北京师范大学召开。

1994 年 12 月，华南师范大学与佛山市教委联合主办"珠江三角洲教育实践与中国教育现代化"国际学术研讨会。

1995 年 6 月，亚洲比较教育学会正式成立；10 月 24 日，中国比较教育研究会第八届学术年会在济南大学召开。

1996 年 12 月，顾明远先生及中国比较教育学界多位成员参加了在日本早稻田大学召开的第一届亚洲比较教育年会。

1997 年，中国比较教育研究会第九届学术年会在黄山召开。

1998 年 10 月，亚洲比较教育学会第二届年会在北京召开，会议主题为"文化传统与教育现代化"；11 月，华南师范大学召开"走向21 世纪的粤港澳台教育"研讨会。

1999 年 6 月，首都师范大学国际与比较教育研究中心成立；10 月，"跨世纪创新人才培养的国际比较大会"暨中国比较教育研究会第十届学术年会在西南师范大学召开；11 月，北京师范大学国际与比较教育研究所被批准成为首批教育部普通高等学校人文社会科学重点研究基地之一。

2000 年 10 月，华南师范大学对教育学科的系所进行调整和重新设置，设立国际与比较教育研究所。

2001 年 11 月，中国比较教育研究会第十一届学术年会在广西桂林召开；世界比较教育学会联合会主题是"新挑战、新范式：走向 21 世纪的比较教育"。

2002 年 10 月，第一届世界比较教育论坛在北京师范大学召开；12 月，中国比较教育研究会更名为"中国教育学会比较教育分会"。

2004 年 11 月，中国教育学会比较教育分会第十二届学术年会在广东珠海北京师范大学珠海分校召开；世界比较教育学会联合会主题为"教育与社会公正"。

2005 年 8 月，第二届世界比较教育论坛在北京师范大学召开。

2006 年 6 月，华南师范大学承办全国比较教育学学科建设与教材开发研讨会；11 月，中国教育学会比较教育分会第十三届学术年会在上海师范大学召开。

2007 年 8 月，中国教育学会比较教育分会与河北大学教育学院联合主办了比较教育学科建设研讨会；12 月，上海师范大学国际与比较教育研究院成立。

2008 年 7 月，中国教育科学研究院国际比较教育研究中心成立；10 月，第三届世界比较教育论坛举行；11 月，中国教育学会比较教育分会第十四届学术年会在浙江温州召开，选举产生了新一届比较教育分会理事会；12 月，西南大学国际与比较教育研究所成立。

2009 年 11 月，华东师范大学国际与比较教育研究所在上海举办了主题为"社会转型中的比较教育学科建设"的高层学术研讨会。

2010 年 3 月，北京师范大学比较教育研究中心、中国教育学会比较教育分会在北京师范大学举办"教育公平与教育质量学术研讨会"；10 月，中国教育学会比较教育分会第十五届学术年会暨庆祝王承绪教授百岁华诞国际学术研讨会在杭州召开。

2011 年 1 月，中国教育学会比较教育分会、东北师范大学国际与比较教育研究所联合举办了"东北亚区域教育改革发展国际研讨会"；10月，第四届世界比较教育论坛在北京师范大学召开；11月，浙江师范大学国际与比较教育研究院成立。

2012年9月，中国教育学会比较教育分会第十六届学术年会在长春东北师范大学召开。

2013年3月，北美比较与国际教育学会第57届年会在美国路易斯安那州新奥尔良市召开，会议的主题是"教育质量：全球紧迫性议题与竞争性前景"，中国比较教育学者出席会议；10月，"高等学校招生政策国际研讨会"在北京师范大学召开。

2014年5月，由杭州师范大学主办、杭州师范大学教育学院承办的亚洲比较教育学会第九届学术年会在杭州召开；9月，第五届世界比较教育论坛在北京师范大学召开；10月16日，"华东师范大学国际与比较教育研究所50周年庆典暨全球教育改革趋势高峰论坛"在华东师范大学召开；10月17日至20日，第二届全球教师教育峰会在北京师范大学召开，峰会主题是"教师教育质量与学习：实践、创新与政策"；12月，中国教育学会比较教育分会第十七届学术年会在广州召开。

2015年1月，教育部印发《国别和区域研究基地培育和建设暂行办法》；4月，《比较教育研究》创刊50周年纪念会举行；10月，"一带一路"高校战略联盟成立；11月，由顾明远先生任丛书主编的"中国比较教育研究50年"丛书出版。

2016年1月，第十届亚洲比较教育学会年会在菲律宾举行，北京师范大学国际与比较教育研究院刘宝存教授当选亚洲比较教育学会会长；8月，世界比较教育学会联合会第十六届大会在北京师范大学召开；12月，中国教育学会比较教育分会第十八届年会在海南师范大学召开，年会主题是"扩大教育对外开放与比较教育的时代使命"。

2017年9月，第六届世界比较教育论坛在北京师范大学召开；

11 月 4 日，联合国教科文组织第 39 届全体大会决定在中国上海设立联合国教科文组织教师教育中心；11 月 25 日至 26 日，第四届海峡两岸暨港澳地区比较教育论坛在杭州召开；12 月，北京师范大学中国教育与社会发展研究院与国际与比较教育研究院联合举行共创人类命运共同体——"一带一路"国家教育交流与合作高端研讨会。

2018 年 5 月，第十一届亚洲比较教育学会年会在柬埔寨暹粒召开，会议主题为"教育与社会进步：比较视角的洞悉"；10 月，中国教育学会比较教育分会在陕西师范大学召开以"人类命运共同体构建与比较教育新使命"为主题的第十九届学术年会；12 月，西南大学主办"新时代与比较教育研究新使命"研讨会。

后 记

　　2019 年是中华人民共和国成立 70 周年。70 年披荆斩棘，70 年风雨同行，国家发展日新月异，教育事业气象万千。70 年来，我们党始终把发展人民教育事业、提高广大人民群众受教育水平和中华民族科学文化素质作为奋斗目标，始终把教育放在优先发展战略地位，制定了教育为社会主义现代化建设服务、为人民服务的方针，不断推动人民教育事业改革与发展，中国教育走过了气势恢宏的光辉历程。70 年里，我们实现了全面普及九年义务教育、高等教育从精英化进入大众化发展阶段的两大历史性跨越，学前教育、职业教育、成人教育、特殊教育加快发展，教育宏观结构调整取得重大突破，确立了中国特色社会主义教育体制基本框架，走出了一条中国特色社会主义教育发展道路。

　　共和国 70 年来教育事业发展取得的巨大成就，离不开党和政府的坚强领导，离不开全国人民的艰苦奋斗，以及广大教育工作者的不懈努力。在这壮阔波澜的 70 年中，中国比较教育学者引介了大量世界先进教育思想与制度，并基于中国教育发展实际，推动着将国外先进教育思想与经验运用到中国教育改革实践中。同时，中国比较教育学致力于搭建国际教育交流平台，推动中外教育研究工作者平等对话，积极对外传播中国教育发展经验，提升了中国教育的国际化水平和国际影响力。作为中国比较教育学大家庭的成员，我们有责任梳理共和国 70 年来比较教育的学科发展轨迹，呈现 70 年来教育事业繁荣昌盛与比较教育学科蓬勃发展间的同频共振关系。

正如朱勃先生在《比较教育史略》一书中所告诫的："要掌握比较教育学，首先要掌握这门学科的来龙去脉，通晓比较教育学科建设与发展的历史。""不了解比较教育学发展的历史，就不可能剖析教育发展的规律、特点和趋势。"但是，要全面准确地梳理新中国成立 70 年来的学科发展历史是异常艰难的。70 年来的中国比较教育学，是在纷繁复杂的国内外形势下曲折前进的，需要恰当拿捏某些特殊年代政治因素对比较教育学科发展的影响。70 年来的中国比较教育学，是在不同学术观点与研究范式的争论中发展起来的，需要准确理解并客观评价不同学者的学术思想与精神实质。70 年来的中国比较教育学，是在哲学社会科学大繁荣和教育学大发展的背景下完成蜕变的，需要审慎把握学科边界并谨慎处理学科归属与成果界定等问题。

因此，我们既感为新中国比较教育学著史的使命光荣，更感因自身素养与能力不够而诚惶诚恐。为顺利完成书稿撰写工作，我和我的团队成员们围绕着如何看待学科发展史，如何收集学术成果与事件材料，如何划分学科发展阶段，如何处理与相关学科发展史的关系，如何平衡内容广博与深度，如何回应学科中的争鸣等问题，展开了多次讨论。在此基础上，我们明确了书稿撰写任务分工。全书由我负责统稿和校对，并撰写第五章。但金凤同学协助我做了部分统稿工作，并负责撰写第一章及整理参考文献和附录材料。温小琪同学撰写第二章，苟鸣瀚同学撰写第三章，陈琴同学撰写第四章，特此说明并感谢团队成员的倾情投入。书稿撰写过程中我们有辛劳有纠结，但也由此得以深入走进中国比较教育学，这是对作为学术共同体成员的我们最好的奖赏。

值此《共和国教育学 70 年・比较教育学卷》付梓出版之际，首先要感谢我的导师徐辉教授的鼓励和指导，每当我们有写作上的疑难时，总能第一时间得到老师的指点；感谢山西大学侯怀银教授的信任与接纳，让我们有机会参与丛书的编写工作，并在书稿写作范例等方面给予专业指导；感谢西南大学国际与比较教育研究所的同仁们给予我的帮助与支持，特别感谢陈时见教授推荐我参加丛书撰写工作；感谢北京师范大学刘宝存教授和高益民教授、东北师范大学孙启林教授和饶从满教授、北京大学施晓光教授、华东师范大学彭正梅教授、华南师范大学马早明教授、陕西师范大学李延平教授、华中师范大学王建梁教授、南京师范大学生兆欣博士等专家给予的指点，让我们深切体会到梳理学科发展史与学科每位成员休戚相关；感谢我的爱人唐晓玲女士的坚定支持，每当熬夜加班、昏昏欲睡时一杯清茶又能让我再度打起精神；感谢本书撰写过程中参考引用过的文献作者，感谢北京师范大学出版社各位领导与编辑，你们是本书得以完成的坚实后盾。

学术研究从来就没有终点，著作的出版也不意味着探索的终止。正如 2018 年 12 月丛书主编侯怀银教授在山西大学召开的丛书编委会上所言，倘若书稿质量过关，就是"为国家著史、为学科立传、为后世留痕"；倘若书稿质量低劣，就将是"千夫所指、万人唾骂、遗臭万年"。由于学识水平及研究条件等方面的欠缺，本书的不足之处确是显而易见的，特别在全面把握新中国比较教育学发展成就，深入总结不同时期学科发展特点与经验，探讨未来中国比较教育学发展道路等方面还有待深入，敬请学术界同仁批评指正。

王正青

2019 年 7 月于西南大学

图书在版编目(CIP)数据

共和国教育学 70 年·比较教育学卷 / 侯怀银主编；王正青等著.
—北京：北京师范大学出版社，2020.5
ISBN 978-7-303-25564-1

Ⅰ.①共… Ⅱ.①侯… ②王… Ⅲ.①比较教育学—教育史—
中国—现代 Ⅳ.①G529.7

中国版本图书馆 CIP 数据核字(2020)第 016481 号

营 销 中 心 电 话 010-58802135 010-58802786
北师大出版社教师教育分社微信公众号 京师教师教育

GONGHEGUO JIAOYUXUE QISHI NIAN BIJIAO JIAOYUXUE JUAN

出版发行：北京师范大学出版社 www.bnupg.com
          北京市西城区新街口外大街 12-3 号
          邮政编码：100088
印   刷：北京盛通印刷股份有限公司
经   销：全国新华书店
开   本：710 mm×1000 mm 1/16
印   张：26.75
字   数：343 千字
版   次：2020 年 5 月第 1 版
印   次：2020 年 5 月第 1 次印刷
定   价：136.00 元

策划编辑：郭兴举 鲍红玉   责任编辑：戴 轶
美术编辑：王齐云   装帧设计：王齐云
责任校对：段立超   责任印制：马 洁